新法科·法学核心课程系列教材

华东政法大学
教材建设和管理委员会

主　　任　郭为禄　叶　青
副 主 任　罗培新　韩　强
部门委员　虞潇浩　杨忠孝　洪冬英
　　　　　屈文生　陆宇峰
专家委员　王　迁　孙万怀　钱玉林
　　　　　任　勇　余素青　杜素娟

本书受上海市高水平地方高校建设项目资助

Trust Law

信托法学

主 编 吴 弘
副主编 贾希凌
撰稿人（以章节顺序为序）
吴 弘　贾希凌　胡 哲　葛思雨
金 鑫　徐 振　张 敏　伍 坚
金彬彬　孔燕萍　赵 瑾　季奎明
王 洋

图书在版编目(CIP)数据

信托法学/吴弘主编.--北京:北京大学出版社,2024.6.-- ISBN 978-7-301-35268-7

Ⅰ.D922.282.4

中国国家版本馆CIP数据核字第202433Z1Q5号

书　　　名	信托法学
	XINTUO FAXUE
著作责任者	吴　弘　主编
责 任 编 辑	刘秀芹
标 准 书 号	ISBN 978-7-301-35268-7
出 版 发 行	北京大学出版社
地　　　址	北京市海淀区成府路205号　100871
网　　　址	http://www.pup.cn　新浪微博:@北京大学出版社
电 子 邮 箱	zpup@pup.cn
电　　　话	邮购部 010-62752015　发行部 010-62750672　编辑部 021-62071998
印 刷 者	北京溢漾印刷有限公司
经 销 者	新华书店
	730毫米×980毫米　16开本　21印张　412千字
	2024年6月第1版　2024年6月第1次印刷
定　　　价	78.00元

未经许可,不得以任何方式复制或抄袭本书之部分或全部内容。
版权所有,侵权必究
举报电话:010-62752024　电子邮箱:fd@pup.cn
图书如有印装质量问题,请与出版部联系,电话:010-62756370

明德崇法　华章正铸

——华东政法大学"十四五"规划教材系列总序

教材不同于一般的书籍,它是传播知识的主要载体,体现着一个国家、一个民族的价值体系,是教师教学、学生学习的重要工具,更是教师立德树人的重要途径。一本优秀的教材,不仅是教师教学实践经验和学科研究成果的完美结合,更是教师展开思想教育和价值引领的重要平台。一本优秀的教材,也不只是给学生打下专业知识的厚实基础,更是通过自身的思想和语言的表达,引导学生全方位地成长。

习近平总书记深刻指出:"当代中国的伟大社会变革,不是简单延续我国历史文化的母版,不是简单套用马克思主义经典作家设想的模板,不是其他国家社会主义实践的再版,也不是国外现代化发展的翻版,不可能找到现成的教科书。"新时代教材建设应当把体现党和国家的意志放在首位,要立足中华民族的价值观念,时刻把培养能够承担民族发展使命的时代新人作为高校教师编写教材的根本使命。为此,编写出一批能够体现中国立场、中国理论、中国实践、中国话语的有中国特色的高质量原创性教材,为培养德智体美劳全面发展的社会主义接班人和建设者提供保障,是高校教师的责任。

华东政法大学建校 70 年以来,一直十分注重教材的建设。特别是 1979 年第二次复校以来,与北京大学出版社、法律出版社、上海人民出版社等合作,先后推出了"高等学校法学系列教材""法学通用系列教材""法学案例与图表系列教材""英语报刊选读系列教材""研究生教学系列用书""海商法系列教材""新世纪法学教材"等,其中曹建明教授主编的《国际经济法概论》、苏惠渔教授主编的《刑法学》等教材荣获了司法部普通高校法学优秀教材一等奖;史焕章研究员主编的《犯罪学概论》、丁伟教授主编的《冲突法论》、何勤华教授与魏琼教授编著的《西方商法史》及我本人主编的《诉讼证据法学》等教材荣获了司法部全国法学教材与科研成果二等奖;苏惠渔教授主编的《刑法学》、何勤华教授主编的《外国法制史》获得了上海市高校优秀教材一等奖;孙潮教授主编的《立法学》获得"九五"普通高等教育国家级重点教材立项;杜志淳教授主编的《司法鉴定实验教程》、何勤华教授主编的《西方法律思想史(第二版)》和《外国法制史(第五版)》、高富平教授与黄武双教授主编的《房地产法学(第二版)》、高富平教授主编的《物权法讲义》、余素青教授主编的《大学英语教程：读写译(1—4)》、由伟明副教授主编的《警察技能实训教程》等分别入选第一批、第二批"十二五"普通高等教育本科国家级规划教材；王立民教授副主编的《中国法制史(第二版)》荣获首届全国优秀教材二等奖。1996年以来，我校教师主编的教材先后获得上海市级优秀教材一等奖、二等奖、三等奖共计72项。2021年，由何勤华教授主编的《外国法制史(第六版)》、王迁教授主编的《知识产权法教程(第六版)》、顾功耘教授主编的《经济法教程(第三版)》、王莲峰教授主编的《商标法学(第三版)》以及我本人主编的《刑事诉讼法学(第四版)》等5部教材获评首批上海高等教育精品教材，受到了广大师生的好评，取得了较好的社会效果和育人效果。

进入新时代，我校以习近平新时代中国特色社会主义思想铸魂育人为主线，在党中央"新工科、新医科、新农科、新文科"建设精神指引下，配合新时代背景下新法科、新文科建设的需求，根据学校"十四五"人才培养规划，制定了学校"十四五"教材建设规划。这次的教材规划一方面力求巩固学校优势学科专业，做好经典课程和核心课程教材建设的传承工作，另一方面适应新时代的人才培养需求和教育教学新形态的发展，推动教材建设的特色探索和创新发展，促进教学理念和内容的推陈出新，探索教学方式和方法的改革。

基于以上理念，围绕新文科建设，配合新法科人才培养体系改革和一流学科专业建设，在原有教材建设的基础上，我校展开系统化设计和规划，针对法学专业打造"新法科"教材共3个套系，针对非法学专业打造"新文科"教材共2个套系。"新法科"教材的3个套系分别是："新法科·法学核心课程系列教材""新法科·法律实务和案例教学系列教材""新法科·涉外法治人才培养系列教材"。"新文科"教材的2个套系分别是："新文科·经典传承系列教材"和"新文科·特色创新课程系列教材"。

"新法科"建设的目标，就是要解决传统法学教育存在的"顽疾"，培养与时代相适应的"人工智能＋法律"的复合型人才。这些也正是"新法科"3套系列教材的设计初心和规划依据。

"新法科·法学核心课程系列教材"以推进传统的基础课程和核心课程的更新换代为目标，促进法学传统的基础和核心课程体系的改革。"新法科"理念下的核心课程教材系列，体现了新时代对法学传统的基础和核心课程建设的新要求，通过对我国司法实践中发生的大量新类型的法律案件的梳理、总结，开阔学生的法律思维，提升学生适用法律的能力。

"新法科·法律实务和案例教学系列教材"响应国家对于应用型、实践型人才的培养需要,以法律实务和案例教学的课程建设为基础,推进法学实践教学体系创新。此系列教材注重理论与实践的融合,旨在培养真正能够解决社会需求的应用型人才;以"新现象""新类型""新问题"为挑选案例的标准和基本原则,以培养学生学习兴趣、提升学生实践能力为导向。通过概念与案例的结合、法条与案例的结合,从具体案件到抽象理论,让学生明白如何在实践中解决疑难复杂问题,体会情、理与法的统一。

"新法科·涉外法治人才培养系列教材"针对培养具有国际视野和家国情怀、通晓国际规则、能够参与国际法律事务、善于维护国家利益、勇于推动全球治理体系变革的高素质涉外法治人才的培养目标,以涉外法治人才培养相关课程为基础,打造具有华政特色的涉外法治人才培养系列教材。

"新文科·经典传承系列教材"以政治学与行政学、公共事业管理、经济学、金融学、新闻学、汉语言文学、文化产业管理等专业的基础和主干课程为基础,在教材建设上,一方面体现学科专业特色,另一方面力求传统学科专业知识体系的现代创新和转型,注重把学科理论与新的社会文化问题、新的时代变局相联结,引导学生学习经典知识体系,以用于分析和思考新问题、解决新问题。

"新文科·特色创新课程系列教材"以各类创新、实践、融合等课程为基础,体现了"新文科"建设提出的融合创新、打破学科壁垒,实现跨学科、多学科交叉融合发展的理念,在教材建设上突破"小文科"思维,构建"大文科"格局,打造具有华政特色的各类特色课程系列教材。

华东政法大学2022年推出的这5个系列教材,在我看来,都有如下鲜明的特点:

第一,理论创新。系列教材改变了陈旧的理论范式,建构具有创新价值的知识体系,反映了学科专业理论研究最新成果,体现了经济社会和科技发展对人才培养提出的新要求。

第二,实践应用。系列教材的编写紧密围绕社会和文化建设中亟须解决的新问题,紧扣法治国家、法治政府、法治社会建设新需求,探索理论与实践的结合点,让教学实践服务于国家和社会的建设。

第三,中国特色。系列教材编写的案例和素材均来自于中国的法治建设和改革开放实践,传承并诠释了中国优秀传统文化,较好地体现了中国立场、中国理论、中国实践、中国话语。

第四,精品意识。为保证系列教材的高质量出版,我校遴选了各学科专业领域教学经验丰富、理论造诣深厚的学科带头人担任教材主编,选派优秀的中青年科研骨干参与教材的编写,组成教材编写团队,形成合力,为打造出高质量的精品教材提供保障。

当然,由于我校"新文科""新法科"的建设实践积累还不够丰厚,加之编写时间和编写水平有限,系列教材难免存在诸多不足之处。希望各位方家不吝赐教,我们将虚心听取,日后逐步完善。我希望,本系列教材的出版,可以为我国"新文科""新法科"建设贡献华政人的智慧。

是为序。

华东政法大学校长、教授 叶青
2022年8月22日于华政园

目 录

第一章　信托与信托法概述……………………………………………（1）
　　第一节　信托概述………………………………………………（1）
　　第二节　信托法概述……………………………………………（14）

第二章　信托的设立、效力、变更和终止……………………………（25）
　　第一节　信托的设立……………………………………………（25）
　　第二节　信托的效力……………………………………………（30）
　　第三节　信托的变更……………………………………………（36）
　　第四节　信托的终止……………………………………………（42）

第三章　信托财产………………………………………………………（52）
　　第一节　信托财产的概念与性质………………………………（52）
　　第二节　信托财产的特性………………………………………（56）
　　第三节　信托财产的管理运用及处分…………………………（62）

第四章　信托当事人……………………………………………………（74）
　　第一节　信托当事人概述………………………………………（74）
　　第二节　委托人…………………………………………………（79）
　　第三节　受托人…………………………………………………（84）
　　第四节　受益人…………………………………………………（100）

第五章　信托受益权……………………………………………………（113）
　　第一节　受益权的性质…………………………………………（113）
　　第二节　受益权的内容…………………………………………（117）
　　第三节　受益权的取得和放弃…………………………………（119）
　　第四节　受益权的流转…………………………………………（121）

第六章　信托公司 …………………………………………………………… (126)
    第一节　信托公司概述 …………………………………………………… (126)
    第二节　信托公司的设立、变更和终止 ………………………………… (130)
    第三节　业务范围与经营规则 …………………………………………… (133)
    第四节　信托公司的监管 ………………………………………………… (138)

第七章　信托基金 …………………………………………………………… (143)
    第一节　证券投资基金 …………………………………………………… (143)
    第二节　股权投资基金 …………………………………………………… (156)

第八章　资金信托 …………………………………………………………… (174)
    第一节　资金信托概述 …………………………………………………… (174)
    第二节　集合资金信托计划的设立、变更、终止与清算 ……………… (180)
    第三节　集合资金信托计划财产的保管、运营与风险管理 ………… (187)
    第四节　受益人大会 ……………………………………………………… (195)
    第五节　集合资金信托计划的监管 ……………………………………… (196)

第九章　资产证券化信托 …………………………………………………… (202)
    第一节　资产证券化概述 ………………………………………………… (202)
    第二节　信贷资产证券化信托 …………………………………………… (221)

第十章　信托制度在商事领域的运用 ……………………………………… (234)
    第一节　商事信托概述 …………………………………………………… (234)
    第二节　不动产信托 ……………………………………………………… (237)
    第三节　股权信托 ………………………………………………………… (243)
    第四节　资产收益权信托 ………………………………………………… (248)
    第五节　社会保障基金信托 ……………………………………………… (251)

第十一章　家族信托 ………………………………………………………… (256)
    第一节　家族信托的概念及其发展 ……………………………………… (256)
    第二节　家族信托当事人的法律地位 …………………………………… (262)
    第三节　家族信托的主要类型 …………………………………………… (266)
    第四节　我国发展家族信托的困境与出路 ……………………………… (270)

第十二章　公益信托 …………………………………………（280）
第一节　公益信托概述 ……………………………………（280）
第二节　公益信托的设立与法律关系 ……………………（287）
第三节　公益信托的监督和监管 …………………………（290）
第四节　公益信托的消灭与近似原则 ……………………（295）

第十三章　域外信托法的最新发展 …………………………（299）
第一节　普通法系国家信托法的发展 ……………………（300）
第二节　大陆法系国家信托法的发展 ……………………（311）

后　记 …………………………………………………………（327）

第一章 信托与信托法概述

第一节 信托概述

一、信托的概念

（一）域内法中的信托定义

信托是指委托人基于对受托人的信任，将其财产转移给受托人，受托人按委托人的意愿以自己的名义，为受益人的利益或特定目的，管理或处分财产的关系。信托关系有三方当事人，即委托人、受托人和受益人。

信托中的"信"具有信用、信任的含义，而"托"则是指委托、嘱托。现实生活中的财产所有人都期望自己的财产能保值增值或用于理想目的，而大多数财产所有人又因精力、能力等原因，不能亲自管理、运用这些财产，这就需要把自己的财产托付给可信任的人，委托其代为管理营运，这就是信托。

我国《信托法》第2条规定：信托是指委托人基于对受托人的信任，将其财产权委托给受托人，由受托人按委托人的意愿以自己的名义，为受益人的利益或者特定目的，进行管理或者处分的行为。

我国学者有将信托概括为一种财产关系的[1]，也有将信托直接理解为法律制度的[2]。学界对于信托的定义有财产管理说、法律制度说、法律行为说、财产关系或法律关系说等观点。财产管理说将信托简单定义为一种转移财产并加以管理的设计[3]，或者是在信任的基础上委托他人按其要求代为管理、营运和处理经济事务[4]；法律制度说主张，信托是建立在信任的基础上，财产所有者出于某种特定目的的或者社会公共利益，委托他人管理或处分财产的一种法律制度[5]；法律行为说则认为，信托主要是当事人基于信任关系（fiduciary relationship），为

---

[1] 参见江平编著：《西方国家民商法概要》，法律出版社1984年版，第75页。
[2] 参见刘士国：《完善我国信托法的若干问题》，载《西北政法学院报（法律科学）》1993年第4期。
[3] 参见周小明：《信托制度的比较法研究》，法律出版社1996年版，第2页。
[4] 参见张中秀：《信托投资理论与实务》，企业管理出版社1994年版，第4页。
[5] 参见全国人大信托法起草小组编：《〈中华人民共和国信托法〉释义》，中国金融出版社2001年版，第14页。

追求相互间的经济上、社会上或其他目的的一种法律行为①;关系说或者认为信托是一种基于信任而产生的财产关系②,或者认为信托是委托人将财产权转移于受托人,受托人依信托文件规定为受益人利益或特定目的而管理或处分信托财产的法律关系③。

也有学者综合信托内涵的要素④,认为信托的定义包括四层含义:一是委托人基于信任与受托人成立信托关系,因此对于背信的受托人,信托法规定了严格的责任;二是委托人基于信托,必须将一定财产或财产权委托给受托人,由受托人为实现信托目的而管理、处分,该财产(权)为可流通、具有金钱属性的财产或财产权;三是委托人将财产设立信托后,信托财产由受托人控制,受托人以自己的名义管理、处分信托财产,无须借助委托人或者他人的名义,这是信托区别于一般委托代理关系的重要特征;四是受托人为受益人的最大利益管理信托事务。还有学者提出了"民法上的信托与信托法上的信托"的区别问题。

(二) 域外法中的信托定义

1. 英美法中的信托定义

英美学者中,有的认为信托是种信任关系,有的认为信托是种使用和控制财产的方式,有的认为信托是一种持有并管理财产的协议。方式说认为,"信托"一词指由受托人所负担的职责或累积而成的全部义务;这种责任关乎在其名下或在其控制范围内的财产;法院根据其衡平法管辖权可强制要求受托人按信托文件中的合法规定来处理该财产,如果书面上或口头上均无特别规定,或虽有规定但该规定是无效或不充分的,则法院会强制要求受托人须按衡平法的原则去处理该财产;这样的管理方式将使与财产有关的利益并非由受托人占有,而是由受益人享用(如果其人存在),或(如果没有受益人)按法律所认可之用途来处理;如果受托人同时也是受益人,则他可以受益人的身份得到应得之利益。英国学者帕克(Parker)教授和梅洛斯(Mellows)教授在《现代信托法》一书中,称以上定义为"信托"一词的最佳定义。

协议说认为:信托是一种占有和管理财产的协议。财产所有人(即信托人)把财产或法定权利授予一个人或多个人(即受托人),受托人占有该信托财产或权利,并为他人(即受益人)利益或者为特定目的而行使权利。⑤但方式说和协议说都认为,在信托中一人拥有信托财产权,同时负有为另一人利益管理和处分

---

① 参见施天涛、余文然:《信托法》,人民法院出版社1999年版,第6页。
② 参见张淳:《信托法原论》,南京大学出版社1994年版,第39页。
③ 参见周小明:《信托制度的比较法研究》,法律出版社1996年版,第3页。
④ 参见何宝玉:《信托法原理研究》,中国政法大学出版社2005年版,第4页。
⑤ 参见张淳:《信托法哲学初论》,法律出版社2014年版,第4—6页。

该财产的义务。①

英国被认为是信托业的发源地,信托法在一开始几乎均以判例法的形式存在,但关于信托的定义却并非由信托判例法所记载,而是由学者们在著作中阐述。在英国较权威的教科书对信托的定义是:"信托是一项衡平法义务,约束一个人(称为受托人)为了一些人(称为受益人,受托人可能是其中之一)的利益处理他所控制的财产(称为信托财产),任何一位受益人都可以强制实施这项义务;或者为了一个慈善目的,总检察长可以强制实施这个目的;或者为了法律已经承认的其他目的,尽管这些目的不可以强制实施。"②

在美国,由于各州都具有立法权,对于信托的定义难以统一。由美国法学会组织编纂、旨在统一各州信托法的美国《信托法重述》(第二版)第2条对信托的定义是:信托,在没有慈善、归复、推定等限制词的情况下,是指一种有关财产的信义关系,产生于一种设立信托的明示意图,一个人享有财产的法定所有权并负有衡平法义务,为另一个人的利益处分该财产。此外,美国的乔治·博格特(George Bogert)教授在《信托法》一书中将信托定义为一种信义关系,一方持有财产的所有权并负有为他人利益管理、处分该财产的衡平法上的义务。

我国香港地区对于信托定义的通说为"信托一般是指委托人将自己的财产(称信托财产)转让给可以信赖的第三者(称受托人),让其按照自己的要求加以管理和运用,同时指定某人(受益人)享受该财产的利益这样一种制度。"③

2. 大陆法中的信托定义

日本学者新井诚指出,"信托"一词作为法律用语,最早出现在日本1900年制定的《兴业银行法》中。④ 日本于1922年制定出了亚洲最早的《信托法》,对信托概念作了定义:"信托是指办理财产权的转移或其他处理,使他人按照一定目的对其财产加以管理或处理。"⑤时隔八十多年后,日本为了实现信托制度的现代化,又于2006年以全面修改的方式制定了一部全新的《信托法》。该法第2条第1款对信托的定义是:"本法所称信托,是指根据次条各项所列的方法之一,特定人按照特定目的(专门为了谋取该人的利益之目的除外,同条亦同),管理或处分财产以及其他为达成该目的实施的必需行为。"日本学者川崎诚一认为:"信托,也就是为了某一目的,把财产交给他人,委托其予以管理和处理。"⑥日本学

---

① 参见张中秀:《信托投资理论与实务》,企业管理出版社1994年版,第3—4页;周小明:《财产权的革新——信托法论》,贵州人民出版社1995年版,第8页。
② Philip H. Pettit, Equity and Law of Trusts, 7th edition, Butterworths, 1993, p. 23. 转引自何宝玉:《英国信托法原理与判例》,法律出版社2001年版,第21页。
③ 赵秉志主编:《香港法律制度》,中国人民公安大学出版社1997年版,第131页。
④ 〔日〕新井诚:《信托法》(第4版),有斐阁2014年版,第17页。
⑤ 日本1922年《信托法》第1条。
⑥ 参见〔日〕川崎诚一:《信托》,刘丽京、许泽友译,中国金融出版社1989年版,第2页。

者道垣内弘人把信托作为一种法律行为来理解,将信托定义为委托人基于对受托人的信任,将其财产委托给受托人,由受托人按照委托人的意愿以自己的名义,为受益人的利益或者特定目的,进行管理或处分的行为。①

根据韩国《信托法》的规定,信托是指基于设定信托人(委托人)与接受信托人(受托人)之间的特别信任关系,委托人将特定财产转移或给其他处分交给受托人,使受托人为指定人(受益人)的利益或特定目的,管理或处分该财产的法律关系。②

我国台湾地区对信托采取与日韩类似的定义,1996年颁布的"信托法"第1条将信托定义为"委托人将财产转移或为其他处分,使受托人依信托本旨,为受益人之利益或为特定之目的,管理或处分信托财产之关系"。史尚宽教授在《信托法论》一书中将信托定义为财产转移及管理的手段。方嘉麟教授在《信托法之理论与实务》一书中将信托视为一种"财产移转与管理设计",并认为信托关系即委托人转移财产,受托人管理、处分财产,而受益人纯享利益,信托的两大功能便是财产转移和财产管理。

德国法学家瑞格尔斯伯格(Regelsberger)早在19世纪末就以古罗马的信托为基础提出了德文信托(treuhand)的概念,这一概念被帝国最高法院采纳。在德国,信托一般被理解为:某人受委托为他人利益或客观目的而处分物或权利。其中,受托之物或权利构成信托财产。委托人和受托人都既可以是自然人,也可以是法人。在多数情况下,委托人就是受益人;在某些情况下,受益人也可能是受托人或第三人;第三人为受益人的,称为受益第三人。③

《加拿大魁北克省民法典》第1260条中的信托定义为:"信托是由一个人即委托人的转移其财产的行为设立,由该人为特定目的提供的财产组成了另一项财产,受托人接受这一财产转移并占有和管理该项财产。"此条存在于该法典确立的信托制度中。④

3.《海牙信托公约》中的信托定义

1985年7月1日海牙国际私法会议第15次会议通过的《海牙关于信托的法律适用及其承认的公约》(以下简称《海牙信托公约》)对信托的定义是:"因委托人的生前行为或死后行为所设定的,为了受益人的利益或某一特定目的将财产转移于受托人的控制之下所产生的法律关系。一项信托必须具有以下特征:a)信托财产构成一项单独的基金,不属于受托人的自有财产的一部分;b)信托财产归于受托人或者代表受托人名义的其他人之下;c)受托人根据信托条款和

---

① 参见〔日〕道垣内弘人:《信托法入门》,姜雪莲译,中国法制出版社2014年版,第16页。
② 韩国《信托法》第1条第2款。
③ 参见孙静:《德国信托法探析》,载《比较法研究》2004年第1期。
④ 参见张淳:《信托法哲学初论》,法律出版社2014年版,第14页。

法律赋予的职责,享有管理、使用、处分信托财产的权利和义务,并承担相应的责任。委托人自己保留的一些权利和权力,以及受托人自身享有作为受益人的权利的事实,并不必然与信托的存在相矛盾。"

(三)信托与相邻概念的区别

信托不是委托代理。信托与代理有许多共同点,但也有明显的区别。信托和代理都是根据委托而产生,但信托可因合同、遗嘱及其他多种委托方式设立,而代理则必须以合同委托方式设立。信托和代理都以信任为基础,但信托中的受托人具有实施信托的充分权限,不受委托人或受益人的随意干涉(另有约定者除外),而代理中的代理人只能根据委托人的授权指示进行活动,不可越权。另外,信托中的受托人和代理中的代理人的法定义务虽大致相同,但受托人是以自己名义处理信托事务,并直接承担信托行为的法律后果,而代理人则必须以被代理人名义从事相关活动,代理行为的法律后果亦由被代理人承担。尤为重要的是,信托和代理都可从事为他人管理财产,但信托中的财产权随委托而转移,而代理中的财产权只委托不转移。信托定义中对财产规定只委托不转移,岂不是与代理混为一谈?

信托也不是行纪。信托与行纪有着更多的相似点,但它们仍然是两种不同的行为。信托和行纪都以信任关系为基础,但受托人在实施信托事务时有自己的意志,有较广泛的自主权,而行纪人一般得服从委托人的指示,只有在紧急情况下才可根据委托人最大利益的原则临机处理。信托和行纪都以委托人的委托为产生根据,但设立信托的方式有合同、遗嘱等多种,而行纪则只有因合同而设立。信托和行纪都涉及财产管理与处分,但信托事务可含财产管理、处分、投资、分配等多方面,而行纪则仅限于代客买卖(代购代销)。从此意义上讲,信托和行纪虽都是财产制度,但信托是受托人为受益人利益而管理财产的特别的财产管理制度,而行纪却是由行纪人为委托人购销物品的特别的财产交易制度。信托的受托人和行纪的行纪人都以自己名义从事对第三人的活动,并对该活动的后果负责,但信托中受托人须将活动的后果(财产收益)交付于受益人,而行纪中行纪人只将其完成行纪事项所取得的财产移交于委托人。信托中受托人和行纪中行纪人都负有忠实和善良管理义务,但受托人不可为自己买入信托财产或以信托资金购买自己财产,而行纪人却享有将自己物品卖给委托人或自己买入委托人物品的介入权。特别是,信托和行纪都转移财产的占有,但信托中财产转移后委托人不再拥有所有权,而行纪不转移所有权,行纪财产的所有权仍归委托人所有。信托定义中有委托,又是以受托人名义管理财产,加上具体制度中财产实际由受托人占有,实在是与行纪太相似了。

信托还不同于通常所说的"所有权与经营管理权两权分离"。如果把信托中受托人所拥有的财产权(或所有权部分权能)也称为经营管理权的话,倒是与受益人的所有权相分离的。但信托的"两权分离"与通常意义上的两权分离的最大区别在于,原所有人(委托人)不保留所有权,而由受益人享有。

二、信托的产生和发展

信托作为一种观念、行为源远流长,自私有制出现就开始发生。信托最早的文字记载是公元前2548年古埃及人写的遗嘱,其中指定其妻继承财产,其子为受益人,并为其子指定了监护人。古罗马时期,以固定形式的文书立遗嘱,与他人约定信托的方法已成习惯,并形成罗马法中的信托遗赠。很多人认为罗马法中的"信托遗赠"是信托的起源。罗马帝国皇帝颁布的法律中规定,按照遗嘱处理财产时,既可以把遗产授予遗嘱指定的继承人,又可以在继承人无法或无力承受时,由继承人委托或转让给第三人处理。[①] 但也有学者认为,此方式仅仅是继承人将被继承人的有关遗产移交第三人所有,并不是继承人在取得所有权的前提下管理、运用和支配该项遗产并将由此产生的利益交付给该第三人,所以并不具备信托性质。[②]

现代信托制度起源于英国的"尤斯制"(Uses)是不争的事实。封建时期的英国,人们普遍信奉宗教,教徒都愿将土地交给教堂使用以便灵魂超度,从而使教会占有的土地面积不断扩大。因教会土地可免除徭役,影响了封建君主的权益。为制止教徒向教会捐赠土地,13世纪时英王亨利三世颁布了《没收条例》,对未经君主和诸侯许可而向教会转让的土地,予以没收。为解决法律与宗教利益之间的矛盾,虔诚的信徒(包括法官)参照罗马法,创设了"尤斯制"。其基本原理是:欲将土地赠给教会的信徒,可先将土地转让(赠与)他人,然后指定其将土地上的收益交给教会,使教会能得到与直接捐献土地一样的实际利益。

这一做法很快流行起来,人们为了避免自己的土地利益被侵犯,逐渐开始采取转移土地由他人代为管理、经营的办法。当时英国的土地制度烦琐复杂,在英国的封建领主制下,由领主和农奴构成等级制社会,阶层间的桎梏很难被打破。领主将一定的领地交给农奴,农奴在领地上进行耕作和生产活动,收入的一大部分要交给领主,除此之外,农奴还要对领主负担领地继承费、监护费等各种各样的义务。为了使这一制度持续下去,土地的保有关系特别重要,因此长子继承制被明确规定下来。农奴背负的负担是伴随着他们所保有的领地,也就是农奴的这一身份而存在的。有人想到通过将领地转让给他人的形式来逃避所负担的义务,所以就出现了名义上土地已经被转移到可以信赖的人名下,实际上还是农奴在领地上劳作,然后再将获得的利益交给指定者的形式。这一制度很受农奴欢

[①] 参见张桂生、万存知编著:《金融信托概论》,中国金融出版社1989年版,第9页。
[②] 参见张淳:《信托法原论》,南京大学出版社1994年版,第2页。

迎,很快在全国范围内普及。14世纪英国的封建制度逐渐式微,信托在封建社会没落的过程中逐渐发展起来。但这种行为与英国当时的普通法相悖,也使得新现象产生了——在整个过程中,土地的所有权变得模糊。起初的"尤斯制"的提法也逐渐被"信托"(Trust)的统一说法替代。此时,受益人的权利进一步扩张为物权,除了善意第三人通过受让获得的所有权以外,可以对抗其他人普通法上的所有权;也应用于摆脱长子继承制的法律限制(使长子之外的其他子女也得到土地利益)。

"尤斯制"的实质就是一种为他人利益而获取财产权利并代为管理产业的方法,以转移、托管财产为核心,在委托人、受托人、受益人三方之间形成的信任与委托关系,这也就奠定了信托制度的基础。尽管"尤斯制"一开始就受到保守者的激烈批评,但因深受民间欢迎而发展起来,并受到衡平法的庇护。

"尤斯制"存在一定风险,其中最为严重的便是受托人的背叛。因为土地已经转移到受托人名下,一旦受托人主张自己是土地的所有者,委托人和受益人就束手无策了。当时普通法院采用的是书面审理的方式,从书面材料上看受托人确实是正当的权利人,因此受益人的起诉一般会被驳回。针对普通法院的不公平处理,人们纷纷向国王提出申诉。国王便将此交给大法官去解决,大法官根据良心和公平的标准对受托人进行检视。相关纠纷逐渐增多,促使大法官基于公平和道德的考量,开始出面平衡双方的利益。这就是经济的日益发展,使新的财产关系不断出现,迫切需要新的法律规范来调整新的关系,用新的法律规则来克服普通法在民事诉讼的形式、程序、赔偿范围等方面的缺陷。发展到15世纪前后,申诉案件的判例形成了与普通法平行的衡平法,大法官的办公室也独立成为衡平法院。正是大法官的干预促进了"尤斯制"的发展,并在衡平法的推动下形成了信托制度,人们也开始更加放心地使用信托这一制度。

由于信托反映了资本主义市场经济形成、发展过程中人们在处分财产方面的客观需要,所以不论国王、贵族、领主如何反对,它都顽强地生存、发展并逐步完善。信托从宗教目的、家族财产管理走向社会公益,并于18世纪中叶工业革命后,逐渐进入商业领域。19世纪,普通法院和衡平法院合并,使信托关系被认定为正式的法律关系,信托的受益权也成为一种法律上的财产权。[①]

信托逐渐为各国所接受,其基本原理得到了公认,这就是:在信托关系中委托人并不直接将财产交给他所希望帮助的人,而是将财产转移给他所信任的、具有管理能力的受托人,由受托人经营管理,并将经营管理信托财产所产生的收益交付于受益人。这一从信托的产生中形成的原埋应该反映在信托的定义中。由于委托人出于信任目的进行托付的行为具有普遍的意义,信托法作为一项重要

---

① 参见〔日〕川崎诚一:《信托》,刘丽京、许泽友译,中国金融出版社1989年版,第9页。

的法理延续至今。为了能让受托人更好地尽职保护信托财产,信托法明确了各种各样的法理并相应强化了对受益人的保护。[1]

三、信托的性质

(一)信托的特征

分析信托的性质,可从其特征着手。

首先,信托以信任为基础,以委托为依据。委托人对受托人的人品与能力充分信任,才会将信托财产转移给受托人管理或处分。受托人处于受信任的地位,负有忠实地为受益人的利益管理和运用信托财产的责任,不得利用该地位为自己谋利益。委托人须以一定方式对受托人进行委托,受托人接受委托,信托方成立。

其次,信托以财产为中心。有财产才有信托,信托本质上是托管财产,所谓"受人之托,代人理财"。委托人必须向受托人转移自己拥有财产权的信托财产,受托人取得该信托财产的财产权,为受益人的利益占有和处分该信托财产。转移财产的占有和财产权是关键,委托人对信托财产不再拥有所有权,正如《海牙信托公约》所述,"信托财产归于受托人或者代表受托人名义的其他人之下"。

再次,信托以受益人利益为目的。受托人管理和运用信托财产,虽以自己名义,却必须按委托人意愿和要求进行,并将收益交付于受益人(委托人自己或其指定的人)。这就是对受托人权利的限制,但受托人可得到约定的信托报酬。

最后,信托以三方当事人为主体。委托人转移财产进行委托,受托人接受财产并承诺代为管理、处分,受益人因受托人管理、处分财产而享有信托财产利益。在某些情况下,一人可兼多种身份,如在自益信托中委托人兼受益人,在宣言信托中委托人兼受托人,甚至同时为受益人。

有学者认为信托的性质具体表现为:(1)信托以委托人对受托人的信任为基础;(2)信托以委托人向受托人转移财产权为条件;(3)信托目的物必须是财产权;(4)财产权完全归属于受托人;(5)受托人要为受益人的利益管理或处分财产;(6)受托人必须遵循信托目的;(7)设立信托要以法律行为为前提。[2]

(二)域外对信托性质的讨论

英美法学者对信托性质的讨论,围绕信托财产权的属性是对人权还是对物权展开。主张对物权的,如美国信托法学者斯科特(Scott)认为,随着受益人针对他人请求救济的范围日益扩大,受益人几乎可以针对任何人请求救济;可以追踪获得信托财产的任何第三人,取回信托财产或代表信托财产的其他财产,只有

---

[1] 参见〔日〕樋口范雄:《信托与信托法》,朱大明译,法律出版社2017年版,第29—34页。
[2] 参见〔日〕中野正俊、张军建:《信托法》,中国方正出版社2004年版,第17页。

支付对价并且不知道信托存在的善意购买者除外。受益人的权利显然超出对人权的范围,更多地具有对物权的特征(尽管是部分特征)。① 主张对人权的,如英国学者梅特兰(Maitland)认为,委托人只能要求受托人按照信托文件实施信托,或者要求受托人赔偿违反信托文件造成的信托财产的损失,而且受益权在许多情况下都受到限制,如土地信托的受托人将土地出租给第三人,第三人未按期支付租金,受益人不能直接要求承租人支付租金或起诉承租人,而应由受托人去履职,这就说明受益权只是一种对人权。② 还有主张混合权利的,如美国的马歇尔大法官认为,信托受益人享有对人权,在有些情况下也享有对物权。信托受益人的衡平权利很显然有一些财产性权利的特性,但非绝对。因为信托受益人不是唯一的所有权人,在信托关系存续期间所有权分离的一部分赋予了受托人,受益人的财产性权利兼具对人权和对物权的特点。③ 一些学者认为,正常情况下信托财产权是针对受托人的对人权,强迫受托人实施信托;一旦信托财产错误地落入第三人手中,受益人可以追踪信托财产,此时就是一种对物权。

英国学者马丁(Martin)通过对信托展开描述并分析其与相近概念的区别来揭示信托的性质,他指出:信托是一种为衡平法所承认的因财产被转移给一个或数个被称为受托人的人所产生的关系,这些受托人被该法要求为被称为受益人的人的利益占有该项财产。该项受益人利益通常由设立信托的文件规定,但也可以默示或者由法律的适用产生。受益人利益是一种可以被出卖、放弃或者由遗嘱处理的财产利益;但如果派生这种利益的有关财产的合法财产权已经由善意第三人根据合同取得,这种利益将不再存在。④

大陆法学者对信托性质的讨论,主要集中在债权或物权以及债权物权并存之争。主张债权说的学者认为,按照一物一权理论,信托财产一经转移或进行其他处分,受托人享有信托财产所有权,受益人只享有取得信托利益的债的请求权。物权债权并行说认为,信托是既具有物权效力又具有债权效力的一种法律关系。物权方面,受托人享有对信托财产进行管理或处分的权利,受益人对信托财产也享有包含撤销权和追及权在内的一定的物权;债权方面,受托人应为受益人的利益管理、处分信托财产,受益人享有请求受托人支付信托利益的权利。⑤

债权说是日本信托基本构造的通说⑥,认为信托是一种产生债权关系效力

---

① See Austin W. Scott, The Nature of the Rights of the Cestui Que Trust, Colum. L. Rev., Vol. 17, 1917, pp. 269-270.
② See Frederick W. Maitland, Equity: A Course of Lectures, Cambridge University Press, 1936, pp. 28-30.
③ See Nathan & Marshall, A Casebook on Trusts (5th ed.), Srevens, 1967, p. 9.
④ 参见张淳:《信托法哲学初论》,法律出版社2014年版,第77—78页。
⑤ 参见何孝元:《信托法之研究》,载《中兴法学》1987年第1期。
⑥ 参见〔日〕新井诚:《信托法》(第4版),有斐阁2014年版,第30页。

的财产权设定转移的行为,一方面,受托人对信托财产享有所有权,信托财产归属于受托人;另一方面,受益人对受托人享有债权,有权要求受托人交付信托利益。债权一经确定,受托人就要向受益人承担给付信托利益的义务,法律对受益人权利予以保护。①

在德国,部分学者持物权说,认为信托财产的所有权应归属于受益人,受益人以信托财产所有权人的身份享受信托利益。物权说又分为两派:一派认为信托财产在实质上归属于受益人,但在形式上归属于受托人,受益人基于经济实质,对信托财产享有"信托上的所有权"(trust ownership);受托人掌握信托财产是基于法律行为,对信托财产享有"法律上的所有权"(legal ownership)。另一派认为信托财产仅归属于受益人,受托人对信托财产只享有代理权,不享有所有权。② 部分德国学者持附解除条件法律行为说,认为信托财产的所有权虽归属于受托人,但附解除条件,这里的解除条件指的是能够导致信托关系终止的各种事由;信托财产所有权在解除条件成就之前由受托人享有,在解除条件成就之后复归于受益人。③

(三) 关于信托性质的分析

信托财产的财产权问题是信托性质中的最重要特征。在英美法中,受托人是信托财产的名义所有人,拥有"普通法上的所有权";受益人是信托财产的实质所有人,拥有"衡平法上的所有权"。双重所有在英美法中并无障碍,"将信托的本质理解为受托人与受益人对信托财产分享所有权,在理论上并没有什么不妥,在实践中也不会产生什么问题。"④由于大陆法系主张所有权是绝对权,排斥双重所有,理论上就不可能分割、分享信托财产所有权。大陆法国家如日本、韩国的立法虽规定了委托人向受托人转移财产,而对信托财产所有权的归属不作具体规定,但从具体规定看,财产所有人的权利主要是由受益人行使的(如对信托财产监督检查、替换受托人、信托终止时第一顺序获得财产等);对受托人拥有的财产权性质也未规定,但大陆法学者一般认为,受托人对信托财产享有不完全的权利,即对信托财产具有占有、使用、处分的权利,并且这种财产权还被限制在委托人意愿和受益人利益的范围之内。

也有人认为大陆法系只存在与英美法系信托类似的制度,是通过单独一种或几种法律合并运用实现信托的功能,特别是运用委托合同、第三人受益合同等合同的制度达到信托的主要效果,这就回避了信托财产权的问题。还有学者认

---

① 参见魏曾勋等:《信托投资总论》,西南财经大学出版社1993年版,第508页。
② 同上书,第507页。
③ 参见江平编著:《西方国家民商法概要》,法律出版社1984年版,第77页。
④ 扈纪华、张桂龙主编:《〈中华人民共和国信托法〉条文释义》,人民法院出版社2001年版,第22页。

为,受托人因接受信托而持有并管理财产,信托财产独立于委托人、受托人和受益人,各方当事人都不享有信托财产的特权。①

我国学者对信托的性质提出了诸如特殊权利说、新综合权说等观点。如王涌在《论信托法与物权法的关系——信托法在民法法系中的问题》一文中提出,"信托的法律结构是明确而固定的,信托财产是独立的,信托受益权的法律内容简单而明确,完全可以看成是一种物权,是信托法增加的特定物权,可以称为信托物权,与担保物权、用益物权并列"。李群星在《信托的法律性质与基本理念》一文中提出,信托财产权是一种独立于传统民法财产权利体系之外的、新的独立形态的权利组合,其中既有物权的内容,也有债权的内容,甚至还包含物权、债权关系所不能包含的其他内容。

本书认为,信托中的财产权是随着委托而转移的,这也是英美法与大陆法的共同点。即随着财产转移,委托人不再拥有所有权,当然不排除委托人继续保留少量权利(如提议更换受托人)。正如《海牙信托公约》所述,"委托人自己保留的一些权利和权力,……并不必然与信托的存在相矛盾"。转移后的信托财产的所有权实质归受益人拥有,表现为受益人行使真正所有人的权利;受托人亦拥有部分财产权,或称为所有权的部分权能。这样解释不仅不违背大陆法物权一物一权理论,还完全符合所有权运行的学说。物权法认为,所有权在运行中其占有、使用、收益和处分四项权能是会分离的,分别由不同主体行使,这也正是实现所有权的体现。

我国《信托法》的立法过程中,起草者过于顾虑法律传统和习惯的表述方法,采取了既非英美法又非大陆法的信托定义,简单回避财产权属问题,甚至回避财产转移问题②,仅仅是委托人"将其财产权委托给受托人",实际是委托人保留财产权,在具体制度中将通常由受益人行使的权利留由委托人行使,实在有违信托的性质,且易与其他近似概念相混淆。

四、信托的职能

信托的首要职能是财产事务管理,或简称为财务管理。受托人为受益人利益谨慎地管理或处理财产是信托的基本职能,不论是资金信托、财产信托,还是投资信托,都属于财务管理职能的体现。现代社会的经济、科技高度发展与分工精细,使委托专人管理财产事务有了必要性和可能性。信托制度中,信托财产转移至受托人,但不可与受托人自有财产相混合;信托财产由受托人运用,但运用

---

① 参见扈纪华、张桂龙主编:《〈中华人民共和国信托法〉条文释义》,人民法院出版社2001年版,第23页。
② 同上书,第19—23页。

要受信托目的即委托人的意愿制约；信托财产可能因运用而产生收益，但全部收益应归委托人或其指定人享有，这些也都体现出财务管理的独有特征。

信托具有融资和融物的功能。营业信托的不断发展，使信托机构的中长期金融功能日显突出，即信托机构以受托人身份，吸收中长期信托资金，运用于投资或贷款，成为筹措资金、调剂供求的信用中介。在信托中，融资是受托人与委托人、受益人的多边关系，资金的所有权也是转移的；并且，信托中资金融通往往与物资融通相结合，直接融资与间接融资相结合，银行信用与商业信用相结合，使其完全不同于一般银行信贷关系。

信托还具有投资开发职能。这一在19世纪初英国工业化过程中发展起来的功能，逐渐被各国认识与推广。当年，对外投资的高利诱惑和投资安全的需要，终于造就了投资基金的产生，人们集中资金，委托可信赖的专家进行投资管理，受托人将基金运用于金融市场中各种金融商品，并将投资收益返还投资人，自己获得约定报酬。特别是第二次世界大战后，投资信托日益向基础产业及房地产业开发中发展，其投资开发功能明显扩大。

信托职能的合理运用与充分发挥，可以促进经济发展，提高社会经济效益，也可协调各种经济关系，推动社会福利与公益事业的发展。

五、信托的种类

（一）意定信托与法定信托

根据信托成立的方式，可将信托分为意定信托和法定信托。

意定信托是依据当事人之间的意思表示而成立的信托，又称为明示信托，当事人通常以信托契约、遗嘱等作出信托的明确表示。大部分信托业务都属于意定信托。

法定信托与意定信托相对应，是由司法机关确定当事人之间信托关系成立的信托。即司法机关为了当事人的利益，根据法律规定和实际情况，判定当事人之间成立信托关系。如某人生前未对遗产处置留下遗言，去世后须经法院裁判分配遗产，在此期间需要委托专人管理、妥善保护遗产，司法机关即可设立法定信托。

（二）民事信托与商事信托

根据信托内容的法律性质，可以分为民事信托和商事信托。

民事信托是指信托事项所涉属于民事法律范围，如婚姻、家庭、继承、劳动等相关的个人财产的管理、抵押、变卖、转移等事项的信托。

商事信托是指信托事项所涉属于商事法律范围，如公司、票据、海商、保险等相关的设立、并购、清算、融资、偿付等事项的信托。

（三）营业信托与非营业信托

根据受托人是否为专业经营信托业务，可以分为营业信托与非营业信托。

营业信托的受托人是以收取报酬为目的专门从事信托业务的经营者。营业信托是信托发展到一定阶段的产物，信托早期的受托人大多为个人，后来专门经营信托业务的私营机构出现，它承办信托的目的是收取报酬，获得利润，其出现促进了信托的发展。

非营业信托的受托人不以收取报酬为目的。受托人办理信托多为了私人情谊或社会责任，而非为营利，有时也收取一定的成本费用。

（四）私益信托与公益信托

根据信托受益对象的不同，可以分为私益信托和公益信托。

私益信托是指委托人为了特定的受益人的利益而设立的信托。特定的受益人即委托人指定的信托利益的获得者，通常与委托人之间有一定的利益关系，如遗嘱信托、雇员受益信托等。

公益信托与私益信托相对应，其受益人为社会公众中符合一定条件的人士或团体，是委托人将自己的资金财产委托给信托机构或慈善组织办理公共福利事业的信托，如为学术、技艺、慈善、宗教以及其他公共福利事业而办理的信托。

（五）自益信托与他益信托

根据是否将自己设为信托受益人，可以分为自益信托与他益信托。

自益信托是委托人将自己指定为受益人的信托。随着经济与社会的发展，委托人开始利用信托为自己谋利益，也就出现了委托人将自己定为受益人的情形，委托人可以把自己不能做、不便做的事项委托给信托机构，也可利用信托机构的专业优势获得更大的财产收益。

他益信托是委托人指定第三人作为受益人而设立的信托。信托多为他益信托，委托人通过他益信托可使他人享受到信托财产的收益。

（六）金钱信托与非金钱信托

根据信托财产的不同类型，可以分为金钱信托与非金钱信托。

金钱信托也叫资金信托，它是指在设立信托时委托人转移给受托人的信托财产是金钱（即货币形态的资金），受托人给付受益人的也是金钱，信托终止时受托人交还的信托财产仍是货币资金。在信托存续期间，受托人为了实现信托目的可以变换信托财产的形式，如用货币资金购买有价证券获利或进行其他投资，但在给付受益人信托收益时仍须还原为货币资金。日本的金钱信托占全日本信托财产总额的90%。日本的金钱信托根据金钱运用方式的不同还可分为特定金钱信托（运用方式和用途由委托人特别具体指定）、指定金钱信托（委托人只指定运用的主要方向，具体方式则由受托人决定）和非指定金钱信托（委托人对运用方式、运用范围不作任何限定）。

非金钱信托是指以货币资金以外的财产作为信托财产的信托。日本和韩国的信托业多采纳此分类,主要包括有价证券信托、动产信托、不动产信托、金钱债权信托、抵押公司信托、知识产权信托。

(七) 担保信托、管理信托与处理信托

根据信托目的的不同,可以分为担保信托、管理信托与处理信托。

担保信托是以确保信托财产的安全,保护受托人的合法权益为目的而设立的信托。委托人将信托财产转移给受托人,受托人在受托期间负责妥善保管信托财产,保证信托财产的完整,但不运用该信托财产获取收益。

管理信托是在运用信托财产的同时要保护信托财产的完整(现状)的信托。如房屋的管理信托,受托人在出租房屋的同时要对房屋进行维护,保持房屋原貌,不得改建、变卖。

处理信托是指改变信托财产的性质、原状以实现财产增值的信托。如房屋的处理信托,受托人可以将房屋出售,换取其他形式的财产。

我国信托法将信托活动分为民事、营业与慈善三个领域,并就信托设立的一般要求与公益信托的特殊要求作了规定。目前我国的信托活动以营业领域最为普遍,受托人多为信托公司,作为非银行金融机构,受我国银行业监督管理机构的监管,故其活动除了受信托法约束之外,还应遵守金融监管法的特殊要求。例如,根据《信托公司管理办法》与《信托公司集合资金信托计划管理办法》,信托公司从事信托业务活动中信托的设立、变更与终止等均应遵守相关要求。比较而言,我国民事领域的信托实践还不够充分,其设立、变更与终止除了适用信托法的一般要求之外,须根据其活动性质,遵守相关领域的法律与行政法规的要求。例如,遗嘱信托的设立还应遵循《民法典》继承编的要求;保险金信托则还应符合保险法的要求等;而在慈善领域,公益信托的设立、变更与终止应适用信托法、慈善法及其他法律法规的规定。

第二节 信托法概述

一、信托法的概念

信托法是调整信托当事人之间信托活动关系的法律制度的总称。

在制度经济学里,"制度是一个社会的游戏规则",包括正式的和非正式的制约。制度的主要作用就是建立起一个人们相互作用的稳定结构,提供激励与约束,减少因人的行为及环境复杂性引起的不确定性,降低交易成本。同时,制度

"就是通过他们对交换与生产成本的影响来影响经济绩效"①。根据这一逻辑，制度的作用在于克服不确定性和降低交易成本。信托法律制度也离不开制度经济学的上述结论。信托法律制度的生成和变迁也是为了克服在信托法律关系的设立、运作和终止过程中的诸多不确定性因素，为信托法律关系的参与者提供一个尽可能准确的预期，并降低信托法律关系的交易成本。与此同时，制度既是一个结论，又是一个过程，因为现存制度既是既往历史发展的结果，同时其本身又始终处于变动过程之中。正如新制度经济学的代表者诺斯指出的，"制度的稳定性丝毫也没有否定它们是处于变迁之中这一事实"②。

信托法律制度，是根据信托法的规定，对信托关系主体之间的权利义务关系，信托财产的范围和运作方式，信托关系的设立、变更和终止等问题的法律设计。其中包括：信托法律关系主体制度、信托财产制度、信托运作制度，以及在违反信托法律和其他信托文件后的责任和救济制度。这些具体制度的结合构成了信托法律制度的最核心部分。

我国《信托法》已由第九届全国人民代表大会常务委员会第二十一次会议于2001年4月28日通过，自2001年10月1日起施行。

二、信托法的价值与原则

（一）信托法的价值

法的价值或法律价值是一定的社会主体需要与包括法律在内的法律现象的关系的一个范畴。这就是，法律的存在、属性、功能以及内在机制和一定人们对法律要求或需要的关系，这种关系正是通过人们的法律实践显示出来的。③ 简言之，法律价值是以法为客体，并从其满足人们和社会需要的角度，概括法对于人和社会的有益性和人所追求的理想目标，从而显示出法的工具性。一般来说，法的价值包括自由价值、平等价值、安全价值、秩序价值、正义价值和效率价值。它们分别代表了人们对于法律所期待的内容。人们创造出一些法就是为了满足在自由、平等、安全、秩序、正义和效率上的人类需求。但是，在对法律进行评价的时候，我们又发现，尽管在法的总体上能够满足所有的价值期待，但是在各个部门法来看，这些期待是无法同时满足的，因为价值之间会产生冲突和矛盾。那么当一部法面临着诸多的价值需求时，它就必须作出抉择，哪一个价值是其所主要弘扬的，居于主要地位，这就是法律的价值取向。信托法也有其自身的价值取

---

① 张克难：《作为制度的市场和市场背后的制度——公有产权制度与市场经济的亲和》，立信会计出版社1996年版，第66页。
② 〔美〕道格拉斯·C.诺斯：《制度、制度变迁与经济绩效》，刘守英译，上海三联书店1994年版，第7页。
③ 参见卢云主编：《法学基础理论》，中国政法大学出版社1994年版，第192页。

向,那就是自由和效率。

诚如庞德所言,在法律调整或安排背后,"总有对各种互相冲突和互相重叠的利益进行评价的某种准则。"①信托法在历经数个世纪的演变后始终不脱财产转移与管理的色彩,与其制度性功能之所在,也是信托的本来面目。与此相联系的就是信托的两大基本价值取向。

就经济层面的自由而言,自由意味着支配财产的最大的抉择范围,并在取得这一抉择范围的同时付出最小的成本代价。从信托的产生和发展的历史轨迹来看,我们发现,信托作为规避法律上种种限制和负担的一种制度设计,赋予了受托人最大限度的财富支配自由。信托本身的特性也充分支持其扩张个人支配财富的自由。信托财产的"独立性"与受益权的"追及性",不仅使信托财产免于委托人、受托人及受益人三方债权人的追索,而且受托人违反信托条款处分的信托财产无论落入何人之手,也能予以追回,由此,委托人可确保其特定财产代代相传而不致落入外人之手。② 同时,在理念上,信托依然在作着扩张意志自由的努力。尤其在遗产信托中,巨大财富的拥有者通过信托,除了可在最小负担最大利益原则下安排子孙后代的生活、确保财富代代相传外,还可透过财富的巨大影响力实现自己的一定理念,从而影响子孙后代生活形态的选择乃至整个社会的运作。

就经济学意义上的效率而言,效率隐含于自由之中。现代市场经济富有效率的运作正是建立于财富自由支配之上的。从这一角度来说,扩张自由与追求效率是同一过程的两个结果。现代信托在两个方面满足了这一效率追求:一是受托人的专业管理。委托人将财产交付信托,通常是因为自己或受益人缺乏理财能力,而受托人则是受其信赖并富有经验的理财能手。尤其是随着现代信托业的兴起,受托人发展成专业的营业机构,其理财能力得到了空前扩张。二是信托法强加给受托人忠实义务和善良管理人的注意义务,须就信托财产管理谋取最大化利益。由此,通过受托人的管理经营,委托人就可避免财富因自己或其后代的轻率鲁莽或错误决定而受损失,从而造成巨大的社会资源的浪费。

综上所述,信托的基本价值取向在于扩张自由并进而提升效率。这与政治上推进民主、经济上依托市场的现代社会的价值信条并行不悖。因此,现代信托法制毫不犹豫地确认了自由与效率的价值追求,并为它们的运作提供了较其他法律设计更大的弹性空间与更为切实的保障。③

---

① 〔美〕罗·庞德:《通过法律的社会控制——法律的任务》,沈宗灵、董世忠译,商务印书馆1984年版,第55页。
② 参见周小明:《信托制度的比较法研究》,法律出版社1996年版,第63页。
③ 同上书,第66页。

(二) 信托法的基本原则

民商法的基本原则涉及如何确定正确的法律概念、法律是手段抑或目的、自然法与实在法的关系、人治与法治的关系、人的认识能力的非至上性、统一的法制如何可能等法哲学的重大问题;小而言之,它涉及如何确定规范的概念、法典法的利弊分析、诚信原则与公平原则的关系等较为具体的问题。[①] 作为民商法的一个分支,信托法的基本原则对于立法、司法和执法的指导作用无疑同样也是十分重要的。

信托法的基本原则是其效力贯穿信托法律制度始终的根本规则,是对作为信托法主要调整对象的信托关系的本质和规律的基本描述,是立法者在信托领域所推行政策的集中反映,是克服信托法律制度本身局限性的工具。同任何一个部门法的基本原则一样,信托法的基本原则有两层来源:首先来自于其内容的根本性,其次来自于其效力的贯穿始终性。这两方面的来源是相辅相成的,内容的根本性决定了信托法律制度的基本原则是对信托法律制度最本质的表述,而这些最本质的东西自然要通过其贯穿始终的效力加以体现。

信托法律制度是民商法律制度的下位概念,信托法律关系是民事或商事法律关系的一个分支。因此,平等原则、意思自治原则、诚信原则和权利不得滥用原则等民事或商事法律制度的基本原则是当然适用于信托法律制度的。只是我们在信托法的领域里讨论这些基本原则时,明显地会带上信托制度的痕迹。即便在我国《信托法》中也是这样表述的:"信托当事人进行信托活动,必须遵守法律、行政法规,遵循自愿、公平和诚实信用原则,不得损害国家利益和社会公共利益。"这些原则是信托法所必须遵循的。

1. 平等和公平原则

《民法典》第 4 条、第 6 条分别规定:"民事主体在民事活动中的法律地位一律平等","民事主体从事民事活动,应当遵循公平原则,合理确定各方的权利和义务"。这些原则集中地反映了民法所调整的社会关系的本质特征,是民法区别于其他部门法的主要标志。[②] 在民法领域的平等是程序的平等,或称机会平等,只要社会向人们提供了同等的机会,便做到了平等,换言之,平等是机会的平等。至于人们从事民事活动得到的结果如何,那是由人们的天赋、才能、机遇决定的事情,应该允许存在差别。[③] 同时,这一平等观是"特权""身份"这一类词的对立物。平等原则在民法中被确立的历史,同时也是等级特权制被否定的历史,是人类"从身份到契约"的运动史。因为,"契约就是机会均等,就是人人有权自主选

---

① 参见徐国栋:《民法基本原则解释——成文法局限性之克服》,中国政法大学出版社 1992 年版,第 8 页。
② 同上书,第 57 页。
③ 参见彭万林主编:《民法学》(修订本),中国政法大学出版社 1997 年版,第 43 页。

择,就是把人们从各种身份关系中解放出来,契约制度因而成为现代社会的基石。"①

在信托法中同样也要遵循平等和公平的原则。在法律面前,所有的信托法律关系参与者在权利义务的分配过程中必须平等协商,不得出现以强凌弱、以上欺下,强迫他方服从自己意志的现象发生,否则法律将对其进行处罚。

2. 自愿原则

我国《民法典》第5条规定:"民事主体从事民事活动,应当遵循自愿原则,按照自己的意思设立、变更、终止民事法律关系。"自愿与民法中的意思自治同义。所谓自愿,指承认民事活动当事人的意志的独立、自由和行为的自主,当事人据此可享有自主的决策权。在市场经济中,由于当事人被假定为其自身利益的最佳判断者,利用自己和他人的能力、知识进行活动,对自己的行为负责,享受自己行为带来的盈利,并承担其风险,因此一切不法干预当事人自由意志的行为,都是对意思自治原则的违反,同时也是对市场经济方式的违背。在法律上就体现为因"自愿"而享有的决策权。这种决策权体现在以下方面:首先,当事人有权依法决定从事或不从事某种民事活动,可根据自己的意愿和利益决定是否实施某种民事法律行为,参加或不参加某种民事法律关系。对已参加的民事法律关系,在法律许可的范围内有权予以变更或终止。其次,当事人有权选择其参与的民事法律关系的相对人及内容。当事人有权选择最有利于己的交易伙伴,通过协商一致达成法律关系的条款,拒绝行政性的"拉郎配"。最后,当事人有权自由选择其所欲实施的法律行为的形式,在不违反法律的强制性规定的前提下,有权在口头、书面、公证或鉴证形式中加以选择。②

在信托法律关系中,自愿的原则也得到了体现。从信托法理论上说,尽管在已生效的信托文件中可能已经注明了信托法律关系的受托人姓名,但是只要这一文件没有得到该受托人的认可,该受托人并不当然承担受托人的责任。我国《信托法》第13条第2款明确规定,"遗嘱指定的人拒绝或者无能力担任受托人的,由受益人另行选任受托人"。可见,在我国信托法中,受托人是可以拒绝委托人的遗嘱委托的。即便委托人已经死亡,其遗嘱已经生效,但是其效力也并不一定对遗嘱中指定的受托人发生作用。诚如前文所言,受托人有权决定其是否参加到一项具体的信托法律关系中去,这就是平等原则在信托中的一个很好的体现。

---

① 彭万林主编:《民法学》(修订本),中国政法大学出版社1997年版,第43页。
② 参见徐国栋:《民法基本原则解释——成文法局限性之克服》,中国政法大学出版社1992年版,第64页。

3. 诚实信用原则

《民法典》第 7 条规定："民事主体从事民事活动,应当遵循诚信原则,秉持诚实,恪守承诺。"民事法律制度中诚信原则历来有"帝王条款"之称,可见其在民事法律制度中的重要地位和作用。所谓诚信原则,就是要求民事主体在民事活动中维持双方的利益平衡以及当事人利益与社会利益平衡的立法者意志。概言之,诚信原则就是立法者实现上述三方利益平衡的要求,目的在于保持社会稳定与和谐发展。三方利益平衡是这一原则实现的结果,当事人以诚实、善意的态度行使权利、履行义务,法官根据公平正义进行创造性的司法活动,是达到这一结果的手段。[①]

在信托法中,诚信原则有着重要意义,因为还没有哪一个制度像信托制度这样,在转移财产所有权的情况下,要求受托人对第三方利益负责。这样的制度设计无疑要求这一制度的参加者必须有极大的诚信,否则受托人任意侵害信托财产、损害受益人利益的事件就会随时发生,从而危及信托的基础,打击人们对信托市场的信心。从理论上说,在信托制度的设计模式中,受托人取得信托财产的名义所有权,使得受托人在对该项财产进行管理时所享有的自由裁量度是其他制度所不能相比的,这就也使其在信托财产运作过程中可能受到的来自外界的干预是最弱的。这样看来,在受托人那里集中了最大的权利和最弱的监管。委托人之所以愿意将这样的地位赋予受托人,就源于其对受托人的信任,那么投桃报李,受托人应当还委托人一个"诚信"。这里的诚信就是要求受托人负忠实义务和善良管理人的义务。受托人管理信托财产并不是一种"利己"行为,而是一种"利他"行为,其行为要对受益人负责。我国信托法中的受托人的自己管理义务和分别管理义务等莫不体现于此。

4. 合法原则

我国《民法典》第 8 条规定,"民事主体从事民事活动,不得违反法律,不得违背公序良俗。"法律和行政法规是全体人民意志即国家意志的体现,自觉守法是法制的基本要求和法律实施的基本方法。信托当事人的权利义务关系是法律确定和保护的,也只有符合法律规范的信托才具有有效性。当然,任意性法律规范允许当事人选择,但强制性法律规范则不允许当事人以约定的方式来排除适用。

在信托法中,合法原则往往表现为权利不得滥用,当权利之行使有违诚信者是为权利滥用。[②] 其要旨,就是要求民事活动的当事人在行使权利及履行义务的过程中,应实现个人利益与社会利益的平衡。[③] 信托活动应遵守公共秩序和

---

① 参见彭万林主编:《民法学》(修订本),中国政法大学出版社 1997 年版,第 48 页。
② 参见陈锐雄:《民法总则新论》,三民书局 1982 年版,第 920 页。
③ 参见徐国栋:《民法基本原则解释——成文法局限性之克服》,中国政法大学出版社 1992 年版,第 90 页。

优良风俗,这是公共利益和核心价值观的具体要求,现代社会不认可有悖公益的信托行为,更不能容忍利用信托从事道德沦丧的丑恶活动。因为"信托的历史性悟中一直保留了个人对现存社会的抗争性,从而具有极端扩张自由的倾向"①,所以这种抗争性也易异化为对社会利益的侵害,防止这种异化的发生是信托法的重要责任。防止权利滥用的关键就是加强对受托人的监管,"信息披露"自然是必不可少的,世界各国信托法无一例外地规定了受托人应就受托事项向委托人和受益人定期报告,其财务账簿要向委托人和受益人公开,这是对受托人执行信托事务的一个重要的监督,其目的就是防止受托人的"权利滥用行为"。

三、信托法的功能

法的功能是指基于法的属性、内部诸要素及其结构所决定的某些潜在的能力。这种潜在的能力可能并没有直接作用于社会关系,但它是客观存在的,它是法具有生命力的内在依据。明确法的功能,其意义侧重于强调法的地位并科学立法,自觉地运用法这一工具。② 信托法律制度也有其自身的功能,或者称为信托法的用途或"使用价值"。信托法通过其特有的制度设计,形成了相较于代理、行纪、居间等制度不同的权利义务构架及其本质属性,并由这些特质决定了信托法的功能必然也是独一无二的。当信托法的功能实际地作用于社会,并借助社会的一些现实条件,诸如政治制度、经济制度、法律传统、道德水平等时,信托法的作用才有可能最终发挥出来,实现信托法的真正价值。

关于信托法的功能,国内学者已基本上达成了共识,即主要体现在两方面:财产的转移和财产的管理。尽管在语义上,信托制度的这两方面功能与上述其他制度的功能并没有区别③,但是在实质上,稍加分析,我们就可以得出这样的结论:在财产的转移和财产的管理层面上,信托制度较代理、行纪和居间有更大的优越性。

财产的转移和财产的管理与信托的本质是相吻合的,因为信托本身就是一项财产转移与财产管理的法律制度。④ 信托制度的本质常用"受人之托,代人理财"概括,前半句就含有信托财产的转移之意,而后半句是指信托财产的管理。先从信托财产的转移角度来看,"受人之托"是信托得以设立的必要条件,无论委托人创设信托时所期待的目的是怎样的,都必须通过转移信托财产给受托人才可能实现其目的;如果委托人与受托人之间没有完成这样的交付,我们就很难想象这样一项信托存在的意义。再从信托财产的管理角度来看,代人理财是一项

---

① 周小明:《信托制度的比较法研究》,法律出版社1996年版,第66页。
② 参见卢云主编:《法学基础理论》,中国政法大学出版社1994年版,第50页。
③ 我们也可以说,代理、行纪和居间的功能也包括财产的转移和财产的管理。
④ 参见施天涛、余文然:《信托法》,人民法院出版社1999年版,第13页。

信托完成使命的核心内容，一个"理"字充分地体现了信托的财产管理方面的功能。管理信托财产是受托人必须完成的任务，受托人管理信托财产的直接目的是实现信托财产的增值，当信托财产实现了最大增值的时候，信托制度的功能也就得到了最大的发挥。

信托的两方面功能紧密联系，财产转移是财产管理的必经程序，而财产管理是财产转移的行为目的。信托与代理、行纪和居间制度的最大区别，就是财产所有权的转移。信托制度中，转移信托财产是一种物权行为，受托人得到的是信托财产的所有权；而在其他制度中，转移财产仅是一种债权行为，受让人取得的仅是财产上的若干权能，而非全部的所有权。信托法律关系中的受托人是以所有人的身份在进行信托活动，他在管理信托财产时的立场是独立的所有人的地位；而其他法律关系中的财产受让人由于只取得了财产的部分权能，因此其地位远没有受托人那样独立，而必须依附于财产真正的所有人。所以，在管理财产时，受托人的权利要远远大于其他的财产受让人。在这样的权利范围内，信托制度实现财产增值的可能性是其他制度所不能比的，其实现效率价值最大化在制度层面有了保障。

信托法功能的优越性在于：

第一，有利于财产管理行为的长期化。长期规划是信托制度相较于代理、行纪等制度最具优越性的一个方面。学者们在比较相近制度后得出，"信托因有受托人的中介设计以及管理连续性的设计，因而更适合于长期规划的财产转移与财产管理。"[①]实际上，长期规划的优越性源于信托制度的本质特征，即财产所有权的转移。因为在创设一项信托的时候，必然伴随着信托财产所有权的转移，所以这就促使委托人更关注有利于受益人的长远利益，作出长期规划，付诸长期行动，防止急功近利、短期行为。对委托人来说，放弃信托财产的所有权是一个很重大的决定，因此有必要对这一决定进行慎重的考虑：如果仅需要在较短的时间实现财产的转移和管理，就会选择设立代理等其他无须放弃所有权或更简便安全的法律关系；如果要对某一事项进行长远的安排时，才有设立信托法律关系的必要，因为在长期的财产转移过程中，外界的不确定性因素增加，委托人需要赋予受托人足够的权利以应付可能出现的各种情况，也只有这样才能实现对信托财产增值最大化的要求。时至今日，信托法律制度与长期规划之间的紧密联系在人们心目中的地位已经稳固下来，即如果人们试图设计一种长期的财产转移和管理的关系，往往会首选信托法律关系。

第二，有利于当事人创设权利义务。这是指在设立、运作和终止信托法律关系时，信托法律制度给予信托当事人较大的弹性空间，信托当事人可以根据实际

---

① 周小明：《信托制度的比较法研究》，法律出版社1996年版，第39页。

需要进行自主决策。信托经常被用于创新,信托创设的目的又无限丰富,而且在创设一项新信托关系时,由于是新事物,又由于时间跨度过大而使预期不周延,其中的不确定性因素无法完全控制,立法也无法全面顾及。一个较好的解决方案就是赋予信托当事人自由裁量的空间,让信托当事人根据"具体问题具体分析"的原则,自行设计相应的双方权利义务和责任风险。可以说,信托法律制度的弹性空间弥补了长期规划的弱点,成为信托制度的一个亮点。

有学者将信托制度功能的这一优越性表述为设立方式的多样化、信托财产的多元化、信托目的的自由化以及实务领域的宽泛化。[①] 应该说,信托法律制度的这一功能使得信托制度在从一国借鉴到多国的过程中,在从英美法系走向大陆法系的过程中,减少了制度差异的摩擦,是其成为世界性法律制度的根本原因。

第三,有利于切实保障受益人权益。信托制度吸引人的另一个重要原因是其对受益人地位的充分尊重,对受益人权益的切实保障。信托法对受益人权益的切实保障是其他法律制度所无法相比的。信托法律关系中的受益人的地位足以让其他法律关系中居于类似地位的人羡慕不已,这体现在以下两个方面:首先,在信托法律关系的权利义务安排上,受益人享有的权利要远远大于负担的义务。伴随所有权所生的管理责任与风险负担皆归属于受托人,而伴随所有权所生的利益则纯由受益人享受。换言之,信托使受益人处于只享有利益而免去责任的优越地位,这在其他法律关系中是无法实现的。其次,信托财产的独立性设计让受益人免去了后顾之忧。所谓信托财产的"独立性",是指信托财产区别于委托人、受托人和受益人的自有财产,仅服从于信托目的而独立运作,这种独立性使得信托财产免于为委托人或受托人的债权人所追索,即若委托人或者受托人破产时或其他支付不能时,信托财产并不能被列入其破产财产或用于支付的财产。即使是受益人的债权人,也不得对信托财产本身主张任何权利。但是,受益人享受信托利益的权利作为一种财产权,则可为其债权人所追及。可见在信托制度下,受益人对信托财产的利益是受到法律的特别照顾的,这也是其他相近制度所做不到的。

尽管可以说法律对受益人利益的切实保障,实际上是对委托人意志的充分尊重,但是受益人始终是信托制度的直接得利者。委托人的意志与受益人的利益仅是形式与内容的关系。信托法完成尊重委托人意志与实现受益人利益这两方面的任务是同一个过程。

[①] 参见周小明:《信托制度的比较法研究》,法律出版社 1996 年版,第 41—43 页。

案例 安信信托与昆山纯高信托纠纷案[①]

1. 案情简介

昆山纯高投资开发有限公司(以下简称"昆山纯高")为开发某房地产项目，于2009年与安信信托公司(以下简称"安信信托")设立以所开发项目的国有土地使用权及其在建工程为基础资产的收益权信托，并签订了《资产收益财产权信托合同》。根据该信托合同，昆山纯高作为委托人委托安信信托将信托财产划分为62700等份，每份价值为1万元，将其发售给优先受益人和一般受益人；合同约定优先受益人将认购21500份信托凭证，其余份额由一般受益人昆山纯高持有；通过这一结构昆山纯高可以获得2.15亿元投资，以弥补其资金缺口。该信托合同的基础资产是昆山纯高合法拥有的在建工程"昆山·联邦国际"项目及其国有土地使用权。信托财产则是委托人对基础资产依法享有获得收益的权利，及因对其管理运用、处分或者其他情形而取得的财产。信托期限为三年。为保证该信托合同的履行，安信信托又与昆山纯高签订了一份《信托贷款合同》，该合同约定昆山纯高作为借款人，从安信信托处获得2.15亿元的贷款，用于开发"昆山·联邦国际"项目，贷款期限也是三年，年利率为10％，并依据该贷款合同将该项目的基础资产办理了抵押登记。

在《资产收益财产权信托合同》与《信托贷款合同》中，双方当事人一致同意昆山纯高可以将基础资产出售并按照特定时间表将转让款存入由安信信托持有的信托专户，并进一步约定昆山纯高有义务保证信托专户必须在不同的时间节点内保有最低现金余额。从表面上看，昆山纯高似乎可以根据上述两份合同获得总共4.3亿元的资金，但实际上昆山纯高的资金缺口只有2.15亿元，而且在上述合同签署后，安信信托向投资人发行信托凭证募集并交付给昆山纯高的资金也只有2.15亿元，因此两份合同其实指向同一项交易，由此形成所谓的"阴阳合同"现象。之所以如此，实际上是由于项目的基础资产无法按照资产收益财产权信托合同办理抵押登记手续。

之后，由于受到国内房地产市场宏观调控政策及市场波动等因素的影响，"昆山·联邦国际"的销售情况远远不如预期，导致该信托刚成立一年昆山纯高就未能依约维持信托专户的最低现金余额。安信信托在承担了对信托投资人的兑付义务后，遂依据《信托贷款合同》起诉昆山纯高，要求其偿还贷款本息以及各种违约金等，并要求对抵押物进行处置以偿还债务。昆山纯高则辩称，解决纠纷的合同依据应为《资产收益财产权信托合同》，而非信托贷款合同。

法院判决昆山纯高偿付安信信托本金及1400万元的罚息，但是并未支持安

[①] 参见(2012)沪二中民六(商)初字第7号。

信信托根据所谓《信托贷款合同》提出的利息、罚息、违约金、复利累计高达年利率40%的赔偿诉求。法院认定案件属于营业信托纠纷,并非金融借款合同纠纷,而安信信托与昆山纯高另行签订的"阴阳合同"约定贷款利率,高于信托公司向案外投资人兑付的收益率,相当于安信信托利用案外投资人的资金放贷为自己谋取利差,与我国信托法相关规定相悖。

2. 案例评析

本案涉及两大具体法律问题:

(1) 如何界定信托财产。在目前我国信托法对信托财产中的原物与收益没有明确予以区分和规定的情况下,我们可以借鉴经济法原理和英美信托法的理念,认为这类所谓的收益权信托只是在名称上玩了一个文字游戏,其实质还是财产信托。因为所谓的特定资产,根据信托合同直接成为信托财产,而根据我国信托法,因管理、处分信托财产所取得的收益也自动成为信托财产的一部分,用以偿付受益人,因此本案所涉信托的信托财产不仅仅是"昆山·联邦国际"项目这一基础资产的收益权,还包括该基础资产本身。

(2) 如何确定信托财产所有权的归属。本案中信托财产所有权只能有两个结果:其一,如果法院认为信托财产的所有权仍然由昆山纯高持有,则该交易为变相的担保贷款;如违反了禁止向没有资质的房地产企业发放信托贷款规定,则信托不成立。其二,如果法院认定信托成立,则必须承认信托财产的所有权已经完全转移给受托人安信信托。然而本案中,法院判定信托成立却没有明确信托财产所有权的归属,实为本案判决的一大遗憾。[①]

---

① 参见高凌云:《收益权信托之合法性分析——兼析我国首例信托诉讼判决之得失》,载《法学》2015年第7期。

第二章 信托的设立、效力、变更和终止

第一节 信托的设立

根据信托设立依据的不同,可以将其分为意定信托(express trust)与法定信托(statutory trust)。意定信托系依据当事人的法律行为而设立,其核心要素是当事人的意思表示。法定信托系依据法律的直接规定而发生,而不问当事人的意思,即不论当事人是否有追求信托发生的意思表示,符合法律的规定,即成立信托关系。我国《信托法》第8条第1、2款规定,"设立信托,应当采取书面形式。书面形式包括信托合同、遗嘱或者法律、行政法规规定的其他书面文件等。"

信托合同、设立信托的遗嘱或其他书面文件体现了当事人的意思表示。当事人订立合同、作出遗嘱或以其他书面形式表达出设立信托的意思表示的法律行为,是信托行为。信托行为必须符合民事法律行为的要件,法律行为的要件一般分为成立要件与生效要件。《民法典》第136条第1款规定,"民事法律行为自成立时生效,但是法律另有规定或者当事人另有约定的除外。"信托行为的成立与生效,还需要符合《信托法》的要求。

一、设立信托的实质要件

在英美法上,信托的设立要件一般被描述为满足"三个确定性",即信托意图确定,受益人确定,及信托财产确定。此外,为与其他法律相协调,遗嘱信托、与不动产有关的信托等有设立时的书面形式要求。[1] 美国《统一信托法》规定了大多数信托设立需要的意愿、民事能力、信托财产及合法的信托目的等必要条件。我国《信托法》主要从目的的合法性、信托财产的确定性、信托受益人的确定性和信托设立的形式方面对设立信托的要件进行了规范。其中,实质要件主要是:

（一）设立信托必须有合法的信托目的

合法的信托目的包括具有信托意图与信托目的须合法两个方面。信托目的的确定,首先需要当事人具有设立信托关系的意图,即指委托人"将其财产权委

---

[1] See Jesse Dukeminier & R. Sitkoff, Wills, Trusts, and Estates, 9th Edition, Wolter Kluwer, 2013, p. 400.

托给受托人",要求"受托人按委托人的意愿以自己的名义,为受益人的利益或者特定目的,进行管理或者处分"。如当事人不具有设立信托的目的,例如仅是以"希望""期待""相信"等不具有法律约束力的语言来描述对某财产管理、处分的期望,而不是明确确定对该财产设立信托的意图,则不应认为具有设立信托的目的,不能设立信托。

所谓信托目的不合法,系指信托目的违反法律、行政法规或者损害社会公共利益。例如,委托人设立信托是为了使法律、行政法规禁止获得某种利益的人获取信托利益的,或者是为了欺骗其债权人或其他人而欺诈性转移财产的,均为信托目的不合法。信托目的如果是鼓励犯罪或者侵权行为,或者干涉婚姻自由、鼓励违背公序良俗等,亦属不合法之情形。有些信托文件看上去具有合法的信托目的,但系以合法形式掩盖非法目的,实为脱法行为,也应认定为信托目的不合法。为避免受托人以营利为目的而代替律师承揽诉讼业务的社会滥诉现象,我国信托法禁止专以诉讼或者讨债为目的设立信托,以此为信托目的,也属于信托目的不合法,信托无效。

信托如因缺乏合法的信托目的而无效,应考虑部分缺乏合法信托目的的情况。例如,根据我国《民法典》,自然人可以设立遗嘱信托;而遗嘱应当为缺乏劳动能力又没有生活来源的继承人保留必要的遗产份额,所以,在遗嘱人以遗嘱信托的方式处分遗产的情况下,如剥夺了权利人的必留份,则该部分无效,但不能因此否定遗嘱人对遗产其他部分的处分的目的合法性,即遗嘱信托并非全部无效。信托因缺乏合法的信托目的而无效,也应考虑出现目的非法的时间节点,信托可能自始无效,即视为未发生信托设立行为的后果,也可能因法律的修改变化,在设立之后的某个时间点才出现目的非法,此种情况下,应当自法律发生变化之时起才不发生设立信托的法律后果。例如,在我国金融创新的过程中,本着监管容忍的原则,一段时间内某些信托目的可能是合法的,但随着形势变迁和金融法制的完善,某些信托目的变为不合法,则原信托自此时起不再具有效力。

(二)设立信托必须有确定的信托财产

信托财产的确定性是信托法上的一般要求。信托法明确,因为信托的设立,需要委托人将其合法所有的财产"委托给"受托人,所以该财产必须是设立时存在的,且其范围、种类与状况可以确定;即使有不能从物理上进行分割的情况,例如某些种类物或财产权,如果可以用适当的方式标识其范围、种类与状况,亦可认为是可确定。例如,遗产在遗嘱人死亡时才可得以确定,即遗嘱信托的信托财产也于此时才得以确定,倘若遗嘱中拟作为信托财产的部分财产已非遗产,应仅就遗产成立遗嘱信托;倘若遗嘱剥夺了必留份,则扣除必留份之后的才属于信托财产。此外,用来设立信托的财产必须是可以流转的,需要符合物理上可以转移或者法律上可以转移的要求,方可"委托给"受托人。在英美信托法上,赠与性的信托需要信托财产具有可移转性(transferrable)。

信托财产必须是委托人"合法所有"的财产,例如因贪污、受贿、挪用、侵占、抢劫、盗窃、敲诈勒索等违法犯罪行为获得的非法财产,不能作为信托财产。

此处的"财产"包括财产权利,即信托财产既包括物,也包括权利。这些财产权利既包括法定权利,也包括约定权利,如根据已经订立的合同确定的应收账款等债权,因投资合同形成的股权等投资权益,知识产权,物上衍生出来的资产收益权,等等。不确定的财产不能作为信托财产,例如委托人尚在世的妈妈在其现存遗嘱中指定由委托人继承的财产,委托人计划将明年的收入用于某项投资而可能形成的投资性权益等。此外,信托财产是被受托人为了受益人的利益而管理或处分的积极财产,债务不是委托人的财产权利,不得就其设立信托。

(三) 设立信托应当具有明确的受益人或受益人范围

我国《信托法》规定,设立信托的书面文件应当记载受益人或者受益人范围。公益信托因系基于公益目的,受益人不特定,因此只须明确受益人的范围即可;但非公益信托里,委托人将其财产委托给受托人后,受托人只是在管理、处分信托财产时以自己的名义进行,受益人才是对信托财产享有实质利益的人。明确受益人或明确受益人范围及选择受益人的方式,至关重要。

受益人可以是自然人,可以是法人,也可以是非法人组织。受益人可以是一个人,也可以是一组人,即某个人与其他人一起作为共同受益人。受益人不需要在信托设立时即已确定到某个具体的人,只要可确定即可。例如,一个尚无子女的人为其后代设立信托,不能认为必然缺乏受益人。根据信托法的原理,如果遗嘱信托指定的受益人已先于遗嘱人死亡,而遗嘱里没有就受益人作出其他任何安排,则遗嘱信托受益人的继承人不能继承受益人的地位,该遗嘱信托因缺乏受益人而不能成立,遗嘱的相关部分无效,该部分财产应当作为遗嘱人的遗产,按照法定继承办理。[①] 但如果遗嘱人在其遗嘱中明确了设立遗嘱信托的意思表示,仅仅未指定受益人或受益人范围的,应当尊重遗嘱人的信托意图与目的,由其法定继承人为遗嘱信托的受益人。[②]

因为受益人在信托关系中是纯享利益的当事人,其获得收益权系基于信托文件的规定,并不需要通过为一定的法律行为,所以,原则上没有民事行为能力的要求。《民法典》认可胎儿的法律地位,在总则编第16条规定,"涉及遗产继承、接受赠与等胎儿利益保护的,胎儿视为具有民事权利能力",所以胎儿也可以成为信托受益人。但如果信托文件载明的信托受益人的范围太宽泛,乃至不能满足特定化的要求,例如受益人为"委托人的10个最优秀的女性朋友",则信托

---

① 参见《民法典》第1154条。
② 参见赖源河、王志诚:《现代信托法论》(增订三版),中国政法大学出版社2002年版,第48页。

会因缺乏特定的受益人而无效。

二、设立信托应当采取书面形式

委托人基于其信托目的,决定以信托方式处理其财产,需要作出设定信托的意思表示,该意思表示需要以符合法律要求的形式作出。信托涉及多方信托当事人及其他相关人的权利、义务与利益,信托财产的管理与处分也往往并非可以即时完成,尤其是我国营业信托的运用最为普遍,信托机构开发的信托产品多为金融投资产品,具有较强的专业性。在这样的背景下,以书面形式缔结信托关系不仅有利于当事人慎思明辨,准确完整地表达自己的真实意思,有利于防止产生歧义,而且具有证据作用,为可能的纠纷解决提供证据。我国《信托法》规定,设立信托,应当采取书面形式;书面形式包括信托合同、遗嘱或者法律、行政法规规定的其他书面文件等。该等书面文件应该载明信托目的,委托人、受托人的姓名或者名称、住所,受益人或者受益人范围,信托财产的范围、种类及状况,受益人取得信托利益的形式、方法。除以上应当载明事项外,设立信托的书面文件还可以载明信托期限、信托财产的管理方法、受托人的报酬、新受托人的选任方式、信托终止事由等事项。

值得注意的是,我国《民法典》认可非书面形式的遗嘱,即录音、录像形式的遗嘱与危急情况下的口头遗嘱。在科技发展为录音、录像形式提供了充分的支持的情况下,尤其是新冠疫情以来网络办公的成功尝试,我们认为,认可录音、录像形式的遗嘱信托符合当前的社会发展实际情况。而《民法典》对口头遗嘱作了很严格的限制,包括仅在危急情况下方可运用,并有两名以上见证人在场见证的要求;在危急情况消除后,遗嘱人能够以书面或者录音、录像形式立遗嘱的,口头遗嘱无效。应当说,只要符合《民法典》的要求,尊重非书面形式遗嘱的效力有利于实现委托人的真实意愿,《信托法》宜与《民法典》衔接,解决法律冲突问题。

下面就对以信托合同、遗嘱及其他书面形式设立信托逐一解析。

第一,信托合同是设立信托的最普遍的形式,由委托人与受托人签订,但依据信托合同设立的信托关系的当事人则包括委托人、受托人、受益人三方当事人。信托合同的成立、生效、变更、终止等首先应根据《信托法》,同时作为合同,也应遵守《民法典》合同编的规定,并根据《信托法》与《民法典》进行解释。信托机构开展信托业务与资产管理业务,其与委托人签订的信托合同还应遵守相关法律法规的要求,例如《信托公司集合资金信托计划管理办法》对集合资金信托计划合同的具体规定,《关于规范金融机构资产管理业务的指导意见》对资产管理业务的投资者的具体要求等。

信托合同一般自签订之日起生效,对于法律、行政法规规定应当办理批准、登记等手续的信托合同,在依法办理了批准、登记手续时,才发生法律效力。

第二，根据《信托法》，设立遗嘱信托，应当遵守继承法关于遗嘱的规定。尽管当时的《继承法》系1985年颁布，并未涉及遗嘱信托的内容，但2021年1月1日起生效的《民法典》继承编第1133条明确自然人可以设立遗嘱信托，从而在民法上对遗嘱信托予以了认可。《民法典》对遗嘱人的行为能力、遗嘱的形式与效力、必留份等均作了规定。如遗嘱人系无民事行为能力人或者限制民事行为能力人，或虽为完全民事行为能力人，但遗嘱并非遗嘱人的真实意思，而是受欺诈、胁迫所立，遗嘱无效。伪造的遗嘱与被篡改遗嘱的篡改内容部分无效。无效遗嘱不能作为设立信托的依据。

《民法典》取消了公证遗嘱的优先性，所以有数份遗嘱而内容相抵触的，以最后的遗嘱为准。鉴于继承从被继承人死亡时开始，这意味着，在遗嘱生效之前，遗嘱人随时可能以《民法典》认可的形式重新订立或修改遗嘱，即遗嘱人的遗嘱信托在继承开始前始终处于可撤销或可变更状态，直到继承开始方可确定有效的遗嘱，遗嘱信托同时生效。如果设立信托的遗嘱所指定的人拒绝或者无能力担任受托人的，信托不因缺乏受托人而无效，受托人由受益人另行选任；受益人为无民事行为能力人或者限制民事行为能力人的，依法由其监护人代行选任。遗嘱对选任受托人另有规定的，从其规定。

第三，以其他书面形式设立信托。除了以上形式外，随着信托观念在我国的普及和信托机构业务范围的扩大，设立信托也可能存在其他书面形式。例如，证券投资基金的投资人通过认购基金份额成为信托委托人兼受益人，基金招募说明书即为设立信托的书面形式之一；随着《证券法》将公募资管产品与资产证券化产品纳入调整范围，设立这些信托的文件也会采取不同于信托合同的其他书面形式。

如果委托人以自己为受托人，为了其他人的利益而将自己的特定财产从其他固有财产中区分开来进行管理与处分的，是宣言信托(declaration trust)。我国《信托法》没有承认和规范宣言信托，但也并未对委托人担任受托人予以禁止或限制。如果我们认可宣言信托，则毫无疑问，信托宣言也应以书面形式作出。

以上讨论的均为依据当事人的法律行为而设立的信托，这是信托最为常见的形式。与其对应的是法定信托，即依据法律的直接规定而成立的信托。我国《信托法》第55条规定："……信托财产的归属确定后，在该信托财产转移给权利归属人的过程中，信托视为存续，权利归属人视为受益人。"信托终止后，在对信托财产完成转移之前的这段时间内，该存续的信托，可以视为成立了一个法定信托。法定信托往往在法院的判决里确定，《信托法》允许以法律、行政法规规定的其他书面形式设立信托的规定，为信托法的发展留下了空间。

第二节 信托的效力

我国《民法典》第136条第1款规定:"民事法律行为自成立时生效,但是法律另有规定或者当事人另有约定的除外。"一般来说,信托行为的成立与生效并不当然等于信托的成立与生效。《民法典》第143条规定:"具备下列条件的民事法律行为有效:(一)行为人具有相应的民事行为能力;(二)意思表示真实;(三)不违反法律、行政法规的强制性规定,不违背公序良俗。"据此,信托有效首先需要满足行为人具有相应的民事行为能力及意思表示真实,其次就是需要"不违反法律、行政法规的强制性规定,不违背公序良俗"。具体来说,其需要满足《信托法》的相关规定,信托方有效;不符合《信托法》相关规定,则会导致信托无效。《信托法》中对于信托效力的规定体现在多个方面。

《信托法》对信托成立进行了规定。采取信托合同形式设立信托的,信托合同签订时,信托成立。所以,对以信托合同形式设立的信托,不必区分成立要件与生效要件。但采取其他书面形式(包括遗嘱等)设立信托的,信托成立以受托人承诺信托时为准。

此外,《信托法》中对某些信托生效的特殊登记公示制度作了规定,应当办理而未办理,也不补办登记手续的,该信托不产生效力。关于信托的生效,如系以应当办理登记手续的财产设立信托,未办理也不补办登记手续的,该信托不产生效力。对此,我们在后文的信托登记部分再行讨论。

一、信托生效的一般规则

法律行为的生效是指法律行为按照当事人的意思表示发生了其所追求的法律上的效果,对当事人产生法律约束力和保障力。信托的生效,体现出法律对信托效力的确认。信托行为系法律行为之一,信托生效须遵循法律行为生效的一般原理。另外,有学者提出信托的生效是指当事人可以就信托财产上已经设定信托对所有人主张,即产生对抗第三人的效力,并需要判断信托财产是否转移、是否成为受托人名下独立的财产、受益人对信托财产有没有可以强制执行的受益权、能否以其为信托财产对抗第三人等一系列问题。[①]

但总体上看,信托首先须符合我国《民法典》第143条之规定才具有法律效力。

(一)行为人具有相应的民事行为能力

法律行为生效原理中对行为人具有相应民事权利能力及民事行为能力的要求亦称为"主体适格"。信托法律关系中的信托当事人主要包括委托人、受托人

[①] 参见赵廉慧:《信托法解释论》,中国法制出版社2015年版,第105—106页。

和受益人,除《民法典》上述规定外,法律对信托当事人的民事行为能力的要求也在《信托法》中得到相应的体现。

我国《信托法》第 19 条规定,"委托人应当是具有完全民事行为能力的自然人、法人或者依法成立的其他组织。"信托的设立须由委托人将其合法所有的财产"委托"给受托人,委托人作为信托行为的实施者,必须要具备完全民事行为能力对其财产实施处分。即使在自益信托的情形下,委托人同时作为受益人可按照信托文件的约定获得信托利益,但其受益人身份无法吸收其委托人身份,两种身份的权利义务亦不可相互抵消,其作为委托人委托、处分财产的义务仍旧存在,难以被视为民法上的纯获利益者,因此《信托法》要求其应当具备完全民事行为能力。

我国《信托法》第 24 条同样规定受托人应当具有完全民事行为能力,这是受托人在信托法律关系中承担管理信托财产义务的前提。受托人的核心义务在于遵循信托文件的规定管理、运用、处理信托财产及与信托财产相关的事务,受托人须具备一定的认识、判断能力甚至是专业能力才可胜任这一工作,如在营业信托、以信托原理设立的投资基金等业务中,受托人一般具有专业投资能力及投资经验储备。比较法上通常亦认可受托人须具备完全民事行为能力。如日本《信托法》第 7 条规定,"信托不能将未成年人、成年被辅佐人或被保佐人作为受托人"。

我国台湾地区"信托法"第 21 条规定:"未成年人、禁治产人及破产人,不得为受托人。"信托中,受托人是信托财产的唯一权限保有人,若受托人没有实际的管理能力,那么该信托事实上完全无法启动。①

与委托人、受托人相区别的是,受益人无须具备完全民事行为能力。我国《信托法》第 43 条第 1 款规定,"受益人是在信托中享有信托受益权的人。受益人可以是自然人、法人或者依法成立的其他组织。"由此可见,我国《信托法》并未要求受益人须具备完全民事行为能力。究其原因,受益人通常是信托法律关系中的纯获利益者。

(二)意思表示真实

意思表示真实,是指表意人的行为应真实反映其内心的意思。意思表示不真实可分为意思与表示不一致和意思表示不自由两种类型。意思与表示不一致包括真意保留、虚假表示、隐藏行为及重大误解等情形,此处不再分别赘述。意思表示不自由包括被欺诈、胁迫等情形。② 按照民法学说,意思表示不自由通过赋予表意人撤销权来进行矫正较为适宜,即在意思表示不自由的情形下,该法律

---

① 参见〔日〕新井诚:《信托法》(第 4 版),刘华译,中国政法大学出版社 2017 年版,第 171 页。
② 参见韩世远:《合同法总论》(第四版),法律出版社 2018 年版,第 207 页。

行为的效力状态为可撤销。虽然《信托法》中未明确规定以欺诈、胁迫等方式设立的信托效力,但我们应认为,《民法典》中欺诈、胁迫等意思表示不自由的相关规则同样适用于信托领域。

(三)不违反法律、行政法规的强制性规定或不违背公序良俗

不违反法律法规及公序良俗,是民事法律行为生效要件中的合法性要求。放眼于信托领域,信托合法主要是指信托目的合法,这在上文已有讨论。除此之外,信托文件中为当事人设定的权利义务亦可能出现违法情况。此处的"法"原则上应仅包括狭义的法律及行政法规中的强制性规定,但在司法实践中,部委规章、规范性文件中的强制性规定、重大监管原则亦成为司法审判的重要参考。如近年来,受到资管领域中禁止刚性兑付的监管措施的影响,在立法上未有明确界定的情况下,2019年年底出台的《全国法院民商事审判工作会议纪要》第92条规定,"信托公司、商业银行等金融机构作为资产管理产品的受托人与受益人订立的含有保证本息固定回报、保证本金不受损失等保底或者刚兑条款的合同,人民法院应当认定该条款无效"。需要注意的是,实践中保底或者刚兑条款通常不在资产管理产品合同中明确约定,若直接在信托合同中约定的,仅系该条款无效,并不影响信托整体效力。

除我国《民法典》第143条的民事法律行为生效的一般性规则外,我国《信托法》第10条信托的登记及第11条信托的无效事由对信托的生效还作出了特别的规定,后文将详细述及。

二、信托生效与信托登记

信托登记的概念有广义与狭义之分,广义的信托登记包含信托设立、信托产品及其权益信息等登记,狭义的信托登记仅指信托财产的登记,有时仅指以特定财产为信托财产,法律上要求在信托设立、变更、终止时对涉及的信托财产变动进行登记。2017年9月,中国信登信托登记系统依据《信托登记管理办法》,开始全面提供信托登记服务,其主要登记范围为我国信托业的信托产品及其信托受益权。《信托登记管理办法》第2条规定,"本办法所称信托登记是指中国信托登记有限责任公司(简称信托登记公司)对信托机构的信托产品及其受益权信息、国务院银行业监督管理机构规定的其他信息及其变动情况予以记录的行为。"我国目前的信托登记仅为信托产品的登记,尚未建立起信托财产登记制度。

《信托法》第10条规定:"设立信托,对于信托财产,有关法律、行政法规规定应当办理登记手续的,应当依法办理信托登记。未依照前款规定办理信托登记的,应当补办登记手续;不补办的,该信托不产生效力。"可见,《信托法》仅要求对特定的信托进行登记。从我国现行法律规定来看,以下述财产设立信托的需进行信托登记:不动产;船舶、航空器和机动车等;股票、股权;著作权、商标权、专利

权等知识产权。但是,我国尚未建立起统一的信托登记制度,以上财产分别属于不同的登记机关进行登记,不同登记机关在对信托的理解与配合上也不尽相同,例如,不动产登记部门尚未有能够体现"信托"转移的做法。信托登记制度的缺乏使得信托机构只能选择转让登记的方式接受信托财产,这不但会带来巨大的税负问题,而且也因登记目的与实际目的不符,从而使信托关系处于不确定状态,不利于保护信托当事人和其他关系人的利益。信托设立阶段信托登记制度的完善迫在眉睫。与此同时,我国《信托法》就信托登记采取了登记生效主义的态度。登记生效主义将会产生以下问题:第一,未必所有的信托财产都需要或能够进行登记;第二,"法律、行政法规规定应当办理登记手续"的信托财产不明确;第三,不登记不生效的规定实际上否认了信托关系中各主体的权利义务。

另外,信托登记具有公示效力。在信托设立之后,信托财产进入管理与处分阶段,由于信托财产具有独立性,对信托当事人及其利害关系人来说,有效识别信托财产的范围,有助于防范风险,稳定预期,对交易安全与交易效率都非常重要。我国《信托法》总体上采取登记即公示的态度,以法律、行政法规要求必须登记的财产设立信托的,登记即为公示。但以法律、行政法规没有规定必须登记的财产设立信托的,信托是否需要登记、公示,以及不登记、不公示的效力均没有明确规定。而在比较法上,除登记之外另有其他公示方式。如在日本信托法中,无须登记公示的财产(记账式国债、记账式公司债等权利等)以特殊记载为公示方法,需要依据相关的法律法规对上述财产进行信托财产属性的记载;对没有明确公示方法的财产,如一般动产信托、货币资金信托以及金钱债权信托等,实务中可采取在信托财产的外观上标注信托记号,或者将信托财产分置于不同的场所以示区别。

三、无效的信托

效力是法律对已成立或实施的行为进行评价所得出的结果。在民法理论中,经法律评价后的法律行为效力状态分为以下四种:有效、无效、可变更可撤销以及效力待定。我国《信托法》中,主要规定了信托无效的情形。根据我国《信托法》第11条的规定,存在以下六种情形的信托无效:

(一)信托目的违反法律、行政法规或者损害社会公共利益

信托目的合法是设立信托的要件之一。从信托制度的起源上看,创造信托制度的目的即在于规避法律的限制。但这样的规避具有一定的合理性基础,如当时法律对财产转让施加了较多严苛的规定,致使财产所有人无法按照其意思自治支配其财产。可以说,信托制度在法律条框过多的情形下为财产所有人开辟了一定的自治空间。而在市场经济下,秉承着发挥市场优先配置资源、政府有限干预的理念,市场主体享受更广泛的经济自由。但意思自治不等同于无限自

由，意思自治亦需要在法律规定的范围之内实施。同时，应当对法律、行政法规作限缩性解释，仅指法律、行政法规中的强制性规定，与《民法典》第 143 条的规定相契合。强制性规定亦应理解为效力性强制性规定而非管理性强制性规定。

我国台湾地区"信托法"第 5 条亦规定，其目的违反强制或禁止规定、公共秩序或善良风俗者，信托行为无效。信托目的损害社会公共利益的，信托亦属无效。英美法系中也存在相似规则，即信托可能因违反公共政策而无效，如英国信托法判例中确认的限制结婚或诱致夫妻离婚的信托、阻止受益人的父母履行责任的信托等违反公共政策的情形。①

（二）信托财产不能确定

信托财产确定是设立信托的基本要件。信托法律关系中，信托当事人的权利义务均与信托财产息息相关：信托设立过程中，委托人需要将自己的财产"委托"给受托人；信托成立生效后，受托人须按照约定管理信托财产，受益人享有对信托财产所生利益的请求权。信托财产的范围、种类、数量等能够识别、确认出信托财产的特征须在信托文件中载明。在英国法的有形物信托中，受托人分别管理信托财产等手段是判断信托确定性要件是否满足的重要标准。在 Re London Wine Co (Shippers) Ltd 这一案例中，酒商将自己库存的葡萄酒卖给客户并为客户保存该葡萄酒，但由于酒商未对客户的葡萄酒进行分别管理，信托财产确定性要件不满足，因而不成立信托。日本学者往往把分别管理等同于信托的登记与登录，作为信托对抗第三人的一个条件。②

以未来的财产设定信托是否符合信托财产确定性的要求这一问题引发了诸多讨论。实践中，存在许多以股权（股利、分红）、基础设施项目收益、高速公路收费权、公共事业收费权、物业收益权、其他应收账款等多种形式的收益权作为信托财产的现象，围绕此类收益权信托的主要争议点即为收益权的确定性问题。目前，监管部门对收益权信托融资模式总体上持认可态度，主要通过未来特定期间之现金流的可预测性（或确定性）及待开发或在建占比的限制来间接实现信托财产之确定性，在相当程度上减少了对资产收益权作为信托财产之确定性要求的质疑。③

（三）委托人以非法财产或者信托法规定不得设立信托的财产设立信托

我国《信托法》第 7 条第 1 款规定，"设立信托，必须有确定的信托财产，并且该信托财产必须是委托人合法所有的财产。"该条规定排除了非委托人合法所有

---

① 参见何宝玉：《信托法原理研究》，中国政法大学出版社 2005 年版，第 114 页。
② 参见楼建波：《信托财产分别管理与信托财产独立性的关系——兼论〈信托法〉第 29 条的理解和适用》，载《广东社会科学》2016 年第 4 期。
③ 参见张玉海：《收益权信托融资合法性检视——基于"安信信托案"的反思》，载《证券法苑》2015 年第 3 期。

的财产作为信托财产的可能性。同时,《信托法》第 14 条第 3 款还规定,法律、行政法规禁止流通的财产,不得作为信托财产。对于法律、行政法规限制流通的财产,依据《信托法》第 14 条第 4 款规定,依法经有关主管部门批准后,才可以作为信托财产。日本信托法虽没有类似规定,但规定受托人须承继委托人对信托财产的占有瑕疵。①

(四)专以诉讼或者讨债为目的设立信托

比较法上将以诉讼或者讨债为目的设立的信托归为无效并不罕见。如日本《信托法》第 10 条规定,"信托不得以从事诉讼行为为主要目的"。针对诉讼信托的禁止,主要有以下几种理由:(1)避免滥诉现象的发生;(2)保障律师行业的营业垄断;(3)信托以财产管理为内容,当事人的诉讼权利不能作为信托的标的;(4)诉讼信托中受托人非为委托人之利益行事,由此获得的利益为社会普遍观念上的不法利益。② 同时,也有学者提出,诉讼权是公民的基本权利,公民选择委托他人代为诉讼,应有其自由决定的权利,诉讼信托不宜全面否定之。③

(五)受益人或受益人范围不能确定

受益人确定是信托三个确定性原则之一。在衡平法上,也存在相应的信托对象确定原则。衡平法上的信托对象一般系指信托受益人,但就目的信托而言,信托对象为指定的目的,一旦对象不确定,信托即归于无效。受益人是信托利益的最终享有者,对于委托人而言,受益人的不确定可能会使委托人设立信托所欲达到的目的不能实现;对受托人而言,受益人的不确定将会使信托缺乏强制执行力,无法确保受托人的忠实履行信托义务。受益人确定原则有两种例外情况,信托法会承认两类信托不需要确定的受益人:一类是公益信托。公益信托因系基于公益目的,受益人为不特定的社会大众,因此只需明确受益人的范围即可。另一类是目的信托或者不完全信托。在这类信托中,信托财产被指定用于一些非公益的特殊目的。这一类情况通常被认为是"受益人原则"对"人类弱点或感情的让步"。④

(六)法律、行政法规的其他规定

信托不仅需要符合《信托法》的相关规定,还需符合《民法典》及相关的法律、行政法规的具体规定。前文已述及的《民法典》第 143 条之规定,此处不再赘述。此外,如《民法典》中针对虚伪意思表示行为、恶意串通、损害他人合法权益的行为等无效法律行为的规定,亦适用于信托领域。

---

① 参见日本《信托法》第 15 条。
② 参见赵廉慧:《信托法解释论》,中国法制出版社 2015 年版,第 149 页。
③ 参见赖源河、王志诚:《现代信托法论》(增订三版),中国政法大学出版社 2002 年版,第 64 页。
④ 参见吴弘等:《信托法论——中国信托市场发育发展的法律调整》,立信会计出版社 2003 年版,第 102 页。

四、委托人设立的损害其债权人利益的信托

委托人设立的损害其债权人利益的信托,指的是因委托人设立信托、处分其自身财产的行为,导致委托人对债权人责任财产的不当减少,损害债权人利益的信托。我国《信托法》第12条规定了委托人债权人的撤销权制度,赋予委托人的债权人在得知委托人以设立信托的方式逃避债务损害其债权时,向人民法院申请撤销该信托的权利。从性质上看,该撤销权的规定属于债权保全制度。具体而言,《信托法》第12条第1款规定,"委托人设立信托损害其债权人利益的,债权人有权申请人民法院撤销该信托。"

但应注意的是,委托人责任财产的减少是其设立信托的必然效果,客观上必然影响其债权人债权的实现,但并非所有的此类具有避债功能的信托都可被主张撤销,还须考察委托人是否具有损害债权人利益的主观目的。如在他益信托中,委托人在其财务健康的情况下,以其合理范围内的自有财产为其子女的利益设立信托,虽然客观上也会对债权人实现债权带来一定风险,但若不能证明其具有恶意逃避债务的目的,这一信托是不可撤销的。

依据《民法典》第155条,"无效的或者被撤销的民事法律行为自始没有法律约束力";同时,《民法典》第157条规定,"民事法律行为无效、被撤销或者确定不发生效力后,行为人因该行为取得的财产,应当予以返还"。而《信托法》第12条第2款规定,"人民法院依照前款规定撤销信托的,不影响善意受益人已经取得的信托利益。"因此,就信托撤销后受益人已取得信托利益的返还,应区分受益人的善意与恶意,受益人恶意的,应当返还其所取得的全部信托利益;受益人善意的,不需要返还已经取得的信托利益。

第三节 信托的变更

一、信托变更的概念

信托的变更是指信托有效成立后,当出现约定的或者法定的变更事由时,信托当事人依法对信托法律关系进行变更。信托的变更有狭义和广义之分,狭义上的变更主要是指对信托条款的变更,如变更信托财产管理方法、信托期限等等,实践中信托的变更也主要是对信托财产管理方法的变更。广义上的变更还包括对信托当事人的变更,即委托人、受托人、受益人的变更。有观点将信托目的的变更纳入广义上的信托变更的范畴[1],认为在信托当事人均同意的情况下,

---

[1] 参见何宝玉:《信托法原理研究》,中国政法大学出版社2005年版,第349页。

可以变更信托目的,信托目的实现与否不能构成信托终止的事由;也有观点认为,信托目的是设立信托的旨意所在,决定了信托财产的管理方式和信托利益的分配方式,具有确定性的特征,故信托目的的变更相当于是设立了新的信托,应当有别于信托条款和信托当事人的变更,信托目的的变更更类似于信托的终止。

信托有效成立后,信托目的、信托财产与信托受益人均具有确定性,信托条款对所有信托当事人产生法律上的拘束力,各信托当事人依据信托条款的规定享有信托权利,履行信托义务。所以,从原则上来说,信托具有稳定性,不得随意变更。但通常情况下信托在设立之后会在较长的一段时间内存续,可能会因客观环境发生变化或是设立信托时未预料之情形,导致继续执行原有的信托条款会不利于信托目的的实现。因此,为更好地实现信托目的,保护信托当事人的利益,特别是信托受益人的权利,法律允许信托当事人对信托法律关系进行变更,但必须严格依法进行。

关于信托变更的形式,尽管我国《信托法》没有明文规定,但该法第8条第1款规定,"设立信托,应当采取书面形式",据此可知,信托变更也应为要式法律行为,同样需要以书面的方式进行。关于信托变更的效力,信托变更的法律后果仅及于变更事项本身,信托当事人依法对信托进行变更后,信托不会因此而终止,信托关系会继续存续。信托的管理具有连续性,受托人应按照变更后的内容继续管理信托财产。

二、信托变更的类型

从信托变更的依据上看,可以分为约定变更和法定变更。约定变更是指依据信托文件的规定或者信托当事人的合意,对信托文件规定的事项进行调整的行为;法定变更是指出现信托法规定的可以变更信托的法定情形时,依据信托法的规定对信托文件规定的事项进行调整的行为。

(一)信托的约定变更

约定变更的变更事由包括信托设立前信托文件的规定和信托设立后当事人的约定。我国《信托法》对于约定变更没有概括性的直接规定,涉及部分具体变更事由的条款散见于《信托法》各处。但信托行为亦属于民事行为,受民法的调整,民法中意思自治的规则亦适用于处理信托法律关系。故从民法角度而言,对信托文件规定的变更,如不违反法律法规的强制性规定及公序良俗,一般应认定为有效,信托当事人可据此对信托的相关事项予以变更;对于信托当事人另行约定进行的变更,还需考虑是否违背信托目的以及损害其他信托当事人的利益的问题。对于信托文件规定变更的情形,各国通行的做法都是允许直接依据信托文件的规定进行变更;对于当事人约定变更的情形,大陆法系国家一般允许委托人直接要求受托人进行变更,而英美法系国家则要求当事人向法院申请变更。

1. 信托文件规定的变更

信托文件是委托人基于信托设立时所处的客观环境制定的书面规则,但在信托存续过程中,会出现客观环境发生变化导致有必要对信托事项进行变更的情形。对此,委托人会预估可能发生的变化并在信托文件中规定应对措施或是在信托文件中直接授权相关信托当事人予以变更。

信托文件是委托人设立信托的基础,是信托目的的唯一载体,也是执行信托事务的依据,故原则上信托文件可以就各类信托事项的变更进行规定。如不存在导致民事行为无效的情形,信托当事人可依据该规定对信托事项予以变更。信托文件规定的变更也可能存在着因信托当事人的疏忽或其他因素导致规定内容不明的情况,此时应从维护信托目的实现以及有利于受益人的角度,对含义不明的变更规则进行合理的法律解释。

信托文件中规定的最常见的变更事项是信托财产管理方法的变更,如在信托文件中规定将变更信托财产管理方法的权利赋予委托人、受托人或其他人,被授权的人根据实际情况自行决定变更。通常情况下,各国信托法都允许信托当事人依据信托文件的规定对信托财产管理方法进行变更。一般民事信托中,英美法系通常由委托人确定,大陆法系则倾向于委托人和受托人协商解决;商事信托中,主要由委托人和受托人协商解决。[①]

受托人的变更在信托文件中也较为常见。受托人的变更一般包含两个方面:一是原受托人的解任和辞任,如信托文件规定受托人解任或辞任的条件,或授权受益人、受托人可自行决定解任和辞任等等。二是新受托人的选任,信托文件对受托人解任和辞任进行规定后,一般会就新受托人如何选任作出规定,如规定由委托人或受益人或两者共同决定的方式选任新受托人。如果信托文件未规定选任方式,则依法定方式进行。

信托文件也可以就受益人或受益权的变更作出规定,如委托人在信托文件中为自己或他人保留了变更受益人或受益权的权利,各国信托法对该规定的效力一般都予以认可。但从信托的本质上来看,信托是为了受益人的利益而设立的,如信托文件允许他人在不经受益人同意的情况下对受益人或受益权进行变更,则在一定程度上构成了对受益人权益的侵害。此外,如被授权的人是委托人,则存在被认定为委托人对信托财产的继续控制的可能性,故如果委托人保留了任意变更或终止信托的权利,则其对外责任的承担与税法规划会受到影响。但委托人设立信托又是为了实现自己的意愿,如不允许变更受益人则又会影响委托人信托目的的实现,故实践中对此往往采取一些变通做法,如信托文件限定变更受益人的范围,并由受托人根据实际情况进行变更。对此,我国《信托法》就

---

① 参见何宝玉:《信托法原理研究》,中国政法大学出版社2005年版,第350页。

信托文件规定受益人和受益权的变更专门进行了规定。《信托法》第51条第1款规定,设立信托后,有信托文件规定的情形的,委托人可以变更受益人或者处分受益人的信托受益权。

2. 当事人另行约定的变更

信托有效成立后,信托当事人也可以另行约定对信托事项予以变更,变更的范围原则上可以包括信托财产管理方法、信托当事人等各类信托事项。但相对于信托文件规定的变更,当事人另行约定变更的随意性更大,由此引发的问题也更多。如委托人、受托人对信托事项约定变更,则可能存在影响信托财产的独立性问题,如对信托受益人或受益权约定变更,则可能存在损害信托受益人的利益问题。所以,尽管与信托文件规定的变更均属于约定变更,但信托当事人另行约定变更的条件更为严格。

信托当事人另行约定变更,在无特别法律适用的情况下,仍然适用民法上关于法律行为的规定。原则上,信托事项的变更必须经与该事项有利害关系的当事人同意。多数信托事项的变更,如信托财产管理方式的变更、受托人的解任等,与信托委托人、受托人、受益人三方当事人的利益均密切相关,故上述变更必须经三方当事人同意方可为之。部分信托事项的变更只影响部分信托当事人的利益,该类变更经相关利害当事人同意即可。如减少信托报酬仅影响受托人的利益,故只需受托人一方意思表示即可对此变更;信托受益权仅与委托人和受益人有利害关系,故对受益权的变更需经委托人和受益人同意。对此,我国《信托法》第51条规定,信托设立后,经受益人同意的,委托人可以变更受益人或者处分受益人的信托受益权。

关于委托人的变更问题,实际上是指委托人地位的继承和转让。在委托人权利中,一部分是财产性权利,如信托财产的归属权利,一部分是人身专属权利,两者可以分别独立处分,因此委托人地位是可以转让的。[1] 在特殊情况下,委托人的继承人可以行使委托人的某些权利,委托人的地位可以由其继承人继承而发生变更。[2]

(二) 信托的法定变更

与约定变更不同,法定变更情形下,仅可就符合变更条件的法定信托事项进行变更。我国《信托法》规定的法定变更事项只有三类:信托财产管理方法、受托人、受益人和受益权。

1. 信托财产管理方法的法定变更

信托设立时,信托文件可以就信托财产管理方法的变更作出规定,以此应对信托存续期间可能出现的不利因素,但信托文件本身面对客观环境的变化还是

---

[1] 参见徐孟洲:《信托法学》,中国金融出版社2004年版,第189页。
[2] 参见陈向聪:《信托法律制度研究》,中国检察出版社2007年版,第265页。

缺乏一定的灵活性,特别是处于金融投资工具日趋多样化的现代社会,发生当事人设立信托时所不能预料之情形是大概率事件。信托财产管理方法直接关系到受托人的信托收益,如按照既有的信托财产管理方法继续管理信托财产,很可能不利于信托目的的实现。为此,有些信托文件并不明确具体的信托财产管理方法,仅就信托财产管理的原则予以规定,同时授权受托人根据实际情况自行确定管理财产的方式,以确保信托财产管理方法能及时应对市场变化,这种由受托人确定财产管理方法的做法在商业信托中较为常见。

一旦出现了信托设立时未能预料到或无法预料的事由,为了避免信托目的的实现因此而受到不利影响,各国信托法一般都会允许调整信托管理方法,此即信托财产管理方法的"情势变更原则"。各国信托法规定的调整方式也有所不同。英美法中,因情势变更而需要对信托财产管理方法进行调整时,若当事人无法协商达成一致,则受托人、受益人可以申请法院作出决定;日本、韩国信托法也是规定原则上只能申请法院决定变更。我国《信托法》则另辟蹊径,允许发生情势变更时委托人或受益人直接要求受托人对信托财产管理方法予以变更。我国《信托法》第21条与第49条第1款规定,因设立信托时未能预见的特别事由,致使信托财产的管理方法不利于实现信托目的或者不符合受益人的利益时,委托人或受益人有权要求受托人调整该信托财产的管理方法,受益人与委托人意见不一致时,可以申请人民法院作出裁定。但需要注意的是,公益信托不适用上述变更规则。我国《信托法》第69条规定:"公益信托成立后,发生设立信托时不能预见的情形,公益事业管理机构可以根据信托目的,变更信托文件中的有关条款。"所以,公益信托中因情势变更需调整信托财产管理方法的,需向公益事业管理机构申请并获批准方可变更。

2. 受托人的法定变更

信托目的的实现离不开受托人对信托事务的执行,但现实中受托人可能会因其自身或外界的原因而无法继续管理信托事务,此时有必要更换受托人继续管理信托事务。但如果信托文件中对此无相关规定,信托当事人又未能就此达成一致意见,则会产生无法变更受托人导致信托利益受损的情形。所以,各国信托法通常会就此规定受托人变更的法定事由。我国《信托法》总共规定了五种受托人变更的法定事由,大致可以分为两类:一是受托人管理信托财产不当,二是受托人主体资格灭失。

(1) 受托人管理信托财产不当。受托人管理信托财产不当是指受托人在管理信托财产方面存在故意或重大过失导致信托利益受损,信托受益人或委托人依据信托法的规定将受托人予以解任。英美法中,受益人可以请求法院解任受托人,而法院解除受托人的依据则是保护信托利益,不以受托人存在过错为要件。大陆法系中解任受托人的条件则相对严格,日本、韩国信托法均规定,委托人或受益人可以请求法院解任受托人,但法院决定解任的前提是受托人违背职责或有其他重大事由。我国《信托法》第 23 条规定:受托人违反信托目的处分信托财产或者管理运用、处分信托财产有重大过失的,委托人有权依照信托文件的规定解任受托人,或者申请人民法院解任受托人。① 可以看出,我国信托法对受托人的法定解任也是承袭了大陆法系的特征,要求受托人在管理信托财产时存在有悖于信托目的实现的故意或重大过失。

(2) 受托人主体资格灭失。受托人主体资格灭失是指作为自然人的受托人死亡、丧失完全民事行为能力,或是作为法人的受托人解散、撤销或破产,或是受托人法定资格丧失的情形。当发生上述法定事由时,受托人已经不再具有管理信托事务的民事行为能力,故受托人应当进行变更。我国《信托法》第 39 条第 1 款将上述事由规定为受托人职责终止的法定事由。其中,受托人死亡包括自然死亡和宣告死亡的情形,受托人丧失完全民事行为能力包括受托人被宣告为无民事行为能力人以及限制民事行为能力人。我国《信托法》第 24 条第 1 款规定:"受托人应当是具有完全民事行为能力的自然人、法人。"故当受托人丧失完全民事行为能力或是死亡、解散、撤销或破产时,其在法律上已经不具备成为受托人的条件甚至是丧失民事主体的资格,故应当依法变更。此外,如果受托人因某种原因丧失了从事特定信托事务的资格,如信托公司被吊销经营信托业务的许可证,此时受托人不再有从事商业信托的民事行为能力,故也应当予以变更。

(3) 新受托人的选任。原受托人因前述法定事由被解任或职责自然终止的,信托当事人可以依据信托文件的规定选任新的受托人,信托文件未规定选任方式的,则依据信托法的规定选任。我国《信托法》第 40 条第 1 款规定:"受托人职责终止的,依照信托文件规定选任新受托人;信托文件未规定的,由委托人选任;委托人不指定或者无能力指定的,由受益人选任;受益人为无民事行为能力人或者限制民事行为能力人的,依法由其监护人代行选任。"

3. 受益人及受益权的变更

如前文所述,受益人及受益权可以依据信托文件的规定或经受益人同意进行变更。此外,出现以下两种法定事由时,受益人亦可变更:一是受益人有重大侵权行为,二是受益权的继承。

(1) 受益人有重大侵权行为。所谓重大侵权行为,是指侵权行为人实施侵权行为的主观性质或手段比较恶劣,或者给他人合法权益造成了严重损害。信托设立后,委托人一般不得变更受益人的受益权,但如果受益人对委托人或其他受益人有重大侵权行为,我国《信托法》基于公平正义、伦理道德给予了委托人变更受益人或受益权的权利。《信托法》第 51 条第 1 款规定,信托设立后,受益人

---

① 参见我国《信托法》第 23 条、第 49 条第 1 款。

对委托人或其他共同受益人有重大侵权行为,则委托人可以变更受益人或者处分受益人的信托受益权。如此规定一方面可防止信托与委托人的初衷相背离,另一方面也可减少委托人设立信托时的顾虑。这里的重大侵权行为从字面理解仅指信托设立后发生的重大侵权行为。对于信托设立前发生的重大侵权行为,如信托设立时委托人已经知晓,自然不得在信托设立后以此为由主张变更受益人。如信托设立时委托人尚未知晓,委托人是否有权变更信托受益人呢?《信托法》对此没有规定,如从民事行为效力的角度看,该情形下设立信托的行为属于基于重大误解作出的民事行为,根据《民法典》的规定,委托人有权请求法院或者仲裁机构撤销该信托。

(2)受益权的继承。受益权属于受益人自身的权利,具有财产属性,除非信托文件有限制性规定,受益人可以将其用于清偿债务、转让或继承。我国《信托法》第48条规定:"受益人的信托受益权可以依法转让和继承,但信托文件有限制性规定的除外。"当受益权发生继承时,继承人亦自然变更为新受益人,故受益权继承也是信托发生变更的法定事由。

第四节 信托的终止

一、信托终止的事由

信托的终止,是指因出现法定或约定的事由导致信托关系归于消灭。信托的设立是信托的起点,信托的终止则是信托的终点。信托设立与存续的目的即是为了实现信托目的,所以《信托法》关于信托终止的相关规定也是围绕着信托目的展开,一是维护信托目的的实现,即《信托法》第52条规定的信托不因委托人或受托人的死亡、丧失民事行为能力等事由而终止,体现了信托的连续性原则。二是明确信托终止的条件,即由《信托法》明确规定信托终止的事由,其他情形下信托不得终止。上述规定均是为了避免信托终止的任意性,确保信托目的的实现。

我国《信托法》第53条规定了六种信托终止的事由,大致可以归为两类,一类是约定的终止事由,包括信托文件规定的终止事由发生、信托当事人协商同意;另一类是法定终止事由,包括信托存续违反信托目的、信托目的已经实现或者不能实现、信托被撤销、信托被解除。但其中的信托被撤销使得信托自始无效,与信托法中规定的信托终止的效果并不相同。此外,《信托法》第15条与第46条第2款也规定了两种终止事由,即自益信托委托人死亡、解散、撤销、破产与全体受益人放弃信托利益,这两种终止事由可以认为是包含于信托目的已经实现或不能实现的法定终止事由之中。

（一）信托文件规定的终止事由

委托人在设立信托时，可能希望出现某种情形时信托即告终止，依据意思自治的理念，应当尊重委托人的意志，各国信托法一般都同意委托人在信托文件中就信托终止的事由予以规定。信托文件中规定的信托终止的事由大致有两类。一类是规定信托的终止期限，大陆法系信托法一般对信托的期限都未作限制，我国信托法亦未作规定，所以理论上信托可以永远存续。但委托人通常都会在信托文件中规定信托的存续期限，期限届满则信托终止。另一类是规定信托的终止条件，如特定的受托人无法履行职责，特定的受益对象不再依靠信托利益，受益人违背委托人意志等等。所以，对于信托文件中规定了信托终止条件的，如不违反法律和公序良俗，条件成就则信托终止。

（二）信托当事人协商同意

依据民法意思自治的原则，信托设立后，所有信托当事人在充分协商的基础上就信托终止达成一致意见，法律应当允许。《信托法》第 53 条规定的"信托当事人协商同意"是指委托人、受托人与受益人三方当事人均同意，如信托中其中一方当事人欠缺，如委托人已经不存在或受益人尚未出生，那么依据我国《信托法》的规定，该信托是无法通过信托当事人协商一致终止的。不过依据我国《信托法》第 51 条第 2 款的规定，委托人与受益人达成一致的情况下，无须受托人同意即可以解除信托，信托被解除后发生信托终止的法律后果。对于上述问题，英美信托法规定享有全部受益权的成年受益人有权终止信托，对于未出生的受益人则可申请由法院代为表示同意与否；日本和韩国则是设立信托管理人代表不特定或尚不存在的受益人去行使相关权利。

（三）信托目的已经实现或者不能实现或信托存续违反信托目的

委托人设立信托是为了实现信托目的，信托设立后对信托事务的管理也是以信托目的实现为中心进行的。如果信托目的已经实现，则信托的使命也已达成，信托再无继续存之必要；如果信托存续违反信托目的，则继续执行信托事务会与信托目的相背离，故此时信托不应继续存续；如果因为发生某种原因，导致信托目的在客观上已经无法实现，信托存续已经失去了意义，则信托亦无存续之必要。上述情形在时间节点上分别对应着信托的过去、现在和未来的状态，上述情形发生后，信托均应当依法终止。试举一例，委托人甲设立信托的目的是抚养其非婚生未成年子女乙，如果信托设立后一段时间乙长大成人，此时信托目的已经实现，该信托已经失去存在的必要，应当依法终止；如果信托设立后发现乙实际上并非甲的亲生子女，信托继续存续会违反信托目的，则该信托应当依法终止；如果乙在成长过程中死亡，则该信托目的将无法实现，信托失去了存在的意义，也应当依法终止。

（四）信托受益人不存在

《信托法》第 15 条规定，"设立信托后，委托人死亡或者依法解散、被依法撤销、被宣告破产时,委托人是唯一受益人的,信托终止"。《信托法》第46条第2款规定:"全体受益人放弃信托受益权的,信托终止。"上述两项将自益信托委托人死亡、解散、撤销、破产和全体受益人放弃受益权列为信托终止的法定事由,从本质上来看,上述情形均可以理解为信托中已不存在信托受益人,信托存续的目的即是为了信托受益人的利益,故该情形下信托目的已经无法实现,不论是依据《信托法》第15条和第46条,还是依据第53条,该情形下信托均应当予以终止。

（五）信托被撤销

信托被撤销,是指委托人设立信托损害其债权人利益时,债权人申请人民法院将该信托予以撤销。信托法上的撤销权和民法上的撤销权并不相同。在民法上有善意取得制度,债务人有偿处分财产时,只有当债务人明知此举会损害债权人利益,并且第三人为恶意时,债权人才能申请法院撤销该处分行为。而在信托法律关系中,对委托人是否善意和受托人是否知情不作考量,因为受托人本身不能享有信托利益,撤销信托一般也不会损及受托人利益。[①]

（六）信托被解除

信托的解除是指信托存续期间,信托当事人依据法律或者信托文件的规定行使解除权,使处于生效状态的信托关系归于消灭的行为。信托有效成立后,信托当事人不得随意解除,如允许随意解除信托,必然会损害其他信托当事人的利益。我国《信托法》就自益信托和他益信托规定了不同的解除条件。

对于自益信托而言,系委托人为其自身利益而设立,委托人是该信托唯一的受益人,故允许委托人解除信托不会损害他人受益权,所以一般情形下,自益信托的委托人及其继承人可以随时解除信托。但如果信托文件就解除信托予以了禁止或限制,则委托人不得解除信托或在符合信托文件规定的情形下方可解除信托。对此,我国《信托法》第50条规定:"委托人是唯一受益人的,委托人或者其继承人可以解除信托。信托文件另有规定的,从其规定。"

对于他益信托而言,委托人不再是唯一的受益人,若随意解除信托则会损害受益人等其他当事人的利益,所以我国《信托法》对他益信托的解除作出了限制性规定,只有特定情形下,委托人方可解除信托。《信托法》规定的可以解除他益信托的情形有三种:一是受益人对委托人有重大侵权行为,此时受益人继续享有信托利益既不符合委托人意愿,也与公平正义相左;二是经受益人同意,撤销信托系受益人对自己权利的处分,应当予以准许;三是信托文件规定的其他情形。上述情形规定在《信托法》第51条第2款。

此外,尽管委托人依据《信托法》的规定解除信托,不会对受益人的权利造成损害,但可能损害受托人的利益,主要是预期信托报酬的损失,从法理而言委托

---

① 参见赖源河、王志诚:《现代信托法论(增订三版)》,中国政法大学出版社2002年版,第70页。

人应当对此予以补偿。但我国《信托法》并未就受托人补偿问题作出规定,故出现上述情形后,受托人应依据民法的相关规定,要求委托人补偿其因信托解除而受到的预期损失。

二、信托终止的法律后果

(一) 信托终止的法律效力

信托终止后,信托关系即归于消灭,信托当事人于基于原信托关系享有的权利和承担的义务也归于消灭,包括信托当事人内部之间以及受托人与第三人之间的权利义务。信托的终止只对将来发生效力,并不产生溯及既往的效力,即信托终止之前基于原信托关系已经享有的权利和承担的义务仍然存在,由此产生的损益不会因信托终止而发生变动,信托终止之后不再基于原信托关系形成权利义务,这也是信托终止在法律后果方面与信托无效和信托被撤销的主要区别所在。如信托终止之后,受益人不再基于原信托继续取得信托利益,但受益人已经取得的信托利益归受益人所有,一般不能要求受益人返还。

(二) 信托财产的归属

信托存续期间,信托财产名义上属于受托人,但不属于受托人的固有财产,受托人对信托财产享有占有、管理和处分的权利,受益人享有受益权。信托终止之后,信托关系不复存在,即产生了剩余信托财产归属问题。各国信托法对此规定较为一致,除非法律上有特别规定,通常情况下,应当先依据信托文件的规定确定归属,信托文件没有规定的则依据法律确定。我国《信托法》第54条规定,信托终止的,信托财产归属于信托文件规定的人;信托文件未规定的,按下列顺序确定归属:(1) 受益人或者其继承人;(2) 委托人或者其继承人。

1. 归属于信托文件规定的人

委托人设立信托时,通常都会对剩余信托财产的归属在信托文件中予以规定。通常情况下,信托文件会规定剩余信托财产归受益人所有,但也可能委托人希望将剩余信托财产捐献给慈善机构,或是基于特殊考量将剩余信托财产分割归不同人所有,并规定在信托文件中。基于意思自治的理念,在不损害信托以外的第三人以及社会公共利益的情况下,应当优先依据信托文件的规定确定剩余信托财产的归属。

2. 归属于受益人或其继承人

剩余信托财产的归属并非信托文件的必备条款,实践中亦会出于种种原因,信托文件未就剩余信托财产归属问题作出规定。英美法系中,此种情形下剩余信托财产会形成以委托人为受益人的归复信托。大陆法系信托法不认可归复信托,故一般通过立法明确规定剩余信托财产的归属。

信托系委托人为了受益人的利益而设立,故委托人通常会希望将剩余信托财产归受益人所有。所以,在信托文件没有规定剩余信托财产归属的情况下,从契合委托人意愿的角度来看,应当确认剩余信托财产归受益人所有。我国《信托法》也将受益人或其继承人作为法定第一顺位的信托财产归属者。

3. 归属于委托人或其继承人

信托终止后,亦会出现信托文件未就剩余信托财产归属作出规定,且受益人及其继承人均不存在的情形,例如信托因全体受益人放弃信托受益权而终止的情形。鉴于信托成立前信托财产归属于委托人,依据公平合理观念,出现上述情形时,剩余信托财产的权属应当回归委托人或其继承人。我国《信托法》也将委托人或其继承人作为法定第二顺位的信托财产归属者。在此作进一步讨论,如果委托人及其继承人也不存在,剩余信托财产的归属将如何认定?我国《信托法》并未就此予以规定,依据我国现有法律制度,此情形下信托财产应当被认定为无主物,归国家所有。

4. 信托财产归属的特殊规定

我国《信托法》除第54条规定了信托财产归属的一般规则外,在其他条款中就一些特定类型的信托财产的归属作了特殊规定,应当优先于第54条适用。一是我国《信托法》第53条将债权人撤销信托列为信托终止的事由,而依据第12条债权人撤销信托产生的法律后果是信托自始无效,一般产生财产返还的法律后果。故如信托因撤销而终止,则剩余信托财产归委托人或其继承人所有。二是《信托法》第15条直接规定,自益信托因委托人死亡等事由终止时,信托财产作为委托人的遗产或清算财产。如此规定在于防止委托人设立信托损害债权人利益。但如果委托人在信托文件中规定了剩余信托财产的归属,如将信托财产捐献给慈善机构,则上述规定会导致信托归属背离了委托人的善良意愿。三是《信托法》第72条规定,公益信托终止,没有信托财产权利归属人或者信托财产权利归属人是不特定的社会公众的,经公益事业管理机构批准,受托人应当将信托财产用于与原公益目的相近似的目的,或者将信托财产转移给具有近似目的的公益组织或者其他公益信托。

(三) 拟制法定信托运行

信托终止后,需要对信托进行清算并将剩余信托财产转移至权利归属人名下,这些事务需要受托人去执行,是信托终止后必须经历的一个过程。但此时信托已经终止,受托人基于原信托关系享有的执行信托事务的权利和义务已经消灭,受托人既无权利也无义务去执行清算事务。为了保证受托人在信托终止后能够尽职清算,大陆法系信托法普遍就此规定了一项法定信托,该法定信托的目的是仅限于向权利归属人转移剩余的信托财产,将原受托人作为该法定信托的受托人,权利归属人作为受益人,受托人的职权仅限于从事清算活动和移转剩余信托财产至权利归属人。之所以称其为法定信托,系因该信托并非基于当事人意思表示设立,而是基于信托法的规定设立。我国《信托法》第55条规定,信托终止的,信托财产的归属确定后,在该信托财产转移给权利归属人的过程中,信托视为存续,权利归属人视为受益人。该规定亦是通过拟制法定信托的方式确保信托终止后剩余事务的执行。也有少数观点认为,该规定中的信托并非法定信托,而是原信托的延续,受托人职责仅限于信托剩余事务的处理。

（四）信托财产的强制执行

信托有效成立之后,信托财产即独立于委托人和受托人的固有财产。为保障信托财产的独立性,大陆法系信托法均规定在一般情形下信托财产不得成为强制执行的对象。我国《信托法》第17条第1款规定,除因下列情形之一外,对信托财产不得强制执行：(1) 设立信托前债权人已对该信托财产享有优先受偿的权利,并依法行使该权利的；(2) 受托人处理信托事务所产生债务,债权人要求清偿该债务的；(3) 信托财产本身应担负的税款；(4) 法律规定的其他情形。

信托存续期间,信托财产名义上属于受托人,此时对信托财产的强制执行以受托人为被执行人,被执行财产亦以信托财产为限。信托终止之后,不论是信托财产尚处于清算中还是已经移转至权利归属人名下,根据《信托法》第56条的规定,均以权利归属人为被执行人。对处于清算过程中的信托财产申请强制执行的,由于信托财产仍处于受托人控制之下,受托人有义务协助执行。

关于权利归属人作为被执行人的义务范围问题,即被强制执行财产的范围是以权利归属人取得的剩余信托财产为限,还是包括剩余信托财产在内的权利归属人个人的全部财产？从理论上说,对信托财产强制执行所依据的债权对应的是信托财产自身的债务,故尽管以权利归属人为被执行人,但被执行财产也应当以权利归属人取得的信托财产为限；从实践来看,权利归属人接受信托财产是一项权利,其可以选择接受或者放弃,如果权利归属人因接受信托财产获得的权利小于其因此而需承担的义务,其可以选择放弃接受信托财产从而避免遭受损失。

（五）受托人的权利保护

受托人在执行信托事务过程中,若以其固有财产先行垫付因处理信托事务而产生的费用或对第三人的债务,则其有权从信托财产中获得相应的补偿。受托人亦有权依据信托文件的规定取得相应的报酬。如果尚处于信托存续期间,信托财产名义上属于受托人,由受托人管理或处分,故此时受托人可以直接就信托财产行使上述请求补偿和报酬的权利。如果受托人因故未能在信托存续期间行使上述权利,信托终止之后,上述权利依然存在,受托人可依法继续行使。我国《信托法》第57条规定："信托终止后,受托人依照本法规定行使请求给付报酬、从信托财产中获得补偿的权利时,可以留置信托财产或者对信托财产的权利归属人提出请求。"故信托终止之后,受托人的上述权利有行使留置权和向权利归属人请求两种救济方式。

一是移转信托财产前可依法留置信托财产。根据我国物权法律制度的规定,留置是指债务人不履行到期债务,债权人可以留置已经合法占有的债务人的动产,并就该动产优先受偿。[①] 信托终止后,受托人享有对权利归属人的到期债权,即请求支付报酬和补偿垫付费用的权利,在信托财产尚未移转至权利归属人名下时,受托人基于法定信托继续占有信托财产,故此时受托人有权留置信托财产,并就上述债权优先受偿。信托财产为动产时,受托人行使留置权并无争议,若信托财产为不动产,则受托人能否行使留置权存在争议。有观点认为,依据物权法定原则,物权法律制度明确将留置权适用对象限定在动产,《信托法》第57条并未明确规定此处留置可适用于不动产,故只能针对作为动产的信托财产行使留置权。也有观点认为,《信托法》第57条规定是对物权法律中留置权的一种例外规定,属于特别留置权,既适用于动产,也适用于不动产。从实务操作层面,作为不动产的信托财产登记在受托人名下也为留置不动产提供了现实可能性。

二是移转信托财产后可请求权利归属人予以补偿。信托终止后,如果受托人已经将剩余信托财产移转给权利归属人,则受托人不再享有对信托财产的占有,故无法通过留置信托财产主张债权。此时,受托人可直接向权利归属人主张信托报酬以及垫付费用,但上述债权主张的范围应当以权利归属人接受的剩余信托财产为限。

(六)信托事务的清算与受托人责任的解除

1. 信托事务的清算

信托终止后,受托人对信托财产的管理或处分也随之结束,此时受托人有义务就信托事务进行清算,并制作清算报告,说明信托财产的处分情况。信托事务清算的具体内容主要包括清收信托财产的债权和债务,处置、变现和分配信托财产,制作并提交清算报告等等。其中,对信托财产分配主要包括两部分,一部分是对已经实现尚未分配的信托利益向受益人分配,另一部分是对最后剩余的信托财产向信托权利归属人进行移转。

2. 受托人责任的解除

受托人在信托清算事务完成后应当提交信托清算报告,说明信托财产的管理、处分情况,经信托受益人或权利归属人确认无异议的,受托人就清算报告中列明的事项解除责任。

信托法上受托人处理信托事务的责任包括对内责任和对外责任,对内责任是指受托人对其他信托当事人的责任,对外责任是指受托人对第三人的责任。

---

① 参见《民法典》第447条。

《信托法》第 58 条规定的受托人责任解除仅包括对内责任,不包括对外责任。受益人或权利归属人对清算报告的认可不能免除受托人因执行信托事务而产生的对第三人的债务,如非因受托人违背管理职责或者处理信托事务不当所致,则受托人在以其固有财产向第三人承担责任后可向权利归属人追偿。

各国信托法关于有权确认清算报告的权利人的规定不尽相同,如日本、韩国规定受益人或管理人有权确认。我国《信托法》第 58 条将确认清算报告的权利赋予受益人与权利归属人。此处需注意受益人与权利归属人可能是两个不同的主体,各自的利益范围也不同,故其中一个主体对清算报告的认可,只能解除受托人对该主体的责任,受托人对另外一个主体的责任不会因此而解除。故在实践中,清算报告中涉及不同主体利益的内容应当经相应的主体认可,整个清算报告同时取得受益人和权利归属人的认可时,方能解除受托人的所有对内责任。

为保护受益人与权利归属人的权利,我国《信托法》规定了受托人责任不得免除的两种情形。一是受托人有不正当行为。主要是指受托人在作出信托事务清算报告时存在虚假陈述或隐瞒管理信托事务的行为,使得受益人与权利归属人无法获知真实情况,此时即便受益人与权利归属人确认无异议,也不能免除受托人的责任。相反,如果是受托人在管理信托事务时存在不当行为,但在作出清算报告时如实陈述了,受益人与权利归属人对此予以认可,受托人相关责任亦可得以免除。二是清算报告未列明的事项。受益人与权利归属人对清算报告的确认,只能就清算报告列明的事项免除责任。对于受托人未在清算报告中列明的事项,如受益人与权利归属人日后得知受托人应承担责任的未列明事项,仍然可要求受托人承担相应的法律责任。

案例 郝某某与万向信托有限公司信托效力纠纷案[①]

1. 案情简介

2015 年 4 月,万向信托有限公司(以下简称"万向公司")发布《万信—证券结构化投资集合资金信托计划 71 号说明书》,拟发行信托计划用于证券市场投资。2015 年 5 月,委托人郝某某与受托人万向公司签订《万信—证券结构化投资集合资金信托计划 71 号信托合同》(以下简称"71 号合同"),作为该信托计划下第 9 期信托单元的委托人,认购次级信托单位 4000 万份,为次级受益人,委托人负责向受托人出具投资指令。

上海金元百利资产管理有限公司作为优先级委托人亦与万向公司签订"71 号合同",认购金额为 12000 万元,信托受益权类别为优先级受益权,优先级信托

[①] 参见(2017)最高法民申 3856 号民事裁定书。

单位 12000 万份。

2015 年 9 月 18 日,信托单位净值跌破止损线,因郝某某未根据信托合同按时足额向信托保管账户增加信托资金,万向公司对该信托单元下持有的全部证券资产进行了变现操作。

郝某某以万向公司违法从事金融业务、万向公司强制平仓具有过错为由向法院起诉,请求:确认郝某某与万向公司之间所签订的"71 号合同"无效;万向公司向郝某某返还钱款共计 59383923.28 元;请求判令万向公司赔偿郝某某损失 1723555.37 元;请求判令万向公司承担诉讼费用。

法院认为,万向公司为依法设立的信托公司,符合设立资管计划的主体条件,诉争"71 号合同"符合《信托公司集合资金信托计划管理办法》的相关规定,也不存在违法无效的情况。万向公司依照相关规定对指令建议进行审查后再发出交易指令,始终对信托财产以及信托股票账户享有控制权,能够自主决定交易指令的发出以及执行风控措施。因此,万向公司并未出借账户,没有从事非法融资融券业务,诉争信托不属于非法融资融券。由于郝某某的信托单元净值于 2015 年 9 月 18 日低于止损线,万向公司在当日收盘后根据信托合同的相关要求,通过系统短信通知郝某某追加增强信托资金,郝某某在 2015 年 9 月 21 日未按时追加增强信托资金,故万向公司按照信托合同中止损线风险控制的规定,对郝某某信托单元项下的全部证券资产进行变现操作,符合合同约定,因此认定万向公司强制平仓并无过错。

一审法院驳回郝某某的诉讼请求,二审法院维持原判,最高人民法院驳回了其再审申请。

2. 案例评析

伞形结构化信托法律关系性质的认定是本案的争议焦点。结构化信托中,优先级受益人获取固定收益,风险较低;劣后级受益人获取不确定收益,风险较高,还要为优先级受益人的本金和收益进行担保。因此,结构化信托具有集合性、杠杆性特点,是投资和融资的重要工具。在伞形信托的一个信托母账号下,可以通过分组交易系统设置若干个独立的子信托,每个子信托便是一个小型结构化信托。信托公司通过其信息技术和风控平台,对每个子信托进行管理和监控。

本案信托为伞形结构的信托计划,同时信托合同约定次级受益人郝某某负责出具投资指令,这样的信托业务容易与融资融券业务相混淆。郝某某认为,证券投资信托必须由受托人亲自履行投资决策事项,不能将投资管理职责委托他人行使。伞形信托明确将投资决策权让渡给了委托人,这显然违反了法律规定。另外,伞形信托假借结构化信托的合法形式,变相地向次级/劣后级委托人提供对应优先级的资金,供次级/劣后级委托人做出买卖股票的行为,同样构成了非法从事融资业务的情形。

实际上，虽然结构化信托与融资融券在客户主动买入卖出证券、信托公司或证券公司可以强制平仓上有相同之处，但两者之间存在本质差别。首先，信托公司与证券公司的义务不同。信托公司在信托合同中负有积极管理信托财产的义务，但在融资融券法律关系中，证券公司仅是消极持有信托财产。其次，两者设立的目的不同。融资融券业务的目的在于解决担保问题和提高杠杆，而结构化信托的目的具有多样性，有的甚至是为了规避合规性监管并满足融资方的需求。

法院认为，本案中，证监会发布的《关于清理整顿违法从事证券业务活动的意见》和《关于继续做好清理整顿违法从事证券业务活动的通知》是要求清理、整顿相关的信托产品账户，并不是对信托计划本身的效力是否违法作出认定，因此该信托计划合法有效。

在本案的结构化信托中，还值得我们注意的是透过信托合同展现出的当事人的多重意思表示：一是建立信托法律关系的意思表示；二是共同投资的意思表示，即优先级受益人与次级受益人共同投资该集合信托资金；三是借贷的意思表示，由于劣后级委托人郝某某负责出具投资指令，并且承担投资失败的损失，实际上相当于其以某个利率向优先级受益人借款投资；四是担保的意思表示，优先级受益人根据信托合同可获得固定收益，不用承担证券市场的风险，次级受益人为优先级受益人的收益以自己投入的本金提供担保。此时，将会出现商事外观主义与民法意思真实的冲突。对此类金融产品的法律性质进行认定时，要十分谨慎，综合考虑该金融机构的类型、相关法律法规、监管政策，在探求其交易本质属性的同时也要顾及商事交易客观存在的特殊性，以商事思维准确探究其法律关系。

第三章 信托财产

第一节 信托财产的概念与性质

一、信托财产的概念

信托制度发源于英国中世纪的用益制,其后在衡平法中予以确立。信托财产作为信托制度中最主要的概念,在衡平法上被表述为:委托人将信托财产交给受托人,受托人虽然取得它的所有权,但并不享有为了自己的利益按照自己的意志来支配它的权利,而只负有为了委托人或其指定的其他人的利益并按委托人的意志支配它的义务。①

从概念中我们不难理解,受托人对受托财产享有所有权,但该所有权同时受到委托人转让财产时的目的及以有益于受益人的方式进行运作的双重限制。法律一方面肯定了受托人对信托财产进行管理、处分的权利,另一方面确认了这种管理、处分行为应以受益人的利益为出发点,所得利益归受益人享有。由此,法律层面上最大限度实现了信托财产保值增值与保护受益人利益两大目标的统一,信托制度因此被称为英国在数百年来取得的最伟大的法学成就。

大陆法系在吸收信托制度的同时,也引进了信托财产的概念。日本作为建立信托制度较早的国家,在其法律条文中将信托财产作为一个法律术语多次引用。韩国《信托法》则通过专章的形式对信托财产予以肯定,但是对信托财产的定义方法,两大法系则采取了不同的做法。英美法系往往通过直截了当的方式揭示信托财产的内涵及意义,而大陆法系或是从侧面对其特征进行概括,或是通过对其范围加以限定的方式明确信托财产的轮廓。如日、韩两国信托法规定大体相似:凡受托者由于信托财产的管理、处理、消失、损毁以及其他事由所取得的财产,均属信托财产。② 我国台湾地区"信托法"第 9 条规定,受托人因信托行为取得之财产权为信托财产。我国大陆《信托法》第 14 条对信托财产概念的规定较为详尽,将其划分为两个部分,其一是信托设立时受托人取得的财产,其二是

---

① 参见张淳:《信托法原论》,南京大学出版社 1994 年版,第 100 页。
② 参见日本《信托法》第 14 条,韩国《信托法》第 19 条。

受托人在信托关系存续期间取得的与信托财产相关的财产,同时从反面限制了信托财产的范围,禁止流通以及未经批准的限制流通的财产被排除出信托财产之列,以此种财产设立的信托行为,因违反法律禁止性规定而无效。

信托财产承载着委托人、受托人、受益人三方的权利义务,信托关系的运作机制则在于调整三方当事人因信托财产发生的法律关系,信托财产在信托法律关系中处于核心地位。信托作为一种理财方法,以信托财产的存在为前提,无信托财产即无信托,所以信托财产是整个信托关系发生的前提,信托财产的灭失亦将会导致法律关系因标的消灭而归于终止,因此,信托财产是信托法律关系必不可少的一环。[①] 法律对于信托财产及与之相关的财产流转、权利义务诸事项规定是否完善,直接影响了信托制度在我国的发展以及相关信托产品的创新。

二、信托财产的性质

信托财产的法律性质,即信托财产与信托关系当事人的关系问题。更为确切地说,它针对的是受托人、受益人对信托财产享有权利的定性。对于信托财产的性质,英美法系已经有了明确的认定,但大陆法系仍"诸说并存",难以达成一致认识。

(一)英美法系:双重所有权说

英美法上承认受托人与受益人均对信托财产享有所有权,其中受托人对信托财产的权利由普通法予以规定,而受益人的权利由衡平法规定,双方的所有权分别被称作"普通法上的所有权"(legal title)与"衡平法上的所有权"(equitable title)。虽然双方均是信托财产的所有权人,但权能存在明显差异。受托人虽占有、使用、处分信托财产,但其仅是名义上的所有权人,受托人负有为受益人利益对信托财产进行管理的义务,因受托人故意或过失造成信托财产损毁的,受托人应向受益人承担赔偿责任。受益人虽不直接占有财产,但却是信托财产实质所有人,对信托财产享有收益权,对受托人则有监督权、停止不当行为请求权等等。因此,受托人的所有权仅是一种服务于受益人所有权、保证信托目的实现的手段。

英美法系之所以会形成双重所有权的局面,这与信托的诞生方式以及英美法系的传统是密不可分的。信托制度发源于中世纪的用益制,但在当时用益制作为一种新型的法律现象,尚未被普通法接受,因此普通法对受益人的权利持否定态度。其中一个典型案例发生在1379年,当时的英国国会向法官咨询,爱德华三世若作为受益人,要求他的受托人将一定的收入交给他,普通法能否认可这

---

① 相较而言,根据信托关系连续性以及信托合同的规定,受托人及受益人死亡,人格终止并不会导致信托关系的终结,因此信托财产是信托关系维系的必要条件。

一要求。法官回应,普通法对受托人地产上的任何限制都不会注意,除非它符合与普通法条件相关的严格规则。这些条件在作出委托时就已确定,只有委托人和其继承人才能利用这些条件,因为不能在委托已作出后追加这些条件,他们自己追加的对他们有利的第三人不能利用这些条件,所以在几乎所有的案子中不可能让他们去强制执行受益人的权利。除非有用益权的人是委托人自己或他的继承人,并且除非在委托的时候已宣布用益是为了受益人的利益,他的利益才会为普通法所认可。这是已知最早的普通法对用益受益人权利所持的态度,普通法没有承认用益受益人的利益,用益受益人爱德华三世的利益也没有得到普通法法官的保护;[①]同时,普通法僵化的诉讼程序使得受益人很难获得普通法上的救济,而衡平法院则形式灵活,法官审断案件多依据自己的良心,有效地弥补了普通法院的不足。实际上,正是因为衡平法院对受益人的权利有了很明确的界定,有效地减少了用益上纠纷的发生,为后来用益制的普及并逐步发展成为信托制度奠定了基础。

(二)大陆法系:单一所有权的诸说

1. 受益人享有信托财产所有权。此种学说认为信托财产的所有权单纯地归属受益人,受益人是以财产所有人的身份享受信托利益的。至于受托人,不过是代理人,仅享有代理权限而已。[②] 此种学说的缺陷在于将信托与代理混为一谈。信托的成立以财产的转移为前提,受益人不可能直接占有、支配信托财产,受益人与受托人是独立的法律主体。但在代理关系中,代理人依附于被代理人,并依照被代理人的意志从事各项活动,被代理人可随时终止代理人权限。此点证明代理与信托是两种性质截然不同的民事行为,并且受益人仅对信托财产享有收益、监督等权利,这也与大陆法系上的所有权相去甚远。

2. 受托人享有信托财产所有权。此说也被有的学者称为"物权—债权"说,[③]此种观点与第一种观点相对,将信托财产看作受托人所有,收益权实为受益人对受托人享有的一项债权。但此说将受托人权利纳入所有权范畴,与大陆法系的所有权理论并不契合。依照民法上的所有权理论,一项完整的所有权包含占有、使用、收益、处分四项权能,所有权权能的分离,只限于三种情况:(1)所有权人让与财产的占有权、使用权、处分权和部分收益权,保留部分收益权,与受让人按一定比例分享财产利益;(2)所有权人让与财产占有权、使用权和部分收益权,保留处分权和部分收益权;(3)所有权人让与占有权、使用权和收益权而保留处分权。[④] 由此,我们不难看出,所有权人或是保留部分收益权,或是仅对

---

① 参见余辉:《英国信托法:起源、发展及其影响》,清华大学出版社2007年版,第55页。
② 参见周小明:《信托制度的比较法研究》,法律出版社1996年版,第34页。
③ 同上书,第30页。
④ 参见柳经纬主编:《物权法》,厦门大学出版社2000年版,第58页。

原物保留处分权,而信托之中受托人对信托财产占有、使用和处分的权能完全是以受益人的利益为中心而展开,因此难以称其为所有权。而就受益人而言,其享有权利的范围不局限于收益权,同时涉及对受托人的监督、对不当行为的撤销权等,对于内容如此丰富的收益权,也难以用债权定性。

3. 法主体说。该说否认了受托人与受益人对信托财产的所有权,强调信托财产的独立性,认为委托人既然将其财产设立信托,那么信托财产上的所有权消灭,主张信托财产也应具有法律主体资格,受托人对信托财产行使财产管理权。其中最具代表性的观点是日本学者四宫和夫所提出的"信托财产实质性法主体性"。依据1922年日本《信托法》,委托人、受托人和受益人并不是信托财产的所有权人,因此信托财产并不归属于任何人。① 此观点虽避免了前两说所遭遇的所有权上的尴尬,但尚存在不妥之处:信托财产属于物的范畴,其自身并不能形成独立的意思表示,只有与受托人的经营行为结合起来,才会发挥效用。② 如果承认信托财产的主体资格,不仅与民法理论中法律关系主体的概念相冲突,同时难以解释信托财产自身所享有的权利义务问题。

4. 受托人与受益人对信托财产共同享有物权,同时受益人对受托人基于信托享有债权。对于信托财产,受托人享有所有权人名义与管理处分权,受益人也享有一定物质性权利(撤销权及追及权);而在受托人与受益人之间,则基于受益人对受托人的信托,产生债权关系的效力。③ 此种观点充分考虑到了受托人与受益人在信托财产之上的权利的外部性特征以及受益人对受托人的制约关系,但由于观点过于折中,因此在信托财产归属问题上仍含混不清,也未对信托财产之上的权利性质给出明确答案。

5. 我国学者在外国学说的基础上,也纷纷提出了自己的观点,如"委托人所有说"④"委托人、受托人、受益人均有所有权说"⑤。前者依据在于,我国《信托法》第2条规定,本法所称信托,是指委托人基于对受托人的信任,将其财产权委托给受托人,由受托人按委托人的意愿以自己的名义,为受益人的利益或者特定目的,进行管理或者处分的行为。委托并不发生所有权改变的效果,信托财产仍属委托人所有。很明显,此种说法违反了信托财产独立性的要求,信托以委托人转移其财产为前提,受托人基于所有权而对受托财产进行处分,这也是信托不同

---

① 参见日本1922年《信托法》第15—18条。
② 即便是法主体说的支持者,也承认受托人是信托财产的代表机关和执行机关。
③ 参见周小明:《信托制度的比较法研究》,法律出版社1996年版,第32页。
④ 参见赵许明、罗大钧:《信托财产权本质探究》,载《华侨大学学报》2002年第3期;陆培源、方新军:《试论我国信托财产所有权归属》,载《长春理工大学学报(社会科学版)》2014年第10期;张淳:《"寻找"信托财产所有权主体——关于对学者的解读的审视和对信托法的回避态度的检讨》,载《南京大学法律评论》2018年第2期。
⑤ 参见郭玉萍:《信托财产的所有权归属》,载《河南金融管理干部学院学报》2002年第5期。

于其他民事行为的特点之一,因此"委托人所有说"并不成立。而后一种学说认为信托财产上存在数个所有权的观点与大陆法系"一物一权"原则相违背,因此在民法体系框架内,也很难获得认可。

大陆法系与英美法系之所以在信托财产认识问题上会产生迥然不同的局面,是两大法系不同的传统所致。英美法系强调法律的实用性、解决社会问题的功能,所以当死板僵化的普通法不能解决如何保护受益人利益的问题时,衡平法院法官依据内心良心肯定了受益人对信托财产的所有权。同时,英美法系并没有严格的物权体系,财产所有权仅是一系列的物上权益的组合,这也为受益人衡平法上所有权的创建提供了理论上的可能。反观大陆法系,其注重法律推理及内在逻辑连贯性,任何理论只有通过严密的推导规则与实践的双重检验,才能被大众认可。信托作为英美法系的舶来品,自身带有强烈的英美法烙印,而大陆法系则严格坚持一物一权原则,将财产权划分为物权和债权,如果采用大陆法系的逻辑规则分析英美法中的事物,无疑将会陷入僵局。事实上,正如有的学者所言:"信托无法归入传统体系中的任何一类。否则便会歪曲信托的本质,限制信托功能的发挥。信托既不是物权也不是债权,但又切实地具备物权和债权的某一部分特征。因此作为一种新的财产权利种类,信托法律关系的比较合适的定位是并列于物权和债权之间,成为第三种财产权利。"[①]大陆法系作为一种开放的法律体系,既然接受了外部的法律产品,那么就应该更新固有的法律逻辑结构,开辟新的理论空间,更好地吸纳他山之石。法律来源于实践,最终目的也是为了指导实践。承认外来的法律理念,对原有体系进行改进,并不是大陆法系特色的淡化,相反,这是法律制度焕发活力、归于生活的表现。因此,对于信托财产的性质,我们不妨认为受托人享有名义上的所有权。对于受益人之地位,亦无须执着考证,只要弄清其权利内容,对实践并无大碍。对收益权的归属,无妨以一种新型权利看待。

第二节　信托财产的特性

一、信托财产的分割性

英美法系信托财产实行的是二元所有权原则,受托人享有普通法上的所有权,受益人拥有衡平法上的所有权,信托财产的分割性即来源于此。英美法系这种"双重所有权"观念,深深根植于普通法与衡平法的长久对峙中,信托法孕育于

[①] 吴弘等:《信托法论——中国信托市场发育发展的法律调整》,立信会计出版社2003年版,第115页。

衡平法的独特历史结构之中。① 大陆法系由于强调所有权的单一性、整体性,因此对信托财产所有权的界定难以达成共识,但是大陆法系同样秉承信托财产的分割性理论,集中表现在承认信托财产的控制、管理权限由受托人所有,而把收益、监督等权限交由受益人处置。因此,虽然大陆法系并未直接承认信托财产双重所有权理论,但通过对受托人、受益人之间权利义务的分配,达到英美法系所有权分割的效果。

二、信托财产的同一性

信托财产的独立性,又被称作物上代位性,是指信托财产不仅包括信托成立时委托人交付给受托人的财产,同时还及于信托存续期间委托人在管理信托财产时所获得的收益及一切财产性权利。我国《信托法》第14条第1、2款明确规定:"受托人因承诺信托而取得的财产是信托财产。受托人因信托财产的管理运用、处分或者其他情形而取得的财产,也归入信托财产。"此条规定可以看作对信托财产同一性在立法上的肯定。② 信托是为受益人而设的财产管理制度,因此整部《信托法》实为保护受益人利益而设。信托财产最初表现为委托人给付的具体财产,但在信托经营过程中,信托财产不可避免要发生价值、形态上的变化。信托财产既为受益人而存在,那么一切来源于委托人原始财产之上的物质性及权利性利益均作为信托财产由受托人进行经营管理。同一性理论的确立,使得信托财产的增值成为可能,保障了受益人获得最大利益。

信托财产的代位,包括物的代位和人的代位。就物的代位而言,包括如下几个方面:

1. 受托人对信托财产进行管理而取得的财产。信托生效后,受托人有权对信托财产进行管理经营。因信托财产而发生的收益,民法理论称作孳息,包括自然孳息和法定孳息。按照民法一般理论,孳息归属原物所有人,但根据信托财产同一性的特点,信托财产所生孳息性质仍为信托财产。

2. 受托人处分信托财产所获对价。受托人出让、互易全部或部分信托财产,无论有偿处分或无偿处分,所得对价均应归入信托财产。各国信托法对此均有相关规定,而美国的阐释最为详尽:只要在信托文件中有规定,因出卖作为信托财产的不动产或动产所取得的收入,即便在数额上超过了设立信托时对前述出卖物所估计的价值额,也成为信托财产的一部分。③

3. 因信托财产损毁、灭失而取得的补偿物、补偿金。当信托财产因第三人

---

① 参见周小明:《信托制度的比较法研究》,法律出版社1996年版,第13页。
② 其他国家和地区也有类似规定,如日本《信托法》第14条规定,凡受托者由于信托财产的管理、处理、消失、损毁以及其他事由所取得之财产,均属于信托财产。
③ 参见张淳:《我国信托法中的规则冲突及其矫正》,载《社会科学研究》2008年第5期。

原因发生损失,则第三人承担赔偿损失、恢复原状等责任,若损毁是由受托人故意或过失所导致,那么应由其予以赔偿。受托人作为受托财产的实际占有者,无论是责任人赔偿金的给付,还是保险公司理赔,最终都要归入受托人名下。但此赔偿金性质属于信托财产,因而享有信托财产各项待遇。日本、韩国信托法在对信托财产进行定义时便明确规定受托人因信托财产损毁取得的财产属于信托财产。

4. 受托人因其他情形取得的财产。我国《信托法》规定了受托人在信托存续期间可以通过信托财产的管理运用、处分或者其他情形取得信托财产。其他情形实属立法上的兜底规定,主要解决的是信托财产与受托人自有财产发生添附情况下所有权的归属问题。添附包括附合、混合与加工三种情况。附合是指两个以上不同主体所有的物合成一物的过程,混合则是指数项动产相互结合成一个不可分割的整体,加工是指将他人所有之物进行改造变成另一物。由于信托财产与固有财产均由受托人占有和支配,因此难免会出现添附的情况。对于信托中添附后新财产的所有权归属,我国《信托法》并未作出明确规定,应按照《民法典》第322条执行:"因加工、附合、混合而产生的物的归属,有约定的,按照约定;没有约定或者约定不明确的,依照法律规定;法律没有规定的,按照充分发挥物的效用以及保护无过错当事人的原则确定。因一方当事人的过错或者确定物的归属造成另一方当事人损害的,应当给予赔偿或者补偿。"日、韩两国信托法在此问题上直接采用了准用性法律规定。韩国《信托法》第24条规定:信托财产在附合、混合或加工的情况下,准用《民法典》第256条至第261条的规定,视各种信托财产和自有财产属于各自不同的所有者。日本《信托法》第30条也规定:就信托财产有附合、混合或加工时,各信托财产与固有财产视为属于不同的所有人,而适用《民法典》第242条至第248条的规定。由此,信托财产在发生添附的情况下,应当视信托财产与固有财产分属不同所有人,在此基础上,再依照民事法律相关规定确定添附后效果。

以上几点均为积极的物上代位权,而信托的物上代位权同时也应囊括消极财产。所谓消极的财产代位权,是指只要是受托人出于受益人利益最大化的目的,采取正常的经营管理方法于信托财产之上所负担的债务,受益人也应承受,在信托财产范围内偿还。信托既为受益人利益而运作,自然信托存续期间所产生的债务由受益人在可得利益范围内一并承受,法理上并无异议。

信托财产上人的代位是指受托人有偿让与信托财产,则他得到的代价代替出让的财产,受托人此后将被视为出售所得款项或再使用该款项所得财产的受托人;如果取得财产的第三人是无偿取得信托财产,而且该第三人在受让财产时是恶意的(明知或者应知受托人对信托财产的处分行为违背信托本旨),则该第三人将取代原受托人而成为新的受托人。①

三、信托财产的独立性

信托财产虽脱离委托人而由受托人占有处分,但其前提条件乃是受托人依照信托目的,为受益人利益从事日常管理各项活动。受益权的分离使得信托财产与受托人固有财产表现出了不同的法律特性,而信托财产虽与受益人密切相关,但受益人却难以行使全部所有权权能,且信托财产收益应按信托合同规定进行分配。由此可见,信托财产的独立性表现在其与委托人、受托人、受益人三方财产及其上债务相分离,成为一个独立的财产整体。信托财产的独立性,其出发点不仅仅是保护受益人,防止受托人以信托财产偿还个人债务,更为重要的是,唯有明确信托财产的独立地位,尽量减少信托存续期间各种不确定因素的干扰,例如受托人自身所负与信托财产无关债务,不得以信托财产清偿,方能保证信托目的的实现以及信托关系的稳定,进而促进整个信托事业发展。

在受托人死亡、破产、抵消、强制执行等情况下往往会涉及财产的分配问题,因此信托财产的独立性主要表现在以下几个方面:

(一)继承的禁止

我国《信托法》第15条规定,设立信托后,委托人死亡,在委托人不是唯一受益人的情况下,信托财产不可作为遗产由其继承人继承。委托人向受托人交付信托财产后,其对信托财产即丧失所有权,仅享有间接的权利,如妨害排除请求权、恢复原状请求权,因此委托人死亡后遗产的分割并不涉及信托财产。《信托法》第16条明确了受托人的死亡也不会改变信托财产的性质。受托人既然不享有受益权,其继承人自不可获信托财产之上利益。

(二)破产清偿的禁止

破产财产是指在宣告破产后,破产人所有但应公平清偿破产债权的财产。我国《企业破产法》第30条规定,破产申请受理时属于债务人的全部财产,以及破产申请受理后至破产程序终结前债务人取得的财产,为债务人财产。这是一种膨胀主义的立法模式,以求使破产债权人获得最大程度的清偿。但在信托法上则禁止债权人就信托财产偿还其债权。信托财产为维系受益人利益之财产,将其作为破产债权清偿物,无异于将受托人破产损失强加于受益人,于理不合。因此《信托法》第16条规定,受托人资格终止,信托财产不得列入破产财产。

值得注意的是,受托人破产即丧失主体资格,无权履行信托合同。为了维护受益人的利益及信托关系的连续性,信托此时并未终止,按照信托文件规定程序或由委托人、受益人选任新的受托人,由新的受托人行使破产取回权,取回信托

---

① 参见〔法〕勒内·达维德:《当代主要法律体系》,漆竹生译,上海译文出版社1984年版,第330页。

财产以便继续经营。

(三) 抵消的禁止

抵消是指双方互负债权债务,各以其债权清偿,使得双方债务在对等数额内消灭。抵消分为法定抵消与意定抵消,法定抵消要求双方当事人互负到期债权债务,且标的物种类相同,当事人所负债务为可抵消债务,意定抵消则只需双方一致同意即可。但是,抵消权的运用,在信托财产上则受到了限制。根据《信托法》第18条规定,以下两种情况不适用于债务抵消:(1) 如果受托人固有财产对外发生债务,而信托财产又对同一债权人享有债权,则受托人不可以信托财产抵消自身债务;(2) 受托人若接受不同委托人信托财产,就不同信托财产之上发生债权债务,同样不准抵消。

上述两种情况中,受托人作为信托财产名义上所有权人,表现出债权人与债务人双重法律属性。但在第一种情况下,受托人固有财产所负债务本应由受托人自己承担,而信托财产上所享有债权,实际最终归入受益人名下。民法上的抵消制度,乃是强调债务人实质享有的债权,因此第一种情况并不满足抵消产生的条件。在第二种情况下,不同信托财产之上债务由相应各受益人承担,债权也归属各受益人,如果允许抵消,则会导致不同受益人之间利益的侵蚀,为了保证每一信托目的的顺利实现,法律同样对此类抵消予以禁止。

当然,同一信托财产之上的债权债务如果符合民法上的抵消条件,则适用《民法典》规定,《信托法》并未予以禁止。

(四) 强制执行的禁止

信托关系一旦成立,信托财产即独立于委托人、受托人固有财产,因此委托人与受托人所负债务均与信托财产无涉,即便债务人到期不偿还债务,债权人也不可要求法院对信托财产强制执行来满足其债权。最高人民法院在《全国法院民商事审判工作会议纪要》(法〔2019〕254号)中明确了诉讼保全不及于信托财产,已经采取保全措施的,存管银行或者信托公司能够提供证据证明该账户为信托账户的,应当立即解除保全措施。①

信托财产禁止强制执行的原则,充分体现了信托财产的独立性可以与国家强制力相抗衡的一面,但并非在所有情况下均可适用此原则。我国《信托法》第17条明确规定了四种情况下信托财产可被强制执行:(1) 设立信托前债权人已对该信托财产享有优先受偿的权利,并依法行使该权利的。此处唯享有优先受偿权利人,方可申请强制执行,例如委托人财产在设定信托前设有抵押权,则抵押权人可以在到期债权未受清偿的情况下申请法院对抵押财产强制执行。(2) 受托人处理信托事务所产生债务,债权人要求清偿该债务的。受托人既为

---

① 参见《全国法院民商事审判工作会议纪要》第95条。

受益人服务,所得利益为信托利益,而产生的成本的债务,也应为信托债务。如受托人为修理信托财产所花的费用,为转移信托财产所花运费等。因信托事务而发生的费用,应以信托财产支付,如果受托人到期未支付,则债权人可以信托财产为对象申请强制执行。(3) 信托财产本身应担负的税款。这里的税款,是指受托人在管理、运用信托财产中所发生的应缴税款。如果受托人未及时缴纳,则税收征管机关从信托财产中扣除。(4) 法律规定的其他情形。这在性质上属于兜底条款,如果其他法律上另有规定,或将来法律新增条款赋予债权人更多强制执行权,则从其规定。依据《全国法院民商事审判工作会议纪要》第 95 条的规定,若信托财产具有前述情形,也可被列为诉讼保全的对象。

(五) 混同的限制

混同,是指合同或债的当事人本为对立的双方,当债权债务归于同一人,那么会导致权利义务终止的情况。混同往往是由于债权债务的承受而产生,承受包括概括承受与特定承受。概括承受指一方当事人完全承受他方权利义务,如两个企业法人发生债权债务关系,后双方发生合并,原债权债务因归入同一企业而消灭。概括承受往往被认为是混同发生的主要原因。特定承受是指债务人承受债权人债权或债权人承受债务人债务而导致的混同。信托法上混同的禁止,指如果委托人以某些财产性权利,如抵押权、留置权等设立信托的情况下,受托人以其个人名义或其他财产受托人名义取得该权利标的物所有权时,依照民法相关理论,该财产性权利与所有权因混同于一人而消灭。但由于受托人并不是该信托财产实际所有人,如果允许混同的发生,那么将会损害受益人的利益,所以相关财产性权利并不因标的物归属受托人而消灭。对于信托财产混同的限制,大陆法系已有明文规定,如日本《信托法》第 18 条、韩国《信托法》第 23 条均肯定了信托财产属于所有权以外的权利时,受托人即使取得了该权利标的物所有权,其权利也不能因混同而取消。但是,我国《信托法》却并无相关规定,仅在《民法典》第 576 条规定:"债权和债务同归于一人的,债权债务终止,但是损害第三人利益的除外。"将来对《信托法》修订时应对此作相应的添补,避免留下立法真空地带。

此外,此处作为信托财产的物上权利只有经过登记或公示才会产生对抗第三人的效力,若未履行此程序,纵然受托人不可主张财产权利的混同而消灭,但若将财产权让与第三人,则受益人与委托人不可主张物上权利。例如,委托人以交通工具抵押权设定信托,该抵押权因欠缺登记而缺乏对抗效力,受托人如果取得该交通工具所有权,将该标的物让与第三人,那么第三人可依善意取得来对抗担保物权。

第三节 信托财产的管理运用及处分

一、管理信托财产、处理信托事务是受托人的法定义务

信托制度诞生之初,其目的主要在于规避封建法律对财产流转不合理的限制,或是通过委托他人经营的方式,实现将土地收益捐赠给教会的效果。总体来说,自然经济占主导地位的中世纪,人们看重物的静态占有,受托人在信托关系中仅起到消极的持有所有权的作用。而现代社会中商品经济的精髓则在于通过资本的快速流动实现利益的最大化,信托目的也从早期单纯的财产转移转变为信托财产的投资增值,受益人是否能从信托中获取收益,取决于受托人对信托财产的管理运用是否恰当。从这个意义上讲,信托目的能否实现取决于受托人对信托财产的管理行为,作为信托法核心内容之一的受托人各项义务也往往围绕着对信托财产的管理和处分。

(一) 严格遵照信托合同执行信托事务

委托人与受托人订立信托合同,双方即应该履行合同规定的义务。委托人转移财产所有权给受托人,而受托人则应该按照双方约定的目的和方式管理信托财产。根据合同法原理,只有在双方当事人合意的基础上,合同条款才能予以变更,因此受托人如果违反信托合同的约定,擅自改变信托财产用途,则应承担相应违约责任。例如,我国《信托法》第25条和日本《信托法》第4条均明确了受托人应当遵守信托文件规定的义务。英美法系则进一步具体化,英国信托法认为受托人在信托履行方面必须严格遵守和执行信托文件中各项条款,并将这一义务称为"受托人遵从信托条款义务"。美国信托法规定,只要接受了信托,受托人便成为这一信托的管理人或执行人,从而应当根据信托文件的规定来管理和执行该项信托;除非按照这一信托文件的条款行事已属不可能或违法,或者因有关条件已发生变化以至于按照该文件行事将会失败或极大损害信托目的实现,或者该文件中的指示被法院通过行使司法权而宣告无效。[1]

(二) 忠实管理信托财产

受托人处理信托事务,应以受益人利益为其唯一目的,不可利用其掌握信托财产的便利为自己或他人谋利。从信托合同的角度来看,受托人忠于受益人之利益其实也是信托合同的要求。信托合同是为受益人而订立的合同,受托人接受信托财产,自然应为受益人利益而经营。

1. 受托人不可利用信托财产为受益人以外第三人谋利。《信托法》第26条

---

[1] 参见钟瑞栋、陈向聪:《信托法》,厦门大学出版社2007年版,第107页。

规定,受托人除依照本法规定取得报酬外,不得利用信托财产为自己谋取利益。受托人违反前款规定,利用信托财产为自己谋取利益的,所得利益归入信托财产。此条明确禁止了受托人以信托为手段为自己谋利。信托既是为受益人而设,如果允许其上权益由他人占有,无疑将会歪曲信托本意。

2. 受托人不得将信托财产转为个人固有财产。受托人对固有财产享有完全所有权,但是对信托财产则不享有收益权。相对于受托人固有财产,信托财产具有独立性,如果将信托财产与固有财产混为一谈,那么将会损害受益人权益。我国《信托法》第27条规定,受托人不得将信托财产转为其固有财产。受托人将信托财产转为其固有财产的,必须恢复该信托财产的原状;造成信托财产损失的,应当承担赔偿责任。

3. 受托人不得自我交易。《信托法》第28条规定受托人不得将其固有财产与信托财产进行交易或者将不同委托人的信托财产进行相互交易,但信托文件另有规定或者经委托人或者受益人同意,并以公平的市场价格进行交易的除外。信托法原则上禁止受托人的自我交易,其法理在于受托人在信托关系中是作为信托财产的所有人存在的,其不可能同时又作为买受人买进该财产。此外,为了防止受托人低价买入信托财产,损害受益人利益,法律不允许受托人在信托关系存续期间与信托财产交易。

（三）谨慎管理信托财产

投资增值已成为现代社会信托的主要目的,信托收益的增加,必然导致信托风险的递增。受托人如果疏于管理,往往会增大信托财产贬值亏损的风险。因此,法律要求受托人必须尽到合理注意义务,方可最大限度避免信托财产的损失风险。尤其是对于风险较大的商业信托,受托人往往是以信托为职业的信托公司、基金管理公司等等,作为专业的信托机构,必须要达到其行业应该达到的注意程度。我国《信托法》第25条第2款规定:受托人管理信托财产,必须恪尽职守,履行诚实、信用、谨慎、有效管理的义务。该条应理解为受托人负有谨慎管理信托财产的义务。

1. 受托人对信托财产亲自管理。委托人交付信托财产于受托人,除非合同中另有约定或出现特殊情况,受托人不可将信托事务擅自转交他人。但是法律同时兼顾灵活性的要求,赋予了受托人在一定条件下可以委托他人代为处理信托事务的权利。我国《信托法》第30条第1款规定了两种情况:其一是信托文件另有规定。信托合同是委托人和受托人合意的结果,如果双方在合同中约定了受托人转移信托事务的情况,那么自然对合同双方均有约束力。其二是出现不得已事由的情况。

2. 受托人对信托财产分别进行管理。信托财产作为信托权利义务指向的对象,独立于委托人、受托人、受益人的财产,其仅为受益人而存在。受托人在取得信托财产的同时,也享有一定数量的固有财产,为了保证信托目的的实现,受托人唯有将信托财产与固有财产分别管理,才能保证信托财产的独立性。

(四) 信托财产管理受委托人与受益人监督

对于委托人对信托事务的监督权,英美法系与大陆法系的规定各不相同。英美法系认为,信托既已设立,委托人即从信托关系中退出,信托执行好坏再与委托人无涉,因此委托人实际并不享有任何权利,如果委托人要保留对受托人支配与指挥等一系列权利,则需要以明示的方式列明自己的权利,或者在信托合同中表明自己的受益人身份。而大陆法系则认为,委托人作为信托合同的一方当事人,受托人执行信托事务的好坏关系到委托人订立合同之目的能否实现,如果能够赋予委托人对信托事务监督的权利,那么无疑将会对信托目的的实现增加一层保障。我国《信托法》则充分肯定了委托人的知情权、财产管理方法调整请求权、不当信托行为撤销请求权、对受托人的解任权。[①]

对于受益人对受托人的监督权,两大法系均无异议。受益人在信托中享有受益权。受益权有广义与狭义之分,狭义的受益权仅指受益人按照信托合同的规定取得信托财产收益的权利,而广义的受益权不仅仅包括收益权,同时还涉及对信托事务执行情况进行监督的权利。受益人是信托利益的享有者,受托人违反信托义务直接侵犯受益人的利益,因此赋予受益人对信托事务的监督权利,不仅仅是信托本质的反映,同时也是对受益人自身利益最为直接保护的方式。

二、信托财产管理和运用方式的变更

信托财产管理方式主要有两种情形:其一是信托合同约定信托财产的管理模式,受托人只能在信托合同载明的范围内对信托财产进行管理。其二是信托合同对信托财产使用范围不加限定,受托人根据客观情况自主决定信托财产的管理投资方式。

一般来说,信托关系成立后,受托人享有信托财产的管理权,委托人不得随意干涉,但如果信托财产的管理方式超出了信托合同规定的范围,或者由于客观情势的变化,导致按照原来的管理方式将不利于信托目的的实现,那么对信托财产的运用方式必须要进行变更。我国《信托法》第21条规定:"因设立信托时未能预见的特别事由,致使信托财产的管理方法不利于实现信托目的或者不符合受益人的利益时,委托人有权要求受托人调整该信托财产的管理方法。"第49条则是对受益人行使前述权利的规定。我国对于信托财产管理方式的变更规定相对宽松,只要具备法定情形,信托关系当事人可直接向受托人行使变更信托财产管理权。

---

① 参见我国《信托法》第20—23条。

相较而言,大陆法系其他国家对信托财产管理方式的变更则有比较严格的规定。日本《信托法》第23条规定:(1)因信托行为成立当时不能预见的特别事情,致信托财产的管理方法不符合受益人利益时,委托人及其继承人、受益人或者受托人,可向法院请求将其变更。(2)前项规定适用于法院所确定的管理方法。韩国《信托法》第36条也同时规定了委托人、受益人及受托人须向法院请求变更管理方法。由此可见,大陆法系国家信托财产管理方法变更权的行使实际只能由法院进行。

英美法系国家对于权利的行使主体范围的规定则更为宽泛,除法院外,委托人、受托人、受益人都享有变更权。以美国信托制度为例,对于变更信托设定如下限定性条件:(1)对于信托可以进行变更,但这一变更必须做到清楚、明确;(2)法院可以出于保护信托与使信托目的实现的需要而变更信托条款,但法院对于这一权力必须谨慎行使,并且只能在需要的情况下才能行使;(3)委托人可以在有关的信托行为中为自己保留变更信托的权利,并通过这一权利的行使来变更信托,为了使之发生效力,委托人根据这一保留而对信托进行的变更必须以规定的方式进行;(4)只要利害关系人一致同意,便可以对信托进行变更,委托人如果没有为自己保留变更信托的权利,一般来说未经受益人同意不能变更信托,委托人与受托人可以通过协商一致来变更信托,但这一变更不能对受益人不利,如果存在不利状况则必须经过受益人同意;(5)除了信托条款许可外,受托人未经受益人许可不能变更信托,但是在紧急情况或者为委托人所不能预见的情况下,法院可以出于保护信托或者使信托目的实现的需要而授权委托人不按照信托条款行事;(6)委托人、受托人或受益人可以向法院提起诉讼,以要求变更信托条款。[①] 而在我国信托法中,享有变更权的仅限于委托人与受益人,受托人并没有变更信托财产管理方法的权利。

三、信托财产的处分

信托财产的处分,即对信托财产进行处置的权利,涉及信托关系存续期间以及信托关系结束后对信托财产的处理。

(一)信托关系存续期间对信托财产的处分

信托关系成立,受托人取得信托财产所有权,其主要任务乃是通过对信托财产进行经营管理从而为受益人带来收益。受托人对于信托财产的管理方式,只要不是法律与信托文件明确禁止的,任何人都不能进行干涉。从法理上讲,受托人成为法律上的所有权人,而委托人则丧失了对标的物所有权,其与受托人之间仅存在合同关系,而受益人对信托财产享有受益权,因此仅在利益受损时享有

---

① 参见钟瑞栋、陈向聪:《信托法》,厦门大学出版社2007年版,第163页。

相应救济权利。受托人支配信托财产受信托目的与信托文件的制约,只要其行为方式合理合法,那么其他相关当事人不可对其进行干涉。从实际情况来看,现代社会中人们多把信托财产当成投资增值的工具,受托人大都具有一定的管理水平及投资能力,委托人往往希望借助于受托人的有效管理带来一定收益,而常人一般不具备投资所需的专业知识,如果不能保障受托人对权利的行使享有一定的空间以及决策的顺畅实施,那么就会影响到信托目的的实现。

大陆法系国家并没有详细列举受托人信托事务的处理可以采取的诸种方式,如日本《信托法》第20条规定:受托人须按信托的本旨,以善良的管理者应有的态度处理信托事务。韩国《信托法》第28条也要求受托人作为一个善良管理人处理管理信托财产。因此,我们认为,在大陆法系国家,受托人对于信托财产的处分,例如拍卖、互易、设定各种物上权利,只要符合相关规定即有效,委托人及受托人不可以该行为未经其同意为由而主张无效。

与大陆法系国家相比,英美法系国家具体规定了受托人对信托事务的处理方式。英国《受托人法》规定受托人享有如下权利:(1) 出卖、拍卖信托财产的权利;(2) 按折旧条件出卖信托财产的权利;(3) 开收据的权利;(4) 通过互让解决债务的权利;(5) 通过出卖、抵押等方式筹借资金的权利;(6) 保险权利;(7) 运用保险金的权利;(8) 寄存证明文件的权利;(9) 期待权与对信托财产的酌情处理权;(10) 聘用代理人的权利;(11) 同其他人保持一致的权利;(12) 因正当事由委托人处理信托事务的权利。美国《信托法重述》(第二版)则将受托人享有的权利归纳为:(1) 费用支出权;(2) 出租权;(3) 出卖权;(4) 和解、仲裁与弃权事宜;(5) 股份信托财产表决权的行使。[①] 由此,我们可以看出,英美法系通过列举的方式肯定了受托人对信托财产的出卖、抵押等一系列处分权利。

我国《信托法》与日、韩等国规定较为相似,其第25条第1款规定,受托人应当遵守信托文件的规定,为受益人的最大利益处理信托事务。因此受托人处分信托财产只要不违反信托合同的约定并且出于受益人利益考虑,那么就视为有效。

(二) 信托关系结束后信托财产的处分

信托关系存续期间,受托人享有信托财产的所有权,有权对信托财产进行处分,而在信托关系结束后,尽管受托人仍可能继续持有信托财产,但丧失了对信托财产继续处分的资格。此时对信托财产的处分,主要依三种方式进行:

1. 依据法律特殊规定决定信托财产的归属。在某些特殊情形下,法律对信托财产的流转有明确的规定,如日本《信托法》第61条、韩国《信托法》第59条都规定,在委托人是唯一受益人或唯一受益人非以信托财产不能偿还其债务或其

---

① 参见徐孟洲主编:《信托法》,法律出版社2006年版,第94页。

他不得已的事由使得法院根据受益人或利害关系人的申请解除信托的情况下，信托财产归受益人享有。我国法律对此尚无规定。

2. 依信托文件确定信托财产的归属。信托关系基于委托人与受托人之间的信托合同而发生，如果双方在信托合同中约定信托关系终止后的财产归属，那么根据当事人意思自治的原则，合同中的约定优先于法律规定。我国《信托法》第54条规定，信托终止的，信托财产归属于信托文件规定的人。例如某信托中存在数个受益人，委托人指定了信托财产归属于某一特定受益人，那么信托终止后，由该受益人获得信托财产所有权。

3. 依照法律规定的顺序决定信托财产的归属。如果委托人在信托文件中没有指定信托财产的归属，那么按照法律的规定对信托财产进行处分：(1) 首先，受益人作为第一顺序人取得信托财产所有权。信托是为受益人而设，如果委托人希望信托结束后将信托财产转让给第三人，那么必然会在信托文件中表明。在委托人没有明确声明的情况下，我们推定委托财产属受益人所有是最为接近委托人意思的。如果受益人死亡，那么则将信托财产定性为受益人的遗产，由继承人继承。(2) 其次是由委托人享有信托财产所有权。如果受益人及其继承人不存在，那么委托人重新取得信托财产所有权。信托财产本属于委托人财产，后为交由他人经营而转移所有权，在利益指向的对象消失的情况下，唯有"物归原主"最为合适。委托人如果死亡，那么由其继承人继承。

各国信托法在此问题上均作出相关规定，并且都承认委托人对信托财产归属认定的优先效力，但在法定财产所有权顺序问题上的规定各不相同。日本《信托法》第62条与韩国《信托法》第60条确认了在信托终止的情况下，当信托文件中没有规定信托财产的归属权利人时，信托财产归属于信托人或其继承人。由此可见，大陆法系国家把委托人列为第一顺序人。而英美法系与此相反，英美信托法肯定了受益人在信托终止后优先享有信托财产的权利。综合以上两大法系特点，我国《信托法》与英美法的规定较为贴近，受益人对信托财产的受偿顺序优先于委托人。《信托法》第54条规定，信托文件未规定的按下列顺序确定归属：(一) 受益人或者其继承人；(二) 委托人或者其继承人。大陆法系与英美法系之所以在顺位上有所区别，可能是信托在不同法系国家之中普及的程度不同而导致的，在大陆法系国家，信托的运用远不像在英美法系国家那样普遍。

四、信托财产占有瑕疵的承继

信托财产的占有瑕疵，是指委托人就其信托财产不享有所有权。而信托财产占有瑕疵承继问题，则是指信托开始后，受托人与受益人的权利义务问题。普通民法理论与信托法对财产的占有瑕疵处理情形不同，大陆法系物权变动往往采用公示公信原则,动产以占有作为公示方法,不动产则采取登记方式,交易相对人在交易时依照外观主义确定物上真正权利人,即使真正所有权人与占有人不一致,交易相对方也可依善意取得物上所有权,原物所有人不得向其要求返还。之所以在民商事理论中确立善意取得制度,乃是出于对交易效率的考虑。在现实生活中不能要求双方对每笔交易均核实对方是否为物上真正权利人,因此法律规定只要做到合理审查义务,确认对方具备所有权的公示要件,即承认对方的所有权身份,以求得交易安全与效率的平衡。但是在英美信托法中,善意取得规则却并不适用。委托人如果就信托财产具有占有瑕疵的情况,那么信托关系实际上并不成立,而受托人也并不享有信托法上的相关权利。究其原因,乃是善意取得规则在信托关系中的延伸适用将会违背制度本身的目的。信托关系中,信托财产虽由委托人交付受托人,但双方并不是一种买卖关系,受托人往往并没有付出与信托财产相应的对价,其关系实质上只是一种委托理财,而受益人也不同于买卖合同的买受人,其仅仅是纯接受利益一方,如果对信托关系及受托人所获利益予以承认,那么无疑是允许信托可以法律为后盾,无偿占有他人合法财产,这对整个社会信用体制的巩固是极为不利的。

大陆法系在接受信托制度的同时,也借鉴了英美法系信托财产占有瑕疵的承继原则。例如,日本《信托法》第13条规定:(1)受托人占有信托财产时,应承继委托人占有的瑕疵。(2)前款规定适用于钱款、其他物品以及以偿付有价证券为目的的有价证券。韩国《信托法》第9条也作出了相似规定,以排除善意取得制度。

相较而言,我国《信托法》对信托财产占有瑕疵方面的规定尚有欠缺。《信托法》第7条规定,设立信托,必须有确定的信托财产,并且该信托财产必须是委托人合法所有的财产。第11条第3项否定了委托人以不符合本法规定条件的财产设立信托的合法性。我们可借此推断我国信托制度对信托财产瑕疵的承继也是持肯定态度,但是由于缺乏直接规定,与日、韩等国相比,我国《信托法》在此方面的规定犹如隔靴搔痒,难中其要害。从《物权法》到《民法典》即已建立了完整的善意取得制度,信托财产占有瑕疵的承继作为信托关系中不可回避的一个社会问题,必须以善意取得制度为支撑点,确立完善的信托财产占有瑕疵的承继体系,赋予法官审理案件的法律依据。

案例　某研究院诉某银行上海南市支行案①

1. 案情简介

某研究院（原告）下属的华东院系某银行上海南市支行（被告）客户，在该支行处开有账户。1995年8月31日，华东院与被告签订一份《委托贷款总协议》。该协议约定，由华东院委托被告营运基金，金额为人民币1000万元，委托基金期满后，由被告主动划入华东院在被告处开立的账户。协议签订后，双方即一直保持信托贷款关系。2001年3月末，被告确认原告在被告处仍有存款人民币3630.5万元及利息1357.2万元。由于华东院于1997年10月并入原告，原告就上述款项曾多次向被告催讨，但均被被告以上述款项为委托贷款、目前未收回为由而拒绝。原告认为被告的上述行为已违背商业银行应遵循的诚实信用原则，遂诉至法院，请求判令：(1) 被告退还原告存款人民币3630.5万元及至2001年3月31日的利息人民币1357.2万元；(2) 被告偿付原告自2001年4月1日起至清偿日止的利息（以人民币3630.5万元为基数，按月息率9.15‰计算）。

被告认为：(1) 被告未向原告或华东院出具过存单或签订存款协议，因此原、被告之间不存在存单合同关系；(2) 被告未与原告或华东院签订过《委托贷款总协议》，对原告提供的该份协议的真实性有异议，原告提供的该份协议并不存在；(3) 原告提供的"华东院委托贷款余额"只能证明原、被告及受益人三方的委托贷款关系，与本案无关。对原告与华东院合并且承继合并前债权的事实无异议，但认为原告的诉讼请求缺乏必要的事实及法律依据，应予驳回。

一审法院经审理后认定：

(1) 关于是否签订过《委托贷款总协议》的争议。一审法院认为原告提供的《委托贷款总协议》系复印件，属派生证据，因其无法与原件核对一致，故本身不具备证明力，需其他证据予以补强。现证人张某、项某及朱某虽出庭作证，但朱某已当庭否认《委托贷款总协议》的真实性，而张某、项某又分别为华东院原财务处长、法定代表人，目前张某仍在原告处任职，因此张某、项某与原告有利害关系，他们的证词不足以佐证《委托贷款总协议》签订的事实。虽然原告又提供了朱某的录音，但该录音也仅能反映朱某系向赵某询问后对相关事实进行陈述的情况，本身已属传来证据，况且朱某在庭审作证时又进行了否认，被告亦对签订的事实予以否认，故仅凭该录音以及张某、项某的证词难以佐证原告的主张。被告虽出具过"华东院委托贷款余额"，但该余额证明载明的尚欠款项性质为委托贷款，并又列明了受益单位的名称，因此该余额证明与原告主张的信托贷款之间

---

① 案例来源：http://www.66law.cn/channel/vip/viewgoodcase.aspx? goodcaseid=3131,2012年11月24日访问。

无必要的因果关系,缺乏证明效力。综上,因原告提供的证据材料之间缺乏必要的关联性,一审法院对《委托贷款总协议》的真实性不予认定。

(2) 关于签订若干三方委托贷款协议的争议。被告认为:原告提供的"华东院委托贷款余额"已能证明被告与华东院及受益人三方曾签订过委托贷款协议,因此原、被告之间实际系委托贷款关系。为证明该主张,被告向本院提供了若干份三方委托贷款协议、展期协议及放款凭证等证据材料。

原告认为:被告提供的证据材料已过举证期限,不具有证明力。上述三方委托贷款协议均系华东院在被告贷款后补签,加盖的亦系财务章,且原告从未指定过用款人,因此仅凭上述协议不能否定双方的信托贷款关系。原告为证明上述主张,向本院提供了胡某、赵某的调查笔录以及赵某某出具给原告的证明函。胡某系三方委托贷款协议中受益人上海某房地产经营公司及上海某房地产有限公司的总经理,赵某某系三方委托贷款协议中受益人青浦某工贸公司总经理,他们均表示委托贷款事宜系与被告业务经办人联系,未与华东院直接联系。

一审法院认为:根据原告提供的"华东院委托贷款余额"以及张某的调查笔录(包括庭审时证词)等证据材料,实际已能反映被告曾与华东院及受益人签订过三方委托贷款协议的事实。因此,即使被告提供的有关证据材料已过举证期限,已失权,但结合原告提供的有关证据材料,一审法院对三方曾签订过委托贷款协议的事实仍可认定。原告虽提供了关于胡某、赵某某以及赵某的调查笔录及证明,但作为证人,他们均无正当理由未出庭作证,因此他们的有关陈述及证明难以有效佐证原告的主张,一审法院难以采信。至于华东院在三方委托贷款协议上加盖的财务章是否事后补签、是否指定过用款人、被告在履行三方委托贷款协议时是否违反中国人民银行的有关规定等事宜,不属于一审法院审理范围,一审法院不宜处理,原告可依法另行主张。

综上,一审法院认为,原告提供的《委托贷款总协议》复印件,因缺乏必要的关联证据予以佐证,故一审法院对原告提出的双方当事人系信托贷款关系的主张难以采信。退一步讲,即便《委托贷款总协议》如原告所述系双方曾经签订、客观真实,但该协议约定的信托贷款内容亦违反了《商业银行法》关于商业银行不应办理信托贷款业务的规定,当属无效合同。被告出具的"华东院委托贷款余额"仅系余额对账单,只表明有过这些贷款余额,非华东院的存款余额,原告未能提供协议签订后曾存入人民币3630.5万元至被告处的相关凭证。因此,仅凭该协议及余额对账单并不能得出原告与被告有存单关系,亦不能得出原告与被告有3630.5万元信托贷款关系。据此,原告的诉请缺乏必要的事实及法律依据,一审法院难以支持。依照《民法通则》第5条之规定,判决驳回原告诉讼请求。

一审法院判决后,原告不服,提起上诉。二审法院经审理后驳回上诉,维持原判。

2. 案例评析

本案关键在于判定原被告之间订立的是信托存款合同还是委托贷款合同。

所谓委托贷款，是指金融机构接受委托人的委托，在委托人设定的金额的范围内，根据委托人指定的贷款人、贷款方式、利率、期限等要求运营委托人存入的款项，并负责到期返还本金及相关收益。

信托存款属于资金信托的一种形式，金融机构吸收客户的闲散资金，客户并不对资金的运用作出具体指示，信托机构依照自己的判断从事各种投资借贷业务，并根据合同规定返还收益。

信托存款与委托贷款的性质在学术界尚存争议。一种观点认为，信托存款属于信托的一种，而委托合同实际上属于代理合同。第二种观点认为两类合同均属于信托合同。委托贷款中受托人将资金存入银行后，银行即享有该笔资金的处分权，而第三人唯有取得银行同意方能获得该笔资金。第三种观点则认为两类信托存款与委托贷款实质上均为委托代理合同，金融机构作为受托人，为了委托人的利益从事各种行为。

本书更倾向于第一种观点，尽管信托存款与委托贷款从目的上看，均是受托银行以委托人利益为目的运营资金，在管理过程中，受托银行以自己名义对外从事各种行为，在接受委托后要做到委托人资金与固有资产的分离，但两者之间仍存在着一定的区别。

信托存款中，委托人实际上将资金存入委托人账户，因此该笔资金已由委托人转移至受托人，受托人取得的是完全的支配权，因此受托人对于该笔资金的运用，包括贷款对象、贷款利率、用途、期限等事项均由自己决定，只要受托人的决策符合受益人的利益，那么其行为就合法有效。但是在委托贷款中，由于委托人对资金的运用具有决定权，因此实际上受托人在为第三人发放贷款时并没有自己的意思表示，也就不享有支配权，其仅仅占有受托财产。另外，委托贷款尽管是由银行以自己名义做出，因贷款人实际由委托人指定，因此贷款人实际知道资金真正来源。信托与委托代理的最大区别在于受托财产的财产权归属不同。信托关系中原财产所有权人必须要将信托财产转移给受托人，由受托人行使占有、支配等权利，而委托代理合同中委托人保留财产的所有权，受托人在代理权限内对外从事各种行为。因此，信托存款究其性质属于信托关系，而委托贷款由于不具备委托人转移财产所有权的条件，只能列入委托代理的范畴。

信托存款与委托贷款的不同性质决定了当事人不同的权利义务。信托存款合同中，委托人往往在协议中约定高于银行同期利率信托资金的收益率，同时设置不低于银行同期利率的最低收益率，受托银行为了委托人的利益从事贷款、融资租赁等业务，到期后将收益扣除信托费用以及受托人营业收益后归委托人所有。受托人自行选择贷款人，同时承担贷款风险，如果因贷款人没有按期偿还贷款而导致受托人不能支付信托收益,那么受托人仍应承担给付相应收益的责任。

而在委托贷款中,委托人决定贷款发放的一切事项,受托机构仅仅起到发放贷款、监督贷款用途、督促还款的作用,只要受托机构履行了代理人的职责,那么到期贷款人没有偿还借款,受托人不负赔偿责任。

结合本案实际情况来看,最为关键之处在于原、被告之间的法律关系。原告主张其与被告之间存在信托存款合同,但其提供的《委托贷款总协议》复印件由于缺乏证明力,难以证明其主张。根据现有证据,仅能推断双方的委托贷款关系。由于在委托关系中,委托人承担贷款的风险,因此被告在到期时可以贷款人未偿还钱款为由拒付委托资金。

案例　安通公司与康某信托财产纠纷案[①]

1. 案情简介

2017年9月27日,康某与吉林信托签订《信托合同》,约定信托资金由吉林信托按照委托人康某的意愿,以吉林信托的名义,向康某指定的仁建公司发放信托贷款。

同日,康某与郭某某签订《补差和受让协议》,协议明示,郭某某为仁建公司的实际控制人,为保证康某的资金安全和收益实现,郭某某愿意以补足差额及受让康某信托受益权的方式,为康某按期足额获取信托本金及年化13%的收益提供担保。次日,康某又与安通公司(郭某某为法人代表)签订《保证合同》,约定安通公司就郭某某依据《补差和受让协议》应向康某支付的差额补足款、信托受益权转让价款、违约金,以及康某为实现上述债权而发生的费用,向康某承担连带保证责任。

2017年9月28日,吉林信托按照受托人康某的指令,与仁建公司签订《信托贷款合同》,信托贷款期限为12个月,年利率13%,每2个月支付一次贷款利息,借款到期后应一次性将贷款本金及利息清偿完毕。10月11日,吉林信托按照《信托贷款合同》约定,将2亿元信托贷款发放给仁建公司。

此后,案涉信托贷款到期,仁建公司未能按约如期履行还本付息义务,郭某某亦未按照《补差和受让协议》约定向康某补足差额、受让信托受益权。

康某向法院起诉,请求判令郭某某返还信托借款本金2亿元人民币和利息以及违约金,判令安通公司承担连带责任。

法院认为,《补差和受让协议》系康某与郭某某的真实意思表示,且不违反法律、行政法规的强制性规定,应属有效。协议约定的付款条件已经成就,康某有

[①] 参见(2019)最高法民终1524号民事判决书。

权利要求郭某某依约履行协议。但《保证合同》系公司出具的担保合同,依据公司法必须经股东(大)会的决议,而该《担保合同》未经安通公司股东大会决议同意,也未依法对外公告,该行为属于越权代表的行为,因此《保证合同》无效;但安通公司内部管理不规范,对担保合同的无效具有重大过错,根据《最高人民法院关于适用〈中华人民共和国担保法〉若干问题的解释》第 7 条,"主合同有效而担保合同无效,债权人无过错的,担保人与债务人对主合同债权人的经济损失,承担连带赔偿责任;债权人、担保人有过错的,担保人承担民事责任的部分,不应超过债务人不能清偿部分的二分之一。"

一审法院支持原告的各项诉讼请求,即郭某某应向康某支付信托本金以及信托收益不足年化 13% 的收益部分以及违约金,安通公司对此承担连带保证责任。安通公司提起上诉。

二审法院综合考虑全案情况和《保证合同》双方当事人过错,认为安通公司应对郭某某不能清偿在《补差和受让协议》项下债务的二分之一承担赔偿责任。故二审维持一审判决中判令郭某某承担义务的部分,改判安通公司对郭某某不能清偿所判决债务的二分之一向康某承担连带赔偿责任。

2. 案例评析

在本案中存在四种法律关系:康某与吉林信托的资金信托关系、吉林信托与仁建公司的信托贷款关系、郭某某与康某的担保关系以及安通公司与康某的担保关系。发生争议的是两个担保关系。

(1) 关于《补差和受让协议》的性质。郭某某认为仁建公司对吉林信托负有债务,而该协议担保的仁建公司对康某的债务并不存在,康某不具备起诉资格。但事实和法理上,第三人承诺差额补足等并非担保贷款关系中债务人的履行或债权人的收益,而是保障信托关系中委托人的利益,分担其风险,强化信托资产安全,具有增信担保作用,是独立的合同。《全国法院民商事审判工作会议纪要》第 91 条明确:第三方提供差额补足义务等承诺文件作为增信措施的,应结合具体内容,判定其是否符合法律关于保证合同关系的规定。

(2) 关于《保证合同》无效的过错。郭某某以安通公司的名义签订《保证合同》超越了法定代理权,该合同无效。对《保证合同》无效,安通公司当然有过错,那么相对人有无过错?二审法院认为,关联担保的风险较高,安通公司系上市公司,相对人可以通过较低成本了解到上市公司对外担保以及决议事项,相对人康某应该尽到注意义务。现相对人未进行审查亦有过错,则保证人承担二分之一责任是符合司法解释规定的。

第四章 信托当事人

第一节 信托当事人概述

一、信托当事人的概念和特征

(一) 信托当事人的概念

德国法学家拉伦茨(Larenz)将法律关系称为"人与人之间的法律纽带"。可见"人"在法律关系中的重要性。"人"在法律关系理论中,一般被称为法律关系的主体,是法律关系中的当事人。信托关系中的当事人是信托法律关系的起点,信托法律关系围绕当事人而展开,研究信托法律关系的当事人对理解信托关系运行中的各项法律制度起着至关重要的作用。

信托法律关系的当事人是指参与信托法律关系,并享有信托法规定的权利和履行信托法规定的义务的人。这里的"人"既可以是自然人,也可以是法人或非法人组织。在我国,公民、个体工商户、农村承包经营户、法人以及合伙组织等民事主体都可以成为信托当事人。信托法律关系的当事人有广义和狭义之分。狭义的当事人仅指委托人、受托人和受益人。而广义的当事人除了上述三种人外,还包括我国大陆的公益信托和我国台湾地区"信托法"中的信托监察人,日本、韩国信托法中的信托管理人及信托财产管理人等。需要注意的是,在信托事务处理中与委托人、受托人和受益人发生关系的第三人并不是信托关系当事人。因为第三人与信托当事人之间所发生的法律关系并不是信托法律关系,它们大多通过民法来调整,而非信托法。

我国《信托法》第 3 条规定的信托当事人是指狭义的信托当事人,即委托人、受托人和受益人。① 其中,将财产委托转移给他人的人为委托人(settlor or trustor),受让财产并允诺管理处分财产的人为受托人(trustee),享受信托财产利益的人为受益人(cestui que trust or beneficiary)。信托关系的成立,一般必须具备三方当事人。但在特殊情况下,存在信托的变例。在英美法上,存在着一

---

① 我国《信托法》第 3 条规定:"委托人、受托人、受益人(以下统称信托当事人)在中华人民共和国境内进行民事、营业、公益信托活动,适用本法。"

种宣言信托,即委托人宣告本人为受托人,此时,委托人与受托人重合。另外,在英美法上还存在无委托人的情况,这种信托是衡平法院的法官依照公平正义原则,宣告其为信托。例如,因欺诈、胁迫、错误或其他不法行为或偶然事件而取得他人财产时,法院认定该取得人为法律上的受托人,这种信托被称为推定信托(constructive trust)。还有一种情况,即委托人将自己的财产委托他人管理或处分,以自己为受益人,此时,委托人兼为受益人,此种信托称为自益信托。唯应当注意的是,受托人不得为唯一受益人,否则,财产所有权与利益享有权归属于同一主体,信托不复存在。[①]

(二) 信托当事人的特征

在信托关系中,信托当事人最具活力的一大因素,是其具有以下三大特征:

1. 信托当事人应按照信托法参与信托活动,并依信托法律法规承担法律后果。

2. 信托当事人享有信托法上的权利,并承担信托法上的义务。信托法赋予了信托当事人相应权利及义务。信托当事人权利与义务的内容、实现方式和保护都通过信托法来规范。

3. 信托当事人应是信托法律关系的直接参与者。信托法设计了一套完整的信托制度,以使信托能设立、运行并终止。信托当事人是这一法律制度的直接参与者,推动了这一法律制度的运行。

二、信托当事人的范围

从各国立法例来看,自然人、法人、非法人团体与国家均能成为信托当事人。其中,自然人和法人是最普遍的两种形式。国家与非法人团体不能成为三种类型当事人中的部分角色。例如,国家这一主体在大多数国家中不能成为信托关系中的受托人,只有在英国和一些英联邦国家中才能成为信托当事人中的受托人。这些国家有常设国家信托机构作为公共受托人,其性质为国家机关,为那些难以找到受托人且无力管理财产的人担任受托人,管理和处分其财产。比如,身边没有子女,自己又无力管理财产的老人,可以委托公共受托人管理自己的财产。非法人团体也是如此,在多数国家也不能成为受托人。例如在我国,信托法规定只有法人和自然人才能成为受托人,除非法律、行政法规另有规定。例如《慈善法》规定,慈善信托的受托人,可以由委托人确定其信赖的慈善组织担任;《企业年金办法》规定,企业年金受托人可以由企业年金理事会担任。

[①] 参见吴弘等:《信托法论——中国信托市场发育发展的法律调整》,立信会计出版社2003年版,第102页。

三、信托当事人的资格

作为信托当事人的委托人、受托人和受益人在信托法律关系中扮演的角色不同,承担的义务不同,所以信托法对不同信托当事人的资格作了不同的规定,使其能胜任所要履行的不同义务。英美法一般以信托法直接规范委托人的资格,而大陆法则通过适用民法的规定来解决这一问题,信托法本身并不直接加以规定。我国的相关规定遵循了大陆法的这一传统。

(一)委托人的资格

委托人将自己的财产转移给他人,并创设信托关系。委托人在信托生效后,不但要失去对信托财产的所有权,而且对信托事务的管理权也可能消失殆尽。因此,法律对委托人的资格作出了明确规定。

1. 委托人必须具有完全民事行为能力。完全民事行为能力是自然人独立从事民事行为的资格,只有具有此种能力的自然人才能有效实施民事行为,处分自己的财产或权利。《信托法》第 19 条规定,委托人应当是具有完全民事行为能力的自然人、法人或者依法成立的其他组织。自然人是否具有完全民事行为能力,适用《民法典》的规定。完全民事行为能力是指能够通过自己的独立行为参加民事法律关系,取得民事权利和承担民事义务的资格。我国《民法典》第 17 条规定:"十八周岁以上的自然人为成年人。不满十八周岁的自然人为未成年人。"第 18 条规定:"成年人为完全民事行为能力人,可以独立实施民事法律行为。十六周岁以上的未成年人,以自己的劳动收入为主要生活来源的,视为完全民事行为能力人。"只有满足以上条件的自然人才能成为信托关系中的委托人,无行为能力和限制行为能力的自然人若要设立信托,必须经过其监护人的同意或代理。法人和非法人团体一经注册登记,即具有民事行为能力,自然能成为信托关系中的当事人。

2. 委托人必须拥有一定数量的财产,并对其享有所有权。信托关系是围绕财产转移、管理和分配来进行的。信托关系的核心是信托财产,而信托财产来自委托人,这就要求委托人必须有一定数量的财产。若委托人对财产不具有所有权,则会构成无权处分。

英国信托法对委托人的财产条件规定得较为宽松,允许委托人以或有权益作为信托财产设立信托。信托法并未特别要求委托人设立信托之时,必须现实地拥有将要用于设立信托的财产,委托人可以用将来可能取得的财产设立信托。例如,委托人可以将附期限获得的财产用于设立信托,信托关系有效成立。但大陆法系国家一般对以或有权益设立信托不予承认,我国《信托法》第 7 条第 1 款对此也作出了相同规定,设立信托,必须有确定的信托财产。可见我国不允许以或有权益或附期限权益设立信托。

3. 委托人未被宣告破产。当企业被宣告破产后,其财产被列入破产财产,用于清偿债务,当事人丧失了对其财产的处理权。因此,委托人不能用这些财产设立信托。在英美法系国家,委托人被宣告破产后,设立信托被认为是不正当交易的一种形式,债权人可通过破产法的规定请求撤销信托。而大陆法系国家的信托法对此行为直接规定了撤销权,债权人可通过信托法请求法院撤销信托。如日本《信托法》第 12 条规定,债务人明知有害于债权人而设立信托时,受托人即使是善意,债权人亦可行使《民法》第 402 条第 1 款规定的撤销权。韩国《信托法》中也作了类似的规定。我国《信托法》第 12 条第 1 款规定,委托人设立信托损害其债权人利益的,债权人有权申请人民法院撤销该信托。可见我国也是按照大陆法的传统,在《信托法》中直接规定了撤销权。

(二) 受托人的资格

受托人是受让信托财产并允诺代为管理、处分的人。受托人在三方当事人中处于掌握、管理和处理信托财产的中心地位,其决定了是否能给受益人带来信托收益,是否能实现委托人的信托目的。因此,受托人必须满足以下三方面要求:

1. 受托人必须具备完全民事行为能力。受托人有管理、处分信托财产的义务,而管理、处分财产行为是民事法律行为,民事法律行为要求实施人必须具有完全民事行为能力,限制民事行为能力或无民事行为能力人实施的民事行为或为无效行为或为效力待定行为。无民事行为能力人或限制民事行为能力人的监护人一般情况下可以代理实施民事行为,但是由于信托关系中受托人有亲自处理信托事务的义务,所以监护人不能替他们承担受托人的义务,所以无民事行为能力人和限制民事行为能力人不得成为受托人。

结合英国 1925 年《受托人法》第 34 条、第 36 条和第 38 条有关规定不难看出,只有具备民事行为能力的人才能担任受托人。日本《信托法》第 5 条规定,未成年人、禁治产人、准禁治产人或破产人,不得担任受托人。我国《信托法》第 24 条第 1 款明确规定了受托人应当是具有完全民事行为能力的自然人、法人。上述各国立法都规定了受托人的这一资格条件。

此外,委托人设立信托通常将信托财产转移给受托人,客观上要求受托人具有相应的法律能力以持有信托财产。法律对特定财产所有权人有所限制的,选任受托人时亦应遵循。例如,日本、韩国限制农用地所有人的资格,以农用地为信托财产的信托,只能由有资格拥有农用地的人担任受托人。[①]

2. 受托人未被宣告破产。这是对受托人的一种信用要求。委托人将财产所有权转移给受托人,并让其为受益人的利益运作财产,受托人必须具有最基本

---

① 参见何宝玉:《信托法原理研究》,中国政法大学出版社 2005 年版,第 196 页。

的信用要求和行为能力。根据我国《企业破产法》的规定,企业在被宣告破产后,由所成立的清算组接管企业,被宣告破产的企业虽然未被注销,但其民事行为能力受到了很大的限制,只能从事与破产相关的民事活动。所以,被宣告破产的企业不能成为受托人。

3. 受托人的特殊资格。受托人的特殊资格是指从事特定信托业务的受托人所应具备的条件,由于其一般要经营、管理大量资金,涉及的客户范围较广,往往要受到特别法的规范。现代商事信托需求量大、运用频繁并且往往具有复杂的民事关系,如果不对受托人资格提出一定的要求,则会加大信托风险,危及信托业的发展。如日本、韩国都专门制定了信托业法或其他特定规范。在我国,商事信托受托人主要为信托公司。《信托公司管理办法》第8条对信托公司的设立条件作了详细的规定,主要包括:需要有公司章程,具备入股资格的股东,注册资本达到要求,具备相关的从业人员和相配套的风险控制制度等。除此之外,商业银行、保险公司、投资基金等金融机构都或多或少地从事信托业务,相关法律也对其进行一定的规制。

(三) 受益人的资格

我国《信托法》第43条第1款规定,受益人是在信托中享有信托受益权的人。信托关系中对受益人的要求比较低,因为在信托法律关系中,受益人并不提供或管理财产,而只享受信托财产所带来的利益,原则上除非信托文件另有规定,受益人自信托生效之日起即享有信托受益权,不需要受益人为一定行为或者作出相应承诺。英美法中信托受益人是纯享利益之人,所以对其资格几乎没有限制。我国《信托法》第43条第1款规定,受益人可以是自然人、法人或者依法成立的其他组织。对自然人而言,不管是无行为能力还是限制行为能力人,都能成为受益人,可见受益人范围相对宽泛,并不强调受益人的资格,这也是受益人区别于委托人和受托人的一大特点。

关于受益人的范围,有以下几个问题需要额外说明:

(1) 关于胎儿是否具有受益人的资格。《民法典》第16条规定:"涉及遗产继承、接受赠与等胎儿利益保护的,胎儿视为具有民事权利能力。但是,胎儿娩出时为死体的,其民事权利能力自始不存在。"从胎儿利益保护的角度看,未出生的胎儿具有信托受益人的资格。

(2) 关于外国的自然人和法人是否具有受益人的资格。我国《信托法》对此未作明确的限制,因此,外国人原则上可以作为受益人。但是,如果有关法律、法规对外国人取得某物或者某项权利有限制性规定,而该物或者该项权利为受益权的客体,应当移转给该外国人的,则外国人不得成为该信托的受益人。比如,《文物保护法》第25条第1款规定,非国有不可移动文物不得转让、抵押给外国人。因此,如果信托财产是私人收藏的文物,外国人不具备成为信托受益人的资格。

(3) 不需要信托受益人的例外情形。一类是公益信托,即为了公共利益目的设立的信托,信托受益人实质上是不特定的社会公众。对于公益信托是否符合信托受益人原则,曾出现争议。公益信托虽然是为了社会公共利益的目的而设立,但落实后存在实际的受益人,从这个角度看,与信托受益人原则上并不矛盾。另一类是"目的信托"(purpose trust),这类信托不具有公益性质,没有信托受益人,信托财产常被指定用于一些特殊目的,比如为饲养宠物而设立的信托。早期英美法并不承认目的信托(不完全义务信托),只是到了后来,才通过判例对其中的一些予以确认。但是,这类信托在法律上依然不具有强制执行性,只不过当受托人愿意实施时,法院不再予以禁止而已。[①] 从我国《信托法》第11条的规定来看,我国并不承认目的信托,信托的设立要严格遵循信托确定性原则。

第二节 委 托 人

一、委托人的概念和地位

委托人是指将财产转移给受托人,并创设信托法律关系的人。委托人对于信托关系的重要性,在于其转移信托财产并设立信托,就信托财产要求受托人对受益人负忠实义务。

委托人在信托法律关系中具有重要地位,主要表现在以下三个方面:(1) 委托人是信托法律关系的当事人之一。纵观各国关于信托的立法,虽然在有些情况下委托人与受托人或受益人重合,但是信托关系的权利义务设置依然是基于委托人、受托人以及受益人三方的地位而确立,委托人并未消失。委托人作为信托法律关系中一方当事人的地位是不可动摇的。(2) 委托人是信托财产的提供者。信托关系是围绕信托财产来运行的,信托财产由委托人提供。(3) 委托人是信托的发起者。信托由委托人发起,在委托人有发起信托的明确意思表示并转移财产后,信托关系始为设立。(4) 委托人是信托目的的设立者。委托人所意欲达到的信托目的是信托设立的必要条件之一。委托人可以为不同目的设立信托,包括公益或私益。

二、委托人的权利

委托人对信托关系的重要意义不容置疑,但是委托人的权利在两大法系中

---

① 参见赵廉慧:《目的信托制度比较研究——以日本〈信托法〉为参考》,载《法学杂志》2011年第8期。

存在差别。在英美法系中,由于受到其独特历史的影响,[1]委托人在设立信托的意思表示和转移财产后,即从信托关系中脱离出来,除非信托文件中保留了委托人的部分权利,否则,委托人不再享有任何权利,也不再承担任何义务,如同财产的前所有人一样。而在大陆法系中,则普遍赋予委托人部分权利,虽然赋予其权利的方式还是有点"犹抱琵琶半遮面"。在日本和韩国的信托成文法中均没有对委托人权利作出专门的规定,而是通过对信托当事人中受托人和受益人义务的规定反衬出委托人的权利。

我国依从大陆法的传统,在《信托法》中赋予委托人权利,同时进行了大胆创新,即在第四章专设一节规定委托人的权利。这也是我国信托法相较其他国家信托法的突出特点。我们认为,我国《信托法》设专节赋予委托人权利的做法是合理的,理由有二:第一,委托人为信托法律关系的设立付出了放弃财产权利的代价。放弃财产权利,对任何民事、商事法律主体来说,都无疑是一个十分重大的义务。因此,为了做到权利义务的相对应,当然有理由赋予他更多的权利。第二,在信托法律关系中依然有代理成本,存在着受托人因怠工或欺诈而造成信托财产损失的可能,赋予委托人更多对信托事务的监管权利,能有效实现对受托人的监督。在实务中,委托人总是基于各种目的设立信托,或是为了自己的利益,或是为了与自己有密切联系的人的利益。他们对信托财产的经营管理状况最为关心。受托人是否尽了足够的诚信义务,受益人的利益是否得到满足,经常让委托人牵肠挂肚。那么在法律上赋予委托人权利,对委托人这一愿望予以制度上的保护,一点也不为过。

一般来说,委托人所享有的权利可以分为委托人保留的权利和法律规定的权利。如上文所述,在英美法系中,委托人的权利都来自信托文件中委托人保留的权利。在大陆法系中,委托人不仅可以自己保留权利,而且法律也赋予了他们相应的权利。我国《信托法》用四个条文明确规定了委托人享有的权利。

第一,信托执行知情权。信托执行知情权包括信托财产运行过程中了解情况以及查阅、复制账目和文件的权利,其中查阅、复制账目和文件是委托人实现知情权的具体途径和方法。我国《信托法》第20条规定:委托人有权了解其信托财产的管理运用、处分及收支情况,并有权要求受托人作出说明。委托人有权查阅、抄录或者复制与其信托财产有关的信托账目以及处理信托事务的其他文件。关于这一权利,日本、韩国也有类似的规定。日本《信托法》第40条第2款规定,委托人可要求阅览处理信托事务的文件材料,并可令其说明信托事务的处理情况。韩国信托法对此也有规定,委托人有权要求受托人送交信托财产以及收支计算表,要求阅览、抄录或者复印上述文件,并可要求受托人说明信托事务的处

---

[1] 参见徐孟洲主编:《信托法》,法律出版社2006年版,第80页。

理情况。可见,在这一权利规定上,各大陆法系国家和地区的信托法并没有太大的区别。了解信托财产的运行情况是委托人掌握信托事务经营状况、监督受托人妥善处理信托事务的大前提。委托人正确行使这一权利,可以有效地保障信托财产的保值增值,保障信托事务循着委托人设立信托的初衷发展。

第二,调整信托管理方法权。我国《信托法》第 21 条规定,因信托设立时未能预见的特别事由,致使信托财产的管理方法不利于实现信托目的或者不符合受益人的利益时,委托人有权要求受托人调整该信托财产的管理方法。信托关系的关键就是为了受益人的利益或者特定目的进行管理或者处分信托财产。在信托设立之后,如果发生了设立信托时所不能预见的特别事由,致使信托财产的管理方法不利于实现信托目的或者不符合受益人的利益时,则和设立信托的初衷相背离。在这种情况下,法律应当赋予委托人改变信托财产管理方法的权利。

这项权利在大陆法系国家或地区中也属于委托人的一项法定权利,但是这些国家或地区对委托人行使这项权利进行了限制,规定委托人必须请求法院调整受托人的信托管理方法,委托人不能径行调整受托人的管理方法。如我国台湾地区"信托法"第 16 条规定:"信托财产之管理方法因情事变更致不符合受益人之利益时,委托人、受益人或受托人得声请法院变更之。前项规定,于法院所定之管理方法,准用之。"

我们认为这项权利对信托来讲是一把双刃剑,为了避免委托人过分干预信托财产的管理和处分,避免委托人在完全保留对信托财产处分权的情况下,假借信托之名,规避相关法律,在授予委托人这一权利的时候应该严格限制这一权利之行使。通过法院来限制此权利的行使,不失为一种比较好的限制方法。在我国委托人能径行行使此权利的情况下,应在行使此权利的前提条件下把好关,只有符合因设立时未能预见的特别事由时,才能行使此权利。行使此权利时也仅限于调整管理方法,而不能直接进行管理。

第三,撤销权。我国《信托法》第 22 条规定:"受托人违反信托目的处分信托财产或者因违背管理职责、处理信托事务不当致使信托财产受到损失的,委托人有权申请人民法院撤销该处分行为,并有权要求受托人恢复信托财产的原状或者予以赔偿;该信托财产的受让人明知是违反信托目的而接受该财产的,应当予以返还或者予以赔偿。前款规定的申请权,自委托人知道或者应当知道撤销原因之日起一年内不行使的,归于消灭。"这一条主要赋予了委托人以撤销权,其他权利都是因行使撤销权而生。这里的撤销权是一种请求权,即出现了本条所规定的情况后,委托人有权请求人民法院撤销受托人的行为。

从《信托法》第 22 条的规定中不难看出,行使撤销权应当具备一定的条件。首先,受托人必须为一定行为,即出现了受托人"违反信托目的处分信托财产""违背管理职责""处理信托事务不当"这三种行为中的一种。其次,发生"信托财产受到损失"的法律后果。信托财产的损失一般来讲应当是实际损失。最后,上述行为与结果之间存在因果关系。即上述三种行为造成了信托财产损失这一结果。

同时,委托人在行使撤销权时,也要符合一定的要求。首先,行使这一权利的主体应当符合要求,须是"委托人",即委托人以自己的名义向人民法院提起民事诉讼。其次,必须向人民法院提出。撤销权对于受托人的利害关系重大,涉及受托人处理信托事务的一些行为,所以必须由人民法院来审理,防止委托人滥用撤销权损害委托人和第三人的利益。最后,必须在法定期限内行使。也就是说,应当在"委托人知道或者应当知道撤销原因之日起一年内"行使,否则该权利"归于消灭",委托人丧失胜诉权。可以看出,撤销权的行使期限属于民法中的除斥期间。所谓除斥期间,是指法律规定某种权利的存续期间,期间届满后,权利归于消灭。[①] 在除斥期间中,没有期间的中止、中断和延长的情况,一年期间为实有期间。该条规定的恢复原状和赔偿损失是行使撤销权后的配套措施,在行使撤销权后,若受托人的行为已造成信托财产的损失,则委托人有权要求受托人赔偿损失或恢复原状。

我国《信托法》第 22 条在规定委托人有权行使撤销权的同时,从与受托人发生关系的受让人的角度,限制了撤销权对受让人的影响,规定了只有受让人明知违反信托目的而接受财产的,才应当予以返还或者赔偿,保护了善意第三人的利益。这一制度与民法上的善意取得制度类似,使撤销权制度变得更完整,更合理。

第四,解任权。我国《信托法》第 23 条规定,受托人违反信托目的处分信托财产或者管理运用、处分信托财产有重大过失的,委托人有权依照信托文件的规定解任受托人,或者申请人民法院解任受托人。解任权是委托人维护自己权益的最后一道屏障。该条规定了委托人行使解任权的前提条件:其一是受托人违反信托目的处分信托财产;其二是受托人管理运用、处分信托财产有重大过失。解任权行使的两个前提条件与前述撤销权行使的前提条件类似,值得我们仔细分析。两权利行使的前提条件其中一个是相同的,即违反信托目的处分信托财产,只要满足了这个条件,委托人既可以行使对行为的撤销权,也可以行使对受托人的解任权。行使撤销权的另外一个条件是违背管理职责、处理信托事务不当致使信托财产受到损失,这个条件更侧重从行为本身去定义,从客观结果上去判断。而行使解任权的另外一个条件是管理运用、处分信托财产有重大过失,这一条件强调的是受托人有主观上的重大过失,而不论客观上是否出现信托财产的损失。

---

① 参见彭万林主编:《民法学(修订本)》,中国政法大学出版社 1997 年版,第 166 页。

行使解任权有两种方式,一种是自行解任,一种是申请法院解任。只有委托人在信托文件中规定了解任受托人的条款时,才能径自行使解任权,反之则要求委托人请求法院行使解任权。由于解任权将使原受托人丧失管理信托财产的权利,是对信托行为的重大干预,各国信托法均规定只有国家机关才能行使解任权,委托人欲解除对受托人的委托,必须请求国家机关为之。如日本《信托法》第47条规定,受托人违背其任务或有其他重要事由时,法院可根据委托者或其继承人或受益人的请求解任受托人。

在我国信托法中,有些受托人或者受益人的义务实际上就是委托人的权利。比如,我国《信托法》第41条规定,受托人被依法撤销或者被宣告破产等原因,导致受托人职责终止的,受托人应当作出处理信托事务的报告。只有报告经委托人或者受益人认可,原受托人才可就报告中所列事项解除责任。该条就在规定受托人职责终止时的报告义务时,赋予了委托人对信托事务处理报告的认可权。还有许多委托人的权利都蕴藏在受托人或受益人的义务中,在后两节分析受托人和受益人的义务时会涉及委托人的权利。

除了上面提及的我国信托法中规定的委托人权利外,外国的一些立法赋予了委托人另外一些权利,委托人的权利设计更加精致。比如,日本《信托法》规定,对于生前信托,委托人可以主张信托行为无效,或者撤销信托,对于遗嘱信托,委托人的继承人可以行使上述权利;委托人有权对违法强制执行信托财产的行为提出异议;委托人可以在信托协议中保留变更受益人的权利等等。这其中的一些内容是值得我们认真研究与借鉴的。

三、委托人的义务

委托人在享有上述权利的同时也要承担一定的义务,委托人是否有效履行义务对受托人能否顺利管理或处分信托财产起着至关重要的作用,对于信托关系的存在与发展也有着直接的联系。委托人的主要义务如下:

第一,转移信托财产的义务。这是委托人的一项重要义务,没有信托财产的转移,信托关系无法成立。根据我国《信托法》第8条第3款的规定,采取信托合同形式设立信托的,信托合同签订时,信托成立。采取其他书面形式设立信托的,受托人承诺信托时,信托成立。可见信托合同是非要物合同,①信托合同在订立时生效。在信托合同依法生效后,委托人要按照合同法和信托合同的规定,完全、及时地履行转移信托财产义务。委托人还应当协同受托人依法办理信托登记,对于需要办理财产转移登记的必须依法协同办理。

---

① 非要物合同,即诺成合同,指当事人一方的意思表示一旦经对方同意即能发生法律效果的合同。参见王利明主编:《民法》,中国人民大学出版社2000年版,第337页。

第二，向受托人支付报酬的义务。根据法律规定，受托人可以就信托报酬在信托合同中与委托人约定，如果信托合同中欠缺这一条款的，受托人可以就报酬事项与委托人和受益人作出补充约定。如果没有事先约定和补充约定的，受托人不得收取报酬。所以委托人只要就信托报酬一事与受托人达成约定，就应当按照约定向受托人支付报酬。除非受托人存在《信托法》第36条规定的违反信托目的处分信托财产或者因违背管理职责、处理信托事务不当致使信托财产受到损失，并未恢复信托财产的原状或者未予赔偿的情况发生并持续。

第三节　受　托　人

一、受托人概述

（一）受托人的概念及地位

受托人是指受让信托财产，以自己名义，为受益人的利益或特定目的代为管理处分信托财产的人。受托人在我国主要由自然人和法人组成。受托人在信托关系中处于重要地位，主要表现在两个方面：第一，受托人是信托当事人中最为重要的当事人。信托的实施必须借助受托人的活动，受托人在信托关系中是不可或缺的，这是信托的本质要求。委托人在信托关系中的主要功能是提供财产，受益人在信托关系的设计中主要是信托利益的享有者。受托人处于管理、处分信托财产的中心地位，受托人的素质和经营能力决定着给受益人带来多少利益，决定着信托目的能否很好地实现。在世界各国的信托法中，受托人制度都是重中之重，英国还专门围绕着受托人制定了《受托人法》《司法受托人法》《公共受托人法》等专门规范受托人的法律。第二，受托人对信托财产拥有大量权利。虽然对于受托人是否拥有信托财产的所有权还存在争议，不同学说有不同的见解，但是，受托人对信托财产拥有管理权、处分权等一系列权利是不容置疑的，受托人控制着信托财产的大部分权利。

（二）受托人的分类

1. 自然人受托人和法人受托人

这是最基本的分类。我国《信托法》第24条第1款规定，受托人应当是具有完全民事行为能力的自然人、法人。在信托兴起之时，社会上存在的信托主要是民事信托，这些信托都是由委托人委托自己的亲友或社会上的贤达之人担任受托人。随着社会商业活动的发展，信托活动逐步转向商业化，出现了专门接受他人的委托为他人管理财产的组织，法人担任受托人成为一种常态。在我国，这里的法人主要指信托公司，但随着信托关系在金融领域的广泛运用，也逐渐包括其他金融机构，例如基金管理公司以及接受投资者委托、从事资产管理业务的银行、信托、证券、基金、期货、保险资产管理机构、金融资产投资公司等金融机构。

2. 管理受托人和保管受托人

为了便于信托管理与监督，避免出现受托人滥用权利，侵害受益人利益，英国1906年《公共受托人法》设置了管理受托人与保管受托人制度。如果一项信托有多个受托人，那么委托人会在其中选择一位作为保管受托人，其他受托人就成为管理受托人。管理受托人全面行使信托文件或信托法赋予的管理信托财产权利；保管受托人负责持有信托财产和保管信托文件，接收信托款项，从信托财产中支付款项。① 保管受托人负责信托财产的日常保管工作，按照管理受托人的指示行事，监督管理受托人对信托财产的运用与处分，对管理受托人违反信托文件或信托法的指示有权拒绝执行。这是一种既有利于信托财产管理的便利，又有利于更好地保障信托财产安全的制度。我国现行的证券投资基金中的受托人制度就采用这种模式，基金公司作为管理受托人管理和处分基金财产，商业银行作为保管受托人保管着基金财产，防止被基金公司挪用。正因为保管受托人有着保护基金财产不被违法使用的义务，所以在我国第一起基金"老鼠仓"案——"上投摩根唐建老鼠仓案"②发生后，投资者的代理人为挽回投资者损失起诉的对象就是作为基金保管受托人的建设银行。

3. 民事受托人与商事受托人

民事受托人与商事受托人的区别在于受托人是不是专门从事信托业务的商事组织。相对于商事信托而言，民事信托是一种非营利性质的信托。民事信托历史悠久，内容单一，关系简单，源于早期简单的民事关系，故民事信托对民事受托人的要求也较低。根据《信托法》规定，民事受托人须具有完全的民事行为能力。

商事信托是商业组织法与信托法结合的产物，19世纪末以来，信托在商业领域的运用日益增多，借助于信托的独特优势，商事信托开始得到广泛运用。到20世纪后半叶，商事信托的身影更是活跃于社会经济生活的各个领域，养老金信托、证券投资信托、资产证券化交易中的特定目的信托、不动产投资信托等各种商事信托形式在整体社会经济中占据举足轻重的地位。③ 我国信托业起步晚，没有发展民事信托的基础，反而商事信托发展迅速，运用广泛。商事信托具有营利性，即商事信托并非作为实施赠与或财产转让的手段，而是一种通过众多

---

① 参见何宝玉：《信托法原理研究》，中国政法大学出版社2005年版，第199页。
② 2008年4月8日，证监会对"上投摩根唐建老鼠仓案"公布了处罚结果：取消唐建基金从业资格，没收唐建152.72万元的违法所得，并处以50万元罚款。据查，唐建自2006年担任基金经理助理时起，便以其父亲和第三人账户先于基金建仓前便买入新疆众和的股票，然后等待基金拔高其股价后出仓，总共获利逾150万元。
③ 参见李宇：《商业信托研究——以商业信托特殊法律问题为中心》，载梁慧星主编：《民商法论丛》（第36卷），法律出版社2006年版。

投资者所提供的资本之组合进行营利的机制。[①] 不同于普通信托一对一的法律关系,商事信托具有组织性,借助于组织化的构造,其决策机制需采用多数决规则,这样的特性更加能够体现商事信托的合理性。鉴于商事信托属于商业组织的一种,故商事信托法上应设置关于受托人资格的特别规定,我国现行法只对证券投资信托和特定目的信托的受托人设有严格限制,但是缺少商事信托受托人资格的一般规定,可以看作一个法律漏洞。当前,根据实践的需求,应该完善这方面的法律规定。

4. 公益受托人与私益受托人

公益信托是指为学术、慈善、宗教以及其他公共福利事业而设立的信托,也指个人将自己的资金委托给信托部门办理的公共福利事业的信托业务,因而公益信托具有促进社会公益的功能。对于公益受托人,我国《信托法》第62条第1款规定:公益信托的设立和确定其受托人,应当经有关公益事业的管理机构批准,即公益受托人的资格法定。

私益信托是指出于私益目的,即为信托人所指定的特定主体的利益而设立的信托。各国商事信托,以及英美法系国家中常见的民事信托,都属于私益信托。

5. 司法受托人、公共受托人和普通受托人

这是根据受托人产生的根据不同所作的分类。司法受托人是在特殊情况下由法院指定的受托人。在受托人死亡、破产或者其他原因导致其职责终止,但又不能依信托文件产生新的受托人时,法院有权指定某个或某些自然人或法人担任司法受托人。在英国,司法受托人是法院的公职人员,作为法院的官员受到指定法院的控制和监督,按照法院的指示担任受托人,并有权向委托人收取一定的报酬。在其他国家,司法受托人并不具有公职人员身份,与普通受托人仅存在取得身份方式上的不同。

公共受托人是英美法系国家所特有的制度,它是国家信托机构,为那些难以找到受托人且无力管理财产的人担任受托人,管理和处分其财产。它具有国家机关的性质,是仅有的国家成为受托人的一种情况。

普通受托人是指除上述两种受托人外的接受委托人委托而担任受托人的人,也是最常见的受托人。

(三) 共同受托人

1. 共同受托人的概念及意义

法律并没有对受托人的人数作出具体规定,根据私法自治的原则,委托人可

[①] See George G. Bogert & George T. Bogert, The Law of Trust and Trustees (Rev. 2d ed.), American Bar Association Journal, Vol. 54, 1968, p. 185.

以指定两个或两个以上受托人共同完成同一信托事务,此时的受托人就是共同受托人。

在信托中存在共同受托人有以下积极意义:(1)在部分信托中(主要是商事信托),由于管理的资产数额庞大,投资的方向比较多元化,这对受托人的管理手段、知识储备和工作时间提出了比较高的要求。往往单一的受托人并不具有管理此种资产的能力,所以将一些拥有不同技能的人组成一个团队作为共同受托人共同管理信托财产,有利于信托目的的实现。(2)共同受托人之间能形成有效的相互监督关系,有利于信托财产的安全。由于共同受托人对信托财产承担连带责任,所以一旦个别受托人损害了信托财产,其他人都要对此过错承担连带责任。在此制度下,共同受托人之间能形成有效的相互监督机制,能有效避免个别受托人为谋私利而损害信托财产。

2. 共同受托人的法律关系

在英美法系国家,共同受托人对信托财产享有法定所有权,被称为合有(joint tenancy)。每位受托人都享有全部信托财产的所有权,信托财产在共同受托人之间适用生存者取得权(right of survivorship)规则,即任何一位共同受托人职责终止,随即自动终止对信托财产享有任何所有权,信托财产自动地归属继续留任的其余共同受托人所有,同样新增加的共同受托人自动与其他共同受托人一样享有信托财产的所有权。[①]共同受托人对信托财产的法律关系是合有关系,其相互之间是合有人的关系。

在大陆法系国家和地区,共同受托人对信托财产的关系是特殊的共同共有关系。日本《信托法》第24条规定,同一信托的受托人有数人时,信托财产为各受托人共有。

我国台湾地区"信托法"第28条也有类似的规定。我国台湾地区"信托法"第47条第2款还规定,共同受托人中之一人任务终了时,信托财产归属于其他受托人。可见,共同受托人之间为共同共有人的关系。但是,因为在受托人是否拥有信托财产所有权的问题上还存在争议,受托人也没有实际享受到信托利益,所以共同受托人对信托财产的关系只能算是特殊共同共有关系,其相互之间的关系是特殊共同共有人的关系。我国大陆信托法没有明确共同受托人对信托财产的共同共有关系,但是从其权利义务来看,分明具有共同共有的特征。同时,我国信托法也未明确信托财产所有权的归属。所以,我国共同受托人之间的关系类似于大陆法系共同共有人之间的关系,也应属于特殊的共同共有人关系。

---

① 参见何宝玉:《信托法原理研究》,中国政法大学出版社2005年版,第145页。

3. 共同受托人处理信托事务行为准则

我国《信托法》第 31 条对共同受托人处理信托事务的行为准则作出了规定,共同受托人应当共同处理信托事务,但信托文件规定对某些具体事务由受托人分别处理的,从其规定。共同受托人共同处理信托事务,意见不一致时,按信托文件规定处理;信托文件未规定的,由委托人、受益人或者其利害关系人决定。该条包含下面几层意思。

第一,信托事务由共同受托人共同处理。共同受托人应当共同处理信托事务,不能由其中的部分受托人代表其他受托人作出决定,也不能以少数服从多数的方式作出决定,这是各国对"共同处理信托事务"的普遍理解。我国信托法规定受托人共同处理信托事务,也应当遵从各国的普遍理解,只有当受托人对一项信托事务的处理取得普遍一致时才能为之。

第二,在特殊情况下存在共同处理的例外。信托事务的处理若能取得共同受托人的一致同意固然很好,但是如此一致的态度,有些时候会导致办事效率的低下,而且往往也没有办法实现。所以,共同处理原则也存在两种例外。其一是信托文件中另有规定的。委托人在设立信托时可以规定不同的信托事务由不同的受托人处理,这是私法意思自治的要求。日常性的事务若要取得受托人共同一致,将会导致办事拖沓、烦琐。另外,特定的信托事务只有部分具有专长的受托人才能实施,也没有必要征得所有共同受托人的同意,这时委托人就可以在信托文件中作出特别规定,排除共同处理原则的适用。其二是公益信托通常实行多数决原则,除非信托文件规定必须由全体受托人一致同意。因为公益信托管理的信托财产数量较大,受托人数量也较多(英美法系国家存在受托人委员会,其成员一般超过 20 人),往往很难像私益信托一样达到共同受托人共同同意。关于例外规定,我国台湾地区"信托法"第 28 条第 2 款的规定更为明确,"除经常事务、保存行为或信托行为另有订定外,由全体受托人共同为之"。反观我国大陆《信托法》第 31 条的规定,则稍显原则性一些。

第三,共同处理信托事务出现意见分歧的处理办法。英美法系国家规定,共同受托人意见不一致时应请求法院作出裁决,更强调法院的作用。日本《信托法》中没有规定出现分歧时的处理方法。我国台湾地区"信托法"第 28 条第 2 款规定,"受托人意思不一致时,应得受益人全体之同意。受益人意思不一致时,得声请法院裁定之"。可见,在对分歧的处理上,我国台湾地区更强调的是受益人的作用。我国大陆《信托法》规定,共同受托人共同处理信托事务,意见不一致时,按信托文件规定处理;信托文件未规定的,由委托人、受益人或者其利害关系人决定。也即,共同受托人对处理信托事务出现意见分歧时,首先应找信托文件中是否对此有规定,若无相关规定,则按照委托人、受益人和利害关系人的顺序决定处理分歧的方法。

第四，共同处理信托事务原则不约束第三人。共同受托人应遵循此原则处理信托事务,这是此原则对内的效力,那么此原则对外是否发生效力呢？我国《信托法》第 32 条规定,第三人对共同受托人之一所作的意思表示,对其他受托人同样有效。可见此原则并不约束与受托人就信托财产发生关系的第三人。共同受托人与第三人发生关系,必须得到受托人的共同同意,而第三人只要对共同受托人之一作出意思表示,就对全体共同受托人均有约束力。

4. 共同受托人责任的承担

共同受托人依信托文件和信托法规共同实施信托行为,对发生的后果自应共同承担,即承担连带责任。日本《信托法》第 25 条对共同受托人的责任作出了规定,对受益人所负担的债务和信托事务处理所负担的债务应共同负责。韩国《信托法》也有相同的规定。这条规定在日本学界存在一些争议。其中,"共同受托人对受益人的债务应共同负责"在日本学界没有争议,即共同受托人应当共同承担向受益人支付信托利益的义务,承担连带责任。但是,对"信托事务处理所负担的债务应共同负责"这一点的理解上,日本学界存在争议,主要有两种解释：(1)有人认为这句话是指共同受托人因处理信托事务而对第三人负担债务的情况。[1] 即认为共同受托人处理信托事务对第三人负担债务的,应承担连带责任。(2)还有人认为这句话是指受托人因违反信托义务,而依民法或信托法的规定,对受益人所负的损害赔偿责任的情况。[2] 即共同受托人违反信托义务处分信托财产,其他委托人应该承担连带赔偿责任。

我国《信托法》第 32 条规定："共同受托人处理信托事务对第三人所负债务,应当承担连带清偿责任……共同受托人之一违反信托目的处分信托财产或者因违背管理职责、处理信托事务不当致使信托财产受到损失的,其他受托人应当承担连带赔偿责任。"可见,我国《信托法》对日本《信托法》存在争议的地方作出了明确规定,规定共同受托人因处理信托事务对第三人的债务应承担连带责任,而且因失职行为要对受益人承担连带赔偿责任。这可谓我国《信托法》的一大进步。

二、受托人的权利

信托目的的实现离不开受托人的行为,受托人权利的多少关系着信托目的的实现与否和受益人获益的多少。尽管委托人和受托人可以在信托文件中约定受托人的权利,但是法律仍有必要对此作出规定,一能为当事人在订立信托文件时提供法律上的参考,二能对信托文件未规定的权利起到补充的作用。根据我国

---

[1] 参见〔日〕四宫和夫：《信托法（新版）》,有斐阁 1994 年版,第 204 页。
[2] 参见〔日〕三渊忠彦：《信托法通释》,大冈山书房 1926 年版,第 134 页。

信托法,受托人主要享有以下权利:

(一) 信托事务处理权

我国《信托法》第 25 条规定:"受托人应当遵守信托文件的规定,为受益人的最大利益处理信托事务。受托人管理信托财产,必须恪尽职守,履行诚实、信用、谨慎、有效管理的义务。"由此,我们可以看出处理信托事务的权利是受托人最基本的权利,也是最核心的权利。在整个信托关系中,正是因为受托人具有处理信托事务的权利,才可以使得信托财产保值增值,使得受益人获得信托利益,使得委托人的信托目的得以实现,使得信托制度有了灵魂。但我国现行《信托法》未对处理信托事务权作出详尽规定,基于意思自治原则,信托受托人可以对信托财产进行管理、改良和处分,将信托财产进行投资,为保护信托利益提起诉讼等。由此可以看出,法律给予受托人处理信托事务的权利较大的自由空间。

(二) 报酬请求权

在信托制度产生的初期,受托人是没有报酬的,这一规则后来发展成为英国信托法中一项重要原则。这个原则的产生与英国早期信托多为消极信托不无关系,受托人的主要目的是管理好信托财产,供养和照顾自己或朋友的家庭成员,而不是借此为自己获得收入。同时,受托人得到他人的信托,为他人管理财产,也可以获得或证明自己的社会声誉。① 更为重要的一点是,禁止受托人取得报酬也是为了防止信托财产消耗殆尽。但是,随着社会经济的发展和商事信托的兴起,在许多情况下,受托人特别是专业受托人都有为自己的服务收取一定费用的要求。于是法院放宽了对这个规则的解释,认为"这个规则不是说,收取报酬一定违背受托人的责任,而是说,受托人不应该取得法律或信托文件未授权的任何秘密利润或经济利益。"② 这为受托人取得报酬提供了法律依据,在法律授权和委托人明示规定等情况下,受托人取得报酬的请求将得到法院的支持。

我国《信托法》第 35 条规定:"受托人有权依照信托文件的约定取得报酬。信托文件未作事先约定的,经信托当事人协商同意,可以作出补充约定;未作事先约定和补充约定的,不得收取报酬。约定的报酬经信托当事人协商同意,可以增减其数额。"因此,在我国,受托人是否可以取得报酬由委托人和受托人按照意思自治、平等协商的办法决定。受托人可以取得报酬,也可以无偿从事信托事务。但是,只要双方在信托文件中规定了受托人的报酬请求权,那么委托人就应当按约定支付受托人的报酬。同时,依据情势变更原则,如果当事人所约定的报酬已显失公平,双方可以商定新的数额,这增加了受托人在取得报酬方面的灵活

---

① 参见何宝玉:《英国信托法原理与判例》,法律出版社 2001 年版,第 191 页。
② Lord Normand 在审理 Dale v. IRC(1954)案时作了如此的表述。参见何宝玉:《英国信托法原则与判例》,法律出版社 2001 年版,第 191 页。

性。另外,我国《信托法》为了更好地维护受托人的利益,还规定了在信托关系终止后,受托人的报酬请求权的行使方法。《信托法》第 57 条规定:"信托终止后,受托人依照本法规定行使请求给付报酬、从信托财产中获得补偿的权利时,可以留置信托财产或者对信托财产的权利归属人提出请求。"可见,我国对受托人的报酬请求权的保护还是比较全面的。

当然,如果受托人违反信托目的处分信托财产或者因违背管理职责、处理信托事务不当致使信托财产受到损失的,在未恢复信托财产的原状或者未予赔偿前,不得请求报酬。换句话说,在这种情况下,受托人的报酬请求权将受到来自支付方的抗辩。

(三) 费用优先补偿权

我国《信托法》第 37 条第 1 款规定,"受托人因处理信托事务所支出的费用、对第三人所负债务,以信托财产承担。受托人以其固有财产先行支付的,对信托财产享有优先受偿的权利。"由于受托人是替他人管理或处分信托财产,因此对于处理信托财产所产生的费用和债务,让受托人自己来承担实无道理。所以该条规定受托人可向信托财产求偿,并享有优先受偿权。

这里需要解决两个问题。首先,对于"处理信托事务所支出的费用、对第三人所负债务"应当如何认定?我国法律并没有作出直接的规定,而在事实上也的确很难用法律语言将这个问题表述清楚。在美国已有的判例中,这种"正当支出"的范围包括:(1) 租约展期的费用;(2) 应公司催缴股款的要求,为信托财产包括的股份催缴的股款;(3) 根据信托文件的授权从事信托的经营活动产生的债务;(4) 第三人针对受托人(作为信托财产的所有者)提起诉讼,法院判决给予第三人的损害赔偿以及诉讼费用;(5) 合理的诉讼费用。[①] 鉴于我国信托法对这一问题尚没有作出明确的规定,所以只能交由法官在个案中裁量,但可以适当参考美国的合理经验。其次,如何认定"优先"的效力?有人认为受托人的这一权利本质上是"留置权"。那么作为担保物权的种类之一,当这一留置权与设在信托财产上的其他担保物权并存时,其是否还有优先受偿的效力呢?从这一条文的字面意思去理解的话,答案是肯定的,而且立法者也作出了这样的解释:"受托人对信托财产享有比其他债权人优先受到补偿的权利。也就是说,先以信托财产补偿受托人所支出的有关费用、所承担的有关债务;其次再以信托财产履行其他债务。"这一解释与"留置权说"显然有冲突的地方。究竟如何认定,有待进一步研究。

给予受托人补偿请求权是基于其为受益人合理处理信托财产所产生的费用与债务。如果受托人处理信托财产不当并造成相关费用与债务,自然不能向信

[①] 参见何宝玉:《英国信托法原理与判例》,法律出版社 2001 年版,第 236 页。

托财产求偿。所以我国《信托法》第37条第2款规定,受托人违背管理职责或者处理信托事务不当对第三人所负债务或者自己所受到的损失,以其固有财产承担。这是对受托人优先受偿权的限制。

(四) 委托他人代理的权利

在正常的信托关系中,委托人将信托财产委托给受托人,由其为受益人的利益管理信托财产。但实践中的情况是复杂的,如果发生了不可抗力的事由或者由他人专门代管更为便捷的情况下,受托人也可以为了受益人的利益而委托他人代管信托财产。现代信托已发展成为一种提供专业管理的渠道,将受托人的某些职能委托给具有专门知识和技能的人履行,有助于实现受益人的信托利益的最大化,这也是现代信托对于管理效率的追求。所以,受托人亲自处理信托事务的义务逐渐有了变通的规定,各国信托法都有条件地允许受托人将其部分职能委托给他人。

(五) 受托人的辞任权

我国《信托法》第38条第1款规定,"设立信托后,经委托人和受益人同意,受托人可以辞任。"受托人在信托关系中的地位非同小可,关系着信托目的的实现与否,所以受托人一经选任,一般情况下是不允许随意变动的。该法赋予了受托人辞任权,同时对该权利进行了严格限制,即必须经委托人和受益人同意才能辞任。该处的同意应理解为委托人和受益人双方一致同意。如果任何一方反对,则受托人不得辞任。

另外还有两点需要说明。首先,公益信托受托人辞任条件有别于一般受托人。我国《信托法》第38条第1款规定,本法对公益信托的受托人辞任另有规定的,从其规定。同时,第66条规定,公益信托的受托人未经公益事业管理机构批准,不得辞任。结合这两个条款可见,公益信托受托人的辞任不仅要经过委托人和受益人的同意,而且要经过公益事业管理机构的批准。在公益信托中,由于受益人的不确定,要经过受益人的同意不具有可操作性和现实性,所以对公益信托中受托人的辞任问题应理解为必须经委托人的同意和公益事业管理机构的批准。在公益信托中增加管理机构的批准,完全是由公益信托的性质决定的。公益信托涉及社会公众的利益,而且往往是特殊群体的利益,所以对公益信托的监管更加严格,其受托人的产生和辞任都必须由管理机构批准。其次,受托人的辞任不能影响信托的正常运行,不能导致信托财产无人管理的情况出现。所以,在委托人和受益人同意后,没有选出新的受托人之前,辞任的受托人还应当认真履行信托法规定的各项法定义务,以确保维护有关当事人的合法权益。

三、受托人的义务

受托人的义务是指受托人基于信托法的直接规定或与委托人的约定而应当

承担的义务,受托人的义务是信托法律关系的核心和信托制度价值的体现。受托人在信托设立后实际掌握了信托财产,拥有对信托财产进行管理和处分的权利,有权利必有义务,法律规定受托人的义务是限制他们滥用权利。因此,各国在信托立法中也把受托人的义务作为一个非常重要的组成部分。我国信托法也专设章节对信托受托人作了详细的规定,尤其在受托人的义务方面多费笔墨,由此可见受托人的义务是整个信托法非常重要的一部分。

(一) 忠实义务

忠实义务可以说是受托人义务中的核心,虽然我国《信托法》在形式上并未明确规定受托人的忠实义务,但学者们普遍认为该法"实质上隐含着受托人的忠实义务"。我国《信托法》第25条第2款规定:"受托人管理信托财产,必须恪尽职守,履行诚实、信用、谨慎、有效管理的义务。"从法条可以看出,为了达到使受益人享受信托利益的目的,信托法在规定委托人给付义务的基础上又附带性地规定了受托人必须忠诚地按照委托人的意愿处理信托事务和管理信托财产,也即忠实义务。

这种忠实义务的相对人是谁,学界存在着一定的分歧。日本信托法学界的通说认为这种忠实义务是对受益人负有的,同时,美国信托法学者从立法的角度也将此视为对受益人负有的义务。与此相对的是,根据限制性权利转移说,应该解释为受托人向委托人负有忠实义务,[①]因为受托人在管理或处分信托财产时,必须遵守信托文件的规定,而信托文件的规定是来自委托人。单以违反信托文件的规定为由,即可视为受托人违背忠实义务。在我国,情况就复杂许多,首先是我国信托法并未明确指出谁是受托人忠实义务的相对人;其次,委托人和受益人都是信托法律关系的当事人,享有众多的信托权利,在受托人忠实义务的履行问题上,委托人和受益人的权利在一定程度上是相等的。因此,我国还没确定信托受托人忠实义务的相对人。[②] 本书认为,信托委托人和信托受益人都可以是信托受托人忠实义务的相对人。因为委托人和受益人都是信托关系的相对人,我国信托主要表现为商事信托,而商事信托关系在实践中较为复杂,如果一味地强调受托人忠实义务的相对人是委托人或受益人,不仅会使得一方处于不利地位,而且会使得受托人怠于履行自己的忠实义务。

关于忠实义务的履行,我们一方面可以从正面规定受托人应当如何为,另一方面也可以从反面规定受托人的一些不可为,如受托人不得享有信托利益,这是受托人忠实义务的基本体现;受托人不得将信托财产转为其固有财产,受托人不

---

① 参见〔日〕中野正俊、张军建:《信托法》,中国方正出版社2004年版,第142页。
② 参见邓迅:《论我国信托受托人的忠实义务——比较法的视角》,载《中共青岛市委党校青岛行政学院学报》2019年第2期。

得以其固有财产与信托财产进行交易,这是信托财产独立性的要求。

(二)善良管理人的注意义务

"善良管理人的注意义务"起源于罗马法,指罗马法上的良家之义的注意,指要有同富有经验、精通人情世故的人一样所具备的良苦用心、勤勉以及与其实际能力相符的注意。对这一义务,英美法系大致对应为谨慎的投资义务,而大陆法系则规定为善良管理人的注意义务。从我国《信托法》第25条第2款的内容上看,它是间接地明确了这一规定是以受托人作为善良管理人的注意义务为前提的。受托人的善良管理人注意义务,向来是大陆法系学者们讨论的热门话题。因为这对管理或处分他人财产者来说,绝对是一个不可忽视的重要义务。[①]

(三)分别管理信托财产的义务

我国《信托法》第29条规定:受托人必须将信托财产与其固有财产分别管理、分别记账,并将不同委托人的信托财产分别管理、分别记账。因此,受托人分别管理信托财产的义务是指受托人在管理信托财产时应当将信托财产与自己的固有财产和不同委托人的信托财产分别管理,不可混同。分别管理的义务来源于信托财产的独立性。基于信托财产的独立性,信托制度要求受托人履行分别管理信托财产的义务,以更好地保障信托受益人的利益。除此之外,分别管理可以更好地做到破产隔离,防止受托人或委托人一方破产从而导致信托财产被强制执行,更好地保障信托财产的安全性。随着信托业的发展,分别管理不但成为受托人在管理或处分财产时的一种义务,更成为信托法的一项重要原则。

分别管理是受托人的重要义务之一,但是由于信托财产本身的复杂性,使得这一义务也具有例外情形。一是信托财产为金钱时,由于金钱作为一般流通物的不特定性,要求受托人分别管理事实上不可能,故各国法律只要求其分别记账,只要做到记账明晰,即便受托人整合运用也不会危及受益人利益。如日本《信托法》规定:"信托财产须与自有财产以及其他信托财产分别管理,但对金钱形式的信托财产,须分别计算";韩国《信托法》第30条也规定,信托财产须同受托人的自有财产或其他信托财产分别管理,但是信托财产是货币的,与属于自有财产或其他信托财产的货币另行计算即可。二是基于意思自治原则,委托人允许受托人对信托财产可以不分别管理的,也可以从其规定。

(四)亲自管理信托财产的义务

亲自管理义务是指在委托人对受托人信任的基础上,受托人对信托财产应自己管理或直接管理。我国《信托法》第30条第1款规定:"受托人应当自己处理信托事务,但信托文件另有规定或者有不得已事由的,可以委托他人代为处理。"

---

① 参见〔日〕四宫和夫:《信托法(新版)》,有斐阁1994年版,第248页。

信托是基于委托人对受托人的信任而成立的一种民事法律关系,委托人对受托人的选定,是建立在委托人对受托人的人品、信誉、资质、能力等各种综合考量上的,因此受托人应当自己处理信托事务。信托合同的基础在于信赖关系,如果受托人的确不能履行合同,那么必须向委托人或受益人提出辞任请求,由相关权利人另行选任受托人,在此之前,受托人仍负有继续处理信托事务的义务。

有两种例外情况:一是信托文件另有规定的,受托人可以委托他人代为处理信托事务,这是基于当事人的意思自治。二是有不得已的事由,即发生订立合同时没有能力预见的情况,如受托人患疾病并难以与委托人取得联系的意外事件情况下,如果不允许受托人灵活变更往往会损害受益人的利益。因此,同样是出于保护受益人的利益考虑,受托人此时委托他人代为管理的行为为法律所认可。

另外,法律并不禁止受托人使用辅佐人,即受托人可以在自己的责任范围内使用律师、会计师等专业技术人员来辅助自己完成信托管理,这不是违背亲自管理义务的表现。[①]

(五) 共同管理义务

我国《信托法》第 31 条规定:"同一信托的受托人有两个以上的,为共同受托人。共同受托人应当共同处理信托事务,但信托文件规定对某些具体事务由受托人分别处理的,从其规定。共同受托人共同处理信托事务,意见不一致时,按信托文件规定处理;信托文件未规定的,由委托人、受益人或者其利害关系人决定。"从法条中可以看出,当信托财产有两个以上受托人时,受托人负有共同管理的义务。共同受托人应当共同处理信托事务,但信托文件规定对某些具体事务由受托人分别处理的,从其规定。对于共同受托人之间有意思自治的,尊重其相互之间的意思自治。

(六) 记录、报告、保密和说明义务

《信托法》第 33 条规定:"受托人必须保存处理信托事务的完整记录。受托人应当每年定期将信托财产的管理运用、处分及收支情况,报告委托人和受益人。受托人对委托人、受益人以及处理信托事务的情况和资料负有依法保密的义务。"在信托关系中,委托人作为信托关系的设立者,受益人作为信托利益的获得者,当然有权利充分了解自己财产的相关信息和运行状况,因而受托人的记录、报告、保密和说明义务是保障委托人和受益人知情权的前提,也能够促进信托财产公开公正地运行,从而更好地实现信托目的。

(七) 向受益人支付信托利益的义务

与受益人的信托受益权相对应,受托人负有向受益人支付信托利益的义务。《信托法》第 34 条规定:"受托人以信托财产为限向受益人承担支付信托利益的

---

① 参见〔日〕中野正俊、张军建:《信托法》,中国方正出版社 2004 年版,第 147 页。

义务。"在信托关系中,信托利益归受益人所有,并且受托人向受益人支付利益以信托财产为限。

（八）大资管背景下受托人的特殊义务

随着信托业的迅速发展,信托从消极的财产转移手段转变为积极的财产保值工具,对受托人的义务规制亦从消极的忠实义务更迭为积极的善管义务。近年来,我国资产管理业务快速发展,资管业务能够在满足居民和企业投资需求的同时,改善社会的融资投资结构,但是也存在着部分业务发展不规范、多层嵌套、刚性兑付等问题,影响社会主义市场经济的健康发展。为此,2018年中国人民银行等机构联合印发了《关于规范金融机构资产管理业务的指导意见》（以下简称《资管新规》）,以规范大资管时代出现的新问题。那么在这种新形势下,信托机构应当被规定哪种义务？

《资管新规》的出台对作为受托人的信托机构的影响主要体现在两个方面：其一,在防止监管套利的要求下,信托通道业务将大幅缩减,回归主动管理成为信托机构的必然选择;其二,规定刚性兑付的法律责任,故须进一步厘清信托机构与投资者责任界定。[1] 主动管理是一种积极的善管义务,也是大资管背景下打破刚性兑付的必然要求。"刚性兑付"是指一项金融产品不论实际的投资业绩如何、底层资产的实际表现如何,发行该产品的金融机构均会向产品的投资人兑付投资本金及收益承诺,刚性兑付偏离了资管产品"受人之托,代人理财"的本质,影响发挥市场在资源配置中的决定性作用,弱化市场规律,带来一系列的金融风险。因此,信托业打破刚性兑付,发挥市场本身的调节作用显得尤为重要。然而信托业打破刚性兑付的前提是信托受托人履行充分的善管义务,实现"卖者尽责,买者自负"。在大资管背景下,这里的善管义务也表现得更加苛刻,应当包括事前的尽职调查、客户风险提示、及时改变投资策略和强制投资组合等。[2] 总而言之,信托公司应当更加慎重尽责,善管义务以及责任的承担应当更加明确,才能确保信托公司资管业务的合法化。

四、受托人的法律责任

（一）民事责任

受托人的民事责任应是受托人责任中最为重要和核心的责任,因为信托法律关系的本质也是民事法律关系。受托人的民事责任应当是受托人的行为违反信托义务或者侵犯其他信托关系人的民事权利而应承担的法律责任。这种民事

---

[1] 参见杜明鸣:《资管新规背景下我国信托机构善管义务界定及责任追究之思考》,载《黑龙江省政法管理干部学院学报》2018年第6期。

[2] 同上。

责任的性质一直存在争议，如果我们将信托法律关系作为一种基于合同产生的债权债务关系，那么受托人违反信托合同时应具有违约的性质；如果从受托人违反对信托财产的管理和处分权限而致使信托财产受到损害来看，那么受托人的民事责任应具有侵权责任的性质。因此，从合同法和侵权法两方面综合考量，受托人的责任应具有违约责任和侵权责任双重性质。

在明确民事责任的性质后，我们可以基于这两种性质来确定受托人承担民事责任的方式。其一是基于合同而产生的违反信托义务的违约责任，在这种情况下应根据当事人的意思自治，按照信托文件的约定来承担具体的责任，如恢复信托财产原状、被解雇、支付违约金等。其二是基于侵权而产生的侵权责任，在这种情况下则可以根据侵权责任法承担一定的侵权责任，如排除妨碍、消除危险、赔偿损失等。

（二）受托人的行政责任

受托人的行政责任是指受托人在处理信托事务的过程中违反国家的行政法律法规而应承担的法律责任。与民事责任不同，行政责任是一种带有惩罚性的法律责任，即在受托人违反义务时对其进行一定的惩处。受托人的行政责任主要运用在商业领域，因为我国信托业自发展伊始就是盛行于商业领域的，因此我们讨论受托人的行政责任也主要是针对商事信托受托人的行政责任。[①]

受托人承担行政责任的方式主要有警告、罚款、没收违法所得、责令停产停业等。除此之外，我国《金融违法行为处罚办法》还规定了对金融机构工作人员的纪律处分措施，如警告、记过、记大过、降级、撤职等。

（三）受托人的刑事责任

受托人的刑事责任是指受托人因触犯国家刑事法律而应承担的法律责任。我国目前的信托主要表现为商事信托，因而受托人主要为信托公司，因此我们主要讨论信托公司的刑事责任。而信托公司是以金融企业确立身份的，这就涉及单位犯罪问题，即由公司、企业、事业单位、机关、团体实施的依法应当承担刑事责任的危害社会的行为。我国《刑法》规定了金融犯罪，如非法吸收公众存款罪、集资诈骗罪。除此之外，受托人还可能利用职务上的便利侵占信托财产，构成侵占罪或贪污罪。

五、受托人职责的终止

（一）受托人职责终止的含义

受托人职责终止是指由于出现某种事由，使得信托受托人不能再履行职责的情形。但是需要注意的是，要区分受托人职责的终止和信托关系的消灭。受

---

① 参见余卫明：《信托受托人研究》，法律出版社2007年版，第64页。

托人职责终止并不必然导致信托关系的消灭,只会产生受托人变更的法律效果,而信托关系终止必然会导致受托人职责的终止。

受托人职责终止的事由有很多,或是因为信托文件规定,或是因为受托人本身的能力不能达到应有的水平。我们可以将这些事由分为两类:一类是受托人职责因受托人变更而终止,如作为受托人的自然人死亡或法人被宣告破产;一类是受托人职责因信托终止而终止,如信托文件规定终止的事由出现。

(二)受托人职责终止的事由

1. 受托自然人死亡或依法被宣告死亡

在受托人为自然人时,自然人死亡或者被宣告死亡的必然会导致信托受托人的空缺,受托人的职责自然就会终止。需要注意的是,这里的自然人被宣告死亡,根据我国法律规定,宣告死亡是指自然人离开自己的住所或居所,下落不明达到一定期限,经利害关系人申请,由人民法院宣告其死亡。我国《民法典》第46条规定:"自然人有下列情形之一的,利害关系人可以向人民法院申请宣告该自然人死亡:(一)下落不明满四年;(二)因意外事件,下落不明满二年。因意外事件下落不明,经有关机关证明该自然人不可能生存的,申请宣告死亡不受二年时间的限制。"由此我们可以看出,宣告自然人死亡须具备三项条件:一是自然人下落不明达到四年,因意外事故下落不明达二年;二是利害关系人的申请;三是须经人民法院宣告。在我国,宣告死亡与自然死亡产生一样的法律效果。因此,受托人无论是自然死亡还是宣告死亡,都会使得其职责终止,因为受托人失去了履行职责的能力。

2. 受托自然人为无民事行为能力人

受托人基于信托文件管理信托事务是信托关系中的核心,而委托人选任受托人的前提也是受托人的专业能力,基于专业能力使信托财产保值增值,而这必然要求受托人具有完全的民事行为能力。如果受托人丧失完全民事行为能力,那么更不具有相应的专业能力,又何来信托财产的保值增值?

根据我国《民法典》第21条第1款的规定,不能辨认自己行为的成年人为无民事行为能力人。因此,在我国,自然人丧失民事行为能力是指自然人精神不正常,不能正确表达自己意志。如果现实中受托人因发生意外成为无民事行为能力人,则自然终止其受托人的职责。换句话说,受托人成为精神病人也会使得信托财产无法保值增值,信托目的不能实现,信托受益人无法得到利益,如果不终止信托关系或者更换信托受托人只会产生更大的利益损失。

3. 受托法人被依法撤销、解散或宣告破产

当受托人为法人时,法人被依法撤销、解散或宣告破产即意味着其丧失了法律上赋予其的民事主体资格。受托人主体资格丧失,其民事行为能力亦随之丧失,其职责也当然终止。在法人被撤销、解散或宣告破产等情形下,该法人能力

或多或少都存在一定的瑕疵,这时候作为受托人的法人本身也就没有足够的能力胜任信托管理,其职责终止也是及时止损的结果。

4. 受托人辞任或被解雇

受托人辞任导致受托人职责终止,是指受托人不再接受委托人的委托而管理信托财产,辞去受托人的身份。但其辞职不得任意而为之,一般情况下须经委托人和受益人同意,如属公益信托的受托人,其辞任还须经公益事业管理机构批准。受托人的辞任被接受后,即丧失了受托人的资格,其职责也因之终止。[①] 受托人被解雇是指受托人因违反信托目的处分信托财产致使委托人、受益人财产受损,被委托人或受益人解除受托人的身份,其职责也当然终止。

(三) 信托关系的终止

1. 信托文件规定的终止事由发生

上文提到过受托人职责的终止并不必然导致信托关系的终止,但是受托人的职责因为信托关系的终止而终止。如果信托文件规定的终止事由出现,那么信托关系终止,受托人的职责自然就会终止。根据民商事活动意思自治原则,信托关系在设立时,当事人就有权就信托的终止事由在文件中作出具体规定,法律一般不对其意思自治作出干预。因此,委托人和受托人在信托关系设立之初,就可以对信托终止事由作出具体明确的规定,这也能减少现实中出现的纠纷。当信托文件中规定的终止事由出现时,信托关系终止自然导致受托人职责终止。

2. 信托的存续违反信托目的

信托目的的存在是信托关系存续的前提条件,合法的信托目的也是信托成立和生效的基本条件。如果受托人在管理信托财产时违反信托目的,使得信托目的不复存在,甚至是损害受益人的利益,那么信托关系也没有存在的必要了,该项信托应当终止,受托人的职责也相应终止。

3. 信托目的已经实现或者不能实现

信托目的是信托存在的前提和基础,也是最直接反映信托当事人的意愿的,当一项信托的目的已经实现或者不能实现时,信托就没有存续的意义,信托关系因信托没有存续意义而终止,受托人的职责也因此而终止。

4. 信托当事人协商同意

此种情况与上文因出现信托文件中规定的终止事由而终止受托人职责相似,是法律尊重当事人之间意思自治的结果。两者的区别在于有没有将这种意思自治用信托文件明确加以规定。信托作为一种民事法律关系,允许当事人之间协商什么情况下终止信托关系,终止受托人的职责。

---

① 参见余卫明:《信托受托人研究》,法律出版社2007年版,第64页。

第四节 受 益 人

一、信托受益人的概念

受益人是信托当事人之一,是信托利益的享有者。我国《信托法》第2条将信托定义为"委托人基于对受托人的信任,将其财产权委托给受托人,由受托人按委托人的意愿以自己的名义,为受益人的利益或者特定目的,进行管理或者处分的行为"。可见,不管何种类型的信托,其最终目的都是为了实现受益人的利益,信托受益人是信托利益的最终获得者和信托目的的归宿。

关于"信托受益人"的概念界定,理论学说中有不同理解。根据受益人权利的来源对受益人进行范围界定,大致有以下三类:一是信托受益人是委托人欲使其享有信托利益的人;[①]二是受益人即基于信托行为享受受益权的人;[②]三是受益人是直接对信托利益享有所有权的人,其权利依据是信托文件。[③]

各国信托法也对受益人进行了界定。我国《信托法》第43条第1款规定"受益人是在信托中享有信托受益权的人",并没有明确信托受益人的权利来源。美国《统一信托法》第103条对受益人进行了界定,即受益人是指具有下列特征之一的人:(a) 在信托中拥有实时或未来受益利益,这种受益利益可以是既得的(vested),也可以是或有的(contingent);或(b) 处于非受托人地位,对信托财产(trust property)拥有指定权(power of appointment)。日本《信托法》第7条规定:"由于信托行为而被指定的受益者,有权享受信托利益,但信托行为如另有规定时,则应服从其规定。"韩国《信托法》第51条第1款规定:"受益人因委托人设立信托的行为而享有对信托财产最终的所有权,并且包括财产的收益,期间只需委托人作出意思表示,只要受益人没有相反的表述,即视为同意,信托中另有约定的除外。"与理论学说的划分类似,关于受益人的定义各国考虑的因素各不相同,但集中在信托行为、信托财产以及信托利益三种。

信托即基于信任而托付的行为。英美法系国家在解决信托纠纷时侧重于委托人与受托人之间的信任关系,受益人可以只接受利益而不承担任何风险,信托的成立不要求信托合同必须存在。但在大陆法系中,以日本为例,信托的主要成立方式为信托合同,信托中的委托人与受托人为信托合同的相对人,其权利义务主要由信托合同约定。受益人虽然不是信托合同的相对人,但作为信托关系的当事人,其利益会受到重大影响,因此有必要赋予信托受益人一定的权利与义

---

① 参见[日]四宫和夫:《信托法》,有斐阁1994年版,第307页。
② 参见周玉华主编:《信托法学》,中国政法大学出版社2001年版,第224页。
③ 参见徐卫:《信托受益人利益保障机制研究》,上海交通大学出版社2011年版,第23页。

务,以实现委托人、受托人、受益人三方主体之间的平衡。我国《信托法》第 8 条规定:"设立信托,应当采取书面形式。书面形式包括信托合同、遗嘱或者法律、行政法规规定的其他书面文件等。采取信托合同形式设立信托的,信托合同签订时,信托成立。采取其他书面形式设立信托的,受托人承诺信托时,信托成立。"也就是说,信托合同也是我国设立信托的主要方式。我国的信托发展主要集中在商业信托中,投资者通过信托合同购买信托产品,与信托机构建立信托关系,信托作为投资手段被广泛应用。

从信托的设立角度看,受益人是因为委托人的委托行为以及利他意图被关联到信托关系中,且委托人与受托人的权利义务关系主要通过信托合同进行明确约定。虽然受益人在我国享有一定的权利义务,但其权利义务是为了制衡受托人滥用权利牟利的行为,故将受益人定义为委托人欲使其享有信托利益的人更为恰当。此定义不仅揭示了信托的本质,在发生信托纠纷时,更可以回归到委托人的意图进行解释,有利于信托目的的实现。

二、信托受益人的定位

(一) 信托要素与信托受益人的定性

1. 信托目的与信托受益人

信托目的是设立信托所欲实现的效果,是信托成立的三个确定性的要素之一。根据我国法律规定,一方面,信托目的设立自由,委托人与受托人可以对信托的具体实施方式进行协商,充分尊重当事人的意思自治;另一方面,信托目的要符合法律规定,违反法律、行政法规或者损害社会公共利益的信托无效。根据我国《信托法》对"信托"的定义,信托目的可从两个角度理解,一是按照委托人的意愿,二是为信托受益人的利益或者特定目的。前者的范围比后者更为宽泛,后者的内容更加具体、明确。

信托受益人与信托目的之间存在紧密联系:一方面,信托受益人获得信托利益是信托目的的重要内容,信托在一定程度上是为受益人服务的制度;另一方面,抽象的信托目的、委托人的意愿以及信托文件的规定,最终的实现形式是受益人获取的利益,信托目的的合法性实际上包含着受益人获得利益的合法性。

2. 信托行为与信托受益人

信托行为是以设定信托为目的而发生的一种法律行为。学界通常认为,信托行为是由两种行为组合而成的,其一是委托人"将财产权委托给受托人"的行为,即委托人将信托财产权转移给受托人;其二是受托人"为信托受益人的利益或者特定目的"而实施的对信托财产管理或处分的行为。前者属于信托行为成立的条件,后者属于信托行为成立的效果,信托行为就是这两种行为的复合体。①

在我国,信托合同是设立信托的主要方式,信托受益人虽然不是信托合同的相对人,但却是信托行为最直接的利害关系人。信托受益人是信托行为效果的最终承受者,在信托行为的直接当事人中,信托受益人主要与受托人发生法律关系。

3. 信托财产与信托受益人

信托财产是委托人合法所有的财产,包括合法的财产权利。受托人因承诺而取得信托财产,并且因信托财产的管理运用、处分或者其他情形而取得的财产,也归入信托财产,被称为"信托财产的同一性"。从信托的运作来看,委托人的委托行为、受托人的管理行为以及受益人的受益权利均依附于信托财产,可以说无信托财产则无信托。

信托财产最重要的特性在于其独立性,即信托一旦成立,信托财产即独立于委托人、受托人、受益人的财产而为实现信托目的独立存在,因此设立信托也具有了"财产隔离"的属性。我国《信托法》第29条明确规定:受托人必须将信托财产与其固有财产分别管理、分别记账,并将不同委托人的信托财产分别管理、分别记账。第15条规定:信托财产与委托人未设立信托的其他财产相区别。受益人是否对信托财产享有所有权存在争议。

鉴于两大法系存在的共通性,有学者建议在描述信托财产归属时,抛弃信托财产所有权、普通法所有权等不严谨的表达方式,采用完整权的概念,并使该权利归属于受托人以保障其管理。② 该理论值得重视,正如美国学者吉尔兹(Geertz)所说,"法律本为地方性知识,非无地方界限的原则",我国引进的信托制度在适用时应注重不同国家的社会基础及背后的法律文化,在创新、整合的基础上适用。受益人在信托存续期间不应该享有信托财产的所有权,应仅享有获取信托利益的权利,在信托终止后可根据委托人的意愿、信托文件的约定等视情况赋予受益人完整的信托财产所有权。

4. 信托受益人与其他信托主体的关系

委托人、受托人、受益人是信托关系中最基本的当事人,所谓的信托关系,即信托法的调整对象,就是指三者围绕信托财产的管理和分配而形成的权利和义务关系。

受益人与委托人之间的关系通常是信托基础关系之外的权利义务关系。在

---

① 参见白玉璞:《信托受益人研究》,吉林大学2008年博士学位论文。
② 参见窦冬辰:《一物一权原则与双重所有权理论的"冲突"与协调》,载《南开法律评论》编辑部编:《南开法律评论》,中国检察出版社2018年版。

英美法系国家,信托一旦有效成立,除非另有约定,委托人一般不再介入信托的运作。我国信托法中委托人的地位相对积极主动,委托人与受益人的权利有诸多重合之处,在自益信托中,二者的权利同一。我国《信托法》第49条第1款明确规定:"受益人可以行使本法第二十条至第二十三条规定的委托人享有的权利。受益人行使上述权利,与委托人意见不一致时,可以申请人民法院作出裁定。"

信托关系中起主要作用的是受益人与受托人之间的关系。实现受益人利益是信托目的,从受益人利益的最大化角度考量,受益人偏向于降低受托人支出的相关费用,因为费用会被信托财产及所得收益冲抵。受托人则偏向于以利益为导向,尤其是在商业信托中,信托机构具有内在索取高额管理费用的激励性。受益人与受托人之间存在必然的利益冲突。我国《信托法》规定了受托人有诚实、信用、谨慎、有效管理信托财产的义务,以实现受益人利益最大化的目标。相应地,受益人则有权了解信托财产的管理情况,纠正受托人的不当行为,并且有解任受托人的权利,二者的权利义务具有平衡关系。

(二)信托受益人的确定原则

根据信托的衡平法原理,一个信托的有效与否取决于是否满足三个确定性,即设立信托意图的确定性、标的的确定性(信托财产和受益人利益的确定性)和信托受益人或受益对象的确定性。[1] 信托是为了受益人的利益而设立的,所以在信托关系中信托受益人不可或缺。信托必须有确定的或者可以确定的受益人,否则信托就不能有效成立,这就是英美信托法中的"信托受益人原则",也被称为"信托受益对象的确定性要求"。我国《信托法》第11条明确规定了受益人或者受益人范围不能确定的,信托无效。

确定信托受益人的重要性主要体现在两个方面:其一,如果没有受益人,受托人则失去服务对象,信托关系不能有效成立。虽然信托于信托合同签订时或者受托人承诺信托时成立,并不需要受益人作出意思表示或者为一定的法律行为,但是,受益人在信托关系中对受托人享有给付信托利益的请求权,委托人与受托人的行为都要受到"为受益人的利益"这一信托目的的约束,因此,受益人是信托关系中不可缺少的一方当事人,没有受益人的信托是无效的。其二,信托受益人的缺位存在着诱发受托人滥用权利的风险。信托财产的运营通常需要专业性、技术性的人才,可以说信托是弱势一方信任并托付强势一方的制度,为了维护弱势一方的利益,必须有相应的措施对受托方的权利滥用进行制衡,应该赋予受益人对受托人一定程度上的监督权与追回权。如果没有受益人,信托关系存

---

[1] 参见陈雪萍:《论我国〈信托法〉对信托有效要件规定之完善——以英美信托法信托有效设立的"三个确定性"要件为借鉴》,载《政治与法律》2018年第8期。

在力量失衡的风险。

信托受益人的确定性不要求受益人具体、唯一,只要能够确定受益人的范围即可。以下三种情况均可以认定为信托受益人确定:第一,委托人指定的受益人具有法律上和事实上的意义,在法律概念上和现实生活中都是可以确定的;第二,信托文件明确规定了确定信托受益人的具体方法,即可以根据信托文件的指示确定享有信托利益的对象;第三,委托人指明了信托受益人的范围,同时授权受托人依照委托人确定的原则或信托目的,通过自由裁量来确定具体的信托受益人。①

(三) 信托受益人的地位

在国内的信托实践与理论研究逐渐展开后,大家已意识到信托受益人及其权利的保护日益成为信托制度发展的重要问题,不论是信托财产的转移、管理以及投资运作,还是受托人履行义务、承担责任以及接受监管,甚至于信托内部关系、外部关系的权利义务平衡,都可归结于信托受益人及其权利保护这一议题。特别是随着我国司法体制改革以及信托诉讼的不断增加,信托受益人的法律地位需要更加明确,信托受益权的法律性质也需要更加清晰,以有效地构筑起保护信托受益人的法律规范,使信托的弹性机能和灵活作用在我国得到充分发挥。②

2018年4月27日出台的《资管新规》,明确列举了目前各种资产管理计划中的"刚性兑付"行为,并给出了处罚措施,被认为是"刚性兑付"时代的终结。该规定的出台顺应市场经济发展的潮流,但同时也加大了受益人面临的风险。信托受益人正在朝着愈加理性、经济的方向发展,对信托受益人态度的转变也反映着国家对信托制度的态度和规制方向,牵一发而动全身,信托受益人的法律保护迫在眉睫。

三、信托受益人的分类

(一) 自益信托受益人与他益信托受益人

按照委托人与受益人是否同一,可以将信托分为自益信托与他益信托。自益信托是为了委托人自己的利益,即信托的委托人与受益人是同一个人;他益信托是为了第三人的利益,信托的委托人与受益人不是同一个人。在此分类背景下,可将信托受益人分为自益信托受益人与他益信托受益人。此种分类具有以下意义:

首先,自益信托受益人与他益信托受益人会产生不同的税收效果。在他益信托设立环节,享受信托本金受益权的受益人,实质上获得了来源于委托人以信

---

① 参见白玉璞:《信托受益人研究》,吉林大学2008年博士学位论文。
② 同上。

托本金(初始信托财产)为客体的赠与所得,即信托移转所得,应该课征所得税。① 而自益信托不涉及财产的转移,故受益人的纳税义务存在差别。

其次,自益信托受益人与他益信托受益人的权利义务不同。因为在自益信托中,信托委托人与受益人是同一个人,所以委托人的权利义务与受益人的权利义务集中在一个人身上,在发生纠纷时受益人(委托人)行使的权利范围扩大。

最后,自益信托受益人与他益信托受益人的法律规制不同。有些信托只能以自益信托的形式存在,如我国的集合资金信托和证券投资基金中的"受益人"均为自益信托受益人。

(二) 单独信托受益人与多数信托受益人

按照信托受益人数量的不同,可以将信托受益人分为单独信托受益人与多数信托受益人。一个信托的受益人为两人及以上的,称为"多数信托受益人"或"共同信托受益人",我国采用的是后一称呼。我国《信托法》第 45 条规定:"共同受益人按照信托文件的规定享受信托利益。信托文件对信托利益的分配比例或者分配方法未作规定的,各受益人按照均等的比例享受信托利益。"

单独信托受益人与多数信托受益人的区分有两方面的意义:一是两种受益人享有的权利不同。英美法系国家还存在"连续信托受益人",即不同信托受益人在不同时间、依据不同性质而享有不同的受益权。多种受益人类型的存在有助于满足委托人的不同愿望,对信托财产的利益实现更加灵活的分配。二是不同受益人的权利行使方法不同。多数信托受益人由于人数多,在形成受益人的统一意志时需要对多数受益人的利益及意见进行协调。日本《信托法》即规定了受益人大会制度,受益人为两人以上时意思表示的方法以"受益人全体的合意"为原则,除了受托人责任免除以外,允许在信托文件中进行特殊的约定。②

(三) 收益信托受益人与本金信托受益人

受益人享有的信托利益包括信托财产本身的利益和由信托财产增值的收益。只享有信托财产增值收益的人被称为收益信托受益人,只享受信托财产本身利益的人被称为本金信托受益人。在英美法系国家,许多家庭信托(family trust)都将信托受益人分为"终身信托受益人"和"剩余权益信托受益人"。终身信托受益人在生前一直享有信托收入的受益权,以保障其生活,大体上相当于收益信托受益人。终身信托受益人去世后,剩余的信托利益则由剩余权益信托受益人享有。这类信托的主要目的是:一方面,保障配偶(通常是寡妇)衣食无忧、安享余生;另一方面,将剩余财产留给子女。③ 我国信托法中的受益人就是指收

---

① 参见刘继虎:《信托移转所得之税基规则研究》,载《政法论丛》2018 年第 6 期。
② 参见〔日〕田中和明、田村直史:《信托法理论与实务入门》,丁相顺等译,中国人民大学出版社 2018 年版,第 101—102 页。
③ 参见何宝玉:《信托法原理研究》,中国政法大学出版社 2005 年版,第 165 页。

益信托受益人。由于我国信托制度建立较晚,对这两种信托受益人的研究不够深入,因此有必要借鉴英美法系国家的经验对此多加重视,划分信托财产的收入与支出,更好地发挥信托灵活性的特点。

四、信托受益人的权利义务

(一) 信托受益人的权利

信托受益人的权利是指信托受益人所享有的要求信托关系中的其他当事人作出或者不作出一定行为的资格。在信托法上,信托受益人的权利有广义和狭义的区别:狭义的信托受益人权利,仅指信托受益人享有信托利益的权利,包括享有信托财产及其孳息的权利;广义的信托受益人权利,则涵盖请求执行信托、监督执行信托、请求变更信托管理方法及请求解任受托人等权利。根据我国信托法的规定,受益人的权利主要包括:

1. 对受托人不当处分行为的撤销权。受托人因违反信托目的或失职、重大过失而处分信托财产的,受益人有权申请法院撤销受托人的行为,并要求恢复信托财产原状或予以赔偿。

2. 向信托财产恶意受让人追偿权。

3. 向受托人索赔权。受托人将信托财产转为其固有财产造成信托财产损失的,受益人有权获得赔偿。

4. 要求受托人调整管理方法权。由于未能预见的特别事由,致使受托人管理信托财产的方法不利于受益人的利益或信托目的时,要求受托人调整管理方法。

5. 知情权。了解信托财产的管理、运用和收支情况,并要求受托人作出情况说明。受益人有查阅、抄录和复制处理信托的文件、与信托财产有关的信托账目的权利。

6. 受托人解任权。受托人管理、处分信托财产的行为违反信托目的或有重大过失的,受益人有权依信托合同或申请人民法院解任受托人。

7. 同意受托人辞任的权利。

8. 其他权利。如同意受托人自我交易的权利,认可信托清算报告的权利。

(二) 信托受益人的义务

学者们对信托受益人是否承担义务存在不同的认识。英美法系国家将信托受益人定位为"纯享利益之人",我国信托法也并没有明确规定信托受益人应承担的义务,但由于权利义务的对等性,信托受益人在依法享有一定权利的同时,也应该负有一定的义务。同委托人、受托人相比,信托受益人类似于信托的第三方主体,其义务应为配合其他主体行使权利而设,义务负担不该过重。在考虑信托受益人应承担的义务时,应把握以下两个原则。

一是信托受益人的义务应该以当事人的意思自治为主。信托法本质上属于私法自治的范畴,国家的强制力量不该过多干涉。我国的信托被要求以书面形式设立,在市场规制愈加清晰的现代社会,应拓宽信托当事人意思自治的空间,只要信托文件对受益人的义务作出其他约定,就应以信托文件为准。

二是信托受益人的责任承担范围以其享有的信托利益为限度。信托法的基本原理是为信托受益人谋取利益,若信托受益人反因信托关系而额外遭受损失,则违背信托本意。

关于信托受益人应承担的义务,大多数观点认为主要包括支付报酬的义务和补偿费用的义务。我国《信托法》第37条第1款规定,"受托人因处理信托事务所支出的费用、对第三人所负债务,以信托财产承担"。第57条规定,"信托终止后,受托人依照本法规定行使请求给付报酬、从信托财产中获得补偿的权利时,可以留置信托财产或者对信托财产的权利归属人提出请求。"也就是说,受托人的费用请求权、报酬请求权由信托财产承担和向信托财产的权利归属人主张权利这两种方式,后者可被解释为向信托受益人主张权利的基础。除此之外,法律不应该强加给信托受益人其他义务,应由当事人协议约定受益人应为的行为。

五、完善我国信托受益人制度的建议

(一)进一步完善信托登记制度

我国《信托法》第10条规定了信托登记制度,即"设立信托,对于信托财产,有关法律、行政法规规定应当办理登记手续的,应当依法办理信托登记。未依照前款规定办理信托登记的,应当补办登记手续;不补办的,该信托不产生效力。"对特定信托类型采用的是登记生效主义。信托登记最主要的法律意义在于确保信托财产的独立性,保护信托财产不被信托当事人的债权人追索,保障第三人的交易安全,甚至是受益人行使其权利的基础。

实践中,信托登记却并未发挥其应有的作用。一方面,由于《信托法》未指明何种机构承担信托登记的职能,各部门之间相互推诿,不愿意推进信托登记的完善;另一方面,信托财产的类型多样,登记对象的范围以及登记方式需要进一步明确。当前我国统一的信托登记由中国信托登记有限责任公司实施,以《信托登记管理办法》和《中国信托登记有限责任公司监督管理办法》等部门规章为主要依据。有学者指出,目前中国信托登记有限责任公司开展的"信托登记"是对信托机构的信托产品及其受益权信息予以记录的行为,在以后的发展中,应朝着限定信托登记的财产类型为因登记而发生权属变动效果的财产,实现"全流程"的

产品登记的方向努力。①

信托登记对于确保信托财产的独立性至关重要,信托财产的实质利益由信托受益人享有,信托财产的独立性决定了不能对信托财产强制执行。我国《信托法》将信托未登记的法律后果定位为无效,直接否定了信托的内部关系,加上实践中信托登记制度的落空,受益人的权利保护处于极为不确定的状态中。在之后信托法的发展中,应借鉴日本、韩国等国家的经验,区分登记财产的一般登记与信托登记,采用登记对抗主义,以加大对信托受益人的保护力度。

(二)建立受益人代理人制度

受益人代理人是指从存在现时受益人且受益人人数众多,但其成员不断变化或受益人不特定的信托中选任出来的代理人。受益人代理人制度是日本现行《信托法》中的一大亮点。日本是大陆法系第一个引入信托法的国家,在继受英美法系信托制度并将其本土化改造方面具有丰富经验,其2006年通过的《信托法》增设了受益人代理人这一制度。借鉴这一制度,对于推动我国信托法立法与理论的完善具有重要的价值和意义。②

我国现行的《信托法》在公益信托中规定公益信托应当设立信托监察人,其有权以自己的名义,为维护受益人的利益,提起诉讼或者实施其他法律行为,但是对于私益信托并没有相关要求。为保护受益人不特定情形下的受益权,在没有衡平法院制衡信托关系的环境下,在公益信托关系中增设第三人作为信托监察人,监督检查受托人的经营管理行为。③ 相较于公益信托,私益信托受益人的范围明确,但也同时存在受益人人数众多、利益难以协调的情形,为了对受托人的行为进行有效监督以维护信托受益人的利益,有必要在私益信托中设立相应制度。有学者主张在私益信托中适用公益信托中的信托监察人制度,但考虑到私益信托的私立性质,借鉴日本经验,在私益信托中适用信托受益人代理人制度更为恰当。一方面是因为信托从本质上讲是一种民事法律行为,应当贯彻意思自治原则;另一方面,私益信托中的利益关系不具有公益信托中的那种广泛性,受托人对信托财产的管理效果从整体上看对社会的影响很小,法律没有必要投入过多的成本介入私人空间。

受益人代理人制度的设立以民法中的代理制度为基础,受益人代理人制度的各方主体之间构成代理法律关系,代理人的法律行为效果归属于被代理的信托受益人。因为在信托关系中,受益人具有身份的专属性,人身依附性强,所以

---

① 参见季奎明:《中国式信托登记的困境与出路——以私法功能为中心》,载《政治与法律》2019年第5期。
② 参见高天:《日本信托法的受益人代理人制度研究》,载《海南金融》2019年第3期。
③ 参见乔博娟、刘佳:《我国公益信托监察人制度的移植审思与制度安排》,载《重庆社会科学》2019年第1期。

信托受益人代理人应该是显名代理,代理人须表明自己代理人的身份,并表明自己的代理权限范围。

我国尚未建立信托受益人代理人制度,虽然受益人代理人制度的设立以民法中的代理制度为基础,但二者应予以区分。首先,在代理人的选任主体上,应当将受托人排除在代理人的选任决定主体范围外,因为受益人代理人制度的设立是为了有效制约和监督受托人的信托行为。赋予委托人选任的权利符合我国信托法中委托人积极主动地位的法律传统,也体现了对利益相关者的保护。其次,应将个别代理人与共同代理人区别对待。受益人代理人的存在有助于集中行使受益人的权利,使受托人高效地处理信托事务,更好地保护信托受益人的利益,单个代理人难以实现这样的效果,按普通的民事代理制度处理即可。最后,同一信托可以存在多个相互独立的受益人代理人。因为受益人代理人的权利来自信托受益人的授权,当受益人内部存在争议时,整个代理行为实际上与代理人的忠诚义务自相矛盾,对于没有授权的代理人,可以选择亲自行使权利或与其他受益人结合选任新的受益人代理人。[①]

案例　华宝信托有限公司与红枫国际妇产医院有限公司信托纠纷案[②]

1. 案情简介

2012年上半年,上海大新华投资管理有限公司(以下简称"大新华公司")获准以现金方式认购爱建股份49342100股定向增发股票。

2012年5月22日,大新华公司、华宝证券有限责任公司、浦发银行签订《客户交易结算资金第三方存管协议书》,大新华公司在浦发银行开设户名为上海大新华投资管理有限公司的监管账户。

2012年5月28日,华宝信托有限公司(以下简称"华宝信托")与大新华公司及其股东签署《合作协议》,约定由华宝信托设立《股权收益权投资集合资金信托计划》,信托计划项下的资金用于受让大新华公司通过定向增发取得的爱建股份49342100股限售流通股所对应的股票收益权,期限暂定为42个月。

2012年5月28日,华宝信托与大新华公司签订《资金监管协议》,约定大新华公司在浦发银行开立的结算账户为本协议项下的监管账户,用于归集标的股票处置的全部收益并用于支付标的股票收益权结算金额;未经华宝信托书面同意,大新华公司不得对监管账户办理变更、销户等手续。

同月,红枫医院与华宝信托签订《信托合同》,约定红枫医院出资5016万元

[①] 参见高天:《日本信托法的受益人代理人制度研究》,载《海南金融》2019年第3期。
[②] 参见上海市第一中级人民法院(2017)沪01民终10069号。

认购信托单元项下的 5016 万份信托单位，信托期限暂定为 42 个月；华宝信托在浦发银行开立信托财产专户，该账户在信托计划存续期间不可撤销；大新华公司应于变现标的股票之当日向华宝信托划付全部变现资金，并于标的股票全部变现完成后进行结算。

2015 年 6 月 1 日，红枫医院向华宝信托签发《表决票》，知悉需通过大宗交易的方式变现出售标的股票，红枫医院需按《信托合同》约定向华宝信托出具受益人指令以完成标的股票变现，同意变现方案，信托计划项下的全部标的股票均变现完毕且大新华公司支付全部股票收益权结算价款后，华宝信托按照信托文件规定进行信托利益分配。同日，华宝信托与红枫医院签订《信托合同补充协议》，约定为："任何一股标的股票变现后，大新华公司应于变现当日将变现资金划付至华宝信托指定的账户"。同日，华宝信托与大新华公司签订《股票收益权转让及回购合同补充协议》，对标的股票变现及标的股票收益权的结算事宜作出补充，其中第 1 条第 2 款第 3 项约定："任何一股标的股票变现后，大新华公司应于变现当日将变现资金划付至华宝信托指定的账户"。

2015 年 6 月 8 日，信托计划所涉爱建股份股票锁定期满。2015 年 6 月 11 日，监管账户由浦发银行账户变更为工商银行账户。

2015 年 6 月 12 日，红枫医院向华宝信托出具《受益人指令》，要求将其 550 万股爱建股份股票全部卖出。华宝信托则随即依据红枫医院的指令所提条件要求大新华公司变现，并及时将变现收益划付到信托财产专户。

2015 年 6 月 15 日，华宝信托发行的全部信托计划所涉爱建股份股票全部卖出变现。

2015 年 6 月 18 日，红枫医院向华宝信托签发《表决票》，同意划付 20250227.37 元至监管账户；同意剩余的标的股票收益权变现金额暂放于大新华公司在华宝证券有限责任公司开立的证券交易资金账户，该等资金处置方案由受益人大会另行表决确定。2015 年 6 月 19 日，华宝信托与红枫医院签订《信托合同补充协议 3》，对《信托合同》条款进行了修改，修改内容为：增设 2015 年 6 月 19 日为期间分配日，华宝信托将对各信托单元项下通过大宗交易方式变现标的股票变现总金额独立核算、分别向对应受益人分配。2015 年 6 月 18 日，华宝信托与大新华公司签订《股票收益权转让及回购合同补充协议 2》，约定大新华公司在 2015 年 6 月 19 日，将 315545248.12 元款项由其在华宝证券有限公司开立的证券交易资金账户划至监管账户，并同意将上述监管账户中金额为 295295020.75 元的款项划至信托计划专户。同日，华宝信托制作《期间分配报告》，其中涉及红枫医院的分配金额为 33558006.28 元，并将该款项支付给红枫医院。后大新华公司又与华宝信托签订《股票收益权转让及回购合同补充协议 3》，确认大新华公司有权就标的股票税后变现金额与标的股票收益权结算金额之差额部分获得收益,具体金额为20250227.37元,并于2015年6月19日,将295295020.75元的款项划至监管账户,后划付至信托计划专户用于信托利益分配。同时,就大新华公司有权获得的差额款项部分,另行划付20250227.37元至监管账户,并从监管账户划付至大新华公司指定账户。

2015年7月1日,全体受益人向华宝信托发出受益人指令,将监管账户中20250227.37元划至大新华公司的账户。因对剩余的标的股票收益权变现金额的处置无法达成一致,红枫医院于2015年11月12日向一审法院提起诉讼,后称因华宝信托同意履行付款义务,于2015年12月22日撤诉。

2016年5月27日,全体受益人向华宝信托发出全体受益人授权代表签字并加盖受益人中海集团有限公司公章的受益人大会决议,要求将《信托合同》项下全部信托收益全额划付至各受益人指定的信托专户,华宝信托授权代表邹某某签字表示收到,但并未履行。

2016年6月1日,大新华公司将1798807.53元自监管账户划付至华宝信托名下的信托专户。

红枫医院向法院起诉,要求撤销《表决票》及所涉《信托合同补充协议2》《信托合同补充协议3》,并要求判令被告华宝信托向原告支付信托收益款、逾期付款违约金等。

本案案由系营业信托违约纠纷,一、二审法院均认为,华宝信托在监管账户变更以及执行受益人指令的过程中,未违反信托合同约定,不应当承担违约责任。

2. 案件评析

本案的争议焦点在于华宝信托变更监管账户过程中是否存在违约行为而应当承担违约责任。

其一,需要特别明确的是,本案中的信托是通道性质的信托。本案中大新华公司将持有的股票收益权转让给信托计划,实际是一项融资行为锁定期满后通过标的股票出售或者大新华公司回购收益权来偿还融资。从二审法院的观点而言,即使是通道业务情况下的信托,受托人的责任也应当依据《信托法》等法律规定及当事人签署的《信托合同》《资产管理合同》等判断受托人、资产管理人是否违反义务,并承担责任。只要受托人的行为在相关监管措施之下,具有合同依据,且并未损害受益人的信托利益,就不能轻易以委托人、受益人等非金融专业机构不具有专业知识、无法准确预判法律后果,而轻易否定合同效力或是认为受托人行为违反了为受益人最大利益处理信托事务的合同义务。

其二,虽然监管账户的变更对信托财产安全存在重大影响,但是变更监管账户过程中是否存在违约行为,需要综合考虑变更原因、变更程序、实质效果等因素。从变更原因上而言,大新华公司的三方存管账户变更原因在于系争股票由于存在锁定期导致原三方存管账户久悬无法使用,在大新华公司变更三方存管账户后,华宝信托根据包括红枫医院在内的全体受益人的表决结果,及时与大新华公司签订了《资金监管补充协议2》,相应地将变更后的三方存管账户设定为信托监管账户,相关监管措施并未发生变化,其之后两次信托财产的分配均使用了该监管账户,因此华宝信托在监管账户的变更过程中不存在违约行为。

从变更程序上而言,权益受益人于2016年5月27日形成大会决议,指令华宝信托将留存的款项进行分配,与其之前提交的《表决票》内容相矛盾,且不符合《信托合同补充协议3》的约定,在此种情况下,华宝信托未执行受益人指令,具有合同依据,并未损害受益人的信托利益。在大新华公司缴纳企业所得税完毕后,华宝信托及时将余款向各受益人进行了分配,完成了受托人的主要义务。

从实质效果上而言,监管账户的变更并未使得华宝信托对大新华公司变更后的三方存管账户失去控制。

综上,通道性质的信托依然是有效的信托,合同中关于信托各方主体权利义务的明确规定,对于判断受托人、资产管理人是否违反信托义务并承担责任具有重要作用。因此,合同中需要特别关注受托人、资产管理人义务的规定,以避免在诉讼中承担不利后果。

第五章　信托受益权

第一节　受益权的性质

一、英美信托法中受益权与信托财产所有权的关系

　　由于信托财产上的权利属性的争议主要涉及信托财产的所有权，衡平法院将所有权概念进行了分割，认为受托人享有的是一般意义上的所有权，受益人享有的是衡平法上的所有权，这种所有权被称为信托财产的二元结构所有权。[①]即使一开始人们是抱着规避法律的目的而创立信托的，衡平法院则是为了解决实际矛盾而给出了这样一个模棱两可的结论，但这一关于信托财产权利的界定在今天仍具有广泛影响力。信托财产"所有权"的概念是认识信托受益权的起点，通过信托财产的二元结构所有权的解释，我们可以认识到受益权并不仅仅属于在"衡平法上"享有所有权的受益人，享有"普通法上"所有权的受托人同样享有利益。"如果财产的法定所有权人对该财产享有绝对的产权，其当然亦享有该财产的受益利益。法定所有权人基于信托为他人持有该财产，则该受益人对财产享有受益利益，以及衡平法对物性财产权益。"[②]

　　但这种二元结构的所有权似乎具有更多的"象征性效力"，当下来看具有很多弊端：第一，二元结构的所有权有其"名"或许无其"实"，两种所有权的内涵难以界定和分辨；第二，两种所有权的具体内容仍不明确，故适用较少；第三，随着英美信托法的发展，受益人所享有的权利趋于丰富，这些权利依性质不可能被包容于这一衡平法所有权中。本书认为，对古老衡平法传统进行遵循的意义逐渐式微，这慢慢成为一套实践中慎用的规则。

　　此外，英美信托法学者也对信托财产的二元结构存在争议：一种观点认可信托财产的二元结构所有权，另一种观点认为这一权利没有所有权性质，是对人权或合同权利，即认可信托财产的一元结构所有权，所有权属于受托人，这种观点

[①] 参见张淳：《信托法哲学初论》，法律出版社2014年版，第83页。
[②] 参见〔英〕格雷厄姆·弗戈：《衡平法与信托的原理》，葛伟军等译，法律出版社2018年版，第63页。

就与"衡平法上的所有权"没有任何关联。① 美国《统一商法典》对信托财产上的权利也没有进行准确的规定。其中"受益人"被界定为对一个信托持有现实或将来受益权的人,且该条规则的适用优先于普通法。可以看出,对信托财产上的权利是以受益权来代指的,具有承认信托财产一元结构所有制的倾向。也有英美学者避免对普通法所有权和衡平法所有权的区分,用"衡平法权利"进行指称。还有一种观点认为,信托财产可以被视为一种抽象化的信托基金。信托基金不仅像一般的基金那样具有独立身份,而且属于抽象的实体,很大程度上被人格化了。

二、我国信托法中受益权与信托财产所有权的关系

当大陆法系国家或地区想要移植英美法信托制度时,英美法关于信托财产所有权的描述对大陆法国家和地区产生了制度障碍,主要是因为这与大陆法中一物一权原则相悖。"一物一权"原则指的是一个物上只能存在一个所有权,但可以存在多个互不冲突的用益物权。如果不用所有权这个概念去界定,只能将受托人的"普通法上的所有权"和受益人的"衡平法上的所有权"解释为两个用益物权。但信托财产的所有权到底归属于谁呢?麦塔林提出所有权不能被悬置的原则,这种说法虽然少见,但"许多国家或地区无主财产归国家所有或先占取得的规则背后的一个重要政策考量,就是所有权不能被悬置。"②

我国信托法没有明确界定受益人在信托财产上的权利的性质,只对信托财产自身独立于委托人、受托人和受益人的固有财产作了规定,信托财产仅为信托目的而存在。根据《信托法》第 2 条给出的信托定义,信托因委托人将其财产委托给受托人而设立。其中"委托给"的描述也饱受争议,这与英美信托法中"委托人将财产转移给受托人"的规定存在较大差异。不过通过参考立法资料可以认为立法者有意赋予"委托给"以弹性空间,实践似乎也证明了其合理性。我们故可推知我国《信托法》并没有就哪一方享有信托财产的所有权这一问题进行确认。在整体权利结构松散的情况下,我国《信托法》也仅就受益权的具体内容和保护作出了规定。

关于我国《信托法》中受益权与信托财产所有权这一问题,有学者认为只有借助大陆法中"所有权"的概念去认识信托中信托财产上的权利属性的时候,我们才能将信托财产上的权利理解为:受托人的"普通法上的所有权"和受益人的"衡平法上的所有权"。实际上,在大陆法系的话语体系中,这种权利是不存在

---

① 参见楼建波:《金融商法的逻辑:现代金融交易对商法的冲击和改造》,中国法制出版社 2017 年版,第 59 页。
② 参见楼建波:《信托财产关系与物权法原则的冲突——兼论信托财产关系的民法典表达》,载《交大法学》2019 年第 2 期。

的。"信托制度的实质是信托财产的独立性,而信托财产权属的转移并非实现信托财产独立性的唯一途径。"实践中就有很好地保证信托财产独立性的成功做法,如:房地产信托的登记分为信托登记和权属登记,其中信托登记只是为了公示信托财产的独立性。那么很多不能转移给受托人或转移成本高的房地产就可以只进行信托登记从而设立信托,而不进行转让。虽然信托财产独立性的观点具有合理性,但我们认为信托财产欲实现独立性,仍然需要对受托人和受益人的权利进行妥当划分,信托正常运行过程中信托财产或许可以适当地维护其独立性。但权利界限相对不明晰的情况下,信托财产本身不具备适格主体的条件,则难以妥善处理多方争议。

楼建波认为,"我国可以参考国外立法,对信托财产所有权作概念层次的特别规定,从而为信托单行法(尤其是信托财产关系)的解释和实施留出空间。"朱垭梁从信托财产是否为"所有权"这一争议出发,提出"大陆法系国家在引入信托时,必须对其物权的一些基本原则(概念)作例外的规定,从而为信托财产关系的构造留下空间。"[①]信托财产所有权正在走向趋同,英美法系信托法与大陆法系信托法上的信托财产所有权在结构方面的差异正在逐渐消失,从而逐渐成为同一种信托财产权。

三、受益权是基于信托财产上的权利

信托财产(或称信托利益)是信托受益权的核心,因为受益人的权利(无论是广义的还是狭义的)都是建立在信托财产这一标的物基础上的。其内容一般在信托文件中规定,具有明确性,但由于是委托人自主决定的,范围比较灵活。

英美衡平法认为受益人是信托财产的所有人,享有信托财产的所有权。大陆法所称"受益权"对应英美法系"受益人的利益"(beneficiary's interests)或"受益人的权利"(beneficiary's rights)的概念。就其本质而言,受益权是"受益人依照信托文件取得信托利益的权利"。由于受益权并非源于大陆法系,故在受益权的性质方面本书将着重阐释英美法系信托法的观点。

信托是在英美法系下由普通法和衡平法共同培养和塑造起来的制度。尤其是衡平法制度,被成功地运用于信托案件中。英美信托法中的诸多案例使得信托难以完全用理论涵盖,衡平法的灵活性也赋予了受益权一定的弹性空间。英美衡平法对信托权利的解释或许难以直接被成文法系国家直接置于传统的体系框架中。所以,在法的移植过程中,需要对受益权的结构和细节进行解构。

英美法学者对受益权存在较多争议,主要的观点有对物权、对人权、对抗权

[①] 朱垭梁:《信托财产的权利归属——基于"团体人格理论"和民、商事信托分立视角的检视》,载《湖北社会科学》2017 年第 11 期。

利之权利等观点,这些概念同样可以在大陆法系物权理论语境下被解释和讨论。① 首先,信托建立的基础是受益人针对受托人享有可执行的权利。当我们试图进一步分析受益权的性质和功能的时候,可以借鉴英美法学者的视角。若将受益人对信托财产的权利理解为对物权,即有权对抗所有人对该物的使用,那么这种权利就不能对抗受让信托财产的善意第三人,但他人若知晓信托关系的存在或者并未支付合理对价,那么对物的权利可以对抗这种第三人取得的所有权。这里需要区分受托人的转让行为是否获得受益人授权,若获得授权,可以理解为物权性财产权益的超越(overreached),即由受益人权利所指向的金钱价值替代了合法脱离了信托的原财产。受益人也无权对他人侵占、损毁该物提起侵权之诉,受托人则享有诉权。其次,若将这种受益权理解为对人权,这种完全否认对物权利的观点会使得受益人的权利更有限,以权利人是否可以直接起诉任何不法侵害其权利的人并获得救济的能力为标准,受益人不能直接对抗第三人对信托财产的侵扰,而必须借助作为所有权人的受托人为其行使,甚至在受托人破产时受益人无法主张对信托财产的权利。最后,还有一种观点将其表述为"对抗权利的权利",受托人基于信托为受益人持有信托财产的所有权,而受益人则享有针对受托人所有权的衡平法权利。这里涉及衡平法权利可以对抗自受托人处取得权利的第三人这一特性,受益权可以对抗通过继受所取得的所有权,受托人破产时也可以取回其权利。

总而言之,受益人的衡平法权利需要具备对物性财产性质,如此财产权益可以被超越,这种对物性权利也优于他人对受托人享有的债权。同时,受益权也要有对人权性质,对人权可派生出要求受托人妥善管理信托的权利、知情权、获得救济的权利、查阅信托文件的权利等。结合对物性和对人性的双重方面才能构成较为完善的受益权,为受益人提供有效的保护和救济。随着商事信托发展,英美法学者根据商事信托不同于普通信托的显著特点和具体形态,提出了商事信托是一种与公司或合伙不同的商事组织,认为"信托受益权类似于公司股权,是一种全新的权利,信托法是企业法"②。

王志诚认为,受益权的性质和范围难以完全纳入大陆法系的物权或债权内涵中,可把受益权看成一种特殊的权利或新型权利。受益权的性质、内容、产生都要适用信托法的特别规定。③ 不套用一般民法理论,以免过分强调受益权的债权性质,对受益人保护不足;或者过分强调其物权性质,对受益人进行过分保护。赵廉慧以经济学上的产权理论为视角提出"剩余索取权"的理解思路,认为

---

① 参见〔英〕格雷厄姆·弗戈:《衡平法与信托的原理》,葛伟军等译,法律出版社2018年版,第467页。
② 李晓桃等:《信托受益权的法律性质探讨》,载《证券市场导报》2012年第4期。
③ 参见王志诚:《信托法》,五南图书出版有限公司2016年版,第180页。

传统的物权、债权二分法存在中间状态,信托受益权是对"财产(资源)的全部(合同)债权性质的请求权都被满足后的剩余价值所产生的请求权"[①]。

第二节 受益权的内容

一、受益权的含义

受益人由委托人指定,可以是委托人、受托人,但受托人为受益人时不可以是同一信托的唯一受益人。

英美法系信托法在衡平法上认为受益人是信托财产的所有人,享有信托财产的所有权。通常包括:取得信托利益的权利、强制实施信托的权利、获得信托有关信息的权利、要求行为不当的受托人赔偿的权利、追踪被受托人不当处分信托财产的权利和对受托人处理信托事务表示同意的权利。

大陆法国家和地区对受益人享有的受益权有广义、狭义之分。狭义上的收益权是指受益人依法享有受托人管理运用、处分信托财产所产生的全部或部分利益的权利。这是受益人的基本权利,其他权利都是依附于这种信托财产上的权利并由其派生的,或为了更好地保障和实现这一权利。这项权利也是基于受益人特殊身份显著区别于其他信托关系主体最核心的权利,是受益人的专属权利。依照大陆法系信托法的规定,其他大部分权利,委托人同样享有。广义上的收益权是指受益人享有的各项权利的总称,即依托信托文件所享有权利和依托信托文件和信托法享有的其他各项权利。

二、受益权的分类

(一)基于信托关系、信托财产所产生的权利

1. 对受托人不当处分行为的撤销权。受托人因违反信托目的或失职、重大过失而处分信托财产的,委托人有权申请法院撤销受托人的行为,并要求恢复原状、损害赔偿。(我国《信托法》第22条第1款)

2. 向信托财产的恶意受让人追偿的权利。(我国《信托法》第22条第1款)

3. 受托人将信托财产转为其固有财产,造成信托财产损失的,委托人有权获得赔偿。(我国《信托法》第27条)

4. 信托财产与属于受托人所有的财产相区别;受托人死亡或者依法解散、被依法撤销、被宣告破产而终止,信托财产不属于其遗产或者清算财产。(我国《信托法》第16条)

[①] 赵廉慧:《信托受益权法律性质新解——"剩余索取权理论"的引入》,载《中国政法大学学报》2015年第5期。

(二) 强制实施信托的权利

受益人在受托人不实施信托或不依照信托文件实施信托时有权请求法院强制受托人依照信托文件实施信托。这项权利的本质是保护受益人获得信托利益的一种诉权。

(三) 监督受托人的权利

1. 要求受托人调整管理方法的权利。由于设立信托时未能预见的特别事由,致使受托人管理信托财产的方法不利于实现信托目的或者不符合受益人的利益时,委托人有权要求受托人调整管理方法。(我国《信托法》第 21 条)

2. 知情权。委托人有权了解其信托财产的管理运用、处分和收支情况,并要求受托人作出说明;有权查阅、抄录或复制处理信托的文件、与信托财产有关的信托账目。(我国《信托法》第 20 条)

3. 对受托人的解任权。受托人管理、处分信托财产的行为违反信托目的或有重大过失的,委托人有权依信托文件的规定或申请人民法院解任受托人。(我国《信托法》第 23 条)

4. 同意受托人辞任的权利。(我国《信托法》第 38 条)

5. 同意受托人自我交易的权利。(我国《信托法》第 28 条)

6. 认可信托报告的权利。(我国《信托法》第 41 条)

(四) 对信托的相关事务表达意见的权利

1. 在共同受托人就处理信托事务无法达成一致时,与委托人、其他利害关系人协商确定处理意见。(我国《信托法》第 31 条第 3 款)

2. 商定受托人报酬增减的权利。(我国《信托法》第 35 条第 2 款)

3. 决定是否同意委托人变更受益人或处分受益权的权利。(我国《信托法》第 51 条第 1 款)

委托人设立信托,是为了使受托人通过对信托财产的管理运用、处分使受益人取得信托利益,这是设立信托的根本目的。我国《信托法》第 49 条第 1 款规定,"受益人可以行使本法第二十条至第二十三条规定的委托人享有的权利。受益人行使上述权利,与委托人意见不一致时,可以申请人民法院作出裁定。"该条说明立法者首先倾向于保护信托委托人的利益,但委托人、受益人权利的对立容易造成权利对峙的僵局。[①] 此外,人们习惯从合同的视角看待信托,根据意思自治的原则,认为要优先保护委托人的利益。但英美法系信托理论认为,从信托设立的目的上看,设立信托是为了实现受益人利益最大化,而且主要的信托权利义务关系发生在受托人和受益人之间,所以对信托受益人权益的保护需要加以

---

① 参见徐卫:《信托受益人利益保障机制研究》,上海交通大学出版社 2011 年版,第 34 页。

重视。①

需要注意的是,受益人所享有的种种权利仅具有消极性质,主要在于确定受托人未违背其职务。换言之,受益人只能单纯地享受信托利益,原则上不得参与信托事务的决策。受益人除可向受托人主张给付信托利益的请求权外,也可行使诸多保全受益权的行为。

从实质上看,英美法系信托法与大陆法系信托法对受益权内容的争议并不大。尽管两种法系中民法传统上的财产权制度很难真正融合,但可以看出大陆法系在引入信托法时,赋予了受益人大体上相当于英美法系的权利,但也避免了英美法系中信托财产双重所有权的冲突,并未以受益所有权概括受益人所享有的全部权利,而是进行了可操作化的细分。这种区分至少从概念上化解了两难,也为后续具体规定留下了足够的发挥空间。

受益人的权利与受托人的义务是相关的,所以除以上权利之外,在一定程度上我们可以将与义务相关的内容理解为权利。我国信托法规定了受益人可以转让、放弃受益权,但没有规定受益权的质押等内容,关于受益权的质押,日本信托法设置了与受益权转让相同的规定(日本《信托法》第 96 条)。②

第三节 受益权的取得和放弃

一、受益权的发生和取得

我国《信托法》第 44 条规定:"受益人自信托生效之日起享有信托受益权。信托文件另有规定的,从其规定。"信托成立生效后发生受益权,受益人享有并取得信托利益。信托设立行为的主体并非受益人,受益人因信托的生效自然地享有信托受益权。受益权的取得不以受益人作出承诺为要件,即受益人得知信托利益而未表示拒绝或放弃,可认为接受了信托受益权。

根据信托文件,一般可以确定信托受益权发生、取得的时间。信托成立与生效的时间不一致,受益权应自信托生效时发生。对于遗嘱信托,遗嘱人生前成立信托,遗嘱人死亡时,该遗嘱信托才生效,并发生信托受益权。委托人依照信托文件中保留的权利或依信托法的授权决定变更受益人的,新受益人应当自受益人变更或在信托文件中确定的时间取得信托受益权。信托文件对受益人取得信托利益附有期限或条件的,期限届至或条件成就时,实际取得信托利益。信托文件对信托生效时间另有规定的,按照其规定。信托文件的性质、内容决定受益人尚不存在或需要根据文件中的范围和条件予以明确的,受益人确定时才能开始

---

① 参见赖源河、王志诚:《现代信托法论》(增订三版),中国政法大学出版社 2002 年版,105 页。
② 参见〔英〕西蒙·加德纳:《信托法导论》,付然译,法律出版社 2018 年版,第 87 页。

享有信托受益权。①

信托受益权的发生和取得与第三人利益合同不同,不以受益人作出意思表示为必要。即使受益人不知道信托的设立,不影响受益权的发生和取得。在第三人利益合同中,在受益者未表示接受利益之前,可以变更或撤销合同;受益者表示不接受利益的,具有溯及力,视为自始未取得利益。

委托人指定数位受益人的,在信托文件中对各受益人应享有的信托利益作出规定。我国《信托法》第45条规定:信托文件未规定信托利益的分配比例或分配方法的,各共同受益人按照均等的比例享受信托利益。

二、受益权的放弃

受益权的放弃是按照受益人的意思表示使得信托受益权归于消灭的行为。各国信托法均认可受益人的这一权利。我国《信托法》第46条第1款规定,受益人可以放弃信托受益权。委托人不得限制受益人对受益权的处分,因为受益权的行使独立于信托行为。但信托文件若对如何处理放弃的受益权作出了明确规定,应当适用规定处分受益权,尊重当事人意思自治。受益人原则上可随时放弃受益权,但需要作出明确的意思表示,不能以沉默的方式进行。受益人可以在信托生效前或生效之初明确表示放弃,自始拒绝接受信托利益;也可以在享受部分信托利益后放弃受益权,但对其已经享有的信托利益上发生的债务或义务,仍需承担相应的责任,不因其放弃受益权而免除。如未向受托人支付的报酬或者管理运用、处分信托财产过程中产生的费用等,受益人可以用已获得的信托利益的价值抵充相应债务,不足的再进行补偿。②

放弃受益权可能对信托存续产生影响。当全体受托人放弃信托受益权时,除公益信托以外,信托终止。委托人若在信托文件中保留了重新指定受益人的权利,委托人也可以指定新受益人。部分受益人放弃信托受益权的,信托存续。根据我国《信托法》第46条第3款的规定,受益人放弃受益权,信托文件没有确定归属人的,首先归属其他受益人;其他受益人不存在或拒绝接受的,归属委托人或其继承人。我国信托法不承认英美信托法中的归复信托。归复信托是指,被放弃的受益权以归复信托的方式归属于委托人,委托人作为受益人。受托人以归复信托的形式,为其继续持有信托财产。

---

① 参见徐孟洲主编:《信托法》,法律出版社2006年版,第90页。
② 参见何宝玉:《信托法原理研究》(第2版),中国法制出版社2015年版,第237页。

第四节 受益权的流转

一、受益权的流转及其限制

受益权的流转是指受益人按照自己的意愿对受益权进行转让、继承或质押。我国《信托法》第48条规定："受益人的信托受益权可以依法转让和继承，但信托文件有限制性规定的除外。"该"限制性规定"可以作扩大解释，不仅包括信托文件中的限制性约定，也有依照信托目的限制受益权，还包括法律禁止性的规定：(1)信托文件中的限制性规定，如信托文件中规定了受益人的身份为特定的人或规定了非受益人本人不得行使受益权；(2)依照信托目的限制受益权，可获得的信托利益被限制在特定用途，如以抚养受益人为目的的信托；(3)受益权所得的信托利益是维持受益人及其家属生活所必需时，则免于被法院强制执行；(4)法律禁止性的规定，与转让其他财产权的规定相同，否则转让合同无效。

我国信托法并未规定受益权是否可以权利质押的形式用于担保。除所有权、用益物权的其他财产权利均可进行质押。在权利上设置质押时，存在权利凭证的要进行交付，不存在权利凭证的要登记。信托受益权作为受益人享有的一项财产权，原则上可用于质押，但我国信托法只列明了两种受益权流转的类型，即"转让"和"继承"，没有关于质押的规定，也没有受益权质押的登记制度。但实践中变相地通过质押受益权融通资金的做法已在我国金融市场得到广泛应用，如信托受益权买回式担保融资，受益权人将信托受益权转让给银行，并承诺一定时间内回购，存在让与担保的嫌疑。法律并没有承认受益权质押，也没有规定相关登记制度的情况下，不利于对交易人的保护和对交易安全的维护。2018年4月27日，中国人民银行会同银保监会、证监会、外汇管理局联合发布了《资管新规》，该文件第3条明确"资产管理产品包括但不限于……资金信托"。第20条明确"金融机构不得以受托管理的资产管理产品份额进行质押融资，放大杠杆"。该条只针对金融机构作为信托管理人不得以受托管理的资产管理产品份额进行质押融资进行规定，实际上并未涉及受益权质押的合法合规性。

受益权作为一种财产权，当其属于受益人被继承的遗产范围时，遗嘱的继承以信托行为人在信托文件中为前提，按照信托文件的内容以及信托目的，受益权未被限制继承的按照继承法发生继承。

二、受益权的转让

受益权的转让存在一些争议，有人认为即使受益权不具有受益人人身专属权的性质，受益人转让受益权也是委托人没有预见到的，受益权不可转让。我们认为受益权实系具有债权、物权性质的财产权,遵循与其他财产权转让相似的规则。即受益权的转让不改变其性质和内容,依照其性质受益权可以转让;受益权转让行为生效时,受让人就取得了受益人的地位;受益权的让与无须委托人、受托人同意,但受益人或受益权的受让人未通知受托人的,对受托人不发生效力;受托人在收到通知后,可以用对抗受益人的事由对抗受益权的受让人。但与其他财产权转让不同的是,受益权的转让基本上不涉及债务,即使受托人在管理运用、处分信托财产时产生了新的债务,此时也应当由新的受益人承担。此外,虽然按照委托人的意思可以在信托文件中规定受益权不可转让,但不得禁止或限制受益人的债权人对信托利益强制执行的权利。

受益权的转让主要发生在商业信托中,具有重要的融资功能。"商业信托系信托的主要运用形式,最为重要的内容在于管理机制的组织化特征。"[1]在证券投资基金、资产证券化等领域,胜于公司等其他商业组织。在我国,商业信托涵盖信托制证券投资基金、资产证券化特定目的信托、信托公司集合资金信托计划、保险资金间接投资基础设施项目信托等。其次,证券公司客户资产管理计划、基金管理公司资产管理计划等也被认为具有信托的性质。设立商业信托时,往往通过受益权结构化安排在信托内部实现信用增级,降低融资成本,保障投资者的利益。受益权分层设计中,优先受益权获得约定的金额清偿前,劣后受益权不参与信托财产分配。

信托受益权不能在公开市场上交易流通,投资者需要达到准入门槛,信托受益权拆分转让对象不得为自然人等限制条件,造成以信托为主业的信托公司开发信托产品的规模受到极大的限制,信托受益权市场化流通程度降低。其他外部因素也对信托受益权的流通和信托业务的发展产生了一定影响,信托公司在资产来源和资金营销渠道方面受限、信托与同类新型金融形式相比缺少优势,并且在利率市场化的今天,信托的利率优势也在逐渐消失。此外,信托业游离于传统分业监管的范围外,这使得可跨行业操作的信托具有较高的系统性风险。

信托受益权证券化是受益权流通的重要形式。信托受益权证券化是指将代表信托受益权的收益凭证进行出售,从而确保该信托受益权更加市场化,且比仅仅拥有受益权有更强的流动性。信托受益权作为信托财产设定信托已经被部分部门规章和规范性文件所认可。例如,2013年5月,证监会发布了《证券公司资产证券化业务管理规定》(已失效),放宽了基础资产的范围,首次将信托受益权纳入资产证券化基础资产的范畴。2014年11月,根据证监会进一步发布的《证券公司及基金管理公司子公司资产证券化业务管理规定》,符合法律法规规定,权属明确,可以产生独立、可预测的现金流且可特定化财产权利或者财产

---

[1] 参见王文宇:《信托法原理与信托业法制》,载《月旦法学杂志》2000年10月号。

资产,是证券化的基础资产;这些基础资产包括但不限于企业应收款、租赁债权、信贷资产、信托受益权等财产权利。[1]

  信托产品还常常被包装成复杂的金融商品进行销售,买方通常会依赖卖方的推荐购买受益权,在此情况下,实质为受益权转让的过程表现为金融商品的出售,表面上表现为一种非明示的信托关系。受托人向受益人出售信托产品、募集信托资金,与传统的信托架构不同,容易被认为是附条件(回购)的法律关系,也易演变为担保(以信托财产抵押或权利质押,如股权信托)借贷关系,在司法实践中易被认定为"名为信托实为借贷"的关系。此时,受托人可能会轻视对信托财产的管理而成为提供中介服务及资金流转的平台。"该信托受益权本质上是权利互换的载体,围绕权利让渡条件而发生的信托产品(信托收益凭证)流转成为一种购买关系。"

案例　般诺公司与易融公司信托受益权转让纠纷案[2]

1. 案情简介

2004年4月22日,委托人上海易融企业发展有限公司(以下简称"易融公司")与受托人中融国际信托有限公司(以下简称"中融信托")签署《资金信托合同》,约定易融公司将1.03亿元资金信托给中融信托,由中融信托以其自身名义受让河南豫联能源集团有限责任公司(以下简称"河南豫联")持有的河南中孚实业股份有限公司(以下简称"中孚实业")法人股2500万股,占中孚实业总股本14.21%的股权。信托资金的金额为1.03亿元,信托期限为3年,信托受益人为易融公司。

嗣后,中融信托依约受让中孚实业股份,相应股权登记过户至中融信托名下。中孚实业作出《股东持股变动报告书》,对中融信托受让河南豫联股份事宜进行了披露,并载明中融信托本次受让中孚实业股份系其接受易融公司委托所进行的信托行为,信托期限为3年,易融公司为本信托的唯一受益人,信托关系终止后,中融信托将中孚实业股权及相关权益转交给易融公司或其指定的第三方。

2005年4月13日,易融公司作为转让方,上海般诺电子科技有限公司(以下简称"般诺公司")作为受让方,签订《信托受益权转让协议》,约定易融公司将其在《资金信托合同》项下的受益权及其作为受益人的权利和义务全部不可撤销地转让给般诺公司,转让价格确定为1.03亿元;本协议在转让方和受让方签章

---

[1] 参见刘燕、楼建波:《重思资产证券化的法律原理》,载《中国金融》2018年第21期。
[2] 资料来源:(2008)沪一中民三(商)初字第25号。

且受托人中融信托对转让协议予以盖章确认后生效。易融公司与般诺公司签署了协议,且中融信托对协议盖章确认。

2005年4月26日,中融信托出具《受益权转让确认函》,确认其已在《信托受益权转让协议》上盖章,并办理相关受益权转让的登记手续。后般诺公司以信托受益人身份履行了相关权利义务。

2007年4月26日,易融公司与般诺公司共同向中融信托提交《提前终止申请书》,申请终止《资金信托合同》《信托受益权转让协议》,请中融信托依照约定履行终止义务。同日,中融信托、般诺公司及易融公司共同签署《股权投资资金信托终止协议》,三方一致同意提前终止《资金信托合同》《信托受益权转让协议》《补充协议》。中融信托出具《中孚实业(600595)股权投资信托清算报告》,载明委托人为易融公司,受托人为中融信托,受益人为般诺公司;信托财产期初额为10300万元,受让河南豫联持有的"中孚实业"法人股3250万股,本信托于2007年4月27日提前终止。现将信托财产向受益人进行分配,扣除发生的信托费用,分配现金257017047.87元,分配中孚实业股权16314575股。

2007年4月27日,般诺公司作为委托人和受益人,中融信托作为受托人,双方共同签署一份《中孚实业(600595)股权信托合同》,约定般诺公司将其拥有的中孚实业股权信托给中融信托,以获取较高的投资收益。信托财产包括般诺公司因信托而取得的中孚实业16314575股股权等,信托期限为18个月,自2007年4月27日至2008年10月27日止。

后当事人因信托财产权属发生争议,易融公司以般诺公司注册资金没有到位,在签订协议时存在欺诈,损害了上市公司中的国有股利益为由,主张《信托受益权转让协议》无效。易融公司还提出,因受益权转让协议签订后般诺公司未按期支付转让款,该协议已自动终止履行。般诺公司与中融信托作为原告提起诉讼,请求确认《信托受益权转让协议》有效,确认般诺公司已自2005年4月27日起依《信托受益权转让协议》取得信托受益权。

一、二审法院均支持了原告的诉请。

2. 案例评析

(1) 关于信托受益权能否转让问题。我国《信托法》第48条规定:"受益人的信托受益权可以依法转让和继承,但信托文件有限制性规定的除外。"本案中,易融公司与中融信托签订的《资金信托合同》约定,易融公司如需转让受益权,由易融公司及新受益人书面通知中融信托,经中融信托书面确认后次日起,新受益人即享有信托受益权;《信托受益权转让协议》中亦作了相同约定。因此,本案信托受益权转让符合法律规定与合同约定。

(2) 关于受益权转让是否需要信息披露问题。本案被告易融公司认为,系争股权受让时曾公告披露中融信托持有的股权为信托财产,易融公司是该信托财产的唯一受益人;现受益权转让协议签订后也须经公告方能生效,否则信托受益权仍属易融公司所有。这一观点缺乏法律依据。中融信托受让中孚实业股权时,是按证券法律规范披露公司股东变动信息,之后系争中孚实业股权始终登记在信托受托人中融信托公司名下,尽管信托财产的受益人发生了变动(从易融公司转为般诺公司),但持有中孚实业股权的仍是中融信托,并不产生证券法律要求的信息披露义务,而信托法律规范并未将信息披露作为信托受益权转让的要件。

第六章 信托公司

第一节 信托公司概述

一、信托公司概念

信托公司,是指以信托投资为业务的公司,它是信托机构的一种组织形式。自20世纪80年代信托业务兴起,大量信托机构同时兼营银行业务。但是1995年《商业银行法》颁布之后,银行业必须与信托业相脱离,禁止银行业务与信托业务的混业经营。我国《信托公司管理办法》对信托公司经营范围有着明文规定,信托公司办理存款业务、发行债券以及举借外债都为法律所禁止;此外,信托公司须专门由银监会[①]批准设立,并应在名称中注明"信托"字样。

(一)信托公司的特征

早期信托多为民事信托,其范围仅仅及于家庭或集体财产,随着经济的发展,资本的趋利性促使一种新型的信托形式——商事信托诞生。信托公司能够聚集大量闲散资金,同时具有大量专业的投资人士,因此推动了商业信托的发展,并且发挥着重要的金融职能。具体来讲,信托公司具有以下几个特征:

1. 信托公司须符合《公司法》的要求

信托公司组织形式或采取有限责任公司制,或采取股份有限公司制,不论采取何种形式,其性质均为公司,因此其应符合《公司法》的要求,如公司内部组织形式、董事、监事、高管的任免等,均不能违反《公司法》的规定。同时由于信托公司从事一类特殊业务,相对于信托公司专门性法律,《公司法》处在一种普通规范的位置,对于信托公司应优先适用《信托法》《信托公司管理办法》《信托公司集合资金信托计划管理办法》等特殊规范,在无特别规定的情况下适用《公司法》。

2. 信托公司须以营利为目的

信托公司本质上属于"商主体"的范畴,其存在的目的在于获取利润、谋求发

[①] 2023年5月18日,国家金融监督管理总局正式挂牌,统一负责除证券业之外的金融业监管,不再保留中国银行保险监督管理委员会。本书在阐述中,为和相关法律文件保持一致,仍保留"银监会"和"银保监会"称呼。

展,这是包括信托公司在内的所有商主体从事经营活动的目的所在。凡是不以营利为目的的机构,均不能将其视为信托公司。

3. 信托公司以信托为业并且不得兼营其他业务

对于一般的企业,经营范围可以在公司章程中自行规定,但是信托行业聚集了大量社会资金,自身的经营业绩关系到整个社会的经济稳定,因此在我国实行严格的分业经营原则,信托公司不可同时从事银行、保险等其他金融业务。尽管西方发达国家如美、日大都实行混业经营的原则,但中国尚缺乏有效的监管力度,风险防范机制未全部建立,因此分业经营目前仍是适合中国国情的一种方式。

(二) 信托公司的功能

信托公司由于其本身具有的吸纳资金、融资投资的特征,在各国经济发展中的作用也显而易见:

1. 理财功能

信托本质上是一种理财制度。受托人接受信托财产,承担保值增值的任务。信托公司由于配备大量的专业人士,因此具有更强的适应社会经济态势、灵活运用信托财产的功能。从此点来讲,其具有普通民事信托不具备的优势。

2. 融通资金的功能

信托公司吸收社会闲散资金,作为中长期贷款借贷给资金短缺企业,而银行货币借贷多为短期,因此可以弥补银行功用的不足;同时由于信托公司经营方式的灵活性,其还可以投资动产、不动产、证券等多种业务,满足不同种类、不同类别客户的需要,因此信托公司对于活跃市场、促进资金融通起到了很好的作用。

二、信托公司的发展与监管制度的演变

(一) 信托公司的历史沿革

信托制度作为资本主义商品经济下的产物,在第一次世界大战后传入我国,[①]其后伴随着中国经济发展的脚步缓慢成长。1913年,日本人在大连设立大连取引所信托株式会社;1914年,美国人在上海设立的普益信托公司。随后几年,为了抵御日益严重的信用危机,民族资本家开始接受海外信托业经验,或办理信托性质的业务,或开办信托机构。1917年,在商品经济发达的上海,民营的上海商业储蓄银行成立保管部,首次开办代保管业务。1919年聚兴银行上海分行成立信托部,这是中国历史上第一个信托部。1921年中国通商信托公司成立,成为中国的第一家信托公司。此后骤然之间出现了一阵信托公司设立的狂

---

① 有的学者认为中国信托制度的雏形是汉朝以后的"牙行"或"行站",其实牙行类似于今天的行纪业务,它是指以自己的名义销售货物并收取佣金,因此与现代意义上的信托制度有很大的区别。

潮,在不到一个月的时间里,出现了中央、中华、中易、中外、大中华、上海运驳、神州等数十家信托公司。但由于这些企业多半仓促上阵,企业管理混乱,人员配备不合理,同时多从事股票买卖和证券交易等投机行为,不久金融风潮的影响导致银行缩紧银根,投资者投资热情降低,大部分信托公司因缺乏资金而纷纷倒闭,从而导致1921年的"信交风潮",此后中国的信托业陷入低谷。

1928年信托业进入了恢复发展阶段,一些较大规模的公司在上海之外的一些大城市设立了一些分支机构,银行也开始兼营信托业务。伴随着民营资本下信托机构的兴起,官营信托机构也开始步入市场。1931年,中国银行和交通银行先后设立信托部。1933年10月中国第一家地方性的专营官办信托机构——上海兴业信托社成立。此外,中央银行、中国农民银行、邮政储金汇业局、中央信托局和中央合作金库也都各自设立了信托部。其中,中央信托局是当时最大的官办信托机构。

总体来说,这个时期的信托业影响范围较小,仅限于以上海为中心的数个大城市中,信托目的也与投机密切相关。由于缺乏应有的监督机制,民营信托业极不稳定。而官办信托凭借政府支持,具有雄厚的资金,发展比较顺利,其实质上是官僚资本攫取利益、控制国家命脉的一种方式。

中华人民共和国成立之后,中央人民政府对民营信托企业采取赎买政策,对官营企业则予以没收,并在此基础上建立社会主义信托业,如1949年11月,中国人民银行上海市分行信托部成立,1951年天津市投资公司成立,1955年3月广东省华侨投资公司成立。但遗憾的是,随着社会主义改造的开始及高度集中的计划经济体制的建立,上述信托企业无一例外地停办或撤销了,中国的信托业此时完全是一片空白。

改革开放以来,我国出现了多种经济成分、多种经营方式、多条流通渠道并存的局面,金融信托也应运而恢复。1979年10月,中国国际信托投资公司在北京成立,这是新中国第一家真正意义上的信托公司。1980年7月,国务院发布《关于推动经济联合的暂行规定》(已失效)在通知中指出:银行要试办各种信托业务。同年9月,中国人民银行发布了《关于积极开办信托业务的通知》,从此,中国的信托业开始步入了高速发展的时期。1988年全国最多时共有845家信托投资公司,加上各地越权审批的信托机构,总数超过1000家。

(二) 信托业的整顿

如上所述,信托公司虽大量设立,但是与之相配套的信托业的监管却严重滞后,因此,中国信托业发展必然要历经风风雨雨,而每次的起落带来的则是信托业监管观念的革新。

第一次整顿开始于1982年,由于信托机构数量的暴增,为了获取更多的业务,不可避免地要和银行争抢有限的资金,从而导致了金融业务的混乱,同时信托业缺乏有效的管理,导致政出多门,加剧了信托业的无序经营。其中一个典型的例子是1982年2月13日,甘肃省计委等部门向下发出联合通知,决定把存在银行账户的专项基金存款,转作地方信托存款,由地方负责支配。针对这种混乱局面,1982年4月10日国务院发布了《国务院关于整顿国内信托投资业务和加强更新改造资金管理的通知》。根据通知的规定,统一了信托业的设立权限,规定除国务院批准和国务院授权单位批准的信托投资公司以外,各地区、各部门都不得办理信托投资业务;已经办理的,要限期清理。[①] 1983年1月,中国人民银行发布《关于人民银行办理信托业务的若干规定》,确定了信托公司不得办理银行业务的原则,从而规范了信托公司的经营范围。

第二次整顿开始于1985年,起因为我国经济发展过热。由于生产和消费的大幅增长,导致了信贷资金投放量过大,为了遏制通货膨胀的态势,规范信托机构过度投资的行为,1986年中国人民银行发布了《金融信托投资机构管理暂行规定》(已失效)等一系列规定,对信托公司统一进行管理,对信托投资公司业务范围明确进行划分,至此,正式的信托公司监管体系才算建立。

第三次整顿是在1988年。大量信托机构违规操作,主要表现在发放虚假委托贷款、不当吸收大量存款等方面,严重影响了整个社会的信用体系。同时经济发展再次过热,信托机构的上述行为更是带来了大量的盲目投资,加剧了供给的失衡。在这种情况下,中共中央、国务院于1988年发布《中共中央 国务院关于清理整顿公司的决定》。1989年国务院又发布了《国务院关于进一步清理整顿金融性公司的通知》,整顿期间,停止发放信托贷款、停止投资和停止拆出资金,对信托机构的信贷范围、贷款利率进行调整,并且撤销、并购了大量的信托机构。这次整顿持续了两年多,通过整顿,信托公司有了一定程度的减少,整个信托市场秩序得到了很好的调整。

第四次整顿发生在1993年,这次整顿的重点转移到了银行,目的在于银行与信托业务的分离,银行不得再经营信托业务,也不得投资于非银行金融机构。同时信托机构也不得办理银行业务,信托公司设立以及运营需要中国人民银行审批并核发"经营金融业务许可证"。第四次整顿严格了信托公司获得从业资格的审批程序,从源头上对信托市场进行规制。

第五次整顿起始于1999年,这次整顿针对不同的信托公司采取不同的措施:对于那些规模较小并且资不抵债的公司停业整顿,或进入破产清算程序;对规模不能达标但运营状况良好的,采取合并战略,实行规模经营;对那些以银行业务为主的公司,直接划由银行管理;主要以特定集团公司为服务对象的信托公司,则在性质上变更为财务公司。通过这种对信托市场较大幅度的清理工作,增

[①] 参见金建栋、马鸣家主编:《中国信托投资机构》,中国金融出版社1992年版,第94页。

强信托机构的竞争力,以实现整个行业的发展。

结合五次信托业整顿的情况来看,中国信托业自1979年重回市场至2001年《信托法》等法律法规出台之前,一直采取的是一套政策主导型的监管体制,信托市场的规则往往是通过一些"讲话""决定"的形式出现。相较于法律,政策的不足之处在于其具有较大的不确定性,不论是国务院还是中国人民银行发布的法律文件,基本都是针对信托经营中亟待解决的问题。然而实践是多变的,由于信托具有集合闲散资金用于投资的职能,和经济的发展密切相关,仅靠易变的时令政策难以建立一个真正有效的信托市场。如果不能通过法律明确信托的内涵、经营范围等事项,那么它将始终作为一个模糊的概念,难以发挥其应有的作用。信托业要真正走向成熟,必须有良好的制度环境作铺垫。

第二节 信托公司的设立、变更和终止

一、信托公司的设立

信托公司集合了社会公众的信托资产从事信托业务,为了保证社会经济的稳定,大部分国家对信托公司的设立都采取了许可制度,只有经过主管机构审查确认符合相关资质后,方能经批准设立。《信托公司管理办法》第7条规定,我国对信托公司的设立采取严格的准则主义,只有经银监会批准,并领取金融许可证,方能从事信托业务。同时,未经银监会批准,任何单位和个人不得经营信托业务,任何经营单位不得在其名称中使用"信托公司"字样,法律法规另有规定的除外。信托作为一项特许经营业务,未经批准不得从事与信托相关营业。为了区别信托公司与其他的金融机构,凡从事信托业务的公司必须在名称中注明"信托公司"字样。另外,由于信托财产的特殊属性,出于保护交易相对人的考虑,信托公司唯有表明身份,方能保证交易在充分的信息基础上进行。

(一)信托公司的设立条件

根据《信托公司管理办法》第8条的规定,信托公司的设立必须具备如下条件:

1. 有符合《公司法》和银监会规定的公司章程。公司章程对内约束股东、董事、监事、公司高管,对外公示公司的名称、经营范围、注册资本等一系列事项,是任何公司必不可少的要素。信托公司作为公司的一种,其章程符合《公司法》的要求自不待言,由于信托公司同时要受到银监会的监管,因此其章程必须符合银监会的相关规定。

2. 有具备银监会规定的入股资格的股东。根据银保监会于2020年发布的《信托公司股权管理暂行办法》,境内非金融机构、境内金融机构、境外金融机构和国务院银行业监督管理机构认可的其他投资人可以成为信托公司股东。但是

对机构股东设置了限制性条件,其中境内非金融机构作为信托公司股东应当具备以下条件:(1)依法设立,具有法人资格。(2)具有良好的公司治理结构或有效的组织管理方式。(3)具有良好的社会声誉、诚信记录和纳税记录。(4)经营管理良好,最近2年内无重大违法违规经营记录。(5)财务状况良好,且最近2个会计年度连续盈利;如取得控股权,应最近3个会计年度连续盈利。(6)年终分配后净资产不低于全部资产的百分之三十(合并财务报表口径);如取得控股权,年终分配后净资产应不低于全部资产的百分之四十(合并财务报表口径)。(7)如取得控股权,权益性投资余额应不超过本企业净资产的百分之四十(含本次投资金额,合并财务报表口径),国务院银行业监督管理机构认可的投资公司和控股公司除外。(8)国务院银行业监督管理机构规章规定的其他审慎性条件。境内金融机构作为信托公司股东,也应符合除第5项、第6项和第7项之外的条件,并具有良好的内部控制机制和健全的风险管理体系。境外金融机构若作为信托公司股东,应当具备以下条件:(1)具有国际相关金融业务经营管理经验;(2)国务院银行业监督管理机构认可的国际评级机构最近2年对其作出的长期信用评级为良好及以上;(3)财务状况良好,最近2个会计年度连续盈利;(4)符合所在国家或地区法律法规及监管当局的审慎监管要求,最近2年内无重大违法违规经营记录;(5)具有良好的公司治理结构、内部控制机制和健全的风险管理体系;(6)所在国家或地区金融监管当局已经与国务院银行业监督管理机构建立良好的监督管理合作机制;(7)具有有效的反洗钱措施;(8)所在国家或地区经济状况良好;(9)国务院银行业监督管理机构规章规定的其他审慎性条件。

3. 具有《信托公司管理办法》规定的最低限额的注册资本。《信托公司管理办法》第10条规定,信托公司的注册资本不得低于3亿元人民币或等值的可自由兑换货币,且注册资本为实缴货币资本。银监会根据信托公司行业发展的需要,可以调整设立信托公司的注册资本最低限额。第64条规定,信托公司处理信托事务不履行亲自管理职责,即不承担投资管理人职责的,其注册资本不得低于1亿元人民币或等值的可自由兑换货币。

4. 有具备银监会规定任职资格的董事、高级管理人员和与其业务相适应的信托从业人员。信托公司主要职能在于运用信托财产从事各项商事业务,唯有相关操作人员具有专业资质,才能降低信托财产贬值的风险,最大限度保护受益人利益。根据银监会于2013年发布的《银行业金融机构董事(理事)和高级管理人员任职资格管理办法》[①]第8条的规定,董事长(理事)和高级管理人员任职的基本条件包括:(1)具有完全民事行为能力;(2)具有良好的守法合规记录;(3)

---

① 根据该管理办法第2条,该办法适用于信托公司。

具有良好的品行、声誉;(4) 具有担任金融机构董事(理事)和高级管理人员职务所需的相关知识、经验及能力;(5) 具有良好的经济、金融从业记录;(6) 个人及家庭财务稳健;(7) 具有担任金融机构董事(理事)和高级管理人员职务所需的独立性;(8) 履行对金融机构的忠实与勤勉义务。在基本条件之外,相关人员不能有第 9 条规定的下列情形:(1) 有故意或重大过失犯罪记录的;(2) 有违反社会公德的不良行为,造成恶劣影响的;(3) 对曾任职机构违法违规经营活动或重大损失负有个人责任或直接领导责任,情节严重的;(4) 担任或曾被接管、撤销、宣告破产或吊销营业执照机构的董事(理事)或高级管理人员的,但能够证明本人对曾任职机构被接管、撤销、宣告破产或吊销营业执照不负有个人责任的除外;(5) 因违反职业道德、操守或者工作严重失职,造成重大损失或者恶劣影响的;(6) 指使、参与所任职机构不配合依法监管或案件查处的;(7) 被取消终身的董事(理事)和高级管理人员任职资格,或受到监管机构或其他金融管理部门处罚累计达到两次以上的;(8) 有本办法规定的不具备任职资格条件的情形,采用不正当手段获得任职资格核准的。

5. 具有健全的组织机构、信托业务操作规程和风险控制制度。健全的组织机构与行业操作规则是任何商业机构设立、运转必不可少的条件,同时信托公司从事的业务多为商业投资,为了防止风险过大而危及信托财产,必须建立完善的风险调控机制有效调节。

6. 有符合要求的营业场所、安全防范措施和与业务有关的其他设施。

7. 银监会规定的其他条件。

(二) 信托公司的设立程序

信托公司的设立,须经过筹建和开业两个阶段。[①]

1. 申请筹建。出资比例最大的出资人作为申请人向拟设地银保监局提交申请,由银保监局受理并初步审查、银保监会审查并决定。银保监会自收到完整申请材料之日起 4 个月内作出批准或不批准的书面决定。若申请获批,信托公司应在 6 个月内完成筹建。未能按期完成筹建的,应当在筹建期限届满前 1 个月向银保监会和拟设地银保监局提交筹建延期报告。筹建延期不得超过一次,延长期限不得超过 3 个月。

2. 开业。筹建符合开业条件的,应当由出资比例最大的出资人作为申请人向拟设地银保监局提交申请,由银保监局受理、审查并决定。银保监局自受理之日起 2 个月内作出核准或不予核准的书面决定,并抄报银保监会。

经批准开业后,申请人领取金融许可证,办理工商登记,领取营业执照,并在 6 个月内开业。若不能按期开业,可延期 1 次,延长期限不超过 3 个月。

---

① 参见《中国银保监会信托公司行政许可事项实施办法》第 11 条。

二、信托公司的变更与终止

(一) 信托公司的变更

信托公司的变更,是指信托公司中事项的变化,具体包括变更名称,变更股权或调整股权结构,变更注册资本,变更住所,修改公司章程,分立或合并,以及银保监会规定的其他变更事项。[①] 其中信托公司变更名称、非由于实际控制人变更所引起的变更股权或调整股权结构、变更注册资本和住所、修改公司章程由银保监分局或所在城市银保监局决定,其他事项则由银保监会批准。

(二) 信托公司的终止

信托公司因解散、破产、被依法撤销等原因终止。《中国银保监会信托公司行政许可事项实施办法》第31条规定,信托公司符合下列情形之一的,可以申请解散:(1) 公司章程规定的营业期限届满或者其他应当解散的情形;(2) 股东会议决定解散;(3) 因公司合并或者分立需要解散;(4) 其他法定事由。

信托公司解散,应当向所在地银保监局提交申请,由银保监局受理并初步审查,银保监会审查并决定。银保监会自收到完整申请材料之日起3个月内作出批准或不批准的书面决定。

信托公司若因破产而终止,在向法院申请破产之前,如果出现以下情形之一的,应当向银保监会申请并获得批准:(1) 不能清偿到期债务,并且资产不足以清偿全部债务或者明显缺乏清偿能力,自愿或应其债权人要求申请破产的;(2) 已解散但未清算或者未清算完毕,依法负有清算责任的人发现该机构资产不足以清偿债务,应当申请破产的。

需要注意的是,信托公司因解散、破产而丧失受托人资格后,其占有的信托财产由于独立性,并不被列入清算破产财产,信托关系由于其连续性的特点也不因受托人资格的终止而消灭,由新选任的受托人对信托财产行使取回权,受托人的债权人不得以此清偿债权。

第三节 业务范围与经营规则

一、信托公司的业务范围

(一) 信托公司法定经营范围

根据《信托公司管理办法》第16条,信托公司可以申请经营下列部分或者全部本外币业务:

[①] 参见《中国银保监会信托公司行政许可事项实施办法》第18条。

1. 资金信托，即委托人将自己合法拥有的资金，委托信托公司按照约定的条件和目的，进行管理、运用和处分；

2. 动产、不动产及其他财产的信托，即委托人将自己的动产、不动产以及知识产权等财产、财产权，委托信托公司按照约定的条件和目的，进行管理、运用和处分；

3. 受托经营法律、行政法规允许从事的投资基金业务，作为投资基金或者基金管理公司的发起人从事投资基金业务；

4. 经营企业资产的重组、购并及项目融资、公司理财、财务顾问等业务；

5. 受托经营国务院有关部门批准的证券承销业务；

6. 办理居间、咨询、资信调查等业务；

7. 代保管及保管箱业务；

8. 法律法规规定或银监会批准的其他业务。

同时，根据《信托法》等法律法规的规定，信托公司可以为了特定目的设立公益信托：救济贫困；救助灾民；扶助残疾人；发展教育、科技、文化、艺术、体育事业；发展医疗卫生事业；发展环境保护事业，维护生态环境；发展其他社会公益事业。

其中，资金信托业务、财产类信托业务、投资基金业务以及公益信托属信托类业务。所谓信托类业务，是指受托人按照指定的目的或途径为了受益人的利益，对信托财产进行运作的业务。而其他业务则属于兼营业务。兼营业务更类似于代理，是指信托机构接受委托人的委托，以代理人的身份从事的业务，如知识产权代理业务，有价证券代理业务等等。

(二) 信托公司经营范围的禁止性规定

《信托公司集合资金信托计划管理办法》中对信托公司的业务范围作了一些限制，以保护信托公司的稳健经营，降低信托资金运作风险成本：

1. 不得向他人提供担保；

2. 向他人提供贷款不得超过其管理的所有信托计划实收余额的30%，但中国银行业监督管理委员会另有规定的除外；

3. 不得将信托资金直接或间接运用于信托公司的股东及其关联人，但信托资金全部来源于股东或其关联人的除外；

4. 不得以固有财产与信托财产进行交易；

5. 不得将不同信托财产进行相互交易；

6. 不得将同一公司管理的不同信托计划投资于同一项目。

此外，信托公司在运用信托资金的时候，投资于同一项目、自我交易以及担保业务是绝对禁止的，将信托资金借贷给他人或用于股东和管理人之上则是附条件允许的。

二、信托公司的经营方式

信托公司的经营方式,是指信托公司在信托范围已经确定的情况下,对信托资金的运用方式。信托公司在管理、运用信托财产时,可以依照信托文件的规定,采取出租、出售、投资、同业拆放等方式。信托公司经营形式非常灵活,为了保证信托资产最大限度地保值增值,只要不违反法律的禁止性规定,信托公司即可以采用任一方式从事信托业务。例如在投资方式上,可以采取债权投资、股权投资、权益投资等形式;其同时可以涉足资本市场的投资业务与货币市场的交易业务,而在货币市场的交易则涵盖了本币业务与外汇业务。

三、信托公司的营运规则

(一) 设立信托的规则

设立信托,必须采取书面形式,包括信托合同、遗嘱或法律规定的其他形式的书面文件。

设立信托的信托合同应包含以下内容:(1) 信托目的;(2) 委托人、受托人的姓名或者名称、住所;(3) 受益人或者受益人范围;(4) 信托财产的范围、种类及状况;(5) 信托当事人的权利和义务;(6) 信托财产管理中风险的揭示和承担;(7) 信托财产的管理方式和受托人的经营权限;(8) 信托利益的计算,向受益人交付信托利益的形式、方法;(9) 信托公司报酬的计算及支付;(10) 信托财产税费的承担和其他费用的核算;(11) 信托期限和信托的终止;(12) 信托终止时信托财产的归属;(13) 信托事务的报告;(14) 信托当事人的违约责任及纠纷解决方式;(15) 新受托人的选任方式;(16) 委托人和受托人认为需要载明的其他事项。

以信托合同以外的其他书面文件设立信托时,书面文件的载明事项按照有关法律、行政法规规定执行。

(二) 信托业务经营规则

1. 受托人须忠实、谨慎履行信托事务。

根据《信托公司管理办法》的规定,信托公司应当以受益人的最大利益为宗旨处理信托事务,并谨慎管理信托财产。同时信托公司不得以经营资金信托或者其他业务的名义吸收存款。经营信托业务时,以下行为绝对禁止:(1) 利用受托人地位谋取不当利益;(2) 将信托财产挪用于非信托目的的用途;(3) 承诺信托财产不受损失或者保证最低收益;(4) 以信托财产提供担保;(5) 法律法规和中国银监会禁止的其他行为。

委托人将信托财产交与受托人,受托人履行信托业务的好坏,决定信托目的能否实现。因此受托人不仅要忠实于受益人之利益,同时应谨慎管理财产,方能避免信托财产不必要的损失。信托人忠实义务,表现在以下三个方面:首先,不能借着信托财产之便利为除受益人以外的人谋取利益;其次,信托财产之上行为应均为信托目的服务,不可从事其他无关行为,如为他人发行有价证券、借贷资金给他人等均被禁止;再次,禁止受托人自我交易,以防止受托人将信托财产低价买进损害受益人利益。

2. 受托人亲自履行信托事务。

《信托公司管理办法》第 26 条规定,信托公司应当亲自处理信托事务,但信托文件另有约定或者有不得已事由时,可委托他人代为处理。委托人对受托人的选定乃是基于其资质、信用、经营业绩等多种条件,受托人既已接受委托,那么就应该亲自处理信托财产之上各项业务,不能随意委托他人处理。

3. 受托人对相关信息保密的义务。

信托公司应当为委托人、受益人以及处理信托事务的情况负有保密的义务,但法律、行政法规或者信托文件另有规定的除外。

4. 受托人遵循信托财产独立性的原则。

《信托公司管理办法》第 29 条规定,信托公司应当将信托财产与其固有财产分别管理、分别记账,并将不同委托人的信托财产分别管理、分别记账。

委托人将信托财产转让给受托人,委托人即丧失信托财产所有权,受托人虽成为委托财产的所有权人,但仅具有名义上的所有权,对委托财产的处分、使用等行为均是为受益人利益而设,受益人则对信托财产仅享有受益权,不能直接占用、支配信托财产,信托财产的独立性由此而生。信托财产区别于受托人的固有财产,受托人不可以此清偿与信托事务无关的债务,因此为避免信托财产与固有财产发生混淆,法律规定对信托财产与固有财产应分开记账,既便于管理,又方便相关信托关系人的监督。

5. 受托人详细记录信托事务。

信托公司应当妥善保存处理信托事务的完整记录,至少每年定期向委托人及受益人报告信托财产及其管理运用、处分及收支的情况。委托人、受益人有权向信托公司了解对其信托财产的管理运用、处分及收支情况,并要求信托公司作出说明。

6. 信托公司收取报酬的权利。

《信托公司管理办法》第 36 条规定,信托公司经营信托业务,应依照信托文件约定以手续费或者佣金的方式收取报酬,银监会另有规定的除外。收费标准应向受益人公开。第 37 条规定,信托公司违反信托目的处分信托财产,或者因违背管理职责、处理信托事务不当致使信托财产受到损失的,在恢复信托财产的原状或者予以赔偿前,信托公司不得请求给付报酬。

在信托制诞生初期,委托人往往根据人品、地位、道德素质等选定受托人,那个时候受托人的地位更多被看作一种荣誉的象征,信托也纯粹是建立在信任基础之上,受托人无权请求信托报酬。但是随着社会的发展,信托的目的从简单的所有权让渡转变为投资增值,经济的日益复杂化对经营信托财产提出了更高的要求。为了保证受托人更好地履行义务,同时促进信托市场的发展,法律赋予了受托人获取信托报酬的权利和告知收费标准的义务。如果受托人处理信托财产有不当行为,那么在未弥补损失前,不得领取报酬。

7. 信托财产自身债务由信托财产偿还。

信托公司因处理信托事务而支出的费用、负担的债务,以信托财产承担,但应在信托合同中列明或明确告知委托人。信托公司以其固有财产先行支付的,对信托财产享有优先受偿的权利。

8. 受托人根据其过错大小承担赔偿责任。

因信托公司违背管理职责或者管理信托事务不当所负债务及所受到的损害,以其固有财产承担。

(三)受托人资格终止时的处理规则

1. 委托人行使解任权。

《信托公司管理办法》第39条规定,信托公司违反信托目的处分信托财产,或者管理运用、处分信托财产有重大过失的,委托人或受益人有权依照信托文件的约定解任该信托公司,或者申请人民法院解任该信托公司。

当受托人由于不当处置信托财产导致信托财产损失或信托目的不能实现时,为了保护委托人与受益人利益,委托人享有直接解除受托人资格的权利,或请求人民法院行使解除权。

2. 新的受托人根据信托文件或法律选任。

《信托公司管理办法》第40条规定,受托人职责依法终止的,新受托人依照信托文件的约定选任;信托文件未规定的,由委托人选任;委托人不能选任的,由受益人选任;受益人为无民事行为能力人或者限制民事行为能力人的,依法由其监护人代行选任。新受托人未产生前,银监会可以指定临时受托人。

信托关系不同于一般的法律关系。在一般的法律关系中,一方当事人的死亡或民事主体资格的丧失往往会导致法律关系的终止,但在信托关系中,为了保护受益人的利益,规定信托关系在受托人退出的情况下仍然存续。

3. 原受托人移交信托财产及相关报告义务。

信托公司终止时,其管理信托事务的职责同时终止。清算组应当妥善保管信托财产,作出处理信托事务的报告并向新受托人办理信托财产的移交,但信托文件另有规定的,从其规定。

(四)信托终止的规则

信托公司经营信托业务,有下列情形之一的,信托终止:(1)信托文件约定的终止事由发生;(2)信托的存续违反信托目的;(3)信托目的已经实现或者不能实现；(4) 信托当事人协商同意；(5) 信托期限届满；(6) 信托被解除；(7) 信托被撤销；(8) 全体受益人放弃信托受益权。

信托终止的，信托公司应当作出处理信托事务的清算报告。受益人或者信托财产的权利归属人对清算报告无异议的，信托公司就清算报告所列事项解除责任，但信托公司有不当行为的除外。

(五) 风险防范的义务

1. 担保以及同业拆借的限制。

信托公司不得开展除同业拆入业务以外的其他负债业务，且同业拆入余额不得超过其净资产的20%，银监会另有规定的除外；信托公司如果开展对外担保业务，对外担保余额不得超过其净资产的50%。

2. 信托赔偿准备金的设置。

信托公司每年应当从税后利润提取5%，作为信托赔偿准备金，但该赔偿准备金累计总额达到公司注册资本的20%时，可不再提取。信托公司的赔偿准备金应存放于经营稳健、具有一定实力的境内商业银行，或者用于购买国债等低风险、高流动性证券品种。

第四节 信托公司的监管

信托公司吸收社会闲散资金从事信托业务，如果其违规使用信托财产，不仅仅会损害委托人利益，同时危及经济安全。《信托法》着重于从委托人、受托人、受益人三方当事人关系角度明确受托人的权利义务，但信托公司由于其从事业务的复杂性、风险的不确定性以及波及范围的广泛性，需要以不同于民事信托的更为严格的监督治理模式方能保证信托事业的稳健运营。银监会发布的一系列规范性文件通过强化对信托公司的监管，建立一套健全的法人治理模式与风险控制机制，从而实现信托公司的稳健经营以及信托资金的安全。

一、信托业内部控制机制

信托业的内控机制，指公司内部所有人员按照事先制定的规章流程所形成的与公司及其他人员的相互权利义务关系。内控机制通过成员、部门之间的相互监督，降低信托资金的风险，保障信托资金的运作安全。长期以来，我们过于强调银行对于信托业的片面的监管关系，忽视了信托业务与银行业务在经营模式上的本质差异，监管严重脱离实际，导致监管阻碍了信托的发展，同时监管者与被监管者缺乏平等对话的平台，因此监督机构难以真正把握其要害。监管的真正目的在于创造一个和谐有序的信托市场，过于具体的监管既不必要，也不可行。而信托业内控机制有效地降低了监管成本，同时由于其更加贴近市场，监管要求同时体现了市场规律,因此,大力发展信托业的内控机制,是实现信托市场有序经营、保护投资者利益的有效途径。

(一) 信托公司完善业务管理、内部控制以及审计制度

《信托公司管理办法》第 45 条规定:信托公司应当按规定制订本公司的信托业务及其他业务规则,建立、健全本公司的各项业务管理制度和内部控制制度,并报银监会备案。第 46 条规定:信托公司应当按照国家有关规定建立、健全本公司的财务会计制度,真实记录并全面反映其业务活动和财务状况。公司年度财务会计报表应当经具有良好资质的中介机构审计。

根据 2004 年 12 月中国银监会发布的《关于进一步加强信托投资公司内部控制管理有关问题的通知》的规定,信托公司应按照职责分离的原则设立相应的工作岗位,保证公司对风险能够进行事前防范、事中控制、事后监督和纠正,形成健全的内部约束机制和中台、后台对前台的反映和监督机制。此外,信托公司还应设立相对独立的内部稽核监督部门,对公司所有业务每半年至少进行一次稽核,对公司自营业务和信托业务分离情况按季进行稽核,对终止或结束的业务要在一个月内进行稽核,对业务开展过程中发现的问题要随时进行稽核,并将稽核情况按季向董事会报告一次。信托公司接此通知后一个月内要将稽核设置状况和人员报银监会备案,并每半年向监管部门报告一次内部稽核情况。

信托公司应当依法建账,对信托业务与非信托业务分别核算,并对每项信托业务单独核算。

责任机制则是内控机制最为重要的一部分,信托公司应当建立业务的风险责任制和尽职问责制,明确规定各个部门、岗位的风险责任,对违法、违规造成的风险进行责任认定,并按规定对有关责任人进行处理。只有做到权责明晰,才能保证公司有序运行,各项规章制度得到贯彻执行。

(二) 信托公司的业务独立

第一,信托公司的信托业务部门应当独立于公司的其他部门,其人员不得与公司其他部门的人员相互兼职,业务信息不得与公司的其他部门共享。[1] 信托财产的独立性是信托的一项重要特征,委托人将信托财产转让给受托人后,丧失了对原财产的所有权,而受托人也仅享有形式上的所有权,由于其不能为自己的利益运作信托财产,因此信托财产与受托人固有财产存在着本质区别,唯有分开管理,方能保证信托目的的实现。在信托公司中,信托部门人员不能兼任其他部门职位即是保障委托人利益的重要一环。

第二,信托公司的自营业务和信托业务必须相互分离。[2] 自营业务部门和

---

[1] 参见《信托公司管理办法》第 31 条。
[2] 参见《关于进一步加强信托投资公司内部控制管理有关问题的通知》(银监发〔2004〕97 号)。

信托业务部门应分别设立,工作人员不得相互兼职,并应由不同的高级管理人员负责管理。自营业务与信托业务应分别建账、分别核算,并由不同的财务人员负责且相互之间不得兼职。信托公司应当建立信息隔离制度,自营业务信息和信托业务信息应相互独立,业务人员应当对工作中知悉的未公开的业务信息保密,不得相互传递、交流未公开的业务信息。同时,信托公司应分别建立自营业务和信托业务的授权体系,明确界定各部门的目标、职责和权限,确保自营业务和信托业务各部门及员工在授权范围内行使相应的职责。信托公司应按规定分别对自营业务和信托业务制定业务流程、操作规程和风险控制制度,保证各项业务的前中后台相对独立。

二、行政监管与行业自律

强调信托业的内控机制,并不可以代替外部的监管。单一的内控机制并不足以维护整个信托市场的秩序。为了防止内控机制的失灵,在必要的情况下,外部的监督对于信托市场的发展显得尤为重要。

根据《信托公司管理办法》第5条,银监会对信托公司及其业务活动实施监督管理。由于2018年国务院将银监会和保监会予以整合,组建银保监会,因此之后是由银保监会对信托进行监管(为了和以往法律文件保持一致,下文仍沿用银监会的称谓)。《中国银行保险监督管理委员会职能配置、内设机构和人员编制规定》要求信托监管部承担信托机构准入管理;开展非现场监测、风险分析和监管评级;根据风险监管需要开展现场调查;提出个案风险监控处置和市场退出措施并承担组织实施具体工作;指导信托业保障基金经营管理。

中国信托业协会在监管环节发挥相关管理部门与信托业间的桥梁和纽带作用,维护信托业合法权益,维护信托业市场秩序,提高信托业从业人员素质。具体而言,信托业协会组织会员签订自律公约及其实施细则;采取自律惩戒措施,督促会员依法合规经营;受主管部门委托,组织制定行业标准和业务规范;建立健全信托业诚信制度以及信托公司和从业人员信用信息体系,加强诚信监督,协助推进信托业信用体系建设;制定从业人员道德和行为准则,对信托从业人员进行自律管理,组织信托从业人员资格考试和相关培训。

(一)对信托业务的检查

《信托公司管理办法》第47条规定,银监会可以定期或者不定期对信托公司的经营活动进行检查;必要时,可以要求信托公司提供由具有良好资质的中介机构出具的相关审计报告。信托公司应当按照银监会的要求提供有关业务、财务等报表和资料,并如实介绍有关业务情况。

(二)对信托公司人事的监督

1. 银监会对信托公司高管监督的权利。(1)银监会对信托公司的董事、高级管理人员实行任职资格审查制度。未经银监会任职资格审查或者审查不合格的，不得任职。(2)信托公司对拟离任的董事、高级管理人员，应当进行离任审计，并将审计结果报银监会备案。信托公司的法定代表人变更时，在新的法定代表人经银监会核准任职资格前，原法定代表人不得离任。

2. 信托从业人员的录用制度。银监会对信托公司的信托从业人员实行信托业务资格管理制度。符合条件的，颁发信托从业人员资格证书；未取得信托从业人员资格证书的，不得经办信托业务。

3. 高管违法或违规应接受处罚。信托公司的董事、高级管理人员和信托从业人员违反法律、行政法规或银监会有关规定的，银监会有权取消其任职资格或者从业资格。

(三) 信托公司的违法处罚

1. 及时改正。《信托公司管理办法》第54条规定，信托公司违反审慎经营规则的，银监会责令限期改正；逾期未改正的，或者其行为严重危及信托公司的稳健运行、损害受益人合法权益的，银监会可以区别情形，依据《银行业监督管理法》等法律法规的规定，采取暂停业务、限制股东权利等监管措施。

2. 接管、整顿、重组。《信托公司管理办法》第55条规定，信托公司已经或者可能发生信用危机，严重影响受益人合法权益的，银监会可以依法对该信托公司实行接管或者督促机构重组。在特定情况下，银监会可以对信托公司实行整顿或接管。整顿是指信托公司在继续经营的同时进行自我整改和调整，以改变原先混乱局面，保护投资人利益，范围主要涉及调整经营战略、公司高层人员变动、今后目标定位等等。整顿期限届满后根据公司具体情况决定恢复经营或吊销金融机构法人许可证和金融机构营业许可证。信托公司的接管则是指对被接管的信托公司采取必要措施，以保护投资人的利益，恢复信托公司的正常经营能力，被接管的公司的债权债务关系不因接管而变化。接管期限内，由接管人代为行使法人职权。在接管过程中，接管因信托公司恢复正常经营秩序或合并、宣告破产而终止。

案例 信托公司行政处罚决定

1. 案例简介

(1) 沪银保监银罚决字〔2020〕4号。

受罚单位：安信信托股份有限公司。

案由：2016年7月至2018年4月，该公司部分信托项目违规承诺信托财产不受损失或保证最低收益。2016年至2019年，该公司违规将部分信托项目的信托财产挪用于非信托目的的用途。2018年至2019年，该公司推介部分信托计划未充分揭示风险。2016年至2019年,该公司违规开展非标准化理财资金池等具有影子银行特征的业务。2016年至2019年,该公司部分信托项目未真实、准确、完整披露信息。

处罚决定:依据《银行业监督管理法》第46条第5项,上海银保监局责令其改正,并处罚款共计1400万元。

(2)沪银保监银罚决字〔2020〕3号。

受罚人员:杨晓波。安信信托股份有限公司原总裁杨晓波对公司2014年5月至2018年10月间以下违法违规行为负有直接管理责任。

案由:2016年7月至2018年4月,该公司部分信托项目违规承诺信托财产不受损失或保证最低收益。2016年至2018年,该公司违规将部分信托项目的信托财产挪用于非信托目的的用途。2016年至2018年,该公司违规开展非标准化理财资金池等具有影子银行特征的业务。2016年至2018年,该公司部分信托项目未真实、准确、完整披露信息。

处罚决定:依据《银行业监督管理法》第48条第3项、《信托公司管理办法》第62条、《银行业金融机构董事(理事)和高级管理人员任职资格管理办法》第29条第1项和第3项,对杨晓波作出取消银行业金融机构董事和高级管理人员任职资格终身的行政处罚。

2. 案例评析

对信托公司违法违规的行政处罚通常由中国银保监会各地派出机构作出;视情节对部分违法违规行为实施双罚制,即除处罚机构外,对责任者个人亦相应处罚。受处罚的事项主要集中在公司治理不规范、未如实披露信息、信托项目资金来源不合法、挪用信托财产、违规开展信托业务等。在严监管和依法处罚的治理下,近年信托公司合规经营情况不断改善。

第七章 信托基金

第一节 证券投资基金

一、证券投资基金的概念和分类

(一) 证券投资基金的概念

基金(fund),是指具有特定目的和用途的资金。广义上,基金是机构投资者的统称,包括信托基金、公积金、保险基金、退休基金以及各种基金会的基金。本章所说的信托基金,可以分为证券投资基金和股权投资基金,前者主要投向上市公司股票和其他证券以及衍生品,后者主要投向未上市公司股权。

信托基金也被称为投资基金,是通过契约或公司等组织形式,将社会上不确定的多数投资者的资金集中起来,形成一定规模的信托资产,交由专门的投资机构按资产组合原理进行分散投资,获得的收益由投资者按出资比例分享,并承担相应风险的一种集合投资工具。

证券投资基金,是指通过发售基金份额募集投资者的资金,并由基金管理人管理、基金托管人保管,为基金持有人的利益,以组合资产的方式将基金财产用于证券投资,基金份额持有人根据持有的份额享有收益和承担风险。[1]

证券投资具有高度专业性,投资者要想从大量金融产品中准确找到获利机会,不仅要投入时间和精力,还必须具备专业知识和投资经验。广大中小投资者难以做到这一点,证券投资基金便应运而生。专业投资机构通过发行"证券投资信托凭证"的方式,把广大中小投资者的资金聚集起来,采用科学的投资理念,充分利用规模投资的成本优势,完成了单个中小投资者无法完成的工作,最终再通过分红的方式将投资收益返还给中小投资者,实现中小投资者利益的最大化。尽管通过证券投资基金进行投资也并非总能盈利,但总体上,证券投资基金的投资回报率要明显高于中小投资者直接投资的回报率,这就是证券投资基金能够在证券市场上长盛不衰的根本原因。

---

[1] 参见吴弘、李有星:《金融法》,高等教育出版社2013年版,第550页。

(二) 证券投资基金的分类

根据不同的标准,可以将证券投资基金分为不同的类别。

1. 契约型基金和公司型基金

按照组织形态的不同,可将证券投资基金分为契约型基金和公司型基金。契约型投资基金根据信托原理设立和运作,购买基金凭证的投资者即为信托中的委托人和受益人,负责投资的管理人和负责基金财产保管的托管人是信托中的受托人,各自的责权利依照信托契约确定。公司型基金是依照公司法设立的投资公司,基金投资者通过购买该公司股份、成为股东的方式参与基金投资。在我国,所有证券投资基金均为契约型基金。

2. 公募基金和私募基金

按照募集方式的不同,证券投资基金可以分为公开募集基金(公募基金)和非公开募集基金(私募基金)。在我国,公募基金包括向不特定对象募集资金、向特定对象募集资金累计超过 200 人,以及法律、行政法规规定的其他情形。出于对投资者保护的需要,公募基金在信息披露、核准程序、市场交易等方面有较严格的规范。而私募基金限于合格投资者投资,对投资者资格和数量等都有所限定。[①] 依据我国《证券投资基金法》的规定,非公开募集基金应当向合格投资者募集,合格投资者累计不得超过 200 人,合格投资者的具体标准由国务院证券监督管理机构规定。

3. 封闭型基金和开放型基金

根据基金份额是否可以赎回,证券投资基金可以分为封闭型基金和开放型基金。封闭型基金是指管理人在设立证券投资基金时,限定了证券投资基金的发行总额,在完成预定的发行计划后证券投资基金即宣告成立并进行封闭。在证券投资基金存续期间,基金份额持有人不得向管理人要求赎回,管理人也不得追加发行新的基金份额。开放型基金是指设立证券投资基金时,发行的基金份额总数不固定,投资人可以随时申购基金份额,也可以随时要求管理人赎回基金份额。

4. 股票型基金、债券型基金、货币型基金、期货型基金和认股权证基金

按投资对象的不同,证券投资基金可以分为股票型基金、债券型基金、货币型基金、期货型基金和认股权证基金。股票型基金以股票为主要投资对象,其收益源于股息红利及股票买卖差价。债券型基金的投资对象是国债、金融债、企业债和可转债等固定收益类品种。货币型基金由货币存款构成投资组合,其汇集众多投资者的零散资金作大额存款,以获取较优惠的利率,并享受货币升值时带

[①] 参见吴晓灵主编:《投资基金法的理论与实践——兼论投资基金法的修订与完善》,上海三联书店 2011 年版,第 15 页。

来的收益。期货型基金的投资对象为各类期货合约。管理人在投资期货时一方面是利用期货对冲,减少购入现货的风险;另一方面是谋求资本的高增值。认股权证基金以认股权证作为投资对象。认股权证是一种衍生证券品种,权证持有人有权在指定的期间按约定价格买进(认购权证)或者卖出(认沽权证)标的证券公司一定数量的股票。

二、证券投资基金当事人

(一) 基金份额持有人

证券投资基金份额持有人也就是证券投资基金的投资人。一般来说,法律未限制证券投资基金投资人的资格,自然人、法人或非法人组织均可以向证券投资基金投资。由于我国证券投资基金的法理基础均为信托,基金份额持有人在证券投资基金法律关系中身兼委托人和受益人两种身份,既享有委托人的权利又享有受益人的权利。[①] 在我国,基金份额持有人享有下列权利:(1) 分享基金财产收益;(2) 参与分配清算后的剩余基金财产;(3) 依法转让或者申请赎回其持有的基金份额;(4) 按照规定要求召开基金份额持有人大会或者召集基金份额持有人大会;(5) 对基金份额持有人大会审议事项行使表决权;(6) 对基金管理人、基金托管人、基金服务机构损害其合法权益的行为依法提起诉讼;(7) 基金合同约定的其他权利。公开募集基金的基金份额持有人有权查阅或者复制公开披露的基金信息资料;非公开募集基金的基金份额持有人对涉及自身利益的情况,有权查阅基金的财务会计账簿等财务资料。

(二) 管理人

1. 管理人的性质

在我国,证券投资基金的管理人主要由基金管理公司、合伙企业担任。管理人作为拥有证券投资基金投资运营权的主体,处于证券投资基金的核心地位,而管理人制度也是世界各国证券投资基金立法的重中之重。基于管理人的受托人地位,管理人制度的核心内容就是建立一种有效的权利制衡与监督制度。[②] 管理人制度的主要内容包括:管理人的资格条件规则、管理人的权利义务规则、管理人的责任等,这些规则不同程度地体现了管理人应当对证券投资基金受益人承担的信义义务。

2. 管理人的资格

在公募证券投资基金领域,我国对管理人的准入实施核准制。《证券投资基金法》规定,设立管理公开募集基金的基金管理公司必须具备以下条件,并经国

[①] 参见文杰:《投资信托法律关系研究》,中国社会科学出版社 2006 年版,第 138 页。
[②] 参见周玉华:《投资信托基金法律应用》,人民法院出版社 2000 年版,第 394 页。

务院证券监督管理机构批准:(1) 有符合《证券投资基金法》和《公司法》规定的章程;(2) 注册资本不低于1亿元人民币,且必须为实缴货币资本;(3) 主要股东应当具有经营金融业务或者管理金融机构的良好业绩、良好的财务状况和社会信誉,资产规模达到国务院规定的标准,最近3年没有违法记录;(4) 董事、监事、高级管理人员具备相应的任职条件;(5) 取得基金从业资格的人员达到法定人数;(6) 有符合要求的营业场所、安全防范设施和与基金管理业务有关的其他设施;(7) 有良好的内部治理结构、完善的内部稽核监控制度、风险控制制度;(8) 法律、行政法规规定的和经国务院批准的国务院证券监督管理机构规定的其他条件。

为了保证基金管理人能够不负信赖,法律还明确设定了不得担任基金管理人董事、监事、高管以及其他从业人员的下列情形:(1) 因犯有贪污、渎职、侵犯财产罪或者破坏社会主义市场经济秩序罪,被判处刑罚的;(2) 对所任职的公司、企业因经营不善破产清算或者因违法被吊销营业执照负有个人责任的董事、监事、厂长、高级管理人员,自该公司、企业破产清算终结或者被吊销营业执照之日起未逾5年的;(3) 个人所负债务数额较大,到期未清偿的;(4) 因违法行为被开除的基金管理人、基金托管人、证券交易所、证券公司、证券登记结算机构、期货交易所、期货公司及其他机构的从业人员和国家机关工作人员;(5) 因违法行为被吊销执业证书或者被取消资格的律师、注册会计师和资产评估机构、验证机构的从业人员、投资咨询从业人员;(6) 法律、行政法规规定不得从事基金业务的其他人员。

对于私募证券投资基金管理人,我国实施的是登记制。管理人应向中国证券投资基金业协会(以下简称"中基协")办理登记手续。

3. 管理人的职责

信托的要义在于"受人之托,代人理财",基金管理人自然不会例外。如果管理人职责不明、义务不清,委托人和受益人的利益难免受到损害。当前,我国法律要求公开募集基金的基金管理人应履行如下职责:(1) 依法募集资金,办理基金份额的发售和登记事宜;(2) 办理基金备案手续;(3) 对所管理的不同基金财产分别管理、分别记账,进行证券投资;(4) 按照基金合同的约定确定基金收益分配方案,及时向基金份额持有人分配收益;(5) 进行基金会计核算并编制基金财务会计报告;(6) 编制中期和年度基金报告;(7) 计算并公告基金资产净值,确定基金份额申购、赎回价格;(8) 办理与基金财产管理业务活动有关的信息披露事项;(9) 按照规定召集基金份额持有人大会;(10) 保存基金财产管理业务活动的记录、账册、报表和其他相关资料;(11) 以基金管理人名义,代表基金份额持有人利益行使诉讼权利或者实施其他法律行为;(12) 国务院证券监督管理机构规定的其他职责。此外,公募基金管理人及其工作人员不得有以下行为:

（1）将其固有财产或者他人财产混同于基金财产从事证券投资；（2）不公平地对待其管理的不同基金财产；（3）利用基金财产或者职务之便为基金份额持有人以外的人牟取利益；（4）向基金份额持有人违规承诺收益或者承担损失；（5）侵占、挪用基金财产；（6）泄露因职务便利获取的未公开信息、利用该信息从事或者明示、暗示他人从事相关的交易活动；（7）玩忽职守，不按照规定履行职责；（8）法律、行政法规和国务院证券监督管理机构规定禁止的其他行为。

（三）基金托管人

1. 托管人的性质

为了保障广大投资者的利益，防止资产被挪用，证券投资基金一般实行经营与保管分开的原则，在管理人之外另设一个保管机构行使托管人职责。托管人是受信托投资基金发起人或管理人的委托，保管各项资产，确保受益人的权益不受侵犯的主体。

2. 托管人的资格

从某种意义上说，托管人还是受益人、管理人以及有关银行的联络中枢，[①]因此法律对托管人资格的要求也非常严格。在我国，基金托管人由依法设立的商业银行或者其他金融机构担任。据证监会公布的《证券投资基金托管人名录（2024年6月）》，全国共有66家证券投资基金托管人，银行共占33家，包括6家国有大行、12家股份行、10家城商行、2家农商行、3家外资行。商业银行担任基金托管人的，由国务院证券监督管理机构会同国务院银行业监督管理机构核准；其他金融机构担任基金托管人的，由国务院证券监督管理机构核准。托管人应当具备下列条件：（1）净资产和风险控制指标符合有关规定；（2）设有专门的基金托管部门；（3）取得基金从业资格的专职人员达到法定人数；（4）有安全保管基金财产的条件；（5）有安全高效的清算、交割系统；（6）有符合要求的营业场所、安全防范设施和与基金托管业务有关的其他设施；（7）有完善的内部稽核监控制度和风险控制制度；（8）法律、行政法规规定的和经国务院批准的国务院证券监督管理机构、国务院银行业监督管理机构规定的其他条件。为确保监督得力，基金托管人与管理人不得为同一机构，不得相互出资或者持有股份。

3. 托管人的职责

在很多国家的立法中，托管人是证券投资基金资产的名义持有人和保管人，为证券投资基金资产设立独立的账户，对资产进行保管并依照基金合同对管理人进行监督，确保管理人的投资运作严格遵守合同和法律的要求，以保护基金份额持有人的合法权益。不过，托管人与管理人同为证券投资基金的受托人，根据委托—代理理论，多个代理人容易出现"共谋"之道德风险，有必要明确托管人的职责。

[①] 参见段建新主编：《证券投资基金》，法律出版社2000年版，第42页。

根据我国法律规定,托管人的职责主要有:(1)安全保管基金财产;(2)按照规定开设基金财产的资金账户和证券账户;(3)对所托管的不同基金财产分别设置账户,确保财产的完整与独立;(4)保存基金托管业务活动的记录、账册、报表和其他相关资料;(5)按照基金合同的约定,根据管理人的投资指令,及时办理清算、交割事宜;(6)办理与托管业务活动有关的信息披露事项;(7)对基金财务会计报告、中期和年度基金报告出具意见;(8)复核、审查管理人计算的基金资产净值和基金份额申购、赎回价格;(9)按照规定召集基金份额持有人大会;(10)按照规定监督管理人的投资运作;(11)国务院证券监督管理机构规定的其他职责。

为了督促托管人积极履行托管职责,保障证券投资基金计划能顺利开展,法律还规定,在出现以下情况时,托管人的职责将发生终止:(1)被依法取消托管资格;(2)被基金份额持有人大会解任;(3)依法解散、被依法撤销或者被依法宣告破产;(4)基金合同约定的其他情形。托管人职责终止的,持有人大会应当在6个月内选任新托管人;新托管人产生前,由证监会指定临时托管人。托管人职责终止的,应当妥善保管基金财产和托管业务资料,及时办理基金财产和托管业务的移交手续,新托管人或者临时托管人应当及时接收。同时,托管人职责终止,应当按照规定聘请会计师事务所对基金财产进行审计,并将审计结果予以公告,同时报证监会备案。

三、证券投资基金的运作管理

(一)基金份额持有人大会及日常机构

证券投资基金立法的目的之一,就是要充分保护基金份额持有人的合法权益。为实现这一宗旨,法律明确规定了基金份额持有人所享有的法定权利。基金份额持有人大会由全体基金份额持有人组成,行使下列职权:(1)决定基金扩募或者延长基金合同期限;(2)决定修改基金合同的重要内容或者提前终止基金合同;(3)决定更换基金管理人、基金托管人;(4)决定调整基金管理人、基金托管人的报酬标准;(5)基金合同约定的其他职权。

按照基金合同约定,基金份额持有人大会可以设立日常机构,由基金份额持有人大会选举产生的人员组成,行使下列职权:(1)召集基金份额持有人大会;(2)提请更换基金管理人、基金托管人;(3)监督基金管理人的投资运作、基金托管人的托管活动;(4)提请调整基金管理人、基金托管人的报酬标准;(5)基金合同约定的其他职权。为保证基金管理人依法独立履行基金资产投资运作的职责,基金份额持有人大会及其日常机构不得直接参与或者干涉基金的投资管理活动。

第七章 信托基金

(二) 证券投资基金的募集、交易与登记

1. 公开募集

公开募集基金,应当经国务院证券监督管理机构注册。未经注册,不得公开或者变相公开募集资金。所谓公开募集基金,包括向不特定对象募集资金、向特定对象募集资金累计超过200人,以及法律、行政法规规定的其他情形。公开募集基金应当由基金管理人管理,基金托管人托管。基金的公开募集一般要经过申请、注册、发售、备案和基金合同生效等步骤。

(1) 申请。注册公开募集基金,由拟任基金管理人向国务院证券监督管理机构提交下列文件:1) 申请报告;2) 基金合同草案;3) 基金托管协议草案;4) 招募说明书草案;5) 律师事务所出具的法律意见书;6) 国务院证券监督管理机构规定提交的其他文件。

(2) 注册。国务院证券监督管理机构应当自受理公开募集基金的募集注册申请之日起6个月内依照法律、行政法规及国务院证券监督管理机构的规定进行审查,作出注册或者不予注册的决定,并通知申请人;不予注册的,应当说明理由。基金募集申请经注册后,方可发售基金份额。

(3) 发售。基金份额的发售,由基金管理人或者其委托的基金销售机构办理。基金管理人应当在基金份额发售的3日前公布招募说明书、基金合同及其他有关文件。对基金募集所进行的宣传推介活动,应当符合有关法律、行政法规的规定,不得有虚假记载等违法行为。基金管理人应当自收到准予注册文件之日起6个月内进行基金募集。超过6个月开始募集,原注册的事项未发生实质性变化的,应当报国务院证券监督管理机构备案;发生实质性变化的,应当向国务院证券监督管理机构重新提交注册申请。基金募集不得超过国务院证券监督管理机构准予注册的基金募集期限。基金募集期限自基金份额发售之日起计算。

(4) 备案。基金募集期限届满,封闭式基金募集的基金份额总额达到准予注册规模的80%以上,开放式基金募集的基金份额总额超过准予注册的最低募集份额总额,并且基金份额持有人人数符合国务院证券监督管理机构规定的,基金管理人应当自募集期限届满之日起10日内聘请法定验资机构验资,自收到验资报告之日起10日内,向国务院证券监督管理机构提交验资报告,办理基金备案手续,并予以公告。

(5) 合同成立、生效及募集失败责任。投资人交纳认购的基金份额的款项时,基金合同成立,基金管理人依法向国务院证券监督管理机构办理基金备案手续,基金合同生效。基金募集期限届满,不能满足法定条件的,基金管理人应当承担下列责任:1) 以其固有财产承担因募集行为而产生的债务和费用;2) 在基金募集期限届满后30日内返还投资人已交纳的款项,并加计银行同期存款利息。

2. 公募基金的交易、申购与赎回

(1) 上市交易审核。传统上,封闭式基金因不能随时申购或者赎回,需要通过上市来解决投资者的流动性问题,开放式基金无此需求。但随着证券市场发展,也出现了可以上市的开放式基金。申请基金份额上市交易,基金管理人应当向证券交易所提出申请,证券交易所依法审核同意的,双方应当签订上市协议。基金份额上市交易,应当符合下列条件:1) 基金的募集符合本法规定;2) 基金合同期限为 5 年以上;3) 基金募集金额不低于 2 亿元人民币;4) 基金份额持有人不少于 1000 人;5) 基金份额上市交易规则规定的其他条件。基金份额上市交易规则由证券交易所制定,报国务院证券监督管理机构批准。

(2) 终止上市交易。基金份额上市交易后,有下列情形之一的,由证券交易所终止其上市交易,并报国务院证券监督管理机构备案:1) 不再具备法定上市交易条件;2) 基金合同期限届满;3) 基金份额持有人大会决定提前终止上市交易;4) 基金合同约定的或者基金份额上市交易规则规定的终止上市交易的其他情形。

(3) 申购、赎回的办理。开放式基金的基金份额的申购、赎回、登记,由基金管理人或者其委托的基金服务机构办理。基金管理人应当在每个工作日办理基金份额的申购、赎回业务;基金合同另有约定的,从其约定。投资人交付申购款项,申购成立;基金份额登记机构确认基金份额时,申购生效。基金份额持有人递交赎回申请,赎回成立;基金份额登记机构确认赎回时,赎回生效。

(4) 支付赎回款项的例外情形。基金管理人应当按时支付赎回款项,但是下列情形除外:1) 因不可抗力导致基金管理人不能支付赎回款项;2) 证券交易场所依法决定临时停市,导致基金管理人无法计算当日基金资产净值;3) 基金合同约定的其他特殊情形。发生上述情形之一的,基金管理人应当在当日报国务院证券监督管理机构备案。法定情形消失后,基金管理人应当及时支付赎回款项。

(5) 申购、赎回价格计算。基金份额的申购、赎回价格,依据申购、赎回日基金份额净值加、减有关费用计算。基金份额净值计价出现错误时,基金管理人应当立即纠正,并采取合理的措施防止损失进一步扩大。计价错误达到基金份额净值 0.5% 时,基金管理人应当公告,并报国务院证券监督管理机构备案。因基金份额净值计价错误造成基金份额持有人损失的,基金份额持有人有权要求基金管理人、基金托管人予以赔偿。

3. 私募证券投资基金的登记

(1) 基金管理人登记制度。私募基金是指在我国境内以非公开方式向不超过 200 名合格投资者募集资金设立的投资基金。由于非公开募集基金不面向公众发行,外部风险相对较小,而且基金投资运作形式灵活,投资者具有一定的风险识别及风险承受能力,可以不对基金管理人和私募基金的发行设定严格的市场准入制度。

依据法律规定,担任私募证券投资基金的基金管理人,应当向中基协履行登记手续,报送基本情况。未经登记,任何单位或者个人不得使用"基金"或者"基金管理"字样或者近似名称进行证券投资活动;但是,法律、行政法规另有规定的除外。公募的主要特征是"对象公众化、方式公开化",私募则恰恰相反。非公开募集基金,不得向合格投资者之外的单位和个人募集资金,不得通过报刊、电台、电视台、互联网等公众传播媒体或者以讲座、报告会、分析会等方式向不特定对象宣传推介。

(2)基金份额持有人可以担任管理人。按照基金合同约定,私募证券投资基金可以由部分基金份额持有人作为基金管理人负责基金的投资管理活动,并在基金财产不足以清偿其债务时对基金财产的债务承担无限连带责任。前款规定的非公开募集基金,其基金合同还应载明:1)承担无限连带责任的基金份额持有人和其他基金份额持有人的姓名或者名称、住所;2)承担无限连带责任的基金份额持有人的除名条件和更换程序;3)基金份额持有人增加、退出的条件、程序以及相关责任;4)承担无限连带责任的基金份额持有人和其他基金份额持有人的转换程序。

(3)私募基金备案制度。私募证券投资基金募集完毕后,管理人应当根据中基协的规定办理基金备案手续。私募证券投资基金的投资对象,包括公开发行的股份有限公司股票、债券、基金份额,以及国务院证券监督管理机构规定的其他证券及其衍生品种。

(三)证券投资基金合同的变更、终止和财产清算

1. 转换运作方式及基金合并

基金运作方式(封闭型或者开放型)的转化或与其他基金合并,是涉及所有基金份额持有人切身利益的重大事项,要按照基金合同的约定或者基金份额持有人大会的决议才可以进行。基金份额持有人大会就上述事项作出决定,应当经参加大会的基金份额持有人所持表决权的2/3以上通过。

2. 封闭式基金扩募或延长基金合同期限

封闭式基金扩募或者延长基金合同期限,应当符合下列条件,并报国务院证券监督管理机构备案:(1)基金运营业绩良好;(2)基金管理人最近2年内没有因违法违规行为受到行政处罚或者刑事处罚;(3)基金份额持有人大会决议通过;(4)其他法定条件。

3. 基金合同终止

基金合同终止,是指依法生效的基金合同,因具备法定情形或者当事人约定

情形,合同的权利义务归于消灭。有下列情形之一的,基金合同终止:(1)基金合同期限届满而未延期;(2)基金份额持有人大会决定终止;(3)基金管理人、基金托管人职责终止,在6个月内没有新基金管理人、新基金托管人承接;(4)基金合同约定的其他情形。其中,前三种为法定情形,后一种为约定情形。考虑到实践情况复杂多样,为尊重基金合同当事人意愿,保护基金份额持有人利益,允许其在合同中自行约定合同终止的情形。例如,基金合同约定在基金存续期间内,基金份额持有人数量连续若干工作日未达一定人数,或者基金资产净值连续若干工作日低于一定金额时,基金合同终止。①

4. 基金财产清算

基金合同终止时,基金管理人应当组织清算组对基金财产进行清算。清算组由基金管理人、基金托管人以及相关的中介服务机构组成。清算组作出的清算报告经会计师事务所审计,律师事务所出具法律意见书后,报国务院证券监督管理机构备案并公告。基金财产清算后,全部基金财产扣除清算组在进行基金清算过程中发生的所有合理费用、其他相关费用和债务后,如果基金财产有剩余,根据基金份额持有人按其所持基金份额享受收益和承担风险的原则,对于清算后的剩余基金财产,应当按照基金份额持有人所持份额比例进行分配。

就私募基金而言,基金份额持有人大会有权决定修改基金合同的重要内容或者提前终止基金合同。基金合同当事人应当对基金合同变更、解除、终止的事由、程序予以约定。基金当事人还应当依法约定基金财产的清算方式,比如清算小组成立时间、人员组成、清算程序、清算费用、基金清算剩余资产的分配等。

四、证券投资基金的监管

(一)证券投资基金监管概述

从监管主体来看,证券投资基金监管主要可分为行政性监管和自律性监管。证券投资基金的行政性监管,是为保护投资者的利益,保障国家资金市场的正常有序运行,国家授予相应行政机关以权力,同时设定其他的法律机制,以行政手段和法律手段,依照法律对证券投资基金的设立、运作和终止的全过程进行监督和管理。而自律性监管是指基金行业组织或交易所对其成员及其行为的监督管理活动,强调证券从业者自我约束、自我管理的作用,其监管权力主要来源于团体成员的权力让渡。我国正处于社会转型、体制转轨的关键时期,政府在监管中的地位和作用不容低估,社会各界对监管工作的支持和配合也不可或缺。行政性监管和自律性监管相结合,才能实现有效监管。②

---

① 参见李飞主编:《中华人民共和国证券投资基金法释义》,法律出版社2013年版,第167页。
② 参见顾功耘主编:《经济法教程(第三版)》,上海人民出版社2013年版,第703页。

证券投资基金的份额持有人是社会投资者,投资者投资的目的,是将自己的资产善意地交给投资专家,由投资专家将集合起来的大笔资金主要投资于证券,最终获取投资收益。在这里,投资者将自己的资产交出,投资者自己并不参与投资操作,处于弱者的地位,而投资专家手中掌握这笔资金,并对其进行具体管理和运用。由于投资者的分散,导致证券投资基金机制内部缺乏有效监督,因此这些专家就有可能违背自己的忠实义务及职业道德,滥用自己的权利,从而给投资者造成损害。美国著名证券法专家路易斯·罗斯(Louis Loss)就曾在解释投资信托业的问题时写道:投资信托业源于基金资产性质。由于基金资产本身具有流动性,并且随时可以流通,控制这些资产(主要为现金和证券)的人就可以通过不道德的经理制造很多自肥的机会。[1] 因此就有必要借助行政的力量设定相应的监管机构,防止侵权现象的发生。

政府监管机构借助政府的权威和法律的强制力,可以对个别基金的欺诈行为一查到底,更真实、更全面地掌握基金违法违规的有关信息。另外,政府机构代表分散的基金投资者收集相关信息,不仅可以弥补投资者的财力、精力和能力的不足,而且使信息搜集更加经济,节约了社会成本,增进了社会福利。[2] 从监管动力角度来讲,由于政府机构主要是代表基金投资者对基金运作实施监管,将投资者的利益放在首位,从而能够使监管工作达到预期的目的。

在我国,承担证券投资基金监管任务的政府部门就是中国证券监督管理委员会。根据有关法律法规,证监会依法履行以下职责:(1) 制定有关证券投资基金活动监督管理的规章、规则,并行使审批、核准或者注册权;(2) 办理基金备案;(3) 对基金管理人、基金托管人及其他机构从事证券投资基金活动进行监督管理,对违法行为进行查处,并予以公告;(4) 制定基金从业人员的资格标准和行为准则,并监督实施;(5) 监督检查基金信息的披露情况;(6) 指导和监督基金行业协会的活动;(7) 法律、行政法规规定的其他职责。

与此同时,基金业协会是证券投资基金行业的自律性组织,是社会团体法人。基金管理人、基金托管人应当加入基金业协会,基金服务机构可以加入基金业协会。基金业协会履行下列职责:(1) 教育和组织会员遵守有关证券投资的法律、行政法规,维护投资人合法权益;(2) 依法维护会员的合法权益,反映会员的建议和要求;(3) 制定和实施行业自律规则,监督、检查会员及其从业人员的执业行为,对违反自律规则和协会章程的,按照规定给予纪律处分;(4) 制定行业执业标准和业务规范,组织基金从业人员的从业考试、资质管理和业务培训;

---

[1] See Louis Loss, Joel Seligman, Fundamentals of Securities Regulation, Little, Brown and Company, 1983, pp.5-7.

[2] 参见王彦国:《投资基金论》,北京大学出版社 2002 年版,第 73 页。

(5) 提供会员服务,组织行业交流,推动行业创新,开展行业宣传和投资人教育活动;(6) 对会员之间、会员与客户之间发生的基金业务纠纷进行调解;(7) 依法办理非公开募集基金的登记、备案;(8) 协会章程规定的其他职责。在私募基金领域,由于行政监管力度相对较小,基金业协会的自律监管角色更加突出。协会应当建立私募基金管理人登记、私募基金备案管理信息系统,还应当制定和实施私募基金行业自律规则,监督、检查会员及其从业人员的执业行为。会员及其从业人员违反法律、行政法规和基金业协会自律规则的,基金业协会可以视情节轻重,采取自律管理措施,并通过网站公开相关违法违规信息。会员及其从业人员涉嫌违法违规的,基金业协会应当及时报告中国证监会。

证券交易所享有交易所业务规则制定权,这是其自律管理职能的重要内容。依据《证券法》规定,证券交易所依法可以制定上市规则、交易规则、会员管理规则等。依据《证券投资基金监管职责分工协作指引》的规定,证券交易所负责对基金在交易所内的投资交易活动进行监管;负责交易所上市基金的信息披露监管工作。基金份额在证券交易所上市交易,应当遵守证券交易所的业务规则,接受证券交易所的自律性监管。证券交易所设有基金交易监控系统,对投资者买卖基金的交易行为以及基金在证券市场的投资运作行为的合法合规性进行日常监控,重点监控涉嫌违法违规的交易行为,并监控基金财产买卖高风险股票的行为等。

(二) 监管内容

1. 对证券投资基金的投资对象进行限制

基金管理人运用基金财产进行证券投资,应当遵守审慎经营规则,制定科学合理的投资策略和风险管理制度,有效防范和控制风险。一般而言,证券投资基金主要投资于证券市场上各类有价证券,包括上市公司股票、股权凭证、认股权证、政府公债、公司债、可转债、金融债等。至于基金的投资范围,还受制于基金的种类。

我国法律明确规定,公募基金只能投资于上市交易的股票、债券,以及国务院证券监督管理机构规定的其他证券及其衍生品种。同时,管理人对于基金财产的运用不得进行下列活动:(1) 承销证券;(2) 违反规定向他人贷款或者提供担保;(3) 从事承担无限责任的投资;(4) 买卖其他基金份额,但是国务院证券监督管理机构另有规定的除外;(5) 向基金管理人、基金托管人出资;(6) 从事内幕交易、操纵证券交易价格及其他不正当的证券交易活动;(7) 法律、行政法规和国务院证券监督管理机构规定禁止的其他活动。

与此同时,为了分散投资风险,避免操纵市场的现象发生,大多数国家的监管机构都明确规定了公募基金投资应采用资产组合的方式。我国法律对公募基金财产进行证券投资策略也有相应的规定:基金管理人运用基金财产进行证券投资,除国务院证券监督管理机构另有规定外,应当采用资产组合的方式;资产组合的具体方式和投资比例,依照本法和国务院证券监督管理机构的规定在基金合同中约定。私募证券基金在法定投资范围内,可根据本基金的特点确定基金的具体投资方向,确定基金的投资策略,并作出相应的投资限制,并在基金合同中予以约定。①

2. 对证券投资基金关联交易的监管

证券投资基金的关联交易,是指证券投资基金与其关联人之间发生的证券买卖、资金借贷等行为。关联交易并不一定有害,但由于关联人士与证券投资基金本身利益的不同,证券投资基金的运作又被动地掌握在管理人手中,因此证券投资基金的关联交易往往是关联人以投资者的利益为代价从中谋取利益。所以,关联交易自然就成为各国证券投资基金监管的重点之一。在我国,运用公募基金财产买卖基金管理人、基金托管人及其控股股东、实际控制人或者与其有其他重大利害关系的公司发行的证券或承销期内承销的证券,或者从事其他重大关联交易的,应当遵循基金份额持有人利益优先的原则,防范利益冲突,符合国务院证券监督管理机构的规定,并履行信息披露义务。就私募证券投资基金而言,同一私募基金管理人管理不同类别私募基金的,应当坚持专业化管理原则;管理可能导致利益输送或者利益冲突的不同私募基金的,应当建立防范利益输送和利益冲突的机制。

3. 对证券投资基金信息披露的监管

同上市公司一样,公募基金管理人、基金托管人和其他基金信息披露义务人应当依法披露基金信息,并保证所披露信息的真实性、准确性和完整性。同时,公募基金信息披露义务人应当确保应予披露的信息在国务院证券监督管理机构规定时间内披露,并保证投资人能够按照合同约定的时间和方式查阅或者复制公开披露的信息资料。一般来说,公募基金公开披露的信息包括:(1)基金招募说明书、基金合同、基金托管协议;(2)基金募集情况;(3)基金份额上市交易公告书;(4)基金资产净值、基金份额净值;(5)基金份额申购、赎回价格;(6)基金财产的资产组合季度报告、财务会计报告及中期和年度基金报告;(7)临时报告;(8)基金份额持有人大会决议;(9)基金管理人、基金托管人的专门基金托管部门的重大人事变动;(10)涉及基金财产、基金管理业务、基金托管业务的诉讼或者仲裁;(11)国务院证券监督管理机构规定应予披露的其他信息。对公开披露的信息出具审计报告或者法律意见书的会计师事务所、律师事务所,应当保证其所出具文件内容的真实性、准确性和完整性。同时,公开披露基金信息,不得有下列行为:(1)虚假记载、误导性陈述或者重大遗漏;(2)对证券投资业绩

---

① 参见李飞主编:《中华人民共和国证券投资基金法释义》,法律出版社2013年版,第182页。

进行预测;(3) 违规承诺收益或者承担损失;(4) 诋毁其他基金管理人、基金托管人或者基金销售机构;(5) 法律、行政法规和国务院证券监督管理机构规定禁止的其他行为。

4. 对证券投资基金投资运作的检查

对证券投资基金投资运作的检查包括定期检查和临时检查两类。在检查中,中国证监会有权采取下列措施:(1) 对基金管理人、基金托管人、基金服务机构进行现场检查,并要求其报送有关的业务资料;(2) 进入涉嫌违法行为发生场所调查取证;(3) 询问当事人和与被调查事件有关的单位和个人,要求其对与被调查事件有关的事项作出说明;(4) 查阅、复制与被调查事件有关的财产权登记、通信记录等资料;(5) 查阅、复制当事人和与被调查事件有关的单位和个人的证券交易记录、登记过户记录、财务会计资料及其他相关文件和资料,对可能被转移、隐匿或者毁损的文件和资料,可以予以封存;(6) 查询当事人和与被调查事件有关的单位和个人的资金账户、证券账户和银行账户,对有证据证明已经或者可能转移或者隐匿违法资金、证券等涉案财产或者隐匿、伪造、毁损重要证据的,经国务院证券监督管理机构主要负责人批准,可以冻结或者查封;(7) 在调查操纵证券市场、内幕交易等重大证券违法行为时,经国务院证券监督管理机构主要负责人批准,可以限制被调查事件当事人的证券买卖,但限制的期限不得超过15个交易日;案情复杂的,可以延长15个交易日。

第二节 股权投资基金

一、股权投资基金概述

(一) 股权投资基金的概念

股权投资基金(Private Equity,PE)是指以非公开的方式向特定投资者募集资金,由专业的管理人负责管理,主要对未上市企业进行股权投资并提供增值服务,投资盈亏由投资者承担的一种集合投资计划。

在英美,股权投资基金均以私募方式募集资金,"私募股权投资基金"的提法因此更为常见。但在另外一些国家,如澳大利亚,也有通过公募方式设立的股权投资基金。[1] 我国的情况与英美更为接近,因此在我国,股权投资基金是一种私募基金。私募基金是与公募基金相对应的概念,是指通过非公开方式向特定投资者募集设立的基金。其投资对象既包括一级市场的股权,也包括二级市场的证券。其中,投资对象为一级市场股权的为私募股权投资基金,投资对象为二级

---

[1] 参见杨咸:《产业投资基金概念之匡正》,载《金融发展研究》2009年第2期。

市场证券的为私募证券投资基金。①

我国除了使用股权投资基金的概念,还经常使用"产业投资基金""创业投资基金"或者"风险投资基金"的表述。"产业投资基金"是向特定产业投资的股权投资基金,与国家产业政策紧密相关,从资金来源、设立到运作都较多体现了政府意志,市场化运作程度不足。"创业投资基金"与国外使用的"风险投资基金"概念较为类似,是指投向处于初创期、具有较大风险的企业的股权投资基金。全美风险投资协会(NVCA)最初认为股权投资基金和风险投资基金具有不同内涵,后者指由专业机构提供的投资于极具潜力的创业企业并参与其管理的权益资本,而前者专指并购投资。随着实践的发展,NVCA 现将前者界定为包含任何类型的对非上市股权的投资,包括风险投资、杠杆收购、夹层债务和夹层股权投资,以及房地产投资等,甚至还包括对上市公司的非公开的协议投资。② 也有观点认为,股权投资基金有狭义和广义之分。狭义的股权投资基金主要指对已经形成一定规模且有稳定现金流的成熟企业的股权投资,也称 Pre-IPO 期间的股权投资基金;广义的股权基金则涵盖了企业首次公开发行前各阶段的权益投资,可以对处于种子期、初创期、发展期、扩展期、成熟期和 Pre-IPO 各个时期的企业进行投资。③

(二) 股权投资基金在我国的发展演变

股权投资基金在我国的发展历史并不短,只是最初采用的是"创业投资""风险投资"或者"产业投资基金"的表述。早在 1985 年,中共中央发布的《中共中央关于科学技术体制改革的决定》中就指出,"对于变化迅速、风险较大的高技术开发工作,可以设立创业投资给予支持。"随后,我国第一家风险投资机构——中国新技术创业投资公司(中创公司)成立,从此正式拉开了风险投资行业在我国发展的帷幕。④ 1991 年国务院发布的《国务院关于批准国家高新技术产业开发区和有关政策规定的通知》指出:有关部门可在高新技术开发区建立风险投资基金或风险投资公司。

为了适应对外开放和经济发展的需要,鼓励国外风险投资公司来华投资,中国人民银行于 1995 年制定《设立境外中国产业投资基金管理办法》。所谓境外中国产业投资基金,是指中国境内非银行金融机构、非金融机构以及中资控股的境外机构作为发起人,单独或者与境外机构共同发起设立,在中国境外注册、募

---

① 参见王荣芳:《论我国私募股权投资基金监管制度之构建》,载《比较法研究》2012 年第 1 期。
② 参见肖宇:《我国股权投资基金立法述评:概念与规范》,载《江淮论坛》2011 年第 4 期。
③ 参见王众:《理性与根源:我国股权投资基金立法困境和进路》,载《现代经济探讨》2010 年第 7 期。
④ 参见刘晶明:《私募股权投资基金退出机制法律完善研究——以防范系统性金融风险为视角》,载《法学杂志》2020 年第 2 期。

集资金,主要投资于中国境内产业项目的投资基金。这是我国首次以部门规章形式明确规范产业投资基金。

2001年8月,对外贸易经济合作部等二个部门联合发布《关于设立外商投资创业投资企业的暂行规定》,该规定所称创业投资主要指向未上市高新技术企业进行股权投资,并提供创业管理服务,以期获取资本增值收益的投资方式。在该规定的基础上,外经贸部等五国家部局于2003年1月联合发布《外商投资创业投资企业管理规定》。

2005年11月,国家发改委等十部委联合发布《创业投资企业管理暂行办法》。该办法所称创业投资,系指向创业企业进行股权投资,以期所投资创业企业发育成熟或相对成熟后主要通过股权转让获得资本增值收益的投资方式;创业企业,则指在我国境内注册设立的处于创建或重建过程中的成长性企业,但不含已经在公开市场上市的企业。依据该办法,国家对创业投资企业实行备案管理,备案管理部门分国务院管理部门和省级(含副省级城市)管理部门两级。国务院管理部门为国家发改委;省级(含副省级城市)管理部门由同级人民政府确定。在实施过程中,备案管理曾因故暂停。2011年11月,国家发改委发布《关于促进股权投资企业规范发展的通知》,要求股权投资基金必须备案。

随着股权投资市场的不断发展,出现了各种组织形式的股权投资基金。2007年和2008年,银监会发布《信托公司集合资金信托计划管理办法》及《信托公司私人股权投资信托业务操作指引》等,对信托型私募股权投资基金作出了规定。

总体上看,在2013年之前,由于监管主体不够明确、监管职责划分不清,导致大量股权投资基金无序发展。2013年6月,中央编办发布《关于私募股权基金管理职责分工的通知》,明确私募股权投资基金由证监会监管。经中央编办同意以及证监会授权,私募基金管理人的登记以及私募基金的备案等工作由中国证券投资基金业协会负责,该协会同时履行自律监管职能。2014年8月,证监会发布了《私募投资基金监督管理暂行办法》,该办法所称私募投资基金是指在我国境内,以非公开方式向投资者募集资金设立的投资基金。私募基金财产的投资包括买卖股票、股权、债券、期货、期权、基金份额及投资合同约定的其他投资标的。2023年国务院发布的《私募投资基金监督管理条例》统一适用于私募证券投资基金和私募股权投资基金。此外,在基金业协会层面,更是连续发布了《私募投资基金管理人登记和基金备案办法(试行)》《私募投资基金管理人内部控制指引》《私募投资基金信息披露管理办法》《关于进一步规范私募基金管理人登记若干事项的公告》等一系列的自律管理规则。

(三)股权投资基金的组织形式

股权投资基金采取的组织形式主要有公司型、有限合伙型和信托型三种。

1. 公司型股权投资基金

公司型股权投资基金是指股权投资基金采取公司架构,基金的投资者就是公司股东,以其出资额为限对公司债务承担责任。基金对外投资等业务可以由董事会或者经理层负责,也可以对外聘请专业投资管理公司,管理人收取资金管理费与效益激励费。

2. 有限合伙型股权投资基金

在这种形式下,基金的投资者作为基金的有限合伙人以其认缴的出资额为限对基金债务承担责任,但对业务管理通常没有投票权;普通合伙人通常是基金管理者,有时也雇用外部人管理基金。

3. 信托型股权投资基金

信托型股权投资基金基于信托关系设立和运作,基金投资者属于委托人兼受益人,管理人负责基金投资管理,往往还设有托管人以保证基金财产的安全,管理人和托管人属于受托人。

上述三种组织形式各有利弊。公司型基金设立程序复杂,承担双重税负,在内部治理上一般要求同股同权、同股同利,这与私募股权投资的特质存在不契合之处,但在退出方面具有明显优势。信托型基金结构较为简单、运作效率高,且由于不具有独立法人资格,本身不构成应税实体,在设立、运作和解散等程序上也比较方便,但与公司型和有限合伙型基金相比,基金投资者与基金管理人之间的信息不对称问题较为严重,代理风险较大,投资者较难谋求有效救济。相比之下,有限合伙型基金在责任分配和风险承担等诸多方面都有着另外两种形式无法比拟的优势。在有限合伙型股权投资基金中,有限合伙人通常是具有一定资金实力的机构投资者或者富裕自然人,其不介入企业的日常经营管理,只按约定比例分享收益,对合伙企业的债务也仅以其出资为限承担有限责任,从而将风险控制在出资范围内。普通合伙人对外代表合伙企业,负责基金的运作和管理,同时对合伙企业债务承担无限责任。这样的责权架构较好地平衡了有限合伙企业各方的权利和义务,有效地满足了不同投资者的需求。另外,有限合伙型股权投资基金的设立和解散程序较为简便灵活,仅需向相关企业登记机关申请登记而无须行政审批,内部组织结构也较为简单,有利于降低管理成本、提高运营效率。此外,有限合伙型股权投资基金不必缴纳企业所得税,不存在双重税负问题。[1]正因为有限合伙制的诸多优势,在股权投资市场最为成熟的美国,主流的组织形式已从公司制转向了有限合伙制。[2]

---

[1] 参见吴永刚、李建伟:《有限合伙型私募股权投资基金内部治理的异化和重构》,载《证券市场导报》2013年第6期。

[2] 参见赖建平:《股权投资基金组织模式的比较分析》,载《国际经济合作》2009年第8期。

不同的组织形式意味着不同的法律关系。在公司型和信托型股权投资基金中,基金管理人都要对股东/委托人承担信义义务;但在有限合伙型基金中,虽然美国《统一有限合伙法》规定了普通合伙人的信义义务,具体包括忠实义务(Duty of Loyalty)和注意义务(Duty of Care),我国《合伙企业法》却无此类规定。在我国实践中,基金管理人通常不是以个人名义直接担任普通合伙人,往往都是先成立基金管理公司,再由基金管理公司担任普通合伙人。由于公司具有独立人格,普通合伙人承担无限连带责任的约束制衡作用就被削弱了。①

二、股权投资基金的立法模式与监管体制

(一)股权投资基金的立法模式

在美国,包括股权投资基金在内,整个投资基金行业的基本法律是1940年通过的《投资顾问法》和《投资公司法》,这两部法律与1933年《证券法》、1934年《证券交易法》、1990年《投资者保护法》、1996年《全国性证券市场促进法》以及2010年《多德-弗兰克法案》一起,共同构成了美国股权投资基金的现行法律框架体系。在英国,股权投资基金也要适用规制整个金融市场的2000年《金融服务与市场法》以及同年通过的《受托人法案》。

在我国,《证券投资基金法》是投资基金领域最重要的法律规范,其第2条将调整对象限定为公开或者非公开募集资金设立证券投资基金。由此可知,股权投资基金并不适用该法。其实,在2003年该法制定时,曾有计划推出统合调整证券投资基金、风险投资基金和产业投资基金的"投资基金法",但因各方未能达成共识,导致最终出台的法律将调整对象限缩为证券投资基金。至于股权投资基金,只能适用《公司法》《合伙企业法》《信托法》以及《证券法》等法律。

对于这种立法模式,很多学者提出了批评意见,但对改进路径设想不一。一种观点主张对股权投资基金单独立法,即制定专门的"私募股权投资基金监管法"或者"私募股权投资基金投资法"。② 另一种观点主张采取统合立法模式。有学者认为,股权投资基金与证券投资基金在行为性质上同属金融活动,在法律关系的构建上均主要以信托关系为基础,两者产生的法律风险亦具有同质性,应当将股权投资基金纳入《证券投资基金法》,实现对两种基金的一体规范。③ 也有学者认为,整合的路径应该是制定统一的"投资基金法"或"基金法"。④ 我们

---

① 参见吴永刚、李建伟:《有限合伙型私募股权投资基金内部治理的异化和重构》,载《证券市场导报》2013年第6期。
② 参见张锋学:《私募股权投资基金监管的法律分析》,载《河北法学》2013年第6期;刘晶明:《私募股权投资基金退出机制法律完善研究——以防范系统性金融风险为视角》,载《法学杂志》2020年第2期。
③ 参见阮昊:《论我国私募股权投资基金与证券投资基金一体规范》,载《政治与法律》2020年第1期。
④ 参见王瑜、曹晓路:《私募股权投资基金的法律监管》,载《社会科学家》2016年第2期。

支持后一种观点,私募股权投资基金与私募证券投资基金只是投资对象不同,两者之间没有本质差别,国外对投资基金通常也采取统合立法模式,这足可被我国借鉴。

(二) 股权投资基金的监管体制

对股权投资基金的监管可以分为主体监管和行为监管(即私募发行监管)。英美通常以一个行政机构统一实施主体监管和行为监管,如在美国是证券交易委员会(SEC),在英国是金融行为监管局(FCA);日本则采取了"二元化监管模式",分别由大藏省证券局和证券交易审议会对基金管理人的主体准入和私募发行进行监管。[1] 在行政监管之外,英美还注意发挥自律监管的作用,全美风险投资协会就是美国股权投资基金一个主要的自律监管机构,英国的股权投资基金协会也是如此。

我国过去对股权投资基金的行政监管更多依赖发改委,国家发改委及其下属机构从2005年起就开始承担对股权投资基金进行主体备案的职责。而股权投资基金募集过程表现为认缴份额的发行,性质上与证券发行比较接近。有学者因此认为,采取"二元化监管模式"更贴近我国既有的监管体系。[2] 但也有学者主张借鉴英美经验,由统一的证券监管部门来监管股权投资基金。[3] 2013年以后,我国明确由中国证监会监管私募股权投资基金,同时由中基协负责自律监管,基本形成了以自律监管为主、行政监管为辅的监管体系。[4] 本书赞成这种安排。在我国,证券投资基金的监管权由中国证监会行使,股权投资基金与证券投资基金在法律关系上非常相似,其投资于未上市企业的股权且主要通过IPO的方式实现退出,也有一些投资于上市公司定向募集的证券,由中国证监会负责监管股权投资基金,既有监管的专业优势,又有利于防止上游的金融风险向下游传导,从而在整体上防范系统性金融风险。

三、股权投资基金的登记备案

根据《私募投资基金监督管理条例》,股权投资基金的登记备案是指基金管理人的登记和基金的备案。

(一) 基金管理人的登记

1. 一般规定

美国、德国、日本的立法均强制要求基金管理人注册,未履行"强制注册"的

---

[1] 参见崔慧芳:《基金监管模式的国际比较及借鉴》,载《商业时代》2007年第26期。
[2] 参见赵玉:《私募股权投资基金管理人准入机制研究》,载《法律科学(西北政法大学学报)》2013年第4期。
[3] 参见王荣方:《论我国私募股权投资基金监管制度之构建》,载《比较法研究》2012年第1期。
[4] 参见陈琛、朱舜楠:《中国私募股权投资基金监管问题探讨》,载《云南社会科学》2017年第5期。

企业不可以担任股权投资基金管理人的职务。① 当然,在强制注册的原则下,一些国家会设置若干豁免情形。如美国 2010 年《多德-弗兰克法案》要求股权投资基金的管理人按照《投资顾问法》的规定办理登记,但以下两种情形除外:(1) 投资顾问的客户仅为风险投资基金的;(2) 投资顾问管理的全部资产在 1.5 亿美元以下,且其仅为私募基金的投资顾问。即使可被豁免,上述投资顾问也应按照美国证券交易委员会(SEC)的要求保存记录并提交年度或者其他报告。②

我国过去不强制要求股权投资基金管理人登记。根据 2005 年的《创业投资企业管理暂行办法》,基金管理人自愿选择是否到国家发改委或地方政府机构备案。虽然备案后可以享受投资额 70%抵扣应纳税所得额的优惠,但很多股权投资基金为了不受监管还是选择不备案。面对汹涌而来的非法集资态势,国家发改委于 2011 年 11 月 23 日发布了《关于促进股权投资企业规范发展的通知》,要求股权投资基金在完成工商登记后的 1 个月内到相应管理部门备案。

《私募投资基金监督管理暂行办法》借鉴国际惯例,要求私募基金管理人根据基金业协会的规定,向基金业协会履行登记手续并申请成为基金业协会会员,报送以下基本信息:(1) 工商登记和营业执照正副本复印件;(2) 公司章程或者合伙协议;(3) 主要股东或者合伙人名单;(4) 高级管理人员的基本信息;(5) 基金业协会规定的其他信息。③ 登记申请材料不完备或不符合规定的,私募基金管理人应当根据基金业协会的要求及时补正。申请登记期间,登记事项发生重大变化的,私募基金管理人应当及时告知基金业协会并变更申请登记内容。

基金业协会可以采取约谈高级管理人员、现场检查,以及向中国证监会及其派出机构、相关专业协会征询意见等方式对私募基金管理人提供的登记申请材料进行核查。基金业协会应当在私募基金管理人登记材料齐备后的 20 个工作日内,通过网站公告私募基金管理人名单及其基本情况的方式,为私募基金管理人办结登记手续。网站公示的私募基金管理人基本情况包括私募基金管理人的名称、成立时间、登记时间、住所、联系方式、主要负责人等基本信息以及基本诚信信息。

私募基金管理人依法解散、被依法撤销或者被依法宣告破产的,其法定代表

---

① 参见赵玉:《私募股权投资基金管理人准入机制研究》,载《法律科学(西北政法大学学报)》2013 年第 4 期。
② 参见邢会强编著:《抢滩资本(4)——私募股权投资基金(PE)的国际惯例与中国操作指引》,中国法制出版社 2012 年版,第 93—94 页。
③ 根据中基协 2016 年 2 月 5 日发布的《关于进一步规范私募基金管理人登记若干事项的公告》,自该公告发布之日起,新申请私募基金管理人登记、已登记的私募基金管理人发生部分重大事项变更,需通过私募基金登记备案系统提交中国律师事务所出具的法律意见书。法律意见书对申请机构的登记申请材料、工商登记情况、专业化经营情况、股权结构、实际控制人、关联方及分支机构情况、运营基本设施和条件、风险管理制度和内部控制制度、外包情况、合法合规情况、高管人员资质情况等逐项发表结论性意见。

人或者普通合伙人应当在20个工作日内向基金业协会报告,基金业协会应当及时注销基金管理人登记并通过网站公告。

2. 对管理人的要求

股权投资基金的管理人用别人的巨额资金从事投资,理应对其设置一定的准入门槛,防止良莠不齐、鱼龙混杂,对投资者乃至整个金融市场造成负面影响。

(1) 资金(资本)要求。股权投资基金的管理人管理着动辄以亿计的资产,如果自身资本不足,则难以承担因疏忽或其他原因导致的法律责任。因此,欧盟《另类投资基金管理人指令》规定管理人应满足以下资本要求:1) 如果是外部管理人,初始资本至少为12.5万欧元,如果该另类投资基金被内部管理,初始资本至少为30万欧元;2) 当管理的资产超过2.5亿欧元时,应追加自有资金,其比例为超过2.5亿欧元部分的0.02%,但增加的出资与初始资本合计不应超过1000万欧元。[①]

在我国,中国证监会和中基协发布的相关规范性文件虽然未对股权投资基金的管理人提出明确的资本要求,但不意味着实践中没有要求。中基协官网上可以查询到的《私募基金登记备案相关问题解答》表示:"《关于进一步规范私募基金管理人登记若干事项的公告》并未要求申请机构应当具备特定金额以上的资本金才可登记。但作为必要合理的机构运营条件,申请机构应根据自身运营情况和业务发展方向,确保有足够的资本金保证机构有效运转。相关资本金应覆盖一段时间内机构的合理人工薪酬、房屋租金等日常运营开支。律师事务所应当对私募基金管理人是否具备从事私募基金管理人所需的资本金、资本条件等进行尽职调查并出具专业法律意见。针对私募基金管理人的实收资本/实缴资本不足100万元或实收/实缴比例未达到注册资本/认缴资本的25%的情况,协会将在私募基金管理人公示信息中予以特别提示,并在私募基金管理人分类公示中予以公示。"照此理解,100万元实收资本其实就是基金管理人应当具备的最低条件。

(2) 人员资格要求。股权投资基金管理人的工作人员应当具有丰富的投资经验和良好的职业素养,以确保投资运作的专业和规范,实现投资目的。

《私募投资基金管理人登记和基金备案办法(试行)》规定,从事私募基金业务的专业人员应当具备私募基金从业资格。具备以下条件之一的,可以认定为具有私募基金从业资格:1) 通过基金业协会组织的私募基金从业资格考试;2) 最近三年从事投资管理相关业务;3) 基金业协会认定的其他情形。私募基金管理人的高级管理人员应当诚实守信,最近三年没有重大失信记录,未被中国

[①] 参见邢会强编著:《抢滩资本(4)——私募股权投资基金(PE)的国际惯例与中国操作指引》,中国法制出版社2012年版,第101页。

证监会采取市场禁入措施。所谓高级管理人员,是指私募基金管理人的董事长、总经理、副总经理、执行事务合伙人(委派代表)、合规风控负责人以及实际履行上述职务的其他人员。

在上述规定的基础上,《关于进一步规范私募基金管理人登记若干事项的公告》进一步规定,从事私募证券投资基金业务的各类私募基金管理人,其高管人员均应当取得基金从业资格。从事非私募证券投资基金业务的各类私募基金管理人,至少2名高管人员应当取得基金从业资格,其法定代表人/执行事务合伙人(委派代表)、合规/风控负责人应当取得基金从业资格。为保证客观履职、防范利益冲突,各类私募基金管理人的合规/风控负责人不得从事投资业务。

总体上,目前对股权投资基金管理人工作人员的要求并不高,对高级管理人员的要求也明显低于《证券投资基金法》第15条,这导致私募证券投资基金和私募股权投资基金在此问题上的规定出现了不一致。这种区分模式是否合理,或许有待进一步研究。

(二)基金的备案

各类私募基金募集完毕,私募基金管理人应当根据基金业协会的规定,办理基金备案手续,报送以下基本信息:(1)主要投资方向及根据主要投资方向注明的基金类别。(2)基金合同、公司章程或者合伙协议。资金募集过程中向投资者提供基金招募说明书的,应当报送基金招募说明书。以公司、合伙等企业形式设立的私募基金,还应当报送工商登记和营业执照正副本复印件。(3)采取委托管理方式的,应当报送委托管理协议。委托托管机构托管基金财产的,还应当报送托管协议。(4)基金业协会规定的其他信息。基金业协会应当在私募基金备案材料齐备后的20个工作日内,通过网站公告私募基金名单及其基本情况的方式,为私募基金办结备案手续。

基金业协会为私募基金管理人和私募基金办理登记备案不构成对私募基金管理人投资能力、持续合规情况的认可;不作为对基金财产安全的保证。

四、股权投资基金的资金募集

实践中,由于资金募集存在困难,一些股权投资基金的发起人在设立基金时,往往无视投资者是否具备相应投资经验和风险识别能力,违规公开宣传或者违规设定保底条款,法律需要对此作出必要规制。

(一)募集对象

根据《私募投资基金监督管理条例》,私募基金应当向合格投资者募集,单只私募基金的投资者人数累计不得超过《证券投资基金法》《公司法》《合伙企业法》等法律规定的特定数量。投资者转让基金份额的,受让人应当为合格投资者且基金份额受让后投资者人数应当符合规定。

1. 合格投资者的标准和计算

所谓合格投资者,是指具备相应风险识别能力和风险承担能力,投资于单只私募基金的金额不低于 100 万元且符合下列相关标准的单位和个人:(1) 净资产不低于 1000 万元的单位;(2) 金融资产不低于 300 万元或者最近三年个人年均收入不低于 50 万元的个人。同时,下列投资者视为合格投资者:(1) 社会保障基金、企业年金等养老基金,慈善基金等社会公益基金;(2) 依法设立并在基金业协会备案的投资计划;(3) 投资于所管理私募基金的私募基金管理人及其从业人员;(4) 中国证监会规定的其他投资者。

以合伙企业、契约等非法人形式,通过汇集多数投资者的资金直接或者间接投资于私募基金的,私募基金管理人或者私募基金销售机构应当穿透核查最终投资者是否为合格投资者,并合并计算投资者人数。但是,符合上述第(1)、(2)、(4)项规定的投资者投资私募基金的,不再穿透核查最终投资者是否为合格投资者和合并计算投资者人数。

2. 投资者风险评估

为确保股权投资基金的购买者满足合格投资者标准,需要对投资者进行风险评估。私募基金管理人自行销售私募基金的,应当采取问卷调查等方式,对投资者的风险识别能力和风险承担能力进行评估,由投资者书面承诺符合合格投资者条件;应当制作风险揭示书,由投资者签字确认。私募基金管理人委托销售机构销售私募基金的,私募基金销售机构也应当采取评估、确认等措施。

投资者应当如实填写风险识别能力和承担能力问卷,如实承诺资产或者收入情况,并对其真实性、准确性和完整性负责。填写虚假信息或者提供虚假承诺文件的,应当承担相应责任。

(二) 募集行为

1. 募集方式非公开

私募基金管理人、私募基金销售机构不得向合格投资者之外的单位和个人募集资金,不得通过报刊、电台、电视、互联网等公众传播媒体或者讲座、报告会、分析会和布告、传单、手机短信、微信、博客和电子邮件等方式,向不特定对象宣传推介。

私募基金传统上的一个重要特征,是募集方式非公开化。但是,禁止公开招募会影响筹集资金的能力,为提升资本市场服务中小企业的能力,放松行政管制,美国 2012 年 4 月发布的《创业企业融资法案》(Jumpstart Our Business Startups Act,即 JOBS 法案)取消了这一禁令。在我国《私募投资基金监督管理暂行办法》起草过程中,也有意见认为其对私募基金的宣传推介方式限制过严。鉴于对私募基金宣传推介的规定是沿用《证券投资基金法》的表述,且 2019 年最高人民法院等部门出台的《关于办理非法集资刑事案件适用法律若干问题的意见》对变相公募方式作了趋严解释。在解释上,该条并不禁止通过讲座、报告会、短信、微信等可以控制宣传推介对象和数量的方式,向事先有所了解的特定对象进行宣传推介。

2. 禁止作出保本或者收益承诺

投资基金的投资风险应当由投资者承担。私募基金管理人、私募基金销售机构不得向投资者承诺投资本金不受损失或者承诺最低收益。

五、股权投资基金的投资运作

(一) 股权投资基金的托管

《私募投资基金监督管理条例》第 15 条规定,除基金合同另有约定外,私募基金财产应当由基金托管人托管。私募基金财产不进行托管的,应当明确保障私募基金财产安全的制度措施和纠纷解决机制。

与《证券投资基金法》相比,《私募投资基金监督管理暂行办法》并未明确股权投资基金托管人的职责。随着近年来私募基金规模的急剧扩张,管理人跑路失联、非法集资、违规运作等各种风险事件层出不穷,对投资者利益造成严重损害。这方面的一个典型案例是 2018 年阜兴系旗下上海意隆等 4 家私募机构"爆雷"事件,对于托管人的职责,中基协和中银协就有不同认识。中银协认为托管银行并不具备"召开基金份额持有人会议""统一登记私募基金投资者情况""保全基金财产"等职责。[①] 之后在 2019 年 3 月 18 日,中银协发布了《商业银行资产托管业务指引》,明确界定了商业银行担任私募基金托管人时的职责。但是,对于担任股权投资基金托管人的证券公司,目前尚未有相应的规则推出。

我们认为,股权投资基金托管人的职责应当根据基金运作实际需要由基金合同来界定,核心职责主要包括投资监督、资金清算和信息披露三个方面。

1. 投资监督

托管人的投资监督职责是根据基金合同关于投资比例、投资限制等方面的约定对管理人的投资行为进行监督,如果发现管理人的投资指令违反法律法规或者基金合同约定,应当拒绝执行并立即通知基金管理人。

2. 资金清算

托管人的资金清算职责表现在两方面:一是及时办理资金交收,二是保障资金安全流转。对于前者,在托管账户资金充足的前提下,托管人应根据管理人的指令在合同约定的时间将资金划转至指定账户。对于后者,基金的一切货币收支活动,包括但不限于投资、支付退出金额以及收益等,均应通过托管账户进行。

---

① 参见张琼斯:《中银协卜祥瑞:银行托管私募基金权责清晰 依法依约不承担共同受托责任》,http://news.cnstock.com/news,jg-201807-4249871.htm,2020 年 2 月 24 日访问。

3. 信息披露

托管人的信息披露职责限于托管相关信息。例如,中基协根据中国证监会的授权,制定了《私募投资基金信息披露管理办法》,其第 10 条规定,私募基金进行托管的,托管人应当按照相关规定和基金合同的约定,对私募基金管理人编制的基金资产净值、基金份额净值、基金份额申购赎回价格、基金定期报告和定期更新的招募说明书等向投资者披露的基金相关信息进行复核确认。

(二) 利益冲突的防范

同一私募基金管理人管理不同类别私募基金的,应当坚持专业化管理原则;管理可能导致利益输送或者利益冲突的不同私募基金的,应当建立防范利益输送和利益冲突的机制。

私募基金管理人、私募基金托管人、私募基金销售机构及其他私募服务机构及其从业人员从事私募基金业务,不得有以下行为:(1) 将其固有财产或者他人财产混同于基金财产从事投资活动;(2) 不公平地对待其管理的不同基金财产;(3) 利用基金财产或者职务之便,为本人或者投资者以外的人牟取利益,进行利益输送;(4) 侵占、挪用基金财产;(5) 泄露因职务便利获取的未公开信息,利用该信息从事或者明示、暗示他人从事相关的交易活动;(6) 从事损害基金财产和投资者利益的投资活动;(7) 玩忽职守,不按照规定履行职责;(8) 从事内幕交易、操纵交易价格及其他不正当交易活动;(9) 法律、行政法规和中国证监会规定禁止的其他行为。

(三) 向投资者信息披露义务

1. 披露义务的一般规定

根据私募投资基金监督管理相关规定,私募基金管理人、私募基金托管人应当按照合同约定,如实向投资者披露基金投资、资产负债、投资收益分配、基金承担的费用和业绩报酬、可能存在的利益冲突情况以及可能影响投资者合法权益的其他重大信息,不得隐瞒或者提供虚假信息。《私募投资基金信息披露管理办法》要求私募基金管理人、私募基金托管人等信息披露义务人按照中基协的规定以及基金合同、公司章程或者合伙协议等的约定向投资者进行信息披露。信息披露义务人委托第三方机构代为披露信息的,不得免除自身应承担的法定信息披露义务。

私募基金管理人应当按照规定通过中基协指定的私募基金信息披露备份平台报送信息。私募基金管理人过往业绩以及私募基金运行情况将以私募基金管理人向私募基金信息披露备份平台报送的数据为准。投资者可以登录私募基金信息披露备份平台进行信息查询。

信息披露义务人应当向投资者披露的信息包括:(1) 基金合同;(2) 招募说明书等宣传推介文件;(3) 基金销售协议中的主要权利义务条款(如有);(4) 基

金的投资情况;(5)基金的资产负债情况;(6)基金的投资收益分配情况;(7)基金承担的费用和业绩报酬安排;(8)可能存在的利益冲突;(9)涉及私募基金管理业务、基金财产、基金托管业务的重大诉讼、仲裁;(10)中国证监会以及中国基金业协会规定的影响投资者合法权益的其他重大信息。

在披露上述信息时,信息披露义务人不得存在以下行为:(1)公开披露或者变相公开披露;(2)虚假记载、误导性陈述或者重大遗漏;(3)对投资业绩进行预测;(4)违规承诺收益或者承担损失;(5)诋毁其他基金管理人、基金托管人或者基金销售机构;(6)登载任何自然人、法人或者其他组织的祝贺性、恭维性或推荐性的文字;(7)采用不具有可比性、公平性、准确性、权威性的数据来源和方法进行业绩比较,任意使用"业绩最佳""规模最大"等相关措辞;(8)法律、行政法规、中国证监会和中国基金业协会禁止的其他行为。

2. 募集阶段的信息披露

私募基金的宣传推介材料(如招募说明书)内容应当如实披露基金产品的基本信息,与基金合同保持一致。如有不一致,应当向投资者特别说明。

私募基金募集期间,应当在宣传推介材料(如招募说明书)中向投资者披露如下信息:(1)基金的基本信息:基金名称、基金架构(是否为母子基金、是否有平行基金)、基金类型、基金注册地(如有)、基金募集规模、最低认缴出资额、基金运作方式(封闭式、开放式或者其他方式)、基金的存续期限、基金联系人和联系信息、基金托管人(如有);(2)基金管理人基本信息:基金管理人名称、注册地/主要经营地址、成立时间、组织形式、基金管理人在中国基金业协会的登记备案情况;(3)基金的投资信息:基金的投资目标、投资策略、投资方向、业绩比较基准(如有)、风险收益特征等;(4)基金的募集期限:应载明基金首轮交割日以及最后交割日事项(如有);(5)基金估值政策、程序和定价模式;(6)基金合同的主要条款:出资方式、收益分配和亏损分担方式、管理费标准及计提方式、基金费用承担方式、基金业务报告和财务报告提交制度等;(7)基金的申购与赎回安排;(8)基金管理人最近三年的诚信情况说明;(9)其他事项。

3. 运作阶段的信息披露

在股权投资基金的运作阶段,信息披露义务可以分为定期披露义务和临时披露义务。

关于定期披露,《私募投资基金信息披露管理办法》第16条规定,私募基金运行期间,信息披露义务人应当在每季度结束之日起10个工作日以内向投资者披露基金净值、主要财务指标以及投资组合情况等信息。单只私募证券投资基金管理规模金额达到5000万元以上的,应当持续在每月结束之日起5个工作日以内向投资者披露基金净值信息。

私募基金运行期间,信息披露义务人应当在每年结束之日起4个月以内向投资者披露以下信息:(1)报告期末基金净值和基金份额总额;(2)基金的财务情况;(3)基金投资运作情况和运用杠杆情况;(4)投资者账户信息,包括实缴出资额、未缴出资额以及报告期末所持有基金份额总额等;(5)投资收益分配和损失承担情况;(6)基金管理人取得的管理费和业绩报酬,包括计提基准、计提方式和支付方式;(7)基金合同约定的其他信息。

此外,当发生以下重大事项时,信息披露义务人还应当按照基金合同的约定履行临时披露义务:(1)基金名称、注册地址、组织形式发生变更的;(2)投资范围和投资策略发生重大变化的;(3)变更基金管理人或托管人的;(4)管理人的法定代表人、执行事务合伙人(委派代表)、实际控制人发生变更的;(5)触及基金止损线或预警线的;(6)管理费率、托管费率发生变化的;(7)基金收益分配事项发生变更的;(8)基金触发巨额赎回的;(9)基金存续期变更或展期的;(10)基金发生清盘或清算的;(11)发生重大关联交易事项的;(12)基金管理人、实际控制人、高管人员涉嫌重大违法违规行为或正在接受监管部门或自律管理部门调查的;(13)涉及私募基金管理业务、基金财产、基金托管业务的重大诉讼、仲裁;(14)基金合同约定的影响投资者利益的其他重大事项。

(四)向基金业协会的信息报送义务

根据《私募投资基金管理人登记和基金备案办法(试行)》的规定,向中基协的信息报送义务同样有定期报送和临时报送之分。

1. 定期报送

私募基金管理人应当在每季度结束之日起 10 个工作日内,更新所管理的私募股权投资基金等非证券类私募基金的相关信息,包括认缴规模、实缴规模、投资者数量、主要投资方向等;并于每年度结束之日起 20 个工作日内,更新私募基金管理人、股东或合伙人、高级管理人员及其他从业人员、所管理的私募基金等基本信息。

私募基金管理人应当于每年度 4 月底之前,通过私募基金登记备案系统填报经会计师事务所审计的年度财务报告。受托管理享受国家财税政策扶持的创业投资基金的基金管理人,还应当报送所受托管理创业投资基金投资中小微企业情况及社会经济贡献情况等报告。

2. 临时报送

私募基金管理人发生以下重大事项的,应当在 10 个工作日内向基金业协会报告:(1)管理人的名称、高级管理人员发生变更;(2)管理人的控股股东、实际控制人或者执行事务合伙人发生变更;(3)管理人分立或者合并;(4)管理人或高级管理人员存在重大违法违规行为;(5)依法解散、被依法撤销或者被依法宣告破产;(6)可能损害投资者利益的其他重大事项。

私募基金运行期间,发生以下重大事项的,私募基金管理人应当在 5 个工作日内向基金业协会报告:(1)基金合同发生重大变化;(2)投资者数量超过法律法规规定;(3)基金发生清盘或清算;(4)私募基金管理人、基金托管人发生变更;(5)对基金持续运行、投资者利益、资产净值产生重大影响的其他事件。

(五)不履行信息披露与信息报送义务的后果

如果信息披露义务人不按照要求履行信息披露和报送义务,中国证监会及其派出机构可以采取责令改正、监管谈话、出具警示函、公开谴责等行政监管措施,中基协作为自律监管机构可以采取将其加入黑名单、公开谴责等纪律处分措施。

通常认为,民事赔偿是约束信息披露违规的更好路径。《证券法》第78条规定的信息披露主体包括"发行人及法律、行政法规和国务院证券监督管理机构规定的其他信息披露义务人",即使认为该条可以适用于私募基金管理人等,追究其民事责任仍有障碍。这是因为,《最高人民法院关于审理证券市场虚假陈述侵权民事赔偿案件的若干规定》所称的证券市场,是指发行人向社会公开募集股份的发行市场、通过证券交易所报价系统进行证券交易的市场、证券公司代办股份转让市场[1]以及国家批准设立的其他证券市场,股权投资基金难以适用该司法解释。

六、股权投资基金的退出机制

股权投资基金的退出方式主要有公开上市、并购、回购和清算四种,其中,公开上市在我国是最主要的方式。当然,在过去IPO实行核准制的情况下,这一路径也面临不少困难。有学者分析指出,在一段时期内,信托型股权投资基金参股的拟IPO公司向证监会申请核准时均未获放行,不得不进行信托股东清退或采取其他变通处理。[2] 另外,公开上市能否成功还取决于证券市场的承受能力,只有市场本身发展壮大到一定程度,才能承接源源不断的新公司。因此,为保证股权投资基金有畅通退出机制,还需要大力发展主板、中小企业板、创业板等证券交易所市场以及新三板等场外交易市场。

至于股份回购,根据回购主体的不同,可以将股份回购分为企业回购、股东回购、管理层回购、员工回购。[3] 在实践中,回购条款和补偿条款均为股权投资领域较为常见的对赌条款。对于投资方与目标公司的股东或者实际控制人订立的"对赌协议",如无其他无效事由,认定有效并支持实际履行并无争议,但由于《公司法》对资本维持原则的推崇以及对股份回购"原则禁止,例外许可"的立场,

---

[1] 即现在的全国中小企业股份转让系统(新三板)。
[2] 参见郭雳、汤宏渊:《信托主体之股东身份的法律解析——以信托型私人股权投资基金为展开》,载《证券市场导报》2010年第3期。
[3] 参见赵吟:《论我国公司型私募股权投资基金的退出机制》,载《上海金融》2013年第1期。

人们对公司回购以及补偿条款的效力存在不同看法。

在号称我国"对赌协议第一案"的"海富案"中,海富公司(投资方)与世恒公司(目标公司)、迪亚公司(目标公司股东)约定,世恒公司2008年净利润不低于3000万元人民币,否则,海富公司有权要求世恒公司补偿,如果世恒公司未能履行补偿义务,海富公司有权要求迪亚公司履行补偿义务。针对该约定的效力,最高人民法院认为"海富公司有权要求世恒公司予以补偿的约定"使得海富公司的投资可以取得相对固定的收益,该收益脱离了世恒公司的经营业绩,损害了公司利益和公司债权人利益,故该条款无效;而迪亚公司对海富公司的补偿承诺并不损害公司及公司债权人的利益,不违反法律法规的禁止性规定,是当事人的真实意思表示,是有效的。[①]

而在"瀚霖案"中,强某某向瀚霖公司增资3000万元,当事人同时约定:曹某某承诺争取目标公司于2013年6月30日前完成IPO,否则强某某有权要求曹某某以现金方式购回强某某所持的瀚霖公司股权;瀚霖公司为曹某某的回购提供连带责任担保。该案件一审、二审均认为强某某与曹某某的约定未违反法律、行政法规的强制性规定,应属合法有效;而认为其与瀚霖公司的约定因损害公司、其他股东和债权人利益所以担保无效,主要理由为瀚霖公司的担保条款使股东获益脱离公司经营业绩,背离公司法法理精神,使强某某规避了交易风险,严重损害瀚霖公司其他股东和债权人的合法利益。但是最高人民法院并未支持这一观点,其认为,强某某已对瀚霖公司提供担保经过股东会决议,尽到审慎注意和形式审查义务,瀚霖公司提供担保有利于自身经营发展需要,并不损害公司及公司中小股东权益,应当认定案涉担保条款合法有效,瀚霖公司应当对曹某某支付股权转让款及违约金承担连带清偿责任。[②] 最高人民法院在上述两起案件中的立场并不一致。

2019年的《全国法院民商事审判工作会议纪要》规定:"投资方与目标公司订立的'对赌协议'在不存在法定无效事由的情况下,目标公司仅以存在股权回购或者金钱补偿约定为由,主张'对赌协议'无效的,人民法院不予支持,但投资方主张实际履行的,人民法院应当审查是否符合公司法关于'股东不得抽逃出资'及股份回购的强制性规定,判决是否支持其诉讼请求。投资方请求目标公司回购股权的,人民法院应当依据《公司法》第35条关于'股东不得抽逃出资'或者第142条关于股份回购的强制性规定进行审查。经审查,目标公司未完成减资程序的,人民法院应当驳回其诉讼请求。投资方请求目标公司承担金钱补偿义务的,人民法院应当依据《公司法》第35条关于'股东不得抽逃出资'和第166条

---

① 最高人民法院(2012)民提字第11号。
② 最高人民法院(2016)民再第128号。

关于利润分配的强制性规定进行审查。经审查,目标公司没有利润或者虽有利润但不足以补偿投资方的,人民法院应当驳回或者部分支持其诉讼请求。今后目标公司有利润时,投资方还可以依据该事实另行提起诉讼。"总的来说,最高人民法院在此区分了协议的效力和协议的履行问题,对回购以及补偿条款的态度日渐开放。

案例　私募基金欺诈宣传[①]

1. 案情简介

H 公司是在基金业协会登记的私募基金管理人。2014 年年底,H 公司设立了 h 基金,并请保险公司销售团队进行代销。保险公司销售团队主要针对购买了保险理财产品的客户,向其宣传推介 h 基金,宣称是保险公司为回馈老客户特别推出的正规产品,年化收益率达到 9%,并有正规银行托管。部分投资者相信了上述宣传,于是签订了基金合同,约定投资金额 5 万元至 150 万元不等,投资期限为 1 年。2017 年,部分投资者发现基金到期无法兑付,且 H 公司已经人去楼空。随后,监管部门核查发现,H 公司仅在基金业协会备案了 h 基金 1 只产品,投资者数量为 3 名,认缴金额 1 亿元,实缴金额 0 元。该基金实际于 2014 年年底至 2016 年年底共发行 4 期,涉及投资者 700 多人,其中大部分投资者的投资金额都不超过 100 万元,托管银行信息也不属实。公安机关以涉嫌非法吸收公众存款罪将其移送检察院审查起诉。

C 公司是在基金业协会登记的私募基金管理人,并设立了期限为 45 天、90 天、180 天、1 年至 10 年,年化收益率为 12%—17%,投资起点为 2 万元的"资金托管"产品。因实际控制人具有保险从业经历,便将保险的营销手法复制到产品推广上:由营销人员打着私募基金产品的幌子向不特定对象推荐"资金托管"产品,通过举办大型的"理财讲座"或者"客户拉客户"等方式,吸引客户到公司经营场地填写《投资申请书》,公司向客户出具《合同确认函》,欺骗大量投资人,其中以中老年女性居多。C 公司以《合同确认函》的方式确认投资人的投资资金,且公开宣传、向非合格投资者募集资金、承诺收益等行为明显不符合私募基金本质,已被公安机关以涉嫌非法吸收公众存款罪立案查处。

I 公司 2016 年 3 月至 4 月在基金业协会备案 3 只私募基金产品,规模 1200 余万元,涉及投资者 5 人。此后,再未向基金业协会备案过私募产品。然而,I 公司在微信公众号上,一直以固定年化收益率 8%—14% 的高息为诱饵,面向社会不特定群体开展宣传。I 公司通过推介会、发传单等途径向社会公开大肆宣

---

① 资料来源:中国证监会网,http://www.csrc.gov.cn/pub/xiamen/xxfw/。

传,承诺在一定期限内以货币、股权方式还本付息或给付回报。公司业务员亦向社会不特定人群进行宣传,并与其签订所谓投资合同,吸收存款。公司对业务员予以重奖激励,对吸收资金一定金额以上的,奖励高级轿车。2018年,公安机关对I公司进行立案侦查。经公安机关初步侦查,近5年来,I公司客户实际认购金额数十亿元,其中约六成返还客户本息,剩余资金用于投资、运营、奖励业务员,以及个人购置房产、车辆等奢侈消费。I公司的日常运营费用、给业务员的返点现金提成均达数亿元,还有大量资金被公司实际控制人用于购买名贵奢侈品、夜总会娱乐等奢侈消费。

2. 案例评析

欺诈宣传之一是假冒银行、保险公司等名义发售产品。部分私募机构与银行、保险公司等金融机构在代销私募基金方面进行合作,以拓宽募资渠道,方便投资者。但个别不法分子却利用投资者对银行、保险公司的信任,故意混淆宣传,使投资者误认为是银行、保险公司产品,或披上"政府平台""国企背景"的外衣,或复制保险营销、传销等手段,以欺骗手段向非合格投资者兜售私募基金。

欺诈宣传之二是公开宣传。私募基金是面向合格投资者非公开募集,不得公开推介、广告宣传。但不法分子却通过宣传推介会、陌生拜访、微信宣传等方式公开宣传产品,还大量招聘低学历人员,采取"底薪+提成"的方式激励其公开兜售产品,并以保本保息、安全利高等诱饵诱骗非合格投资者"入局",目的是在短时间内大量吸纳资金,以募新还旧维持资金链。

欺诈宣传之三是虚假宣传、夸大宣传、误导性宣传。个别不法分子编造基金投资项目,虚构项目投资回报前景,粉饰企业实力形象,伪造以往投资业绩,使投资者放松警惕,上当受骗。

投资者在强大的宣传攻势面前,要多一分理智,少一分轻信,切忌冲动投资,远离欺诈和非法金融活动。

第八章 资金信托

第一节 资金信托概述

一、资金信托的概念和特征

资金信托业务一般是由信托公司经营,法律明确赋予了信托公司经营此业务的资格,资金信托现已是信托公司不可动摇的支柱业务。不过除了信托公司外,其他的金融机构也经营着类似于资金信托的业务。证监会出台的《证券公司集合资产管理业务实施细则》[1]允许证券公司经营集合资产管理业务,这个业务就是将多个客户的资金汇聚起来,交由证券公司去投资管理,虽然名字不叫资金信托,但业务类似于信托公司的资金信托。另外,企业年金信托、保险公司的投连险等都类似于资金信托,但与资金信托又有些差别。本章主要讨论信托公司的资金信托业务,证券公司、保险公司的类似业务会在本书的其他章节进行讨论。

规范资金信托业务的现行法律法规包括《信托法》《信托公司集合资金信托计划管理办法》《信托公司管理办法》《资管新规》等。其中,《资管新规》旨在统一同类资产管理产品的监管标准,解决资产管理业务多层嵌套、刚性兑付、规避金融监管和宏观调控等现存问题。为落实《资管新规》的相关监管要求,规范信托公司资金信托业务发展以及保护资金信托投资者合法权益,银保监会于2020年5月8日发布了《信托公司资金信托管理暂行办法(征求意见稿)》。尽管目前正式稿尚未出台,但将该征求意见稿与2009年修订的《信托公司集合资金信托计划管理办法》进行对比,可作为预判未来资金信托监管法规修订趋势的参考依据,故仍有一定的研究价值。总体而言,该征求意见稿在资金信托领域贯彻了《资管新规》的要求,例如合格投资者的认定标准、结构化权益类资金信托的优先级与劣后级的比例限制、不得直接投资于商业银行信贷资产、彻底禁绝非标资金池等。[2]

---

[1] 该办法已被2018年中国证监会发布的《证券期货经营机构私募资产管理业务管理办法》废止。

[2] 参见陈晓芳:《亮点颇多,部分条文待商榷——评〈信托公司资金信托管理暂行办法(征求意见稿)〉》,载《民主与法制时报》2020年5月28日。

(一) 资金信托的概念

在日本,"金钱信托"与"金钱的信托"不同。开始承揽的信托财产是金钱的(即信托财产初始来源是金钱),叫"金钱的信托";在"金钱的信托"中,信托终止时,把本金以现金方式交付给受益人的,称为"金钱信托",而信托终止时以维持原状(如股权、房产等)的形式交付给受益人的,叫作"金钱信托以外的金钱的信托"。[①] 日本的"金钱信托"在我国被称为"资金信托"。

资金信托是指委托人基于对受托人(信托机构)的信任,将自己合法拥有的资金委托给受托人,由受托人按照委托人的意愿以自己的名义,为受益人的利益或者特定目的管理、运用和处分信托财产的行为。2009年《信托公司集合资金信托计划管理办法》第2条对资金信托的概念作出了间接的规定:在中华人民共和国境内设立集合资金信托计划,由信托公司担任受托人,按照委托人意愿,为受益人的利益,将两个以上(含两个)委托人交付的资金进行集中管理、运用或处分的资金信托业务活动,适用本办法。2018年《资管新规》将资产管理业务界定为"金融机构接受投资者委托,对受托的投资者财产进行投资和管理的金融服务",并明确资产管理产品包括资金信托,由此将资金信托纳入《资管新规》的适用范围之内。

2020年《信托公司资金信托管理暂行办法(征求意见稿)》第2条则直接明确了资金信托及资金信托业务的概念。一方面,其将资金信托界定为"信托公司接受投资者以其合法所有的资金设立信托,按照信托文件的约定对信托财产进行管理、运用或者处分,按照实际投资收益情况支付信托利益,到期分配剩余信托财产的资产管理产品",由此进一步明确资金信托的性质为资产管理产品,从而与《资管新规》的适用范围相衔接。另一方面,将资金信托业务界定为"信托公司作为受托人,按照投资者的意愿,以信托财产保值增值为主要信托服务内容,将投资者交付的资金进行管理、运用、处分的信托业务活动",由此强调资金信托的主要信托服务内容为信托财产保值增值,并在该征求意见稿第五章"附则"中以反向列举的形式将服务信托业务和公益(慈善)信托业务排除在资金信托的外延范围之外。此外,为贯彻《资管新规》中打破刚性兑付的要求,该征求意见稿同样强调由投资者自担投资风险并获得信托利益或者承担损失,禁止信托公司以任何方式向投资者承诺本金不受损失或者承诺最低收益。

由此可见,资金信托是信托的一种表现形式,是信托在商业领域的成功运用。投资者将其合法自有资金信托给具有专业投资能力的受托人,双方签订信托合同对资金的运用方式作出具体约定,并指定资金信托的受益人,通过受托人对信托财产的投资经营,达到信托财产保值增值的目的,从而使受益人获益。

---

① 参见〔日〕川崎诚一:《信托》,刘丽京、许泽友译,中国金融出版社1989年版,第34页。

（二）资金信托的特征

资金信托除具有信托的一般特征外，还具有以下特征：

1. 信托财产为资金。这是资金信托区别于其他信托的根本特征。在一般的信托中，信托财产表现为多种形式，包括金钱、房屋、权利等等，而在资金信托中，委托人交付的信托财产只能是资金，受托人将各委托人交付的资金进行集合管理和运用。资金信托属于专业的商事信托。

2. 受托人是专业的信托机构。资金信托中的受托人实行特许制，受托人必须由具有相应资质的信托公司担任。没有资质的个人或机构不能担任资金信托的受托人。

3. 资金信托终止时，受托人归还的信托财产一般是资金。在资金信托的运行中，受托人会用信托资金投资房产、国债、股权等投资品种。当信托期满或由于其他原因信托终止时，委托人必须将上述形态的信托财产转为资金交付受益人。

二、资金信托的分类

资金信托产品的品种很多，根据不同的分类标准，可以进行不同的分类。对资金信托进行分类研究有利于更清晰、全面地了解资金信托。同时，分类管理也是《资管新规》所强调的监管理念之一，即对资管产品进行分类，对同类产品适用统一的监管规则，从而按照"实质重于形式"原则强化功能监管，贯彻"合适的产品卖给合适的投资者"理念：一是从资金来源端，按照募集方式将资管产品分为公募产品和私募产品两大类；二是从资金运用端，根据投资性质分为固定收益类产品、权益类产品、商品及金融衍生品类产品、混合类产品四大类。[①] 相应地，2020年《信托公司资金信托管理暂行办法（征求意见稿）》第6条也按照《资管新规》对资金信托实行分类管理：一是按照投资者人数的不同分为单一资金信托和集合资金信托计划；二是按照运作方式的不同分为封闭式资金信托和开放式资金信托；三是按照投资性质的不同分为固定收益类资金信托、权益类资金信托、商品及金融衍生品类资金信托和混合类资金信托。总体而言，资金信托存在以下几种分类。

1. 根据委托人的数量不同，可以分为单一资金信托和集合资金信托。

（1）单一资金信托，也称个别资金信托，是指信托公司接受单个委托人的委

[①] 根据《资管新规》的规定，固定收益类产品投资于存款、债券等债权类资产的比例不低于80%，权益类产品投资于股票、未上市企业股权等权益类资产的比例不低于80%，商品及金融衍生品类产品投资于商品及金融衍生品的比例不低于80%，混合类产品投资于债权类资产、权益类资产、商品及金融衍生品类资产且任一资产的投资比例未达到前三类产品标准。参见《中国人民银行有关负责人就〈关于规范金融机构资产管理业务的指导意见〉答记者问》。

托,按照委托人的意愿(指定用途),或者信托公司代为确定的管理方式(非指定用途),单独管理和运用资金的信托。单一资金信托的差异性非常大,其原因是单一资金信托的资金投向或用途、投资方式、期限等等往往由委托人(投资者)决定,由于投资者的个性差异较大,对风险偏好和收益率追求不同,所以单一资金信托的种类可谓五花八门。

(2) 集合资金信托,是指信托公司接受两个以上(含两个)委托人的委托,按照信托合同约定的管理方式(主要为信托公司代为确定的管理方式),集合管理、运用资金的信托。集合资金信托一般是根据资金使用人及资金运用项目的特点,设计信托计划的期限和收益情况,拟制信托业务文件,向特定多数人进行推介和发行。

在集合资金信托中,信托公司的意志起着重要作用,投资者往往只能选择投资或者不投资,对具体如何投资的影响很小。这跟集合资金信托往往先有投资项目后有信托计划有关,信托计划一般是针对现实存在的投资项目设计的,资金的投资方向、期限长短以及回报率的高低都由投资项目决定,委托人的意志所起的作用很小。另外由于委托人的数量众多,众口难调,这也导致了信托计划一般直接由信托公司设计。

集合资金信托在信托公司的业务中占据的地位越来越重要,产品也越来越丰富。根据中国信托业协会公布的数据,截至2023年四季度末,集合资金信托规模为13.52万亿元,占比达到56.5%;单一资金信托规模为3.86万亿元,占比为16.12%;管理财产信托规模为6.55万亿元,占比27.37%。

银监会于2007年发布了《信托公司集合资金信托计划管理办法》(以下简称《管理办法》),对集合资金信托作了详细的规定,并于2009年2月公布《关于修改〈信托公司集合资金信托计划管理办法〉的决定》(以下简称《修改决定》)对该办法进行修改。而2018年《资管新规》和2020年《信托公司资金信托管理暂行办法(征求意见稿)》均适用于单一资金信托和集合资金信托。

(3) 单一资金信托与集合资金信托有很多区别和联系。其区别的地方在于:

第一,两者的投资者种类不同。就目前情况来看,集合资金信托的投资者以自然人居多,而单一资金信托的投资者以机构居多。资金信托的成立往往需要一定数量的资金,资金太少,则会导致信托的效益低下。单一资金信托的投资者只有一个,信托的所有资金都由他来提供,一般的自然人是无法提供如此庞大的资金的,所以单一资金信托的投资人往往是机构。在集合资金信托中,信托资金由多个投资者提供,对投资者的资金门槛并不高,所以有大量的自然人参与集合资金信托。

第二,单一资金信托和集合资金信托中委托人的地位存在很大的差异。在单一资金信托中,委托人的意志对资金投向、信托周期等有时能起到决定性的作用。在指定用途信托中,委托人可以指定资金运用方式和资金运用对象。而在集合资金信托中,正如前文所述,委托人对信托的影响力微乎其微,作为受托人的信托公司几乎决定着信托的一切。可见,委托人在两种信托中的地位是不同的。

单一资金信托和集合资金信托也有相互联系的地方。对于集合资金信托是资金的集合还是信托的集合存在争议。[①] 赞成前者的人认为,资金信托是将多个委托人的资金汇集起来,设立一个信托运用这些资金,这就是所谓的资金的集合。而赞成后者的认为,集合资金信托是将多个单个资金信托的信托财产通过合同的方式约定合并、集合运用。我们认为集合资金信托是多个信托的集合,是将信托财产用一致的管理方法进行集合运用。集合资金信托通过标准信托合同(合同中一般都蕴含着委托人授权将独立的信托财产进行集合运用条款)把性质相同的信托集合成一个整体,忽略了单一资金信托的个性,发挥资金的集聚效应,进行集中投资。其中资金的集合运用与信托财产的独立并不矛盾,因为每个委托人的信托财产都是分别记账的,这保证了每个信托中信托财产的独立。我们认为对集合资金信托的上述理解是合乎实际情况,也合乎信托法理的。按照这样的分析,集合资金信托其实就是在委托人的授权下对性质相同的单一资金信托的集合运用。

2. 根据使用方法和目的不同,可以分为特定资金信托、指定资金信托和非指定资金信托。

(1) 特定资金信托是指委托人在交付信托资金时,详细指定了信托资金的使用办法,信托合同签订后,受托人只能按照委托人的指定来办理信托业务的资金信托。即在运用资金信托时,受托人必须按照委托人确定的资金投向、金额、担保品等来运作资金。所以,委托人一般要具备贷款、股票、投资等丰富的专业知识和经验,并在签订信托合同时,将自己认为合理的资金运作全过程反映在合同中。

(2) 指定资金信托是委托人仅指定信托资金运用方法和标的物的种类,概括地指出运用范围,具体如何运用由受托人决定的资金信托。例如,受托人可将信托资金用于贷款、贴现,但并不具体地指定将信托资金贷给某个企业或公司,也不要求具体地办理何种贴现,完全由受托人根据自己的经验进行判断。

(3) 非指定金钱信托是指先不必约定金钱运用方法,全部由受托人在不违反法律的前提下自行决定的资金信托。这是资金的运用方法和投资方向既不特

---

① 王军:《"集合"资金信托还是"集合资金"信托》,http://www.allbrightlaw.com.cn/factory/1211_2.htm,2019年11月7日访问。

定也不指定的资金信托。但是事实上各国对这种信托资金的运用都有一定的限制。例如根据日本《信托法》第 21 条所颁布的"敕令"中,第 5 款限定这种信托的运用方法包括:(1) 公债及依特别法令设立的公司债的应募承受或买进;(2) 以国债或其他有价证券为担保的贷款;(3) 邮政储金;(4) 对于储蓄银行及依特别法令设立的银行存款;(5) 对于前款银行以外的银行的存款。

3. 根据资金的投向不同,可以分为贷款类资金信托、股权投资类资金信托、证券投资类资金信托、债权投资类资金信托、权益投资类资金信托、租赁类资金信托、组合运用类资金信托。[①]

(1) 贷款类资金信托是指信托公司以贷款方式运用信托资金的资金信托。在此资金信托中,多个委托人与一个受托人签订资金信托合同,这个合同的签订和生效过程就是信托公司募集资金的过程。资金募集完成后,根据合同及其他文件的相关规定,信托公司将信托资金向借款人发放贷款,以利息作为信托收益。此种方式是 2007 年《管理办法》发布前信托公司的主要信托业务,最高甚至可以达到部分信托公司信托业务的 90% 以上。但《管理办法》以及《修改决定》对贷款类资金信托业务作了限制性规定,规定信托公司向他人提供贷款不得超过其管理的所有信托计划实收金额的 30%。这避免了信托公司不务信托正业、蚕食银行信贷市场的怪现象,旨在推动信托投资公司从"融资平台"真正转变为"受人之托,代人理财"的专业化金融机构。

(2) 股权投资类资金信托是指将信托资金投资于非上市公司股权的资金信托。真正的股权投资资金信托的投资期限比较长,往往有十几年甚至几十年,在信托终止时,受托人将以此时信托财产的原状即股权交付给受益人,投资者成了真正的股权投资者。此种信托的收益很不确定,受被投资企业经营状况的影响很大,当企业经营良好、成功上市时,则投资者将获得不菲的收益。现在我国信托公司推出的股权投资资金信托几乎都不是真正的股权投资资金信托,大多数附有股权的溢价回购、收购安排,即在收购企业股权时与企业或第三方约定,在信托到期后由企业或者第三方按既定的溢价收购企业股权,这种信托的期限多数在三年以下。这其实是一种以股权为担保的债权投资类信托。

(3) 证券投资类资金信托是指将信托资金投资于各类证券的资金信托。按照所投资的证券不同,可分为股票投资、新股申购、基金投资等资金信托。这种证券投资类的资金信托产品受证券市场行情影响特别大。在证券市场行情火爆的时候,此类产品的发行量特别大,当行情回落的时候,此类产品的发行量也会大幅回落。

(4) 债权投资类资金信托是指将信托资金用于购买债权的资金信托。这里

[①] 此分类参考杨林枫等:《信托产品概述》,中国财政经济出版社 2008 年版,第 175—185 页。

的债权主要是银行的贷款,商业银行有时为了调整自身的贷款构成结构,增加资产的流动性,会将周期较长的信贷资产卖给信托公司。信托公司会专门设立资金信托计划来购买这些信贷资产,利用其产生的稳定的现金流来支付受益人的信托收益。

(5) 权益投资类资金信托是指将信托资金投资于能够带来稳定持续现金收益的财产权或者权益的资金信托。这种信托的投资对象主要是依赖于政府公共权力行使而产生收益的项目,主要是各类公共产品或准公共产品,包括公共交通营运权、基础设施收费权以及教育项目收费权等。这类信托的推出很好地解决了现阶段政府需要提供的公共物品或准公共物品数量大但又没有足够的财政经费支持的问题。

(6) 租赁类资金信托是指将信托资金投资于实物资产以收取租金的资金信托。其中最典型的是以信托资金收购不动产,再将不动产出租或者出售,以出租或出售收益作为信托收益的来源。这类信托在国外被称为地产信托投资(Real Estate Investment Trusts, REITs),它可以在交易所上市,从而将期限较长的信托产品转为可以随时在交易所交易的证券产品,投资者可以自由买入卖出,增加了该信托产品的流动性和灵活性。

(7) 组合运用类资金信托是指将上面的两种或两种以上的信托进行组合运用的资金信托。组合投资理论上来说可以分散投资风险,但是受制于信托资金的规模和信托公司的投资能力,组合投资并不常见。

4. 根据运作方式的不同,可以分为封闭式资金信托和开放式资金信托。[①]

(1) 封闭式资金信托是指有确定终止日,且自成立日至终止日期间,投资者不得进行认购或者赎回的资金信托。

(2) 开放式资金信托是指自成立日至终止日期间,资金信托信托单位总额不固定,投资者可以按照信托文件约定,在开放日和相应场所进行认购或者赎回的资金信托。

第二节 集合资金信托计划的设立、变更、终止与清算

资金信托包括集合资金信托和单一资金信托两种,对于集合资金信托,《管理办法》使集合资金信托的运行与发展有了更为具体和合理的法律规范。而对于单一资金信托,原先《信托投资公司资金信托管理暂行办法》(以下简称原《暂行办法》)对单一资金信托有一些规定,但是该法规已被《管理办法》取代,针对单

---

① 此分类参考 2020 年《信托公司资金信托管理暂行办法(征求意见稿)》第 29 条。

一资金信托的专门法规却一直没有出台。造成这一局面的原因可能与两者潜在风险不同有关。单一资金信托由于委托人只有一人,而且往往是机构投资者,风险相对较小,所以对于单一资金信托的规范完全可以在平等协商的基础上通过当事人签订信托协议来实现,法律不需要过多的干预。而集合资金信托中委托人相对于受托人往往处于弱势地位,若出现问题可能会影响相当多的自然人,所以亟须法律规范。2018年《资管新规》出台后将资金信托纳入其监管范畴,弥补了单一资金信托领域的监管短板。2020年《信托公司资金信托管理暂行办法(征求意见稿)》在《资管新规》的基础上,明确将资金信托界定为私募性质,即面向不超过200人的合格投资者以非公开方式募集,此规定与《资管新规》的合格投资者标准与投资者人数限制相衔接,体现了《资管新规》统一同类资管产品监管标准、创造公平竞争环境的目标导向。

一、集合资金信托计划的设立

集合资金信托计划的设立是指为了合法的目的,以书面形式通过一定的行为在当事人之间创设信托关系。在集合资金信托中,信托的设立包括设立条件、禁止行为、风险告知义务和信托成立与否的后果四方面的内容。

(一)集合资金信托的设立条件

集合资金信托的设立有严格的要求。2009年《管理办法》第5条规定:信托公司设立信托计划,应当符合以下要求:(1)委托人为合格投资者;(2)参与信托计划的委托人为唯一受益人;(3)单个信托计划的自然人人数不得超过50人,但单笔委托金额在300万元以上的自然人投资者和合格的机构投资者数量不受限制;(4)信托期限不少于1年;(5)信托资金有明确的投资方向和投资策略,且符合国家产业政策以及其他有关规定;(6)信托受益权划分为等额份额的信托单位;(7)信托合同应约定受托人报酬,除合理报酬外,信托公司不得以任何名义直接或间接以信托财产为自己或他人牟利;(8)中国银行业监督管理委员会规定的其他要求。该条文对集合资金信托设立条件的规定较原《暂行办法》作了一些关键性的修改和补充。

第一,增加了合格投资人制度。《管理办法》明确提出了合格投资者的概念,要求委托人必须是合格投资者。所谓合格投资者是指那些具有一定的专业知识,能够识别、判断并承受信托计划所可能产生的相应风险的人。在美国和英国等发达国家,集合资金信托中也存在合格投资者制度,比如英国规定,拥有10万英镑的年收入或拥有25万英镑净资产的个人有资格参加此类业务。美国规定,拥有 500 万美元资产的个人或机构有资格参加,且人数不超过 100。[①] 这样规定的目的,是避免把风险识别能力和损失承受能力较弱的普通投资者引入此类业务。为此,《管理办法》第 6 条规定,合格投资者应当符合下列条件之一:一是投资一个信托计划的最低金额不少于 100 万元人民币的自然人、法人或者依法成立的其他组织;二是个人或家庭金融资产总计在其认购时超过 100 万元人民币,且能提供相关财产证明的自然人;三是个人收入在最近 3 年内每年收入超过 20 万元人民币或者夫妻双方合计收入在最近 3 年内每年收入超过 30 万元人民币,且能提供相关收入证明的自然人。

2018 年《资管新规》出台后提高了合格投资者的认定门槛,明确了投资于单只资产管理产品的最低金额,并强调资金来源必须是投资者的自有资金。根据《资管新规》第 5 条的规定,合格投资者必须符合下列条件:一是具有 2 年以上投资经历,且家庭金融净资产不低于 300 万元,或家庭金融资产不低于 500 万元,或近 3 年本人年均收入不低于 40 万元;二是最近 1 年末净资产不低于 1000 万元的法人单位;三是以兜底条款的形式规定了金融管理部门视为合格投资者的其他情形,这在 2020 年《信托公司资金信托管理暂行办法(征求意见稿)》第 8 条中被进一步细化为基本养老金、社会保障基金、企业年金等养老基金,慈善基金等依法成立的社会公益基金,合格境外机构投资者,人民币合格境外机构投资者以及接受国务院金融监督管理机构监管的机构依法发行的资产管理产品。此外,该征求意见稿第 9 条还规定了信托公司、代理销售机构有关合格投资者的确定程序、反洗钱义务,要求向个人投资者的销售过程录音录像。概言之,合格投资者认定标准的提高和认定程序的留痕化,有助于信托公司在保证业务合规性的同时开发具备更高风险承受能力的客户群体,符合风险管理要求。

第二,对委托人的数量进行限制。原《暂行办法》对委托人的数量有个上限的规定,即不论是自然人还是机构,其总数不得超过 200 人。由于一个信托计划的成立往往需要一定数量的资金,对委托人的数量进行限制,其主要目的是减少委托人的数量,增加委托人出资金额,从而提升委托人的质量。但是从实践来看,200 人的数量限制制约了信托计划的规模,信托公司只能"小打小闹",单个集合资金信托的佣金收入不高。所以 2007 年《管理办法》在引入合格投资者制度后,放宽对委托人的数量限制,规定"单个信托计划的自然人人数不得超过 50 人,合格的机构投资者数量不受限制"。这样机构投资者在参与信托计划时就不用考虑委托人的人数限制了。2009 年 2 月,银监会又下发了《修

[①] 《银监会有关负责人就修订颁布〈信托公司管理办法〉、〈信托公司集合资金信托计划管理办法〉等信托监管规章答记者问》,http://sjr.sh.gov.cn/searchresult_detail.jsp?main_artid=12599,2019 年 1 月 10 日访问。

改决定》，进一步放松对委托人的数量限制，"单个信托计划的自然人人数不得超过 50 人，但单笔委托金额在 300 万元以上的自然人投资者和合格的机构投资者数量不受限制"。可见，参与单个资金信托金额超过 300 万的自然人也将不受数量限制。这对提升集合资金信托规模的帮助是巨大的。然而，从资管产品属性来看，集合资金信托仍属于私募性质，若不对其投资者人数设置限制要求，则无法实现与其他私募资管产品实行统一的监管标准，故在 2020 年《信托公司资金信托管理暂行办法（征求意见稿）》第 8 条中重新恢复了投资者人数不得超过 200 人的规定，从而落实《资管新规》的监管要求。

第三，规定集合资金信托为自益信托。由于以前存在多个投资者汇集资金以一人名义参与信托计划的情况，其手法主要包括"一个委托人多个受益人"和"私下另签民事信托合同"，更有甚者出资人之间只有口头约定。这种"名为一人实为多人"的参与集合计划的情况，虽然规避了委托人的人数限制，但由于这种行为并无法律保障，一旦发生争议，法律很难给受害者提供保护。因此，《管理办法》直接规定参与信托计划的委托人为唯一受益人，此举应该能有效杜绝这类问题的发生。

（二）集合资金信托设立时的禁止行为

由于集合资金信托计划的设立是一种向特定对象定向募集的私募行为，同时又是一种需要管制的金融行为，所以《管理办法》第 8 条对信托计划的推介规定了六种禁止性行为。

第一，不得以任何方式承诺信托资金不受损失，或者以任何方式承诺信托资金的最低收益。任何投资都会产生风险，何况是集合资金信托这种高收益、高风险的投资品种。信托计划在投资过程中如果判断失误，则存在着本金受损的可能，如果信托公司对投资者作了本金不受损失的保证，那么其势必要用固有资产去填补信托计划本金损失的窟窿，这样就会对信托公司自身的资金运转及资金安全产生影响。这导致了信托公司自身与所经营的信托产品之间的风险传导，增加了信托公司的运行风险。

第二，不得进行公开营销宣传。考虑到我国的现况，以社会公众或者社会不特定人群作为委托人，以购买标准的、可流通的、证券化的合同作为委托方式，由受托人集合管理资金信托业务并未允许在信托公司开展。[①] 由于资金信托的公募发行方式是被禁止的，所以现有的资金信托都是向特定人群募集，都是一种私

---

① 《银监会有关负责人就修订颁布〈信托公司管理办法〉、〈信托公司集合资金信托计划管理办法〉等信托监管规章答记者问》，http://sjr.sh.gov.cn/searchresult_detail.jsp？main_artid=12599，2009 年 1 月 10 日访问。

募的信托业务。既然是私募,则当然不得进行公开营销宣传。

第三,不得委托非金融机构进行推介。金融机构有严格的准入门槛,并受到监管部门的严格监管,它们的风险控制能力、资信都比较强。而非金融机构存在良莠不齐、监管主体不明等缺点。限制非金融机构推介信托计划,有利于保障信托计划的安全,维护投资者的利益。2018 年《资管新规》同样将资产管理产品的代理销售资质限制于金融机构,提出建立销售授权管理体系、内部审批和风险控制程序。与《资管新规》一致的是,2020 年《信托公司资金信托管理暂行办法(征求意见稿)》第 7 条规定信托公司、商业银行、保险公司、保险资产管理公司、证券公司、基金管理公司可成为代理销售集合资金信托计划的机构,并进一步将集合资金信托领域的代理销售资质拓宽至国务院银行业监督管理机构认可的其他机构。同时,该征求意见稿规定集合资金信托计划的销售渠道仅限于信托公司和代理销售机构的营业场所及自有电子渠道,由此否定了以往互联网金融"打擦边球"代销行为的合法性。

第四,推介材料不得含有与信托文件不符的内容,或者存在虚假记载、误导性陈述或者重大遗漏等情况。投资者往往凭借推介材料的介绍购买信托产品,如果推介材料存在不真实的地方,则会误导甚至欺骗投资者,所以推介材料中不得存在上述情况。

第五,不得对公司过去的业绩作夸大介绍,或者恶意贬低同行。这点也是从禁止信托公司误导投资者的角度作出的规定。

第六,不得有中国银行业监督管理委员会禁止的其他行为。以兜底条款的形式对信托公司推介信托计划的禁止情形作出规定。

此外,2018 年出台的《资管新规》明确禁止金融机构为其他金融机构的资产管理产品提供规避投资范围、杠杆约束等监管要求的通道服务,而 2020 年发布的《信托公司资金信托管理暂行办法(征求意见稿)》第 3 条第 3 款再次对通道业务进行严格限制,即禁止为委托人或者第三方从事违法违规活动提供通道服务。在 2020 年严监管环境和业务转型驱动下,通道类业务规模持续回落,信托资产规模从 2017 年四季度末 26.25 万亿元的高点渐次回落,截至 2020 年四季度末,信托资产规模为 20.49 万亿元,同比下降 5.17%。[①] 由此可见,信托业"去通道"已是大势所趋,其虽会产生拉低信托资产规模的结果,但也可促使信托公司主动提高信托产品的合规性、技术含量及附加值,改善业务结构,而在"去通道"工作中也需注意防止一刀切,应去除以规避监管为目的

---

① 参见《2020 年度中国信托业发展评析》,http://www.xtxh.net/xtxh/statistics/46670.htm, 2021 年 5 月 7 日访问。

的通道业务,保留通过结构设计给投资者提供财产管理和财产转移通道或平台的事务管理类信托,如《信托公司资金信托管理暂行办法(征求意见稿)》中提到的"服务信托业务"。[①]

在资金信托的设立阶段,《信托公司资金信托管理暂行办法(征求意见稿)》还进一步明确信托目的应符合真实性和合法性要求,即信托目的应是委托人真实、完整的意思表示,委托人不可隐瞒信托目的,且信托目的不可违反法律、行政法规或者损害社会公众利益。

(三)集合资金信托设立时的披露义务

信息披露是资金信托设立时极为重要的一项内容,《管理办法》在规范集合资金信托设立时多次提到信息披露这一要求。完善的信息披露制度不仅有利于投资者全面了解信托产品,作出正确的判断,也有利于使广大投资者参与到对信托公司的监管中来,加强对信托公司的约束。

《管理办法》先在第 7 条对信息披露作了原则性规定,要求信托公司推介信托计划,应有规范和详尽的信息披露材料,明示信托计划的风险收益特征,充分揭示参与信托计划的风险及风险承担原则,如实披露专业团队的履历、专业培训及从业经历,不得使用任何可能影响投资者进行独立风险判断的误导性陈述。另外,该办法第 10 条还规定信托计划文件应当包括认购风险申明书、信托计划说明书、信托合同和中国银监会规定的其他内容。其中,认购风险申明书中应对信托产品的风险作出详细的说明,[②]信托计划说明书则对信托公司的情况、信托计划的基本情况作出了具体的说明。[③] 在信托合同上,[④]该办法第 14 条明确规定,要在其右上方用醒目的字体载明下列文字:

[①] 参见邢成:《资金信托监管新规要义分析》,载《中国金融》2020 年第 14 期。
[②] 《管理办法》第 11 条规定:"认购风险申明书至少应当包含以下内容:(一)信托计划不承诺保本和最低收益,具有一定的投资风险,适合风险识别、评估、承受能力较强的合格投资者;(二)委托人应当以自己合法所有的资金认购信托单位,不得非法汇集他人资金参与信托计划;(三)信托公司依据信托计划文件管理信托财产所产生的风险,由信托财产承担。信托公司因违背信托计划文件、处理信托事务不当而造成信托财产损失的,由信托公司以固有财产赔偿;不足赔偿时,由投资者自担;(四)委托人在认购风险申明书上签字,即表明已认真阅读并理解所有的信托计划文件,并愿意依法承担相应的信托投资风险。认购风险申明书一式二份,注明委托人认购信托单位的数量,分别由信托公司和受益人持有。"
[③] 《管理办法》第 12 条规定规定:"信托计划说明书至少应当包括以下内容:(一)信托公司的基本情况;(二)信托计划的名称及主要内容;(三)信托合同的内容摘要;(四)信托计划的推介日期、期限和信托单位价格;(五)信托计划的推介机构名称;(六)信托经理人员名单、履历;(七)律师事务所出具的法律意见书;(八)风险警示内容;(九)中国银行业监督管理委员会规定的其他内容。"
[④] 《管理办法》第 13 条规定:"信托合同应当载明以下事项:(一)信托目的;(二)受托人、保管人的姓名(或者名称)、住所;(三)信托资金的币种和金额;(四)信托计划的规模与期限;(五)信托资金管理、运用和处分的具体方法或安排;(六)信托利益的计算、向受益人交付信托利益的时间和方式;(七)信托财产税费的承担,其他费用的核算及支付方法;(八)受托人报酬计算方法、支付期间及方式;(九)信托终止时信托财产的归属及分配方式;(十)信托当事人的权利、义务;(十一)受益人大会召集、议事及表决的程序和规则;(十二)新受托人的选任方式;(十三)风险揭示;(十四)信托当事人的违约责任及纠纷解决方式;(十五)信托当事人约定的其他事项。"

信托公司管理信托财产应恪尽职守,履行诚实、信用、谨慎、有效管理的义务。信托公司依据本信托合同约定管理信托财产所产生的风险,由信托财产承担。信托公司因违背本信托合同、处理信托事务不当而造成信托财产损失的,由信托公司以固有财产赔偿;不足赔偿时,由投资者自担。

这些规定对集合资金信托计划设立时的信息披露作出了详细的规定,对保护投资者利益起到了很大的作用。

2018年《资管新规》出台后,要求金融机构在发行资管产品时必须按照《资管新规》规定的分类标准向投资者明示资管产品的类型,且在产品成立后至到期日前,不得擅自改变产品类型。相应地,2020年《信托公司资金信托管理暂行办法(征求意见稿)》在规定信托公司推介销售资金信托所需披露的信息材料时,新增了明示资金信托类型和风险等级,提示投资者识别、管理和承担投资风险的监管要求。

(四)集合资金信托成立与否的不同后果

《管理办法》第17条、18条对集合资金信托成立与否规定了不同结果,若信托计划推介期届满,未能满足信托文件约定的成立条件的,信托公司应当在推介期届满后30日内返还委托人已缴付的款项,并加计银行同期存款利息。由此产生的相关债务和费用,由信托公司以固有财产承担。若信托计划成立的,信托公司应当将信托计划存入信托财产专户,并在5个工作日内向委托人披露信托计划的推介、设立情况。

二、集合资金信托计划的变更、终止与清算

在信托设立后,委托人可以被视为退出信托关系,终止、变更信托关系的权利转由受益人行使。在集合资金信托计划中,信托计划存续期间受益人有权变更信托计划。《管理办法》第29条规定:"信托计划存续期间,受益人可以向合格投资者转让其持有的信托单位。信托公司应为受益人办理受益权转让的有关手续。信托受益权进行拆分转让的,受让人不得为自然人。机构所持有的信托受益权,不得向自然人转让或拆分转让。"可见变更信托计划包括转让持有的信托单位和拆分信托受益权。在这条规定中,法规对信托受益权的拆分转让进行了限制,规定受让人不得为自然人。机构持有的信托单位转让对象也不能为自然人。这一规定是对《管理办法》第5条规定委托人中一般自然人不得超过50人的补充,避免了委托人在信托计划设立后通过拆分转让或转让行为使新委托人的数量超过50人的情况发生。

如前所述,根据2020年《信托公司资金信托管理暂行办法(征求意见稿)》第20条规定,投资者转让资金信托受益权时也应由信托公司办理受益权转让手续,并由其对受让人的合格投资者身份和风险承受能力等级进行合规性确认、向

受让人履行风险告知义务,且转让后应保证资金信托合格投资者人数的合规性、投资者风险承受能力等级与资金信托风险等级的匹配性,从而贯彻《资管新规》严控风险的底线思维。

关于信托计划的终止,《管理办法》规定了四种情况可以终止信托计划:第一,信托合同期限届满。第二,受益人大会决定终止。这是该办法赋予受益人的权利,如果受益人对受托人的行为不满意,可通过受益人大会终止信托。第三,受托人职责终止,未能按照有关规定产生新受托人。受托人是信托计划的关键,没有受托人信托计划自然不能存续。第四,信托计划文件约定的其他情形。当事人可以在信托计划中自由约定终止合同的事由。

在信托计划终止后,信托公司应当对信托计划进行清算,即应于终止后十个工作日内作出处理信托事务的清算报告,经审计后向受益人披露。剩余的信托财产可以采用现金的方式或者维持信托终止时财产原状的方式或者两者的混合方式进行分配。信托计划所产生的收益应分配给受益人,不得将信托收益归入公司的固有财产或者用于垫付其他信托计划的损失或收益。与《管理办法》上述规定一致的是,2020年《信托公司资金信托管理暂行办法(征求意见稿)》第20条也规定资金信托终止后十个工作日内,信托公司应作出处理信托事务的清算报告,经审计后向投资者披露。但若信托文件中约定清算报告无须经审计,信托公司则可提交未经审计的清算报告。与《管理办法》不同的是,征求意见稿规定资金信托自清算后剩余信托财产的分配,应当依照信托文件约定进行。

第三节 集合资金信托计划财产的保管、运营与风险管理

一、信托计划财产的保管

第三方保管被认为是一种保护客户资金的最好办法,在证券业和基金业中,该制度都得到了全面的实施。而在信托业中,银监会于2006年6月下发《关于加强信托投资公司集合资金信托业务项下财产托管和信息披露等有关问题的通知》(已失效),信托公司的集合资金信托计划开始实施第三方保管制度,集合资金信托计划项下的信托财产交由合格的第三方托管。2007年公布的《管理办法》进一步明确信托计划财产的保管制度,设专章对此加以规定。2018年《资管新规》同样规定资管产品应由具有托管资质的第三方机构独立托管,但也规定了例外情形(即法律、行政法规另有规定的除外)。2020年《信托公司资金信托管理暂行办法(征求意见稿)》第11条将"保管"一词替换为"托管",并对单一资金信托和集合资金信托进行区分,单一资金信托可按照投资者意愿约定不托管,但

应明确保障信托财产安全的措施和纠纷解决机制,而集合资金信托应当聘请托管人。

在集合资金信托领域,信托计划资金的保管人应由经营稳健的商业银行担任保管人,其主要履行两大职责,一个是保管职责,另一个是监督职责。《管理办法》第 21 条规定了保管人的六项保管职责:一是安全保管信托财产。二是对所保管的不同信托计划分别设置账户,确保信托财产的独立性。三是确认与执行信托公司管理运用信托财产的指令,核对相关信息。四是记录信托资金划拨情况,保存信托公司的资金用途说明。五是定期向信托公司出具保管报告。六是当事人约定的其他职责。另外,《管理办法》第 22 条规定了保管人的监督职责,保管人对信托公司有法定的监督职责。如果信托公司违反法律法规和信托合同、保管协议操作时,保管人应当立即以书面形式通知信托公司纠正;当出现重大违法违规或者发生严重影响信托财产安全的事件时,保管人应及时报告中国银行业监督管理委员会。

第三方保管制度的引入以及对保管人职责的明确完善了集合资金信托业务中信托财产的托管行为,同时也明显提高了信托公司的社会公信力和信托业务运作的透明度,从制度层面完善了对信托公司集合资金信托计划的监管,对信托公司信托业务的持续健康发展起到了积极作用。

二、信托计划财产的运营

信托计划的运营主要靠信托公司自己决定,法律不可能对信托公司经营中的具体细节作出规定,法律能做的只有对信托公司经营制度作出最低限度的规范,以确保信托财产的安全,保护受益人和委托人的利益。《管理办法》对信托计划运营的规定只有区区两条。第 23 条规定,信托公司管理信托计划应当设立为信托计划服务的信托资金运用、信息处理等部门。每个信托计划至少配备一名信托经理。担任信托经理的人员,应当符合中国银行业监督管理委员会规定的条件。这明确了单个信托计划所应具有的机构设置,并对信托经理的资质提出了要求。另外,第 24 条规定了信托公司对不同的信托计划应当设立单独的会计账户分别核算、分别管理。这从制度上保障了信托财产的独立性。由于信托计划中信托财产往往是金钱,从法律上来看金钱是可代替物,如果不对由金钱组成的信托财产作出标识的话,很难判断委托人的信托财产是否被挪用。独立会计账户确保了每个信托计划拥有独立的财产。独立账户制度避免了信托公司任意挪用信托财产的可能,保护了委托人和受益人财产的安全。

针对《管理办法》中资金信托计划内控机制的上述制度短板,2018 年《资管新规》第 7 条分别从金融机构制度构建和人员配置上提出具体要求:在金融机构制度构建上,规定其应建立与资产管理业务发展相适应的管理体系和制度,具备健全的风险管理、内部控制和问责机制；在资产管理业务人员配置上，要求健全资格认定、培训、考核评价和问责制度。

为贯彻《资管新规》的上述监管要求，2020年《信托公司资金信托管理暂行办法（征求意见稿）》将信托公司内部监督管理贯穿于资金信托的各个阶段。在资金信托设立阶段，该征求意见稿第10条对销售人员提出应充分揭示资金信托风险、保存销售人员的相关销售记录的要求，明确信托公司和代理销售机构对销售人员的操守资质、服务合规性和服务质量等负有监督责任，且将销售人员的投资者投诉情况、误导销售以及其他违规销售行为纳入内部考核体系。第14条则对资金信托的投资合作机构（包括资管产品的发行机构、投资顾问）提出资质要求，并向私募投资基金管理人看齐。在资金信托存续阶段，第18条要求信托公司应建立资金信托净值管理制度和信息系统，保证估值人员具备净值计量的能力、资源和独立性，及时、准确、完整地反映和监督信托财产管理情况。

此外，该征求意见稿还专设第三章"内部控制与风险监管"，落实《资管新规》严控风险的底线思维，进一步细化资金信托领域内控与风险监管要求。

第一，在机构和人员层面，明确信托公司董事会、高级管理层和人员方面的专业性要求。该征求意见稿在《管理办法》要求设立信托资金运用、信息处理等部门及配置至少一名信托经理的基础上，进一步要求应配备与资金信托业务性质和风险管理要求相适应的专业人员。此外，该征求意见稿还要求信托公司董事会和高级管理层应对资金信托业务及所面临的各类风险充分了解，确定开展资金信托业务的总体战略和政策，建立与之相适应的管理制度、内部控制体系和投资者保护机制，具备所需业务处理系统、会计核算系统和管理信息系统等人力、物力资源。

第二，在制度层面，从资金信托业务管理制度、风险管理政策和程序、内部控制体系这三点出发，加强资金信托内控与风险监管。要求信托公司的资金信托业务管理制度应根据资金信托业务性质和风险特征建立健全并明确具体制度内容，制定和实施各类资金信托业务的风险管理政策和程序，建立健全资金信托业务的内部控制体系。该征求意见稿将资金信托业务的风险分为信用风险、流动性风险、操作风险、市场风险，并制定更为具体的四类风控机制。一是信用风险控制机制，即加强对承担信用风险的资金信托财产的资产质量管理，按照谨慎性原则确认资产账面价值，并至少按季参照贷款风险分类进行风险分类；二是流动性风险控制机制，要求将资金信托业务纳入常态化压力测试机制，制定并持续更新流动性应急预案；三是操作风险控制机制，该机制应覆盖资金信托设立、登记、销售、投资和信息披露等业务环节，信托公司负有依法履行受托管理责任的义务；四是市场风险控制机制，应根据资金信托所投资产质量情况，客观判断风险损失向表内传导的可能性，按照企业会计准则确认预计负债，并按照信托公司资本管理的监管规定计量风险资本。

第三,引入第三方审计并从内外两个角度完善资金信托的风控制度。在内部审计角度,明确对资金信托业务进行内部审计的最低频率为每年一次;在外部审计角度,明确对资金信托业务的内部控制情况进行外部审计的最低频率为每年一次,按照信托文件约定的方式和频率对资金信托进行外部审计,同时资金信托业务外部审计报告应及时报送银行业监督管理机构。

第四,设定信托公司自有资金参与其管理的集合资金信托的占比限制,明确开展资金信托业务应遵循市场化交易和公平交易原则,建立有效的投资者投诉处理机制。具体而言,该征求意见稿规定信托公司以自有资金参与其管理的单只集合资金信托计划的份额合计不得超过该信托实收信托总份额的20%,参与其管理的集合资金信托计划的总金额则不得超过信托公司净资产的50%。

三、信托计划财产的风险管理

风险控制是信托业的生命线,长期以来,许多信托公司沉沉浮浮,始终处于风险多发的风口浪尖。现行法规从不同方面对信托计划的风险管理作出了规定。

(一)正面要求

首先是组合投资、分散风险。《管理办法》第25条规定,信托资金可以进行组合运用,组合运用应有明确的运用范围和投资比例。在投资学中有一句谚语,即不要把鸡蛋放在同一个篮子里。信托公司运用信托资金进行证券投资,应当采用资产组合的方式,事先制定投资比例和投资策略,采取有效措施防范风险。

其次是适当性义务。2018年《资管新规》出台后,坚持严控风险的底线思维,进一步为金融机构新增了加强投资者适当性管理、向投资者传递"卖者尽责、买者自负"的义务。所谓投资者适当性管理义务,是指金融机构应向投资者销售与其风险识别能力和风险承担能力相适应的资产管理产品。具体到资金信托领域,2020年《信托公司资金信托管理暂行办法(征求意见稿)》第9条明确了信托公司和代理销售机构的适当性管理义务,要求两者应对资金信托划分风险等级,评估个人投资者风险识别和承受能力并划分风险承受等级,同时针对个人投资者规定了重新进行风险承受能力评估的具体情形,从而与《资管新规》严控风险的底线思维相契合。此外,资金信托领域的风险管理还体现出动态化特征,如该征求意见稿第20条规定,投资者转让信托受益权时应由信托公司办理受益权转让手续,并由其对受让人的合格投资者身份和风险承受能力等级进行合规性确认、向受让人履行风险告知义务,且转让后应保证资金信托合格投资者人数的合规性、投资者风险承受能力等级与资金信托风险等级的匹配性,由此可见风险防控理念贯穿资金信托存续期间。

最后是资金信托的市场化风险处置制度。一是风险准备金机制。根据《资管新规》第 17 条关于风险准备金机制的规定,信托公司应按照资管产品管理费收入的 10% 计提风险准备金,或者按照规定计量操作风险资本或相应风险资本准备,若风险准备金余额达到产品余额的 1% 时则可以不再提取。二是信托业保障基金机制。根据 2014 年《信托业保障基金管理办法》第 14 条的规定,就保障基金认购标准而言,资金信托按新发行金额的 1% 认购,在每个资金信托产品发行结束时,由信托公司按季向保障基金公司集中划缴入信托公司基金专户。[①]

(二)管理人禁止性行为

第一,不得向他人提供担保。这是《管理办法》较原《暂行办法》新增加的一条内容。同时,比较新的《信托公司管理办法》我们也会发现其关于信托公司对外担保的规定相对于原来变得更加苛刻。比如《信托公司管理办法》第 22 条规定,"信托公司可以开展对外担保业务,但对外担保余额不得超过其净资产的 50%。"这比原来"信托公司对外担保余额不得超过其注册资本"的规定严格了许多。严格限制信托公司的对外担保,目的在于加强信托公司抗风险能力,杜绝出现信托公司成为股东等关联方的融资平台或利益输送体。[②]《管理办法》彻底禁止信托公司用集合资金信托计划的资金为他人提供担保,对于保护信托计划的资金安全,保护投资人的利益有重要作用。

第二,向他人提供贷款不得超过其管理的所有信托计划实收余额的 30%。在原来的信托业中(包括集合资金信托业务),存在着单纯以发放信托贷款为主业的现象,并未真正发挥出信托本身的优势和受托人专业化设计、管理、运用信托财产的特长,而且信托公司以发放贷款为主业的现象蚕食了原本属于银行的信贷业务,扰乱了银行业的秩序。所以《管理办法》将集合资金信托计划对他人提供贷款作出了限制,迫使信托公司的业务作出转型,转向自己应做的信托业务。2009 年《修改决定》适当放宽对信托计划资金对外提供担保的限制[③],我们认为这只是为应对当时的金融危机,鼓励信托公司加大对中小企业的资金支持,虽然适当放松了限制,但并不是要回到当初与银行争夺信贷市场的局面。

第三,不得将信托资金直接或间接运用于信托公司的股东及其关联人,但信托资金全部来源于股东或其关联人的除外。"关联交易"从本质上来说是一个中性词,如果双方交易价格合理,权利义务对等,则有利于充分利用关联方之间的

---

① 其中,属于购买标准化产品的投资性资金信托的,由信托公司认购;属于融资性资金信托的,由融资者认购。

② 中国人民大学信托与基金研究所:《中国信托业发展报告(2007)》,中国经济出版社 2008 年版,第 205 页。

③ 根据《修改决定》的规定,将《管理办法》第 27 条第 2 项"向他人提供贷款不得超过其管理的所有信托计划实收余额的 30%"修改为"向他人提供贷款不得超过其管理的所有信托计划实收余额的 30%,但中国银行业监督管理委员会另有规定的除外"。

市场资源,降低交易成本。但是关联交易中由于交易双方处于同一利益共同体,如果出现交易价格失真则可能损害第三方的利益。由于集合资金信托的委托人涉及社会公众,对信托财产的安全性要求较高,出于保护委托人利益的目的,《管理办法》彻底禁止了关联交易。

第四,不得以固有财产与信托财产进行交易。固有财产是信托公司的自有财产,而信托财产是委托人交付的财产,虽然两者都归信托公司操作,但是两者性质差别很大。信托公司经营固有财产是为自己谋利,而经营信托财产是为了受益人的利益,两者的出发点是不同的,甚至是冲突的,如果允许固有财产与信托财产进行交易,则会使信托公司处于为自己谋利还是为客户谋利的矛盾中,很难保障交易的公平。

第五,不得将不同信托财产进行交易。这类似于上面的第四点,每个集合信托计划都有不同的信托目的,受益人也各不相同。不允许不同信托财产进行交易能避免侵犯部分客户利益行为的发生。

第六,不得将同一公司管理的不同信托计划投资于同一项目。由于每个信托计划对委托人的数量都有限制性要求,如果允许同一公司管理的不同信托计划投资于同一项目,则会导致信托公司为了一个项目设立多个信托计划,从而使委托人的数目大大增加,规避了《管理办法》对委托人数量的限制性规定。

(三) 重点关注的问题

2020年《信托公司资金信托管理暂行办法(征求意见稿)》在信托公司管理运用资金信托财产方面也落实了《资产新规》新的监管要求,有利于实现统一同类资管产品监管标准,体现了净值化管理、风险监管、分类监管的理念。

1. 禁止投资领域。资金信托不得直接投资于商业银行信贷资产,不得直接或者间接投资于法律法规和国家政策禁止进行债权或者股权投资的行业和领域。这与《资管新规》第11条的监管要求保持一致。

2. 单一持股市值比例限制。规定每只集合资金信托、每只结构化资金信托持有单一上市公司发行股票的市值投资比例限制及例外情形,从而分散风险,实现净值化管理。其中,每只集合资金信托计划持有单一上市公司发行的股票市值不超过该资金信托净资产的25%,每只结构化资金信托对应的该数值则不超过20%,但若全部投资者均符合该征求意见稿规定的合格投资者标准且单个投资者投资金额不低于1000万元人民币的封闭式集合资金信托,则此种情况下投资者的风险承受能力相对较强,可不受前述比例限制。

3. 单一持股数量比例限制。根据《资管新规》第16条的规定,同一金融机构全部资产管理产品投资单一上市公司发行的股票不得超过该上市公司可流通股票的30%。2020年《信托公司资金信托管理暂行办法(征求意见稿)》除作出同样规定外,也规定了例外情形,即完全按照有关指数的构成比例进行证券投资的资金信托不受上述比例限制。

4. 多层嵌套的穿透式监管。《资管新规》针对多层嵌套问题提出穿透式监管要求,《信托公司资金信托管理暂行办法(征求意见稿)》中规定,接受其他资产管理产品参与的资金信托,投资范围仅限于公募证券投资基金。资金信托可以再投资一层资产管理产品,但其所投资的资管产品仅可再投资于公募证券投资基金,若投资其他资产管理产品,信托公司应穿透识别底层资产。由此,将嵌套层级限制为一层,禁止开展多层嵌套业务。

5. 投资非标准化债权类资产比例限制。2020年《信托公司资金信托管理暂行办法(征求意见稿)》第12条要求全部集合资金信托计划投资于同一融资人及其关联方的非标准化债权类资产[①]的合计金额不得超过信托公司净资产的30%。同时,全部集合资金信托计划向他人提供贷款或者投资于其他非标准化债权类资产的合计金额在任何时点均不得超过全部集合资金信托计划合计实收信托的50%。这一净值化管理的要求,使监管部门长期诟病的信托贷款明确受到量化硬约束,防止因"非标"存量过高而导致资金链断裂的金融风险,但与银行理财、券商资管的"非标"限额相比,信托公司仍然存在私募非标优势,有渐次转型的空间。[②]

6. 关联交易的限制。《资管新规》第24条允许部分合法公允的关联交易,提出设置内部审批机制和评估机制、信息披露制度的要求。2020年《信托公司资金信托管理暂行办法(征求意见稿)》第13条在资金信托领域则进一步贯彻细化了《资管新规》的上述规定,对涉及本公司固有财产及关联方的资金信托,提出公平交易价格的总要求[③],同时设置一系列具体的交易条件限制来确保关联交易的公平合法。一是按照穿透原则确定关联方范围,包括信托公司的主要股东和主要股东的控股股东、实际控制人、关联方、一致行动人、最终受益人。二是规定关联交易的禁止情形,包括与关联方进行不当交易、非法利益输送、内幕交易和操纵市场。三是关联交易的信息披露事前和事后要求,即事前应就交易对手、交易标的和交易条件向全体投资者作出说明,取得全体投资者书面同意;事后应告知投资者和托管人。其对集合资金信托和单一资金信托的监管要求有所区

[①] 《资管新规》第11条规定:"标准化债权类资产应当同时符合以下条件:1. 等分化,可交易。2. 信息披露充分。3. 集中登记,独立托管。4. 公允定价,流动性机制完善。5. 在银行间市场、证券交易所市场等经国务院同意设立的交易市场交易。标准化债权类资产的具体认定规则由中国人民银行会同金融监督管理部门另行制定。标准化债权类资产之外的债权类资产均为非标准化债权类资产。金融机构发行资产管理产品投资于非标准化债权类资产的,应当遵守金融监督管理部门制定的有关限额管理、流动性管理等监管标准。金融监督管理部门未制定相关监管标准的,由中国人民银行督促根据本意见要求制定监管标准并予以执行。"

[②] 参见邢成:《资金信托监管新规要义分析》,载《中国金融》2020年第14期。

[③] 即以公平的市场价格进行,交易价格不得优于同期与非关联方开展的同类交易价格。

分:与固有财产交易的集合资金信托要信息披露;单一资金则要取得投资者书面同意。四是关联交易的投资比例限制,直接或者间接用于信托公司及其关联方单一主体的金额不得超过信托公司净资产的10%,合计金额占比不可超过30%。若信托资金来源于集合资金信托计划,则上述合计金额占比不得超过15%。

7. 杠杆限制。2020年《信托公司资金信托管理暂行办法(征求意见稿)》第15条规定,针对固定收益类证券投资资金信托业务,可在信托文件约定或者全体投资者书面同意的情况下在公开市场开展标准化债权类资产回购或其他方式融入资金,但对杠杆比例有所限制且统一了杠杆水平,其中每只结构化集合资金信托计划总资产不得超过其净资产的140%,而每只非结构化资金信托的相应比例不超过200%。其他资金信托业务等仍禁止回购,也不能融入资金或对外担保。

8. 分层产品比例限制。根据《资管新规》第21条的要求,分级私募产品应当根据所投资资产的风险程度设定分级比例,且中间级份额计入优先级份额。2020年《信托公司资金信托管理暂行办法(征求意见稿)》第16条规定结构化资金信托严格按《资管新规》要求执行,其中固定收益类资金信托优先级与劣后级的比例不得超过3∶1,权益类资金信托的分级比例不得超过1∶1,商品及金融衍生品类、混合类资金信托的分级比例不得超过2∶1。

9. 禁止内部产品交易。与《管理办法》相一致,2020年《信托公司资金信托管理暂行办法(征求意见稿)》禁止同一信托公司管理的不同资金信托产品的信托财产进行交易,要求每只资金信托保持单独性,不得开展或者参与具有滚动发行、集合运作、分离定价特征的资金池业务。而目前银行理财或其他资管产品并没有明确禁止此类交易,只是强调价格公允,在资金信托领域采取一刀切的方式严禁内部产品交易,可能是考虑到信托此前的资金池业务屡禁不止。①

10. 加强期限错配管理。为降低期限错配风险,2020年《信托公司资金信托管理暂行办法(征求意见稿)》向《资管新规》看齐,要求封闭式资金信托的最低期限不得少于90天,将直接或者间接投资于非标准化债权类资产和未上市企业股权以及其受(收)益权的资金信托类型限定于封闭式资金信托,并要求明确股权以及其受(收)益权的退出安排,且非标准化债权类资产、未上市企业股权以及其受(收)益权的退出日的终止日不得晚于封闭式资金信托的到期日。

---

① 参见司斌:《"资金信托新规"下信托行业发展的路径》,载《银行家》2020年第7期;陈晓芳:《亮点颇多,部分条文待商榷——评《信托公司资金信托管理暂行办法(征求意见稿)》》,载《民主与法制时报》2020年5月28日。

第四节 受益人大会

《管理办法》首次在信托计划中引进了受益人大会制度,此举完善了集合资金信托计划的治理结构,使受益人的声音能在信托计划运行过程中得到反映,进一步加强了对受托人在资金运行过程中的监督。

一、受益人大会制度简介

受益人大会由信托计划的全体受益人组成。从其组成来看,受益人大会代表了全体受益人的利益,可以被认为是信托计划的最高权力机关。受益人大会的召开一般是由信托计划事先约定,但是《管理办法》规定了一些应当召开受益人大会的特殊情况,具体包括以下五点:第一,提前终止信托合同或者延长信托期限;第二,改变信托财产运用方式;第三,更换受托人;第四,提高受托人的报酬标准;第五,信托计划文件约定需要召开受益人大会的其他事项。以上五点对信托计划、对受益人来说都是至关重要的决定,《管理办法》赋予了受益人大会对这些重要事项的决定权,而不是交由受托人来单方面决定。受益人大会制度使受托人在信托计划的执行中受到有效的制约,使信托计划的执行更能反映受益人的意志。

召开受益人大会,召集人应当至少提前十个工作日公告受益人大会召开的时间、会议形式、审议事项、议事程序和表决方式等事项,受益人大会不得就未经公告的事项进行表决。提前公开受益人大会的内容使得受益人能充分了解情况,对将进行表决的事项进行充分思考,受益人大会作出的决定会变得更加科学、合理,更具实质意义。受益人大会由受托人负责召集,受托人未按规定召集或不能召集时,代表信托单位百分之十以上的受益人有权自行召集。

关于大会的表决规则,《管理办法》规定,每个信托单位具有一票表决权,受益人的表决权并非要本人亲自行使,可以通过其代理人代为行使。在受益人大会中一般事项的表决只要有代表百分之五十以上信托单位的受益人参加,并且由参加大会的受益人所持表决权的三分之二以上通过。但是在一些重大问题的决定上,比如,更换受托人、改变信托财产运用方式、提前终止信托合同方面,应当经过参加大会的全体受益人通过。

二、受益人大会制度反思

2009年5月发生了首例自行召集受益人大会——新华信托与周春芳案引起了大家广泛关注,也引起了我们对受益人大会制度的反思。2009年5月4日,新华信托某集合资金信托计划投资人周春芳发布了《召开第二次受益人大会的公告》,由于其对信托计划的运作存在疑问,持有该信托计划 16.5% 权益的她决定自行召集第二次受益人大会。而此时新华信托也在其官方网站上发布《新华信托某集合信托计划召开第二次受益人大会通知》。两个大会都决定于 5 月 15 日召开,但地点一个在深圳,一个在福州。投资人周春芳认为部分投资人对信托项目存在疑问,已向受托人提出要求暂停信托计划下一切投资活动,并决定召开受益人大会,但新华信托并不允许,所以她决定自行发起召开受益人大会。但新华信托方面认为己方并非不能召集,考虑到市场环境本来计划 5 月底召集,但面对受益人拟自行召集,只好决定将会议提前。因此出现了受益人和信托公司同时发起受益人大会的怪事。

面对上述怪局面,我们有必要反思一下《管理办法》规定的受益人大会制度。第一,信托公司现实中很少召开受益人大会。许多大型信托公司的人员反映,召开受益人大会成本很高,而且集合资金信托计划的投资人数少,容易实现一对一的沟通,许多问题都不需要受益人大会解决。第二,《管理办法》规定一般事项需持有表决权的三分之二以上通过,而更换受托人、改变信托财产运用方式、提前终止信托合同应当经过参加会议的全体受益人通过。这个比例远高于《基金法》规定的一般事项百分之五十以上通过,而重要事项三分之二以上通过。在上述案件中,周春芳即使成功召开受益人大会,如果要更换受托人或结束信托计划,还必须有参加会议的受益人百分之百的同意,即不能出现一票反对,这对投赞成票的受益人来说有点不公平。

我们认为受益人大会制度的存在还是有必要的,即使现实中集合资金信托计划中出现的问题可以通过一对一的沟通解决,但受益人大会制度中赋予受益人对信托计划重要事项决定权,就好比赋予了受益人达摩克利斯之剑。达摩克利斯之剑即使不落下来,也能对受托人起到很好的震慑和警示作用,对保护受益人的利益有百利而无一害。关于通过的比例问题,我们认为可以参照《基金法》规定的比例,即一般事项只需过半数就能通过,而重要事项需要有参加大会的受益人所持表决权的三分之二通过,这能使绝大多数受益人的愿望得到实现。

第五节 集合资金信托计划的监管

监管是指代表社会利益的国家、政府或其他授权机构,通过设定一定的行为标准、规则或准则,对有关机构或参与者活动的合规性,进行持续的和专门的监督,以限制参与者行为不损害其他参与者的利益,或不产生有违公平公正的分配原则的后果,并对不合规行为及其后果实施监察或处理。[1]

---

[1] 参见屠光绍主编:《市场监管:架构与前景》,上海人民出版社 2000 年版,第 1 页。

根据《信托公司管理办法》第 5 条，中国银行业监督管理委员会对信托公司及其业务活动实施监督管理。而根据 2020 年《信托公司资金信托管理暂行办法（征求意见稿）》第 4 条，国务院银行业监督管理机构以及其派出机构依法对信托公司资金信托业务实施监督管理。

集合资金信托计划中的监管分为对信托公司信息披露的监管和对信托公司管理信托计划的监管。

一、对信托公司信息披露的监管

分析《管理办法》出台前集合资金信托计划信息披露内容，我们发现其存在的问题主要有：信托合同较为程式化；对信托项目的披露较为简单；对项目的收益和风险结构轻描淡写，对风险和收益的影响语焉不详。针对这些情况，《管理办法》对集合资金信托计划在信息披露上面作了更为详细的规定，提出"真实性、准确性和完整性"的原则性要求。除了前面已分析过的集合资金信托计划设立时的信息披露，在设立后，信托公司还应当根据信托计划的不同，按季制作信托资金管理报告、信托资金运用及收益情况表。其中信托资金管理报告至少包含以下内容：信托财产专户的开立情况；信托资金管理、运用、处分和收益情况；信托经理变更情况；信托资金运用重大变动说明；涉及诉讼或者损害信托计划财产、受益人利益的情形；信托计划文件约定的其他内容。

集合资金信托计划若发生一些突发重大情况，比如，信托财产可能遭受重大损失、信托资金使用方的财务状况严重恶化或信托计划的担保方不能继续提供有效的担保，信托公司应当在获知有关情况后三个工作日内向受益人披露，并自披露之日起七个工作日内向受益人书面提出信托公司采取的应对措施。同时，受益人和委托人都享有一定的知情权。就受益人而言，其有权向信托公司查询逾期信托财产相关的信息，信托公司应在不损害其他受益人合法权益的前提下，准确、及时、完整地提供相关信息。就委托人而言，《信托法》第 20 条就已规定其有权了解其信托财产的管理运用、处分及收支情况并要求受托人作出说明，也对与其信托财产有关的信托账目以及处理信托事务的其他文件享有查阅、抄录、复制的权利。《管理办法》第 15 条第 2 款则进一步规定，集合资金信托的委托人享有查阅、复制所有信托计划文件的权利，且信托公司应向其提供信托合同文本原件。

此外，信托公司对信托计划的全部资料负有妥善保存管理的义务，且保存期自信托计划结束之日起不得少于 15 年。《管理办法》还规定了信托公司在管理集合资金信托计划时违反信息披露义务的罚则。其第 50 条规定，信托公司不依本办法进行信息披露或者披露的信息有虚假记载、误导性陈述或者重大遗漏的，由中国银行业监督管理委员会责令改正，并处 20 万元以上 50 万元以下罚款；给受益人造成损害的，依法承担赔偿责任。

《管理办法》对集合资金信托计划的信息披露规则作出了明确具体的规定,完整地规定了信托计划设立时和设立后的信息披露规则,并对违反信息披露义务的行为规定了处罚措施,使信息披露具有持续性、连贯性和有效性。

为防控金融风险,2018年《资管新规》对资管产品提出更为严格的信息披露要求,将原则性要求由《管理办法》所规定的"真实性、准确性和完整性"进一步增全"主动、真实、准确、完整、及时",并明确信息披露内容包括资管产品的募集信息、资金投向、杠杆水平、收益分配、托管安排、投资账户信息和主要投资风险等内容。同时,《资管新规》在规定具体的信息披露要求时同样贯彻分类管理理念,按照资管产品的类型制定统一的监管标准:一是以资金来源端为标准,针对社会公众和合格投资者两类不同的投资群体而区分公募产品和私募产品的信息披露要求,其中私募产品的信息披露方式、内容、频率由资管产品合同约定,其产品净值和其他重要信息的披露频率至少为每季度;二是以资金运用端为标准,根据投资性质区分固定收益类产品、权益类产品、商品及金融衍生品类产品、混合类产品等四大不同种类产品的风险等级,并分别设定不同的信息披露重点。资金信托作为一种私募产品,自然应当遵循上述有关资管产品信息披露的基本要求和私募产品的具体要求。2020年《信托公司资金信托管理暂行办法(征求意见稿)》第19条则在《监管新规》的基础上进一步对资金信托信息披露制度提出更高要求,即设定"及时、准确、完整"的基本要求,并规定应在资金信托文件中约定资金信托信息披露的内容、方式、渠道、频率以及各方责任,确保投资者的查阅权和复制权。

此外,《资管新规》强调金融机构应遵守审慎经营规则,对资产管理产品实行净值化管理,明确金融机构的多项管理人职责,包括进行产品会计核算并编制产品财务会计报告,计算并披露产品净值或者投资收益情况,确定申购、赎回价格。对此,2020年《信托公司资金信托管理暂行办法(征求意见稿)》在第5条中相应地明确了信托公司作为资金信托受托人的职责,细化为进行资金信托会计核算并编制资金信托财务会计报告,计算并披露资金信托净值,确定资金信托参与、退出价格。与《管理办法》保持一致的是,该征求意见稿同样规定信托公司对资金信托的全部资料负有妥善保存管理的义务,设定保存期为自资金信托终止之日起不得少于15年。

二、对信托公司管理信托计划的监管

信托计划的监管主体是银监会,在原《暂行办法》中,并未规定银监会的监管手段,相关罚则也规定得不够详细,给银监会开展工作带来了许多不便。《管理办法》第40条对信托计划的监管作出了明确规定,银监会依法对信托公司管理信托计划的情况实施现场检查和非现场监管,并要求信托公司提供管理信托计划的相关资料。银监会在现场检查或非现场监管中发现信托公司存在违法违规行为的,应当依据《银行业监督管理法》等法律法规的规定,采取暂停业务、限制股东权利等监管措施。另外,《管理办法》还专设第八章"罚则",对信托公司违反该办法的行为规定了具体的行政处罚措施,包括由银监会责令改正、返还所募资金并加计银行同期存款利息、没收违法所得、罚款、责令停业整顿、吊销金融许可证等,从而避免了《管理办法》沦为没有牙齿的纸老虎。

2020年《信托公司资金信托管理暂行办法(征求意见稿)》专设第四章"监督管理"来加强对信托公司资金信托业务的外部监管。

第一,新增信托公司的登记[①]、报告义务。其中,报告义务包括事前报告与定期报告。就事前报告义务而言,当发生信托公司将信托资金用于关联交易[②]、信托公司及其关联方对外转让本公司管理的资金信托受益权、信托公司以固有财产与资金信托财产进行交易这三种情形时,信托公司均应当提前十个工作日逐笔向银行业监督管理机构报告。就定期报告义务而言,每季度结束之日起十个工作日内,信托公司应一次性向银行业监督管理机构报送当季已发生的关联交易、固有财产与信托财产交易、固有资金或信托资金参与本公司管理的资金信托情况报告。

第二,细化银行业监督管理机构的监管方式。与《管理办法》一致的是,银行业监督管理机构依法对信托公司开展资金信托业务情况实施非现场监管和现场检查,并进一步细化信托公司向银行业监督管理机构提供报送相关资料的具体要求,资料范围包括资金信托有关财务会计报表、统计报表、外部审计报告和银行业监督管理机构要求报送的其他材料,以及及时报告可能对信托公司或者投资者产生不利影响的重大事项和拟采取的应对措施。除了非现场监管和现场检查外,银行业监督管理机构对信托公司资金信托业务的监管方式还包括与信托公司董事、高级管理人员进行监督管理谈话,与信托公司监事及其他工作人员进行约见会谈,要求相关人员就信托公司开展的资金信托业务和风险管理的重大事项作出说明。

第三,加大对资金信托业务中违法违规行为的处罚力度。针对信托公司在开展资金信托业务时发生的违法违规行为,与《管理办法》一致的是,该征求意见

---

① 根据2017年《关于印发信托登记管理办法的通知》第10条第1款的规定,信托机构应当在集合资金信托计划发行日五个工作日前或者在单一资金信托和财产权信托成立日两个工作日前申请办理信托产品预登记(简称信托预登记),并在信托登记公司取得唯一产品编码。根据该通知第38条第1款的规定,集合资金信托计划的信托登记基本信息应当在信托初始登记后五个工作日内在信托登记公司官方网站公示。

② 根据2020年《信托公司资金信托管理暂行办法(征求意见稿)》第25条第2项的规定,此处"关联交易"是指"信托公司将信托资金直接或者间接用于向本公司及其关联方提供融资或者投资于本公司及其关联方发行的证券、持有的其他资产"。

稿也明确规定了具体的行政处罚措施,包括由银行业监督管理机构责令限期改正,依据《银行业监督管理法》对信托公司采取相应监管措施、处罚措施,还可对直接负责的董事、高级管理人员和其他直接责任人员进行处理,实现追责到人。除信托公司外,若资金信托投资者、代理销售机构、托管人、融资人、投资合作机构等在资金信托业务中存在违法违规行为,银行业监督管理机构可责令信托公司采取应对措施,并将有关违法违规情形通报相关金融管理部门。

这些新增加的规定赋予了银行业监督管理机构对资金信托进行监管的权利,并使违反规定的处罚措施落到了实处,加强了政府在信托计划监管方面的作用。但是政府监管存在滞后性、被动性和不全面性等缺点,虽然这些年来政府监管的能力已经有了很大的提高,但是一个行业完全靠政府监管是不可行的。集合资金信托计划类似于基金,基金的监管较信托计划要完善很多,比如基金中有中介评级等第三方监管制度,这些都值得信托计划去学习。现在的信托计划很多与银行的理财产品相挂钩,面向广大投资者发行,如果这些产品也有中介评级机构对其风险和收益进行评级,那么投资者借助这些评级数据能很容易地认识到信托产品的风险收益情况,使其在决定是否购买时更具科学性和合理性。

如前所述,资金信托领域的市场监管主体主要以国务院银行业监督管理机构及其派出机构为主。然而,非官方的社会团体和民间机构也承担辅助政府对市场监管的职责,这些团体机构的监管权来源于其成员的共同约定或普遍认可,实施监管也是其履行法定的自律义务的体现。[1] 具体到资金信托领域,行业自律组织包括中国信托业协会、[2]中国信托登记有限责任公司。例如,中国信托业协会曾于 2018 年发布《信托公司受托责任尽职指引》,就信托产品推介、运营管理、信息披露的具体程序制定行业自律规范;中国信托登记有限责任公司曾于 2018 年发布《中国信托登记有限责任公司信托登记管理细则》,细化信托登记流程,强化信托登记公司对信托公司的外部监督,如针对信托机构未按规定办理信托登记或者在信托登记中存在信息严重错报、漏报的行为,信托登记公司有权要求信托机构作出解释或说明并进行改正。

案例　朱某某诉华宝信托有限责任公司营业信托纠纷案[3]

1. 案情简介

2015 年 9 月,朱某某(委托人、受益人)与华宝公司(受托人)签订《信托合

---

[1] 参见吴弘、胡伟:《市场监管法论》,北京大学出版社 2006 年版,第 2 页。
[2] 根据《信托公司管理办法》第 57 条第 1 款的规定,信托公司可以加入中国信托业协会,实行行业自律。
[3] 参见(2018)沪 01 民终 10601 号。

同》,设立单一资金信托,用于投资航标控股香港人民币可交换债券等不违反监管机构相关规定的产品或金融工具,朱某某认购金额为1800万元。

同月,朱某某(转让方、回购方)与华宝公司(受让方,代表"某集合资金信托计划")、肖某某和案外人作为保证人,签订了《转让及回购合同》,约定朱某某将其持有的信托项下全部信托受益权转让给华宝公司,并承诺按合同约定价格予以回购。

因朱某某未按约定进行回购,华宝公司诉至法院,要求朱某某支付回购款及违约金等,朱某某、肖某某以《转让及回购合同》实质是华宝公司向朱某某发放贷款,系借款合同进行抗辩,一审、二审法院均未支持其抗辩理由。

2. 案例评析

本案涉及三大具体法律问题:

(1) 单一资金信托的委托人(受益人)将其持有的受益权转让给受托人,并在到期后以约定价格回购,该转让及回购的性质是否构成借贷?根据法院的观点,虽然本案实际涉及的法律结构复杂,但是法院不会把各种复杂的信托安排简单按照贷款对待。法院的立场是:既然当事人同意进行这种过分复杂的安排,就要承担这种复杂安排可能带来的不利后果。如果没有证据证明欺诈或胁迫等非法因素的存在,法院将按照形式上的法律关系判决。

(2) 是否适用《全国法院民商事审判工作会议纪要》中穿透式的审判规则?《资管新规》要求实行穿透式监管原则,《全国法院民商事审判工作会议纪要》提到穿透式审判思维,其实质都是要求透过合同的外观,探究当事人交易的真实目的。但是在实际的商事交易中,融资关系极为复杂,当事人为了规避监管,往往采取多层嵌套、循环交易等交易模式,虽然采取穿透式审判有利于探究真实法律关系,但滥用穿透式审判也可能造成融资当事人利用该审判原则逃避合同义务。

(3) 是否违反《信托法》第43条关于受托人不能是唯一受益人的规定?《信托法》第43条规定了受益人和委托人、受托人身份的重叠问题。我国《信托法》不允许直接设立受托人是唯一受益人的信托。但是从立法目的角度考量,可以认为第43条第3款主要禁止的是委托人初始设立一个受托人和受益人是同一信托唯一受益人的信托,但是对于本案中通过受益权转让而嗣后产生受托人为唯一受益人的情况,并不当然导致信托无效。另外值得注意的是,本案中,受托人受让取得受益权,是以另外一个信托的受托人身份进行的,不构成《信托法》第43条第3款规定的受托人成为一个信托的唯一受益人的禁止对象。

第九章　资产证券化信托

第一节　资产证券化概述

一、资产证券化的概念、特点与意义

(一) 资产证券化的概念

资产证券化(Asset Securitization)这一概念最早来源于20世纪70年代的美国,其最早的形式是美国不动产贷款协会(Government National Mortgage Association,GNMA)发行的不动产抵押贷款证券。后来证券化的基础资产扩大到其他类型,到20世纪80年代中期,在汽车租赁、信用卡应收款、计算机租赁票据、消费者贷款等业务上产生了相应的证券化产品。美国证券与交易委员会认为:"资产证券化正成为美国资本形成的主要方式之一。"并且随着这项金融创新制度在美国的蓬勃开展以及国际金融市场自由化的发展,证券化开始传播到欧洲、亚洲的金融市场。

所谓资产证券化[①],就是发起人将一定的基础资产转让或者出售给一个特殊目的载体,再由该特殊目的载体将这部分资产汇集成资产池,以该资产池未来产生的现金流为基础在金融市场上发行有价证券的一种融资方式。资金流转的畅通好比人体血液循环正常,是企业生存发展之源,传统意义上的融资是以企业的整体资产和信用为担保,或是发行股票,或是发行债券,这样的融资门槛相对较高,不是所有的企业都能满足这种条件。倘若企业可以以其一部分资产的信用来进行融资的话,则可以低成本地满足其资金需求,这就是资产证券化产生的内在原因。在"资产证券化"这一概念中,并不是所有的资产都可以进行证券化,"资产"在这里必须具有一定的特征,即可以产生稳定的现金流,而其通常又缺乏

[①] 迄今为止,资产证券化最好的一个定义是由 Shenker 和 Colletta 提出的:(资产证券化是指)股权或者债权凭证的出售,该股权或者债权凭证代表了一种独立的、有收入流的财产或财产集合中的所有权利益或由其所担保,这种交易被架构为减少或重新分配在拥有或出借这些基本财产时的风险,以及确保这些财产更加市场化,从而比仅仅拥有这些基本财产的所有权利益或债权有更多的流动性。参见彭冰:《资产证券化的法律解释》,北京大学出版社2001年版,第14页;吴弘等:《信托法论——中国信托市场发育发展的法律调整》,立信会计出版社2003年版,第233页。

流动性;"证券"在此处也是指一般私法意义上的投资证券,投资证券的本质是一种融资工具,"资产证券化"的基本含义就是将这一部分缺乏流动性又具有潜在投资价值的资产转化成证券进行融资。

在美国,"证券化""资产证券化""结构金融""架构式融资"这几个术语都是可以通用的,只不过,"结构金融""架构式融资"这两个词更能体现出资产证券化作为一项融资制度的特性。在传统的融资方式中,企业融资往往需要设定担保,且担保标的物必须是确定的,但是一些拥有大量金融资产的资金需求者却无法将金融资产设定担保而达到融资的目的,因为金融资产,特别是应收账款,具有不确定性,不能通过传统的融资方式进行融资。而架构式融资(或称结构金融,Structured Finance)是指借由"资产分割"之方式,将原本资金需求者持有之金融资产与资产持有者隔离,其目的是将该资产和资金需求者(亦即资产持有者)之破产风险隔离,并调整当事人之债权债务关系。[1] 这是一种由基本金融工具衍生出来的创新性金融工具,它克服了上述传统融资方式的缺陷,通过将金融资产出售给特殊目的载体,以该资产产生的未来现金流为基础发行证券而得以融资,使得原本缺乏流动性的金融资产颇具流动性,而且在此过程中,该项资产的原始所有人进行证券化的成本要远远低于直接发行债券进行融资的成本。

(二)资产证券化的特点

资产证券化作为一项创新金融产品,其结构性金融的特点相当明显,通过一定交易结构的安排,使得原本流动性不强的资产获得了流动性。虽然不同的资产证券化产品有不同的交易结构,但是作为一项制度,它具有如下特点:

第一,能产生稳定的、可预测的现金流。从表面上看,资产证券化形式上是以基础资产为支持,而实际上是以基础资产所产生的现金流为支持。基础资产能产生稳定的、可预期的现金流是资产证券化融资的基础和保障,而不论基础资产为何种表现形式,如此投资人和发行人才能对基础资产未来可能产生的风险进行分析预估,评级机构才能对现金流收入进行定性评级。由此可见,与传统的依靠企业整体信用的融资方式不同,资产证券化依赖的是拟证券化资产的信用,与发起人的整体信用彻底分割、相互独立。

第二,是一种结构性融资方式。资产证券化区别于传统的直接融资(如直接发行证券)和间接融资(如向银行贷款),通过设计、建立一定的交易结构,使得资产和发起人实现风险隔离,以发行证券的方式实现融资。但是资产证券化发行证券的基础不是企业的整体资产和整体信用,而仅是企业某一部分资产,通过将该部分资产从企业的整体资产中剥离,汇集成一个资产池,再进行信用增级、信用评价,以该资产池为基础发行证券。

---

[1] 参见王文宇等:《金融资产证券化之理论与实务》,元照出版有限公司2006年版,第2—5页。

第三,资产证券化要通过运行特殊目的载体来实现。资产证券化的关键是基础资产从发起人向特殊目的载体的转让,因此,特殊目的载体是为了实现资产证券化这一目的而成立的,是保障基础资产独立性的核心工具。特殊目的载体组织形态多样,各有优劣,通常而言,特殊目的载体可以采取信托型、公司型、合伙型三种形式。合伙型在美国的不动产证券化中有所体现,较为普遍的是采用信托型和公司型。信托型是指发起人将被证券化资产信托给受托机构,由受托机构代理其进行证券化交易的融资方式,信托架构能有效保证基础资产的独立性。公司型是以成立特殊目的公司的形式来进行证券化交易的,为保证基础资产的独立性,通常要求发起人将基础资产"真实出售"给特殊目的公司。

第四,破产隔离是实现资产证券化的保证。为了达到风险隔离的目的,被证券化资产应当具有独立性,其必须从企业整体资产中剥离出来,达到资产分割的要求。也即当发起人破产时,基础资产不能成为发起人的破产财产,不会受到发起人的债权人的追索,从而达到保护投资者的目的。要达到这样的效果,在特殊目的信托方式下,发起人须将被证券化资产信托给受托人,按照信托法的原理,信托财产具有独立性,无论是委托人还是受托人破产,信托财产都不会被纳入破产财产;而在特殊目的公司模式下,被证券化资产必须真实销售给特殊目的公司,而不是采取担保融资的方式,这样基础财产就被移出了发起人的资产负债表,实现了表外融资,即使日后发起人破产,基础资产也不会受到追及。

(三)资产证券化的意义

资产证券化自诞生之初,就以其独特的优势吸引了众多的资金需求者和资金供给者,这正是其魅力及生命力所在。探讨资产证券化的意义有助于深刻理解这一制度的精髓,资产证券化的制度价值可以从发起人和投资者两个角度进行解读。

1. 资产证券化对发起人的优势

第一,降低发起人的融资成本。成本是发起人融资首要考虑的一项因素,发起人通过资产证券化安排,以更低的成本处置了某项缺乏流动性的资产,使其具有了融资价值。通过特殊目的载体发行证券的投资等级可能高于发起人直接发行的证券,而更高的投资等级意味着对投资者更具吸引力,相应的利率也可能会低于发起人直接发行证券的利率、银行的贷款利率或者有担保的贷款利率。

第二,改善发起人的资本结构。当资产证券化采取表外融资的处理方法时,发起人通过真实销售而不是担保融资的方式处置基础资产的,可以将被证券化资产从资产负债表上移走,转移到资产负债表外,增加发起人资金的同时大大改善债务与资产的比例。这对银行等金融机构也颇有意义,有利于提高银行的资本充足率。

第三,增加发起人资产的流动性。资产证券化很好地解决了银行等金融机构资产负债的错配问题。对银行而言,信贷资产是银行的主要资产,银行必须保持资产负债合理的期限结构,否则容易引发流动性风险。① 而通过信贷资产证券化,银行持有的长期资产得以提前变现,长期资产和短期负债的不对应问题得以解决,而原本要银行承担的早偿风险也转移到了投资者那里。同时,由于被证券化资产的现金流,不但迎合规避风险投资者的需求,也符合追求风险投资者的需求,证券可以被迅速出售变现,使得发起人的资产实现了较好的流动性。

第四,拓宽企业的融资渠道。在不改变基础资产的原有形态的情况下,发起人可以根据自身需要,通过资产证券化实现融资,获得新的资金。发起人可以不单单依靠银行等金融机构取得融资,这对中小企业发展更具现实意义。中小企业从银行贷款的成本较高,又不具备发行股票或债券的能力,通过资产证券化,有可能以优于自身资信而获得融资资金,从而拓展其融资渠道。

2. 资产证券化对投资者的优势

资产证券化对投资者的吸引力也不可小觑。通常而言,组建资产池的基础资产往往是优质资产,通过信用增级,发行的证券风险负担小、流动性较好,对投资者颇具吸引力,尤其受到一些投资范围有限制的机构投资者的青睐。此外,资产支持证券具有多样化特征,往往区分优先级、次级等不同的档级,具有不同的偿付次序,可以在风险、利率、期限上迎合不同偏好的投资者的需求,极大扩张了市场投资品种和投资机会。

二、资产证券化的分类

按照不同的标准,可以将资产证券化分为不同的类型。

(一) 住房抵押贷款证券化和资产支持证券化

按照基础资产种类的不同,可以将资产证券化分为住房抵押贷款证券化和资产支持证券化。住房抵押贷款证券化(Mortgage-Backed Securitization, MBS)是最早出现的资产证券化的类型,它是指以住房抵押贷款为支撑,以借款人未来偿还贷款产生的现金流为基础,从而向投资者发行证券来进行融资的方式。资产支持证券化(Asset-Backed Securitization, ABS)的融资方式与MBS相同,不同的地方在于以ABS融资的基础资产不同于MBS,它的基础资产范围很广泛,可以包括企业的应收账款、信用卡应收款、汽车贷款、消费者贷款、商用房抵押贷款、基础设施收费、中小企业贷款等。② 可以说,ABS是MBS的进一步发展,是将MBS技术应用于住房抵押贷款以外的基础资产的创新。1970年,美国

---

① 银行流动性风险是指商业银行无力为负债的减少和/或资产的增加提供融资而造成损失或破产的风险。当商业银行流动性不足时,它无法以合理的成本迅速增加负债或变现资产获取足够的资金,从而影响其盈利水平,极端情况下会导致商业银行资不抵债。

② 本书中MBS、ABS也可以分别指住房抵押贷款证券化和资产支持证券化的产品,即住房抵押贷款支持证券(Mortgage-Backed Securities)和资产支持证券(Asset-Backed Securities)。

联邦国民抵押贷款协会推出了全球第一张 MBS。此后,随着证券化技术的进一步成熟以及各种制度障碍的化解,MBS 技术被美国的金融机构应用于其他可证券化的资产上。这些资产与住房抵押贷款在性质上很相似,即可以产生稳定且可预测的现金流,依据这些资产发行证券,同样能达到融资的目的。在美国,从 1985 年起,便相继出现了租赁票据证券化、汽车贷款证券化、信用卡应收款证券化等 ABS 品种。

(二) 信托型资产证券化、公司型资产证券化和合伙型资产证券化

按照资产证券化过程中特殊目的机构设置的方式,可以将资产证券化分为信托型资产证券化、公司型资产证券化、合伙型资产证券化。

信托型资产证券化是指发起人将基础资产信托给受托人,从而设立了一个特殊目的信托,受托人按照信托契约管理基础资产,并基于发起人的委托发行受益证券。在这个过程中,特殊目的信托(Special Purpose Trust, SPT)发挥了"载体"作用,主要通过 SPT 的设立和信托受益权转让两个环节来实现证券化的目的。根据信托一般理论,信托财产具有独立性,委托人、受托人及其各自的债权人,都不得对信托财产申请强制执行,由此避免了在发起人破产时基础资产会被追及的可能,实现了风险隔离的目的。

公司型资产证券化是指按照公司形态组织设立特殊目的机构,发起人通过真实出售的方式,将基础资产转移到特殊目的公司(Special Purpose Corporation, SPC),再由特殊目的公司发行证券。特殊目的公司专门为资产证券化而设立具有很多优势,比如不需要进行正常业务经营,不需要有一整套齐备的工作人员、办公场所;运作形式最为投资者所熟悉,可以发行多元化的证券,对投资者更具吸引力。

合伙型资产证券化是指特殊目的机构是按照有限合伙形式来设立运行的,主要向其成员即合伙人购买基础资产,从而进行证券化融资,它区别于公司型 SPV 的地方在于公司型 SPV 可以广泛地购买基础资产。采取合伙型这种形式设立 SPV 的情况很少,在美国的不动产证券化中,就有不动产有限合伙的形式(Real Estate Limited Partnership, RELP),依其发行规模、投资不动产种类及能否公开交易,又可分为私人型有限合伙(Private Limited Partnership)、公开型有限合伙(Public Limited Partnership)及上市型有限合伙(Master Limited Partnership)。[1] 有限合伙型特殊目的机构主要具有天然的免税优势,为避免双重纳税,合伙人承担了纳税义务,合伙作为一个实体不必再纳税,这样可以有效降低 SPV 运行成本。但是美国 1986 年修订税法后,有限合伙的税收优势消失,其发展大不如前。

---

[1] 参见王文宇等:《金融资产证券化——理论与实务》,中国人民大学出版社 2006 年版,第 46 页。

三、资产证券化运行原理

资产证券化作为结构式融资方式,使得不具有流动性或者流动性不强的资产获得了流动性,其运作的原理主要包括三个方面:资产确定及重组、资产分割及风险隔离、信用增级及评级。[①]

(一) 资产确定及重组

资产确定及重组是从成本和收益的角度来分析基础资产现金流的,其核心思想是通过资产的分割及重组来优化基于该资产产生的收益,使得参与各方均能获益。进行资产证券化融资的前提是基础资产能产生稳定的可预测的现金流,因此,资产证券化的第一步就是确定基础资产的范围。一般来说,在选择基础资产时一般考虑如下几个标准:(1) 是否能产生稳定的、可预测的现金流;(2) 资产是否具有较高的同质性且信用良好。

基础资产确定后,发起人将该部分资产重组,形成一个资产池,该资产池未来产生的现金流就是证券化的基础。从金融学的角度分析,资产重组的目标是使基础资产的收益最佳化,并考虑资产重组的成本,运用各种经济学模型测算资产组合的违约率,从而对基础资产进行整体定价。

(二) 资产分割及风险隔离

资产分割及风险隔离是从风险控制的角度来分析基础资产的现金流的。基础资产的转让是实现资产分割的第一步,即将原本资金需求者持有之金融资产,与资产持有者隔离。资产分割的目的在于将该资产与资金需求者(即资产持有者)的破产风险隔离。[②]

资产证券化是以拟证券化资产的信用,而非企业的整体信用进行融资的,因此,拟证券化资产必须具有独立性,即发起人破产的时候,该部分资产免于受到发起人债权人的追及,否则危及资产证券化的根本。故在资产证券化中,为了隔离发起人的破产风险,创造了"真实出售"这一概念。"真实出售"这一术语的沿用主要来自美国资产证券化实践习惯,并不一定通过买卖这种通常意义上的出售方式,信托也是符合"真实出售"条件的一种资产转让方式。在信托型资产证券化框架下,发起人将基础资产信托给受托机构后,信托财产就独立于委托人和受托人的财产,无论是委托人破产还是受托人破产,信托财产均不属于破产财产,其各自的债权人都不能对信托财产申请强制执行。所以,用信托的方式进行资产分割能很好地达到风险隔离的目的。在公司型资产证券化框架下,发起人要将基础资产出售给特殊目的公司,基础资产从发起人的资产负债表中移出,保

---

① 北京大学何小锋教授将资产证券化概括为一个核心原理——基础资产的现金流分析,三个基本原理——资产重组原理、风险隔离原理、信用增级原理。这个观念普遍为国内学者所接纳。
② 参见王文宇:《新金融法》,中国政法大学出版社2003年版,第5页。

护投资者免受发起人破产的影响。

因为"真实出售"对资产证券化的安全十分关键,实践中,发起人对转让的资产往往有管理、维护客户,或者是提供担保等关系,造成"真实出售"的判断难题。在美国的破产法上,法院有权根据一定的标准,将特殊目的机构与发起人的资产负债合并而视为一个主体,就是所谓的"实质合并"(Substantive Consolidation)。但法院也强调,并非只要发起人与特殊目的机构有纠结关系就当然适用破产合并制度,而只有在该纠结关系根本无法厘清或厘清该纠结关系所需费用过巨时,方能适用破产合并制度。①

(三)信用增级、评级与发行

信用增级及评级是从信用保障的角度来分析现金流的。信用增级是降低资产支持证券信用风险的,吸引更多投资者投资,提高资产支持证券流动性,降低证券化成本的一个重要途径。通过信用增级,资产的风险得以分散给能够承受该风险的各参与方,使得资产的收益和风险得到更为合理的分配。信用增级可以采取专业保险公司提供保险、企业担保、信用证和现金抵押账户等外部增级方式,也可以采取建立次级档、超额抵押、利差账户等内部增级方式。实践中,一般将两种信用增级方式加以综合运用。

在向不特定投资者公开发行受益凭证或者资产支持证券时,会聘请评级机构对证券化产品进行专业审查,因为一般的投资者很难对资产证券化产品作出全面合理的判断,而经过评级机构审查后授予一定的信用等级,是投资者进行投资的重要参考依据,评级越高,证券化产品就越具有投资价值,其潜在的流通性就越好。此外,当发行人决定向特定投资者定向发行时,即采取私募的形式发行受益凭证或者资产支持证券,因为此时投资者必须是符合条件的"合格投资者",具有较强的投资分析能力以及相应的风险判断和承受能力,此时可对于证券化产品免于信用评级。

四、资产证券化参与主体与运作流程

(一)资产证券化的参与主体

资产证券化的参与主体一般包括发起人、特殊目的载体、信用增级机构、信用评级机构、服务机构、发行机构。

发起人(Originator),又叫作创始机构、发起机构,是基础资产的原始所有人,也是基础资产的转让或出售方。可以说,发起人是证券化的原始策划者,它选择好基础资产并将基础资产信托给受托机构或者真实出售给特殊目的公

---

① 参见王文宇等:《金融资产证券化——理论与实务》,中国人民大学出版社2006年版,第113—114页。

司。发起人在选择被证券化资产时应当判断其是否具有较高的同质性且能够产生稳定的、可预测的现金流。在美国,创始机构主要包括储贷社团、相互储蓄银行、抵押公司、商业银行、人寿保险公司、储蓄互助会、不动产信托投资等。①在我国,国家开发银行、浦东发展银行、兴业银行、工商银行都做过 ABS 的发起人,信达资产管理公司、东方资产管理公司、建设银行则做过不良资产证券化的发起人。

特殊目的载体(Special Purpose Vehicle,SPV),也叫作特殊目的机构,是为资产证券化而建立的一个独立的法律实体,它介于发起人和投资者之间,是资产证券化的中枢系统,其主要意义在于保证基础资产与发起人经营风险隔离。②之所以称其为特殊目的载体,是因为该实体成立的目的具有特定性,即以实现资产证券化交易为目的。在公司型资产证券化下,特殊目的载体采取公司的形式设立,就称为特殊目的公司(Special Purpose Company,SPC),它拥有独立的资产——发起人出售的基础资产,它可以由发起人设立,也可以由独立的第三方设立。而在信托型资产证券化下,发起人将拟证券化资产信托给受托人,从而设立了特殊目的信托(Special Purpose Trust,SPT),再由受托人按照信托契约的规定来管理基础资产,并代理委托人转让受益证券。在我国台湾地区,特殊目的载体既可以采用公司的形式,也可以采用信托的形式。而在我国大陆目前的各项信贷资产证券化产品中,特殊目的载体采用的就是信托的形式。

信用增级(Credit Enhancement)的主要目的是提高证券化产品的信用等级,从而使得发行利率下降,提高证券化产品的吸引力,同时也降低证券化的成本。信用增级机构可以由发起人担任,也可以由独立的第三方担任,其在进行信用增级时既可以采用外部增级方式,也可以采用内部增级方式。所谓外部增级方式,就是由独立的第三方提供信用担保,比如由专业保险公司、银行提供的担保。所谓内部增级方式就是利用基础资产本身产生的部分现金流来实现自我担保,最常用的内部信用增级手段是优先/次级结构,就是将证券化发行的证券分为不同的信用品质的档级,不同档级的偿还顺序可以是按比例偿还,也可以是按将损失先分配给次级档的顺序偿还。③

信用评级工作一般由专业的信用评级机构(Credit Rating Agencies)承担,比如美国的标准普尔(Standard & Poor's)和穆迪(Moody's),为证券化产品提供专业的信用评级。投资者并不能一目了然地判断证券化产品的投资价值,而信用评级机构的评级对投资者极具参考价值。中诚信国际信用评级有限责任公

---

① 参见王文宇等:《金融资产证券化——理论与实务》,中国人民大学出版社 2006 年版,第 26 页。
② 参见邓海清等:《资产证券化——变革中国金融模式》,社会科学文献出版社 2013 年版,第 5 页。
③ 参见何小锋等:《资产证券化:中国的模式》,北京大学出版社 2002 年版,第 128 页。

司就担任过国家开发银行首单 ABS 的信用评级机构,在浙商银行的小企业贷款证券化过程中,它也扮演了信用评级机构的角色。

服务机构(Servicer),是指接受发起人或者特殊目的载体的委托,管理或处分基础资产,或者为证券化过程提供各项专业服务的机构,比如贷款服务机构、信托账户的保管银行、证券托管机构、律师事务所、会计师事务所等。

发行机构(Issuer),是发行证券化产品的机构。发起机构在不同的证券化模式下是由不同的主体担任的。在公司型资产证券化下,证券化产品并不是由发起人发行的,当发起人将基础资产真实出售给 SPV 后,SPV 即独立地拥有该项资产,因此,SPV 才是证券化产品的真正发行人。而在信托型资产证券化下,发起人将拟证券化资产转移给受托人后,实质上是设立了一种自益信托,受托人并不需要向发起人(即委托人)支付对价,只是按照信托契约的规定,将委托人的受益凭证加以分割,再转让给其他投资者,在扣除相关服务费用后,将转让的对价交给委托人。所以实质上,信托型资产证券化的发行人就是发起人,在受益凭证的发行过程中,受托人只是承担了一种代理作用。[①] 可以说,在这种情况下,受托人是名义上的发行人,而委托人是实质上的发行人。

承销商(Underwriter),主要是为 SPV 发行证券提供销售服务,是 SPV 发行证券化产品的重要的中介机构,在证券化产品的承销过程中,SPV 一般会邀请承销团进行承销,由主承销商牵头组织。比如在浦发银行发行 ABS 的过程中,国泰君安证券公司作为主承销商,首次通过簿记建档方式促进 ABS 的发行。

(二)资产证券化的运作流程

1. 发起人确定基础资产并组建资产池

发起人选择要进行证券化的资产,并将其汇集成一个资产池。筛选基础资产通常有一定的标准,需要考虑该资产是否能产生稳定的、可预期的现金流收入、信用质量是否良好等因素,基础资产的选择将直接关系到证券化产品是否能够成功发行。

2. 设立特殊目的载体(SPV)

资产证券化中最关键的一环就是设立 SPV。SPV 既可以由发起人设立,也可以由独立的第三方设立,现实中一般是由发起人设立。

3. 资产分割

资产证券化中最重要的步骤是将基础资产从发起人转移到 SPV,使得 SPV 独立地支配基础资产,不受发起人以及该项资产的原始债务人的追索,达到风险隔离的目的。在信托型的方式下,发起人将基础资产信托给受托人,设立一个特

---

① 参见伍治良:《我国信托型资产证券化理论和实践之两大误区——兼评我国大陆信贷资产证券化试点》,载《现代法学》2007 年第 2 期。

殊目的信托,由受托人按照信托契约来管理基础资产并安排证券化事项,基于信托法的原理,信托财产具有很强的独立性,不会受到委托人或者受托人破产风险的影响,具有很强的资产分割性。在公司型的方式下,发起人将基础资产真实出售给受托机构,将其移出自己的资产负债表,也不会受发起人债权人的追索。在美国,金融资产在会计账册上究竟应为"买卖"或"附担保借款",联邦会计准则委员会(Federal Accounting Standards Board,FASB)140公报提供了明确的区分标准:(1)资产之隔离;(2)资产之受让人为合格的特殊目的实体;(3)资产之出让人对资产不得有实质控制。[1]

4. 信用增级

资产证券化并不是一项没有风险的活动,相反,债务人的违约、拖欠及偿付期与预定的偿付期不一致都会给投资者带来损失,这就是资产证券化的信用和流动性风险。因此,为提高其信用级别,更好地吸引投资者参与,可以对资产证券化进行信用增级。根据增级方式不同,分为内部增级和外部增级两种。内部增级方式主要划分优先/次级结构、开立信用证、超额担保等,信用增级机构可以由发起人担任,也可以由独立的第三方担任。外部增级方式主要由独立的第三方为证券的偿付提供担保(包括补足、回购等变相担保)。

5. 信用评级

由专业的评级机构根据基础资产情况、交易结构设计等所发行的证券进行风险评估,并按照评级规则将证券分至不同信用等级。信用评级是投资者进行投资决策的依据,也是监管机构进行风险防范的重要方面。信用评级是由独立的、专业的评级机构对基础资产的再一次考察,以确认基础资产是否达到了破产隔离的要求。信用评级机构通常要进行两次评级:初评与发行评级。初评的目的是确定基础资产为了达到所需要的信用级别必须进行的信用增级水平。在初评后,SPV按照评级机构的要求进行增级之后,评级机构将进行正式的发行评级,并向投资者公布最终评级结果。信用等级越高,表明证券的风险越低,从而使发行证券筹集资金的成本越低。[2]

6. 发售证券

SPV根据资产证券化文件的规定向投资者发行资产证券化产品,在这个过程中,SPV通常会聘请专业的承销商进行承销,在发行方式上可以选择对非特定人公开发行或者是对特定人私募发行。在发售环节,SPV如果是信托型下的SPT,则发起人(即委托人)设立一个自益信托,受托人根据信托合同的约定,代为发行受益证券,实质上是分割并转让收益凭证,将委托人享有之受益权按照资

---

[1] 参见王文宇等:《金融资产证券化——理论与实务》,中国人民大学出版社2006年版,第34页。
[2] 参见何小峰等:《资产证券化:中国的模式》,北京大学出版社2002年版,第123页。

产证券化说明书的安排,分割成多份收益凭证,转让给投资者,所得收益扣除发行费用后归委托人所有。在这里,发起人同时也是受益证券的发行人,SPT 并不是受益证券真正的发行人,只是接受发起人委托代为转让受益证券的主体,充其量只能算名义发行人。SPV 如果是采取公司型下的 SPT,则 SPT 必须将基础资产以对价购入,即 SPT 自己成为该项资产的所有人,然后按照证券化文件的说明安排发行股票或者债券,SPT 在此即是资产支持证券的发行人,发起人在真实出售基础资产后在这个环节不起任何作用。

7. 证券偿付

根据资产证券化产品发行说明书的约定,在证券到期日,SPV 委托受托人按约定向投资者偿本付息。资产支持证券发行完后,SPV 通常会聘请专门的服务商来进行资产池的管理,比如负责收取、记录资产池产生的现金收入,将其存入指定账户;对债务人履行义务的情况进行监督,及时将相关情况汇报给委托机关等。服务商可以由发起人担任,因其对原有基础资产较熟悉且具备追偿和资产管理经验,当然也可以由独立的第三方担任。SPV 收取资产池产生的现金收入,应首先用于偿付投资者持有的证券,不得分配任何红利或进入破产。在对投资者清偿完毕后,SPV 按所签订的合同中约定的比例向资产证券化交易中的服务商支付费用,如果证券化资产产生的收入在作了上述支付之后还有剩余,则按 SPV 与发起人之间的约定进行处理。(如图 9-1 所示)

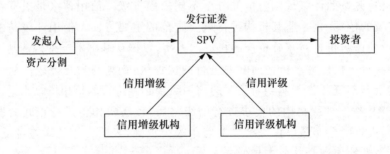

图 9-1 资产证券化运作流程

五、我国资产证券化的发展历程

资产证券化自 20 世纪 70 年代在美国诞生之后,以其独特优势迅速辐射全球。20 世纪 80 年代资产证券化传至中国。我国资产证券化已形成信贷资产证券化(信贷 ABS)、资产支持专项计划(企业 ABS)、项目支持计划和资产支持票据(ABN)齐头并进的格局。信贷 ABS 由银保监会和中国人民银行主管,[①]基础资产主要是银行信贷资产,以信托为发行主体,在银行间市场、交易所市场发行;企业 ABS 由证监会主管,基础资产主要是企业资产(企业应收账款、租赁债券、信托受益权、不动产财产或收益权等),以证券公司或基金公司为发行主体,主要在交易所市场发行;项目支持计划由银保监会主管,基础资产主要为企业资产(信贷资产、金融租赁应收账款等),以保险资产管理公司为发行主体,主要在保险资产登记交易平台发行。资产支持票据(ABN)须在中国银行间市场交易商协会(以下简称"交易商协会")注册,基础资产是企业资产,发行主体为非金融企业,在银行间市场发行。[②]

我国资产证券化的发展大致可以分为三个阶段:

(一)资产证券化的萌芽阶段

20 世纪 80 年代到 90 年代,可以说是资产证券化的萌芽阶段,有关资产证券化的理论被介绍到中国,引发了在中国资产证券化的探讨热潮,并出现了一些具有资产证券化特征的实践,包括:

1. 1992 年三亚地产投资券

由三亚市政府下属的三亚市开发建设总公司作为发行人,以三亚市丹州小区 800 亩土地为基础发行地产投资券,以地产销售收入及相应的存款利息在扣除相关的费用之后,作为投资者的收益来源,从而融资开发三亚地产。

2. 1996 年珠海高速公路有限公司发行资产担保债券

珠海市人民政府在开曼群岛注册了珠海高速公路有限公司,以当地机动车的管理费及外地过往机动车所缴纳的过路费为担保,由世界知名投行摩根士丹利公司作为承销商,发行了总额为 2 亿美元的资产担保债券,由穆迪和标准普尔对债券进行评级,分为优先级和次级两个档次,所募集的资金用于广州到珠海的基础设施建设。

3. 1997 年中国远洋运输(集团)总公司应收账款证券化

中国远洋运输(集团)总公司联合 Banc Boston,以其北关分公司航运收入为支撑,通过私募方式在美国发行了 3 亿美元的浮息票据。同年 12 月,中国远洋运输(集团)总公司又宣布了涉及 5 亿美元的第二期资产证券化交易。

---

① 在银监会和保监会实行合并之前,信贷 ABS 由中国人民银行和银监会监管,项目支持计划由保监会监管。

② ABN 与其他三种资产证券化模式略有不同,虽然也是以特定资产未来现金流为还款来源发行证券,但是 ABN 无须成立 SPV,发行主体为特定资产所属公司而非 SPV,不具有破产隔离功能。参见余红征:《中国固定收益业务法律实务——债券和资产证券化》,厦门大学出版社 2016 年版,第 34 页。

4. 2000年中集集团的应收账款商业票据

中国国际海运集装箱(集团)股份有限公司与荷兰银行在深圳签署了总金额为8000万美元的应收账款证券化项目协议,将国际知名船运公司和租赁公司的应收账款出售给荷兰银行管理的资产收购公司(TAPCO),由该公司在国际商业票据市场公开发行资产支撑商业票据。中集集团通过该证券化方式,在两周内就收回了原本要138天收回的应收款现金,且融资成本较发行商业票据更低。

5. 不良资产证券化

为处理国有银行的不良资产,我国在1999年以后相继成立了中国信达资产管理公司、中国东方资产管理公司、中国长城资产管理公司和中国华融资产管理公司四家资产管理公司,积极探索开展资产证券化业务。2001年4月,中国华融资产管理公司与韩国资产管理公社(KAMCO)签署了资产证券化项目特别顾问协议,聘请其协助构造资金池,并对交易结构设计、信用评级、证券发行等一系列工作提供专业顾问服务。2003年1月,中国信达资产管理公司与德意志银行签署了资产证券化协议和分包"一揽子"协议,有20个债券项目涉及债权余额25.52亿元人民币的资金池,由德意志银行主持在境外发债。这是我国首个不良资产证券化项目。2003年6月,中国华融资产管理公司与中信信托签署《财产信托合同》和《信托财产委托处置协议》,将涉及132.5亿元不良债权资产,委托给中信信托设立三年期的财产信托,并将其中优先级受益权转让给投资者。2004年4月,中国工商银行分别与瑞士信贷第一波士顿银行、中信证券股份有限公司、中诚信托投资有限公司签署工行宁波分行不良资产证券化项目相关协议,工行宁波分行以其合法拥有的资产设立财产信托,涉及借款人233人,本局总额26.19亿元,工行宁波分行为唯一受益人,取得信托项下全部(A级、B级、C级)信托受益权,并将A级、B级受益权转让给投资者。

可见,这些实践已经具有了资产证券化的某些特点,如以一定资产产生的未来现金流为基础发行债券进行融资,但是这些大多采用离岸操作模式,基本不涉及境内机构,国内在交易程序上,如SPV的组建、资产分割、风险隔离等方面还不具备资产证券化的条件。此外,国内的法制环境也未能对资产证券化提供支持。因此,这些实践只能算是资产证券化在中国的发展萌芽。

(二)资产证券化的试点阶段

国家开发银行和中国建设银行从2000年开始就在探索资产证券化的试点方案,但真正具有操作意义则是在2004年4月,包括资产池的组建、交易结构的安排、参与主体的权利和义务、资产支持证券的发行等结构设计。2001年第九届全国人大常委会通过的《信托法》,2004年证监会机构监管部发布的《关于证券公司开展资产证券化业务试点有关问题的通知》,以及2005年中国人民银行和银监会联合发布的《信贷资产证券化试点管理办法》,为资产证券化的发展提供了法律基础。自此,资产证券化正式在中国拉开了帷幕,我国进入了资产证券化的试点阶段。

2005年3月,中国人民银行、银监会等十部委组成信贷资产证券化试点工作协调小组[①],第一次会议的召开标志着我国信贷资产证券化试点正式启动。此前,2005年2月,国务院批准了国家开发银行进行信贷资产证券化(ABS)、中国建设银行进行个人住房抵押贷款证券化(MBS)的试点。至此,我国的资产证券化终于迈出了从理论走向实践的第一步。

2005年4月,中国人民银行和银监会发布实施了《信贷资产证券化试点管理办法》,确定了试点阶段的基本法律框架,有关监管部门也陆续出台了一系列配套法规,比如财政部《信贷资产证券化试点会计处理规定》、建设部《关于个人住房抵押贷款证券化涉及的抵押权变更登记有关问题的试行通知》、银监会《金融机构信贷资产证券化试点监督管理办法》等。2005年12月,国家开发银行和中国建设银行分别成功发行了第一只信贷资产支持证券和第一只住房抵押贷款资产支持证券。2006年4月,国家开发银行成功发行了第二单ABS。

同时,企业资产证券化也已正式启动,2005年9月,中国国际金融有限公司推出"中国联通CDMA网络租赁费收益计划",翻开了券商资产证券化的第一页。到2005年年底,已经有中国联通、中国网通、东莞高速等九单专项资产管理计划问世,这些专项资产管理计划是作为资产证券化产品发行的。

2006年,信达资产管理公司和东方资产管理公司的不良资产证券化申请得到了监管部门批准,自此拉开了我国不良资产证券化正式试点的帷幕。同年12月,信达资产管理公司和东方资产管理公司先后成功发行了各自的第一期重整资产支持证券,这是我国不良资产领域的首次尝试和实践。

这一阶段的试点工作搭建了资产证券化的基本制度,为其进一步发展积累了经验,但同时也揭露不少亟待解决的问题,比如资产支持证券只在全国银行间债券市场发行,投资者仅限于符合条件的机构投资者,投资主体需进一步扩大;组建资产池时入选资产的标准应当更加明确、透明;统一的法律框架尚未形成,缺乏完善的法制支撑;资产证券化的模式仅限于信托型,SPV的组织形式单一;信息披露制度不完善;服务机构在资产证券化中的定位不明确;与资产证券化交易相关的法律、金融等专业人才短缺等问题。

在第一批试点成功运行的基础上,2007年4月,国务院批准扩大信贷资产证券化试点工作,同年9月,国务院批复扩大试点,启动第二批信贷资产支持证

[①] 信贷资产证券化试点工作协调小组是经国务院批准,由中国人民银行牵头,银监会、证监会、保监会、财政部、发改委、税务总局、人力资源和社会保障部、国务院法制办、住房和城乡建设部等十个部门共同组成的,分析研究和协调解决我国资产证券化试点过程中遇到的问题。

券试点。在实践方面,2006年年底,国家开发银行发行的第二单、第三单ABS,浦发银行、工商银行、兴业银行发行的ABS,浙商银行的小企业贷款证券化,建设银行的第二单RMBS,民生银行的CMBS,通用汽车金融公司的汽车贷款证券化,建设银行的不良资产证券化。与第一阶段试点相比,第二阶段试点在发起人的范围、基础资产的类型和规模上均有了进一步的突破。

2008年,受全球金融危机影响,我国监管层出于审慎考虑,暂停了资产证券化业务,2009年至2012年4月期间,无任何产品发行。

2011年9月,证监会重启对企业资产证券化的审批。2012年5月,中国人民银行、银监会和财政部联合发布《关于进一步扩大信贷资产证券化试点有关事项的通知》,标志着我国资产证券化业务重新启动,重启第二轮试点,7家境内金融机构共获得了500亿元的发行额度。

2013年8月,国务院发布了《关于金融支持小微企业发展的实施意见》,在《关于金融支持经济结构调整和转型升级的指导意见》基础上,再次明确提出要逐步推进信贷资产证券化常规化发展,引导金融机构将盘活的资金主要用于小微企业贷款。2013年8月,信贷资产证券化开启第三轮试点。2013年11月,国家开发银行在银行间债券市场成功发行了仅为一档优先档资产支持证券,基础资产池为国家开发银行向中国铁路总公司发放的中期流动资金贷款。2014年11月,银监会发布《关于信贷资产证券化备案登记工作流程的通知》,信贷资产证券化业务由审批制变为备案制。2015年3月,中国人民银行发布《关于信贷资产支持证券发行管理有关事宜的公告》,信贷资产证券化发行进入了备案制时代。

同时,2013年3月,证监会发布《证券公司资产证券化业务管理规定》,证券公司资产证券化业务由试点开始转为常规业务。2013年7月,"阿里巴巴1号专项资产管理计划"首次采用循环结构发行,对小贷资产的发行具有重要意义。2014年1月,国务院发布了《国务院关于取消和下放一批行政审批项目的决定》,证监会据此取消了证券公司的专项投资业务,对应的证券公司专项计划行政审批相应取消。2014年11月,证监会发布了《证券公司及基金管理公司子公司资产证券化业务管理规定》《证券公司及基金管理公司子公司资产证券化业务尽职调查工作指引》《证券公司及基金管理公司子公司资产证券化业务信息披露指引》,将专项资产管理计划变更为资产支持专项计划,并取消事前行政审批,改为事前由交易所核查,事后在中国证券投资基金业协会备案。2014年12月,中信证券发行了备案制时代首单资产支持专项计划次级资产支持证券。

此外,2009年2月,由兴业银行、招商银行和浦发银行牵头,与中金公司和中信证券组成资产支持票据工作小组,设计开发资产支持票据方案。2009年8月,上海浦东路桥建设股份有限公司、南京公用控股集团有限公司、宁波城建投资控股有限公司向交易商协会进行资产支持票据注册,成功发行三只资产支持票据,其基础资产分别为天然气收费收益权、自来水销售收入和高速公路建设应收款。首批三只资产支持票据的发行标志着我国资产支持票据的出现。在实践的基础上,2012年8月,交易商协会发布了《银行间债券市场非金融企业资产支持票据指引》,资产支持票据(ABN)正式诞生。

2012年10月,保监会发布《关于保险资金投资有关金融产品的通知》,推动了项目资产支持计划的初步发行。2013年2月,保监会发布《关于保险资产管理公司开展资产管理产品业务试点有关问题的通知》,同年4月,新华资管设立了首单项目资产支持计划业务,发起人为东方资产管理公司,基础资产为东方资产管理公司持有的不良债权。2013年年底,因项目资产支持计划尚不具备充分的推行条件,保监会暂停了该业务,直至2014年7月,保监会发布《项目资产支持计划试点业务监管口径》,项目资产支持计划得以重启。重启后首单为民生通惠资管和蚂蚁微贷合推的"民生通惠-阿里金融1号支持计划"。2014年8月,国务院发布《关于加快发展现代保险服务业的若干意见》,明确提出支持保险机构探索发起资产证券化产品。2015年8月,保监会发布《资产支持计划业务管理暂行办法》,明确实行初次申报核准、同类产品事后报告制度。自此,项目资产支持计划进入常态化发展阶段。

(三) 资产证券化的常态化发展阶段

2014年12月,中国证券投资基金业协会发布《资产支持专项计划备案管理办法》《资产证券化业务风险控制指引》《资产证券化业务基础资产负面清单指引》,资产支持专项计划进入了常态化发展阶段。2015年1月,由恒泰证券担任计划管理人的资产支持专项计划支持证券在上交所挂牌转让。2月,恒泰证券担任计划管理人成功设立了全国首单区域集合标准化小贷资产证券化项目。3月,融信租赁股份有限公司设立了全国首单民营融资租赁ABS项目。9月,京东白条资产证券化产品发行,成为首个基于互联网个人消费金融资产的资产证券化项目。

2015年1月,银监会下发《关于中信银行等27家银行开办信贷资产证券化业务资格的批复》,中信银行等27家银行获得开办信贷资产证券化业务的资格,标志着信贷资产证券化业务备案制在实操层面落地。汇丰银行(中国)有限公司发行了首单发起机构为外资银行的ABS产品。2015年3月,国家开发银行在银行间市场,首次对产品的次级档采用公开发行方式。

2015年3月,中国人民银行发布《关于信贷资产支持证券发行管理有关事宜的公告》(中国人民银行公告〔2015〕第7号),宣布已经取得监管部门相关业务资格、发行过信贷资产支持证券并且能够按照规定披露信息的受托机构和发起机构可以向央行申请注册,并在注册有效期内自主发行信贷ABS。2015年6月,招商银行发行了2015年第二期信贷ABS,首次引入了人民币合格境外机构投资者(RMB Qualified Foreign Institutional Investor,RQFII),丰富了我国资产证券化的参与主体。2015年7月,宁波银行发起的"永盈2015年第一期消费信贷资产支持证券"在银行间市场公开招标发行,也是银行间市场发行的首单循环购买型ABS产品。

2015年8月,保监会发布了《资产支持计划业务管理暂行办法》,明确实行初次审判合作、同类产品事后报告制度,规范证券化操作行为,建立管理规范。自此,项目资产支持计划业务进入了常态化发展阶段。

2015年9月,住建部联合财政部、中国人民银行发布《关于切实提高住房公积金使用效率的通知》,明确规定有条件的城市要积极推行住房公积金个人住房贷款资产证券化业务。12月,上海市公积金管理中心通过簿记建档发行了首支在银行间市场发行的公积金证券化产品,突破了银行、汽车金融公司、金融租赁公司等传统的发行机构范围。

2016年8月,中国人民银行等七部委印发《关于构建绿色金融体系的指导意见》,明确提出通过进一步扩大参与机构范围,规范绿色信贷基础资产遴选,探索高效、低成本抵质押权变更登记方式,提升绿色信贷资产证券化市场流动性,加强相关信息披露管理等举措,推动绿色信贷资产证券化业务常态化发展。实践中,在银行间市场,2016年1月,兴业银行发行本年首单绿色信贷ABS产品。在交易所市场,2016年3月,"中银证券-深能南京电力上网收益权资产支持专项计划"在深交所上市,为国内光伏行业的首单ABS产品;8月,"农银穗盈·金风科技风电收费收益权绿色资产支持证券"在上交所挂牌上市,为上交所首单绿色资产支持证券;9月,国内首单非上市公司绿色ABS"无锡交通产业集团公交经营收费权绿色资产支持专项计划"通过上交所的绿色审核通道成功发行;11月,国内首单水电行业绿色ABS"华泰资管-葛洲坝水电上网收费权绿色资产支持专项计划"成功发行,获上交所挂牌转让无异议函。在中证机构间报价系统,9月,全国首单央企绿色循环经济资产证券化项目"汇富华泰资管-中再资源废弃电器电子产品处理基金收益权资产支持专项计划资产"成功挂牌。

2016年,企业资产证券化呈现爆发式增长,取代信贷ABS成为发行量最大的品种,更多发行主体和基础资产进入市场,"首单"产品层出不穷。1月,中银消费金融公司成功发行个人消费贷款信贷ABS,成为传统消费金融公司首单资产证券化产品。6月,"天风-中航红星爱琴海商业物业信托受益权资产支持专项计划"发行,为我国资本市场首单以信托公司为原始权益人的类REITs产品。全国首单以保险资产为基础资产的ABS、国内首单银行保贴类票据资产证券化产品、国内首单双SPV教育类资产证券化产品,

2016年6月,远东国际租赁公司在交易商协会注册"远东国际租赁有限公司2016年第一期信托资产支持票据",这是ABN首次公开发行,也是国内市场

首单信托型 ABN 产品。

2016 年 11 月,"长江养老-太平洋寿险保单贷款资产支持计划"在上海保险交易所正式挂牌发行并交易,保交所首单保单贷款 ABS 的发行,标志着银行间、交易所、保交所三大资产证券化平台的鼎立格局形成。

2016 年 12 月,国家发改委和证监会联合发布《国家发展改革委 中国证监会关于推进传统基础设施领域政府和社会资本合作(PPP)项目资产证券化相关工作的通知》,明确了适合资产证券化的 PPP 项目应具备的四项条件,提出通过优化政策和监管来积极支持 PPP 项目资产证券化。

2016 年,中国银行在境外发行了首批以境内地方政府债为主要基础资产的资产支持证券,实现我国首单境内资产境外发行资产证券化、首单以中国地方政府债为基础资产发行证券化产品以及公司跨境担保品服务支持境外发行资产支持证券等多项市场创新。

而不良资产证券化业务也在 2016 年重启。5 月,中国银行和招商银行陆续发行不良资产支持证券,不良资产支持证券时隔 8 年后再次发行。2016 年期间,共发行了 14 只不良资产支持证券,进一步拓宽了商业银行对不良资产的处置渠道。2017,不良资产贷款证券化试点成功扩围,发行机构从 6 家首批试点银行扩至更多中小银行。2019 年,开启第三轮试点,试点机构进一步扩大。

2017 年 3 月,国家发改委与证监会联合推动 PPP 项目资产证券化高效启动,深交所和上交所首单 PPP 资产证券化项目均成功发行。

2017 年 6 月,财政部、中国人民银行、证监会发布关于规范开展政府和社会资本合作项目资产证券化有关事宜的通知,规范推进政府和社会资本合作(PPP)项目资产证券化工作。

2017 年以来,资产证券化市场在基础资产类型、投资者结构等方面实现多项创新,首单产品全面开花。在银行间市场,2 月,银行间首单 REITs"兴业皖新阅嘉一期房地产投资信托基金资产支持证券"成功发行。6 月,国内首单以独立信贷技术商作为主要发起人的公募互联网消费金融 ABS 发行,打破了以往发行主体主要是电商巨头和持牌金融公司的模式。8 月,由中国银行承销的国内首单互联网消费金融"债券通"项目——"北京京东世纪贸易有限公司 2018 年度第一期资产支持票据(债券通)"在银行间市场成功发行。该项目以京东白条应收账款为基础资产,是国内首单互联网消费金融 ABN 债券通项目,对于推动资产证券化行业发展有着重要意义。ABN 也实现多项创新,首单消费金融类 ABN、首单绿色 ABN、首单采用批量发行模式的信托型 ABN、首单商业地产抵押贷款支持票据(CMBN)、首单长租公寓 ABN 成功发行。在交易所市场,首单央企租赁住房 REITs、首单公寓行业 ABS、首单同时涵盖四种基础资产的贸易融资类应收账款储架式 ABS、首单二手车分期租赁标准化场内 ABS 等成功发行,基础资产类型进一步扩大,资产证券化在租赁、绿色、扶贫、消费领域创新显著。

2018年4月,证监会、住建部联合发布《关于推进住房租赁资产证券化相关工作的通知》,明确了开展住房租赁资产证券化的基本条件、优先和重点支持领域、工作流程等。实践方面,2月,"中联前海开源-碧桂园租赁住房一号资产支持专项计划"获深交所审议通过,是国内首单达到百亿级规模的REITs产品。3月,以保利地产自持租赁住房为基础资产的国内首单房企租赁住房REITs发行。4月,"华泰佳越-中南寓见资产支持专项计划"获深交所评审通过,成为国内首单由专业化机构托管的长租公寓类REITs产品。6月,"华泰佳越-苏宁云新一期资产支持专项计划"发行,为首单承续发行类REITs,无缝承接了早期苏宁云创二期项目的相关权益,实现了产品间的闭环运作。8月,"深圳市世纪海翔投资集团有限公司2018年度第一期资产支持票据"发行,成为首单不依赖主体信用的CMBN项目,同时引入第三方专业增信机构和特殊资产服务机构,具有较强的创新意义及示范效应。12月,首单类永续物流地产储架类REITs"华泰佳越-顺丰产业园一期资产支持专项计划"设立。

2018年4月,中国人民银行、银保监会、证监会、国家外汇管理局四部委联合印发《资管新规》,其中对资产证券化产品在期限错配、净值化、多层嵌套等方面作出豁免,利好资产证券化投资,对类资产证券化和非标产品的限制也使得资产证券化成为非标转标的有效途径。

2018年9月,银保监会发布《商业银行理财业务监督管理办法》,明确在银行间市场和证券交易所市场发行的资产支持证券属于理财产品的投资范围,有利于提升企业和金融机构发行资产支持证券的积极性,促进资产证券化的发展。

2018年10月,交易商协会发布《微小企业贷款资产支持证券信息披露指引(2018版)》,大力支持银行业金融机构发行微小企业贷款资产支持证券,并将原有"单笔入池贷款合同金额不超过100万元"的标准提升为"借款人单户授信不超过500万元",体现了对微小企业金融扶持力度。

在实践层面,2018年3月,德邦蚂蚁供应链金融应收账款ABS 20亿元储架发行获批,成为全国首单互联网电商供应链金融ABS。8月,"中信证券-小米1号第一期供应链应付账款资产支持专项计划"于上交所成功发行,该项目储架发行规模100亿元,成为国内首单支持新经济企业供应链金融的ABS。同时,ABS产品的基础资产类型继续扩大,市场参与主体更加多元化,多只"首单"产品成功落地,并精准对接经济转型的重点领域。在银行间市场,"兴元2018年第一期个人住房抵押贷款资产支持证券"和"海通恒信国际租赁股份有限公司2018年度第一期资产支持票据"分别成为首单通过债券通机制引入境外投资者的RMBS和ABN产品;"交盈2018年第一期个人住房抵押贷款资产支持证券"是市场首单基于区块链技术的信贷ABS产品,通过交通银行自主研发的业内首个投行全流程区块链资产证券化平台"聚财链",实现了资产证券化项目信息与资产信息的双上链;此外,首单微小企业贷款资产支持证券"永惠2018年第一期微小企业贷款资产支持证券"也成功发行。在交易所市场,首单"一带一路"ABS,首单专项用于乡村振兴、支持脱贫攻坚的ABS,首单高等院校PPP-ABS,央企首单供给侧改革概念ABS,首单以公租房租金收入为底层资产的ABS,首单生活服务电商平台ABS等产品相继设立或发行。

2019年6月,银保监会发布《资产支持计划注册有关事项的通知》,提出对保险资产管理机构首单资产支持计划之后发行的支持计划实行注册制管理,即实行"初次申报核准、后续产品注册"制度。6月,国家知识产权局发布《2019年深入实施国家知识产权战略加快建设知识产权强国推进计划》,鼓励海南自由贸易试验区探索知识产权证券化,鼓励雄安新区开展知识产权证券化融资。

2019年8月,《中共中央、国务院关于支持深圳建设中国特色社会主义先行示范区的意见》发布,支持探索知识产权证券化。

在实践层面,在银行间市场,市场首单挂钩LPR的浮动利率信贷ABS产品.在交易所市场。2019年3月,"广发恒进-广州地铁集团地铁客运收费收益权2019年第一期绿色资产支持专项计划"发行,是国内首单以地铁客运收费收益权为基础资产的ABS产品,也是"绿色主体+绿色基础资产"的"双绿"ABS产品。同月,"菜鸟中联-中信证券-中国智能骨干网仓储资产支持专项计划"发行,是国内首单可扩募类REITs,简化了增发步骤,缩短了发行周期,资产可持续注入产品。7月,"国金-川投航信停车场PPP项目1-10号资产支持专项计划"在深交所获批,是全国首单PPP储架式资产证券化项目。9月,"兴业圆融-广州开发区专利许可资产支持专项计划"发行,是全国首单专利许可知识产权ABS产品。11月,"海垦控股集团土地承包金资产支持专项计划"发行,成为全国首单以国有土地租金收益权为基础资产的ABS产品。2019年还推出了基于资产支持证券的信用保护工具。3月,海通证券在上交所创设了标的债务为"海通恒信小微3号ABS"优先A-3级的信用保护合约(CDS),是首单基于资产支持证券的信用保护工具。

第二节 信贷资产证券化信托

一、概述

《信贷资产证券化试点管理办法》第2条规定,信贷资产证券化是指在中国境内,银行业金融机构作为发起机构,将信贷资产信托给受托机构,由受托机构以资产支持证券的形式向投资机构发行受益证券,以该财产所产生的现金支付资产支持证券收益的结构性融资活动。信贷资产证券化是资产证券化的一种具体类型,之所以将其作为一个相对独立的证券化种类,是因为它的发起人是银行业金融机构。

信贷资产证券化根据银行的贷款对象不同分为一般贷款证券化、小企业贷款证券化、个人住房抵押贷款证券化和商用房屋抵押贷款证券化。

一般贷款证券化的基础资产是一般意义上银行对企业的贷款,这里的借款企业必须符合中国人民银行在《贷款通则》中规定的相关条件,借款企业应当具备产品有市场、生产经营有效益、不挤占挪用信贷资金、恪守信用等基本条件,并且符合以下要求:(1) 有按期还本付息的能力,原应付贷款利息和到期贷款已清偿;没有清偿的,已经做了贷款人认可的偿还计划。(2) 除自然人和不需要经工商部门核准登记的事业法人外,应当经过工商部门办理年检手续。(3) 已开立基本账户或一般存款账户。(4) 除国务院规定外,有限责任公司和股份有限公司对外股本权益性投资累计额未超过其净资产总额的 50%。(5) 借款人的资产负债率符合贷款人的要求。(6) 申请中期、长期贷款的,新建项目的企业法人所有者权益与项目所需总投资的比例不低于国家规定的投资项目的资本金比例。目前我国的信贷总量中一般性贷款占绝大多数,个人住房抵押贷款、汽车抵押贷款、助学贷款、信用卡贷款所占的比例都还很低,因为长期以来,我国的银行贷款主要为企业的生产建设服务,所以一般贷款证券化构成了我国资产证券化的主力军。

小企业贷款证券化区别于一般贷款证券化的地方在于贷款对象的特殊性,小企业向银行贷款不仅要符合上述《贷款通则》的要求,而且要符合我国统计机关关于小企业的认定标准。小企业是指劳动力、劳动手段或劳动对象在企业中集中程度较低,或者生产和交易数量规模较小的企业,它是按照经营规模来作为划分依据的。我国界定小企业的标准是依据企业职工人数、销售额、资产总额等指标,并结合行业特点制定的。小企业因经济实力、财务状况等不如大中型企业,其融资渠道更为困难。因为银行从风险防范的角度来看,不可能将过多的资金贷给小企业,但是通过小企业贷款证券化,银行可以把证券化融资来的资金贷给更多符合条件的小企业。在严格规范下,这样"贷款——证券化——再贷款——再证券化"的循环过程能产生源源不断的资金,就间接地帮助了小企业从资本市场进行融资。

个人住房抵押贷款证券化(简称 RMBS)的基础资产是银行贷给购房者的抵押贷款,是证券化历史上最早出现的产品,也是证券化最常见的部分。我国商业银行个人住房贷款存量巨大,违约率整体处于较低水平,信用表现较好。

商用房屋抵押贷款证券化(简称 CMBS)的基础资产是银行对商业物业用房的抵押贷款。RMBS 的贷款对象是个人,而 CMBS 的贷款对象是企业法人,但是贷款用途跟一般资产证券化中的贷款又有所区别,它是贷给商用房业主用于购置新建的商用房屋,或者是业主在并购、重组过程中对原有物业的购置。

  银行不良资产证券化中,不良资产是指银行等金融机构中不能如期足额回收本金和收益的资产,主要是指不良贷款。按照贷款五级分类法,可以把银行的贷款分为正常类贷款、关注类贷款、可疑类贷款、次级类贷款、损失类贷款,[①]按照《贷款风险分类指引》,通常将"可疑""次级""损失"三类统称为不良贷款。资产证券化的本质是让缺乏流动性的资产颇具流动性,但是不良资产不仅缺乏流动性,而且其资产质量不佳,能否作为被证券化资产？需要澄清的是,不良资产证券化的本质其实仍然是银行的信贷资产证券化,只不过这里证券化的基础资产不是按照贷款对象来划分的,而是按照银行资产质量来划分,只要是信贷资产,就存在证券化的可能性。目前不良资产证券化套用的是信贷资产证券化的制度框架,由人民银行和国家金融监督管理总局共同监管。不良资产证券化能拓宽银行处置不良资产的渠道,降低银行的不良率,改善财务指标,还能丰富金融市场产品品质,增加资金的流动性。如何使不良资产成功证券化,则涉及证券化技术问题,其中交易结构的安排、信用增级、信用评级、相关信息披露等对不良资产证券化尤为重要。美国次贷危机爆发一个很重要的原因就是把不良贷款当作正常贷款来证券化,其信用风险没有得到充分披露。2016年2月,我国重启不良资产证券化试点,我国不良资产证券化业务发展前景巨大,但受制于法律法规和监管的不健全,离全面实施仍有一定距离。

  汽车贷款证券化尚不属于信贷资产证券化业务。这里的汽车贷款证券化指的是汽车金融公司将向消费者提供的汽车贷款进行证券化融资,[②]它不同于商业银行的汽车消费贷款证券化,虽然其进行证券化的基本原理是相同的,但是前者的发起人是汽车金融公司,后者的发起人是商业银行。汽车金融公司通常是汽车公司的全资子公司,它在汽车贷款的业务上经验比商业银行充足,但汽车金融公司本身的融资渠道却非常有限,所以证券化就为汽车金融公司提供了一条比较合适的融资渠道。2008年1月15日,上汽通用汽车金融公司发行了首单证券化产品。

二、参与主体与法律结构

  信贷资产证券化的载体可以是特殊目的信托或者特殊目的公司,但目前我

  [①] 《贷款风险分类指引》第5条规定:"……次级:借款人的还款能力出现明显问题,完全依靠其正常营业收入无法足额偿还贷款本息,即使执行担保,也可能会造成一定损失。可疑:借款人无法足额偿还贷款本息,即使执行担保,也肯定要造成较大损失。损失:在采取所有可能的措施或一切必要的法律程序之后,本息仍然无法收回,或只能收回极少部分。"

  [②] 《汽车金融公司管理办法》第2条:本办法所称汽车金融公司,是指经国家金融监督管理总局批准设立的、专门提供汽车金融服务的非银行金融机构。

国信贷资产证券化所承认的特殊目的载体只是特殊目的信托,特殊目的公司的设立在现行法律框架下还存在着很多制度障碍。①

(一) 参与主体

信贷资产证券化的参与主体主要包括发起机构、特殊目的信托的受托机构、信用增级机构、贷款服务机构、资金保管机构和投资机构。

1. 发起机构

发起机构是资产证券化的源头,在信贷资产证券化中发起机构一般是指金融机构。② 信贷资产证券化的基础资产是信贷资产,发起机构很重要的一项任务就是确定被证券化信贷资产的范围,这关系到证券化是否能成功。信贷资产应当是能产生稳定的、可预测的现金流收入,具有较高的同质性。③ 要综合考虑被证券化信贷资产的整体状况,对其进行估价、风险与收益分析以及对其产生的现金流结构进行分析。另外,我国信贷资产证券化基础资产的选择呈现出较明显的政府导向因素,具体表现为重视资产质量(优质资产导向),④并与国家产业政策配合紧密(产业导向)。⑤ 发起机构要与特殊目的信托的受托机构签订信托合同,载明信托目的、资金管理,并规定各当事人的权利义务,并将信贷资产进行转让。⑥ 此外,发起机构必须对信托财产的独立性负责,在信托合同有效期内,特殊目的信托的受托机构如果发现信托财产不符合信托合同约定的范围、种类、标准和状况,应当要求发起机构予以赎回或者置换。

2. 特殊目的信托的受托机构

在信贷资产证券化运作中,特殊目的信托在设立后,必须有一个具体的受托机构来现实管理证券化的基础资产,这个机构就被称为特殊目的信托的受托机构(以下简称受托机构)。受托机构由信托投资公司或者银监会批准的其他机构担任,因承诺信托而负责管理特殊目的信托财产并发行资产支持证券的机构。⑦

---

① 我国资产证券化尚未认可或采用特殊目的公司(SPC),其面临诸多障碍:(1)《公司法》对公司的设立、注册资本、治理结构、运行决策、员工等均有要求,并且公司运营需要成本,这与SPC仅用于购买基础资产、管理收入、返还收益的设立目的无法匹配;(2) SPC虽然可以享受一定的税收优惠,但是在现行税制基础上,无法避免双重征税;(3) 在信贷ABS中,银行不能投资于非银行金融业务,不能成立以发行信贷资产支持证券为单一业务的子公司;(4) SPC暂时无法达到《证券法》规定的发行证券的条件。参见邹健主编:《中国资产证券化规则之法律解读》,法律出版社2016年版,第196页。
② 参见《信贷资产证券化试点管理办法》第2条,《金融机构信贷资产证券化试点监督管理办法》第2条。
③ 《金融机构信贷资产证券化试点监督管理办法》第19条。
④ 《关于进一步加强信贷资产证券化业务管理工作的通知》第1条。
⑤ 《关于进一步扩大信贷资产证券化试点有关事项的通知》第1条。
⑥ 《关于进一步规范银行业金融机构信贷资产转让业务的通知》对信贷资产转让作出了比较详细的规定。第2条规定是确定的、可转让的正常类信贷资产;第4条规定了转让应遵守真实性原则,不得安排任何显性或隐性的回购条款,不得采取签订回购协议、即期买断加远期回购等方式规避监管;第6条规定了应遵守洁净转让原则,即实现资产的真实、完全转让,风险的真实、完全转移。
⑦ 《金融机构信贷资产证券化试点监督管理办法》第8条。

受托机构按照信托合同的约定发行资产支持证券、管理信托财产、承担信托财产和资产支持证券相关的信息披露义务、按照信托合同的约定分配信托利益。

3. 信用增级机构

信贷资产证券化的信用增级机构是根据合同所承诺的义务和责任,向信贷资产证券化交易的其他参与机构提供一定程度的信用保护,并承担相应的风险。[①] 信用增级是资产证券化运作中的一个重要步骤,几乎所有的资产证券化交易都运用了信用增级措施。在信贷资产证券化中,鼓励采用信用增级,以保护投资者利益。信用增级可以由内部信用增级和/或外部信用增级的方式提供。内部信用增级包括但不限于超额抵押、资产支持证券分层结构、现金抵押账户和利差账户等方式;外部信用增级包括但不限于备用信用证、担保和保险等方式。

4. 信用评级机构

信用评级机构是指依法设立,主要从事信用评级业务的社会中介机构。[②] 信贷资产证券化的评级采用的双评级制度,由两家评级机构同时对债券进行评级,并独立公布评级结果。同时鼓励采取多元化信用评级方式,对资产支持证券采用投资者付费模式进行信用评级。这是评级制度发展的一个趋势,有利于避免发起机构的"道德风险"。

5. 贷款服务机构

贷款服务机构是指接受受托机构委托,负责管理贷款的机构。[③] 信贷资产证券化的基础资产是银行的信贷资产,必须有一机构来负责管理这部分信贷资产,包括收取贷款本金和利息、管理贷款、保管信托财产法律文件并使其独立于自身财产的法律文件、定期向受托机构提供服务报告、将回收的资金转入资金保管机构并同时通知受托机构等。贷款服务机构可以由发起机构担任,也可以是独立的第三方担任。

6. 资金保管机构

资金保管机构是指接受信托机构委托,负责保管信托财产账户资金的机构,[④]它主要负责安全保管信托财产资金,以信贷资产证券化特定目的的信托名义开设信托财产的资金账户,依照资金保管合同约定的方式向投资者支付投资收益,按照资金保管合同的约定定期向受托机构提供资金保管报告。资金保管机构应当建立内部风险隔离机制,坚持"分账管理"的原则,将所保管的信托资金与其自有资产和管理的其他资产严格分开管理,同时应当为每项信贷资产证券化资金单独设账。

---

① 《金融机构信贷资产证券化试点监督管理办法》第29条。
② 《信用评级业管理暂行办法》第2条。
③ 《金融机构信贷资产证券化试点监督管理办法》第35条。
④ 《金融机构信贷资产证券化试点监督管理办法》第43条。

7. 投资机构

投资者是市场的主体,决定了市场的活跃程度。我国信贷资产证券化投资机构范围已扩张,并不仅仅局限于机构投资者,只要符合条件的投资者均可参与,包括个人投资者。信贷资产证券化的发起机构不得投资于由其发起的资产支持证券,但是发起机构持有最低档次资产支持证券的可以除外。信贷资产证券化的其他参与机构投资于同一证券化交易中发行的资产支持证券,应当建立有效的内部风险隔离机制。

(二) 法律结构

在信贷资产证券化法律结构中,信托制度的架构是其主体。本书将从各当事人的法律关系着眼,解析一下信贷资产证券化的法律结构。

1. 委托人(发起人)和特殊目的信托之间的信托法律关系

委托人与受托人签订信托合同,设立特殊目的信托,但是特殊目的信托只是一个载体,一个空壳实体,只是名义上拥有资产和权益,必须由一个实体机构对特定目的信托财产承担管理职责,即特殊目的信托受托机构(受托人)。于是,委托人和受托人之间形成了信托法律关系,这也是信贷资产证券化的核心结构所在。发起人的权利包括了解信托财产的管理运用、处分及收支情况,查阅、复制权,调整信托财产管理方法,要求受托人恢复原状或者赔偿损失的权利。其义务包括转移信托财产并按照法律的要求进行公示,对受托人支付报酬,信托财产瑕疵担保义务。受托机构的权利包括报酬请求权、辞任权、优先受偿权等,其义务主要是妥善保管信托财产、信息披露、按照信托合同约定分配信托利益等。

2. 受托人和贷款服务机构、资金保管机构、投资者之间的合同法律关系

受托人按照信托合同以及信贷资产证券化说明书的约定,与贷款服务机构签订贷款服务合同,与资金保管机构签订资金保管合同,和这些参与主体之间形成的是一种合同法律关系,双方依照契约享受相应的权利,履行相应的义务。受托人受托发行资产支持证券,投资者进行认购,二者之间形成的是买卖关系,也是一种合同关系。

3. 金融监管主体与资产证券化各参与主体之间的监管关系

金融监管机构与信贷资产证券化各个参与主体之间形成的是一种监管与被监管的关系,其法律依据包括《金融机构信贷资产证券化试点监督管理办法》在内的所有规范性法律文件。两类主体间的权利义务关系较为简明,金融监管机构按照法律规定实施监管权力,并承担相应的义务,而各参与主体则有义务接受监督管理,同时也享有法律规定的权利。

三、法律文件

2001年通过的《信托法》,为信贷资产证券化中设立 SPT 作为特定目的载

体奠定了法律基础。目前我国的信贷资产证券化采取的是信托型方式,发起机构必须把作为基础资产的信贷资产信托给受托机构,设立一个 SPT,以此来实现证券化资产的风险隔离目的。《信托法》第 2 条规定,本法所称信托,是指委托人基于对受托人的信任,将其财产权委托给受托人,由受托人按委托人的意愿以自己的名义,为受益人的利益或者特定目的,进行管理或者处分的行为。依信托之本质,财产在设立信托时是由委托人转移给受托人,委托人不再是财产的所有权人。《信托法》为信托型信贷资产证券化的资产分割提供了上位法依据,而公司型信贷资产证券化之所以无法在我国推行,很重要的一个原因就是《公司法》等法律没有为 SPC 的设立提供有效的法律支撑。

2005 年 4 月 20 日,中国人民银行、银监会共同公布了《信贷资产证券化试点管理办法》,奠定了我国信贷资产证券化试点阶段的基本法律框架。《信贷资产证券化试点管理办法》对信贷资产证券化的概念进行了阐述,明确了其是以证券形式出售信贷资产的结构性融资活动的本质。鉴于资产证券化的实施过程涉及多方主体,该管理办法详细规定了发起机构、特定目的信托、特定目的信托受托机构、贷款服务机构、资金保管机构以及其他服务机构的设立、运行、变更、职责等。同时,《信贷资产证券化试点管理办法》对资产支持证券发行与交易程序、信息披露进行了规定,还设专章规定了资产支持证券持有人的权利及其行使。另外,在资产支持证券持有人的决策机制上进行了详细规定。

2005 年 5 月 16 日,住建部发布《关于个人住房抵押贷款证券化涉及的抵押权变更登记有关问题的试行通知》,规定了批量办理个人住房抵押权变更登记的操作流程。

2005 年 5 月 16 日,财政部下发《信贷资产证券化试点会计处理规定》,系统规范了信贷资产证券化当事人的会计核算及相关信息披露内容,重点规范了信贷资产证券化中发起机构信贷资产终止确认的条件及其会计核算等方面,提高了会计信息的可比性和透明度。

2005 年 6 月 13 日,中国人民银行发布《资产支持证券信息披露规则》,对信贷资产证券化的信息披露的内容、方式、要求做了进一步细化规定,重点规定的特殊目的机构受托机构的信息披露规则,以及相关当事人的保密义务。

2005 年 11 月 7 日,银监会发布《金融机构信贷资产证券化试点监督管理办法》,主要从市场准入、业务规则与风险管理、资本要求三个方面对金融机构参与资产证券化业务制定了监管标准,提出了监管要求,是继《信贷资产证券化试点管理办法》后对信贷资产证券化更整体的规制。一是详细规定了发起机构、受托机构,规定了资产证券化业务的准入条件和程序,确定发起机构和受托机构的准入管理分机构资格审批和证券化方案审批两个层次;二是根据金融机构的不同角色,有针对性地提出了相应的风险管理和操作性要求;三是从证券化风险暴露①的角度,对担当不同角色的金融机构制定了统一的资本计提规则;四是规定了银监会对资产证券化业务实施监督管理的方法和程序,对金融机构提出了信息披露要求,并规定了监管强制措施。还对信贷资产证券化中各个参与主体的违法违规行为规定了相应的法律责任。

2006年2月20日,财政部、国家税务总局联合发布《关于信贷资产证券化有关税收政策问题的通知》,要求国家税务部门必须坚持"税收中性"的原则,并对信贷资产证券化业务试点中主要涉及的印花税、所得税、营业税进行了规定,同时确立了以SPV免税为主的基本原则,在收费的环节及类别上最大限度地避免重复征税。

2006年5月14日,证监会发布《关于证券投资基金投资资产支持证券有关事项的通知》,首次明确允许基金公司投资信贷资产证券化和企业资产证券化产品,并对投资比例、评级要求、信息披露等方面进行了规范,扩大了信贷资产的投资者范围。

2007年8月21日,中国人民银行发布《信贷资产证券化基础资产池信息披露有关事项公告》(中国人民银行公告〔2007〕第16号),再次规定了信贷资产证券化的基础资产池信息披露有关事项,对基础资产池的构建基础、总体特征、资产分布情况、资产集中度情况、法律意见书、信用评级等内容的信息披露做了进一步的详细规范。

2007年9月30日,中国人民银行发布了〔2007〕第21号公告,对资产支持证券在全国银行间债券市场进行质押式回购交易的有关问题进行了明细规定。

2008年2月4日,银监会发布《关于进一步加强信贷资产证券化业务管理工作的通知》,强调对信贷资产证券化业务风险管理,主要从基础资产质量、"真实出售"、银行的资本监管、内部风险控制、信息披露等方面进行了规定,要求各行要根据自身业务水平及管理能力等情况循序渐进发展证券化业务。

2009年12月23日,银监会发布《商业银行资产证券化风险暴露监管资本计量指引》,及时汲取巴塞尔委员会《新资本协议》对资产证券化业务的最新要求和做法,规定了资产证券化业务的资本计量标准、监督检查和信息披露的要求,确立"基础资产的资本计提方法决定证券化风险暴露的资本计提方法"的原则。

2010年12月3日,银监会发布《关于进一步规范银行业金融机构信贷资产转让业务的通知》,进一步对信贷资产的真实出售提出了具体要求,规定了信贷

---

① 《金融机构信贷资产证券化试点监督管理办法》第58条规定:"商业银行因从事信贷资产证券化业务而形成的风险暴露称为证券化风险暴露。证券化风险暴露包括但不限于资产支持证券和信用增级。储备账户如果作为发起机构的资产,应当视同于证券化风险暴露。前款所称储备账户包括但不限于现金抵押账户和利差账户。"

资产转让真实、完全、洁净转让的原则,实现资产真实、完全转让,并做好会计核算和账务处理,做好风险防范。

2012年5月17日,中国人民银行、银监会、财政部共同发布《关于进一步扩大信贷资产证券化试点有关事项的通知》,鼓励金融机构选择符合条件的国家重大基础设施项目贷款、涉农贷款、中小企业贷款、经清理合规的地方政府融资平台公司贷款、节能减排贷款、战略性新兴产业贷款、文化创意产业贷款、保障性安居工程贷款、汽车贷款等多元化信贷资产作为基础资产开展信贷资产证券化,同时首次规定了风险自留比例,还对基础资产选择、机构准入、双评级制度、资本计提、会计处理、信息披露、投资者要求、中介服务管理等方面作了原则性规定。

2012年6月7日,银监会发布《商业银行资本管理办法(试行)》,详细规定资产证券化风险暴露的定义、计算方式、资本要求、资本计提等具体内容。

2013年12月31日,中国人民银行、银监会发布《关于进一步规范信贷资产证券化发起机构风险自留行为的公告》,允许发起机构采用垂直自留方式自留风险,不再要求必须保留至少5%的次级证券,放松了风险自留要求,减少了发行机构的资本占用。

2014年11月20日,银监会公布《关于信贷资产证券化备案登记工作流程的通知》,信贷资产证券化业务将由审批制改为业务备案制,不再对资产证券化产品逐笔审批,对于已发行过信贷资产证券化的银行业金融机构豁免资格审批。

2015年3月26日,中国人民银行公布《关于信贷资产支持证券发行管理有关事宜的公告》,规定已经取得监管部门相关业务资格、发行过信贷资产支持证券且能够按规定披露信息的受托机构和发起机构可以向中国人民银行申请注册,并在注册有效期内自主分期发行信贷资产支持证券。同时规定,采用分层结构的信贷资产支持证券,其最低档次证券发行可免于信用评级;资产支持证券可以向投资者定向发行,定向发行资产支持证券可免于信用评级。该公告为发行机构提供了更大业务空间。

经中国人民银行批准,交易商协会于2015年先后发布《个人汽车贷款资产支持证券信息披露指引(试行)》《个人住房抵押贷款资产支持证券信息披露指引(试行)》《棚户区改造项目贷款资产支持证券信息披露指引(试行)》《个人消费类贷款资产支持证券信息披露指引(试行)》,就个人汽车贷款、个人住房抵押贷款、棚改贷款、个人消费类贷款资产证券化过程中信息披露进行重点规范,明确主体资格、交易结构、发行、存续等各阶段的披露标准,强化对信贷资产的监管规范。

2016年4月19日,交易商协会公布《不良贷款资产支持证券信息披露指引(试行)》,为不良资产进行证券化业务试点工作的重启提供了具体操作准则,相较于普通信贷资产证券化,对不良资产证券化业务在发行环境、存续期间、重大事件以及信息披露评价与反馈机制等方面提出了更高的要求和标准。

2016年10月14日,经中国人民银行批准,交易商协会发布《微小企业贷款资产支持证券信息披露指引(试行)》,指出受托机构、发起机构及为证券化提供服务的机构,在注册环节、发行环节及存续期充分披露微小企业贷款资产支持证券相关信息,进一步规范了信贷资产证券化业务信息披露的操作准则。

2018年8月17日,银保监会发布《关于进一步做好信贷工作提升服务实体经济质效的通知》,提出积极运用资产证券化、信贷资产转让等方式,盘活存量资产,提高资金配置和使用效率。

2018年9月26日,银保监会发布《商业银行理财业务监督管理办法》,明确在银行间市场和证券交易所市场发行的资产支持证券属于理财产品的投资范围,有利于提升企业和金融机构发行资产支持证券的积极性,促进资产证券化的发展。

2018年10月8日,经中国人民银行批准,交易商协会发布《微小企业贷款资产支持证券信息披露指引(2018版)》,将原有"单笔入池贷款合同金额不超过100万"的标准提升为"借款人单户授信不超过500万",体现对微小企业金融扶持。

2019年2月1日,经中国人民银行批准,交易商协会发布《个人消费类贷款资产支持证券信息披露指引(2019版)》,在前期试点的基础上,进一步明确了循环类型的个人消费类贷款资产支持证券信息披露安排。

四、资产证券化的监管

(一)信息披露规则

信息披露是一种有效的监管措施,是资产证券化中保护投资者利益最重要的制度之一,其中基础资产的状况和现金流分配的披露尤为重要。[①] 我国已初步构建可信贷资产证券化信息披露的监管框架,但是相关规定散见于《信贷资产证券化试点管理办法》《资产支持证券信息披露规则》《信贷资产证券化基础资产池信息披露有关事项公告》《金融机构信贷资产证券化试点监督管理办法》《证券公司资产证券化业务管理规定》中,内容分散,容易导致法律适用真空或混乱。另外,各类规范法律效力低下,针对性和约束性不足,无法保证资产支持证券的信息得到真实、准确、完整、及时地披露,其动态风险无法获得充分、全面的评价和反映。另外,目前的法规对信贷资产证券化信息披露制度没有与之相匹配的处罚责任机制,缺乏有效的监管。目前我国资产支持证券信息披露的规定中,对注册和发行环节的信息披露义务规定相对详细,但存续期的信息披露还不够完善,对一些存续期较长的产品,尤其是在下行的经济周期中,应该加强存续期的

---

① 参见张严方:《金融资产证券化——法律问题域实证分析》,法律出版社2009年版,第275页。

信息披露监管,以充分反映产品的动态。信贷资产证券化涉及的主体众多,其在各环节的披露义务与传统证券信息披露不同,不仅发起人及高级管理人员负有信息披露义务,信用增级机构、评级机构、贷款服务机构和资金保管机构等都应负有信息披露义务。

(二) 适度风险自留规则

虽然我国已经确立了风险自留的基本要求,但是立法形式和内容都难以满足资产证券化监督管理的需要。风险自留被认为是捆绑发起人和投资人利益、防范资产证券化业务中逆向选择和道德风险的最为直接、有效的手段。由于发起人比其他中介机构对资产证券化过程具有更强、更直接的影响力,比投资者更能准确知晓基础资产风险,为防止发起人利用该优势谋取不当利益,损害投资者权益,因此要求发起人"参加游戏",通过发起人遭受经济损失的风险促使其以优质基础资产而非劣质或高风险基础资产进行资产证券化,以此减少金融风险,这是风险自留的内在逻辑所在。《关于进一步规范信贷资产证券化发起机构风险自留行为的公告》对风险自留比例作出了调整,相较于《关于进一步扩大信贷资产证券化试点有关事项的通知》,调整为"信贷资产证券化发起机关应持有由其发起资产证券支持证券的比例比低于该档次资产支持证券发行规模的5%;若持有除最低档次之外的资产支持证券,各档次证券均应持有,且应以占个档次证券发行证券的相同比例持有。"该调整降低了发起人风险自留的比例要求,减少了其开展资产证券化的成本。我国信贷资产证券化的风险自留规则需进一步细化:一是除了规定5%的最低比例外,应根据基础资产的风险特征和信用质量设置差异化自留比例、制定豁免条款,引导金融机构向实体经济腾挪信贷资源,减少投机套利的机会。二是应补充禁止转移、出售、对冲、做空或抵押自留风险行为的规则,建立反规避制约机制,确保金融机构真正实现风险自留。

(三) 信用评级规范

规范、准确的信用评级可以协助监管部门对资产证券化产品的信用风险进行识别和监督。而评级机构的收费模式与评级报告的质量息息相关。在发行人付费的评级模式下,评级机构的评级费用由证券发行人支付,致使评级机构可能为迎合发行人利益,提高发行成功率而对存在的信用风险进行"粉饰",或者给发行人提供"评级购买"机会,导致道德风险的产生。[①] 而采用投资者付费模式,评级机构则能够提供更符合投资者需求的评级报告。目前我国信贷资产证券化采用的是发行人付费模式,相关政策文件鼓励探索多元化信用评级,探索投资者付

[①] 参见窦鹏娟:《后危机时代评级机构的监管改革、评价与未来趋势——兼对我国评级监管的启示与借鉴》,载《人大法律评论》编辑委员会组编:《人大法律评论》(2017年卷第3辑),法律出版社2018年版。

费模式。但是,在缺乏正式、可操作性的法律法规之前,监管部门即使认识到改变评级机构收费模式能提高监管质量,但其无法强行要求评级机构都实现投资者付费,这也不符合现实。监管部门应完善信贷资产证券化信用评级监管机制,尽快对信贷资产证券化产品注册、发行环节和存续期等各环节的信用评级制定详细的行为准则,构建统一协调的专业化监管体系。

案例　海印股份信托受益权专项资产管理计划①

1. 案例简介

这是一个资产证券化产品的实践案例。

(1) 基本要素

原始权益人:浦发银行。

计划管理人:中信建投证券股份有限公司。

托管银行:平安银行股份有限公司。

信托受托人:大业信托有限责任公司。

评级机构:大公国际资信评估有限公司。

法律顾问:北京国枫凯文律师事务所。

会计师事务所:北京兴华会计师事务所有限责任公司。

登记托管机构/支付代理机构:中国证券登记结算有限公司深圳分公司。

评估机构:北京中企华资产评估有限责任公司。

(2) 交易结构

计划管理人根据与浦发银行签订的《信托受益权转让协议》,用专项计划资金向浦发银行购买其持有的海印资金信托的受益权。交易完成后,专项计划承接浦发银行与大业信托的合同关系,获得海印资金信托的受益权。(具体交易安排如图9-2所示)

海印股份信托受益权专项资产管理计划分为两层结构。在第一层结构中,浦发银行将15亿元资金委托给大业信托,设立大业-海印股份信托贷款单一资金信托,浦发银行拥有该资金信托的受益权。

大业信托向海印股份发放15亿元的信托贷款,海印股份以运营管理的14个商业物业整租合同项下特定期间经营收益应收款项质押给大业信托,并以上述物业的租金及其他收入作为信托贷款的还款来源。

浦发银行作为资金保管机构保管信托财产,同时也对上述信托贷款的还款

---

① 《海印股份信托受益权专项资产管理计划成立公告》,http://www.cgbchina.com.cn/bondscontent.gsp?kind=bond!getBondBulletinDetail.action?bulletin_id=&bondNewId=1342324, 2021年12月2日访问。

账户实施监管,定期向大业信托提供监管账户每月的银行流水信息。

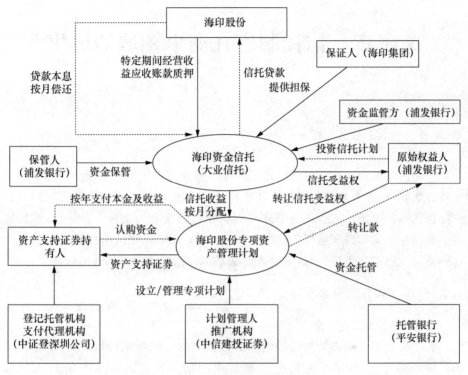

图9-2 具体交易安排

资料来源:根据证券发行计划说明书整理。

在第二层结构中,中信建投证券作为计划管理人设立海印股份信托受益权专项资产管理计划,募集资金购买浦发银行持有的海印资金信托的受益权。资产支持证券投资者认购专项计划成为资产支持证券持有人。专项计划受让的信托受益权年化预期收益率为9.0%。

2. 案例评析

海印股份资产证券化产品是国内首个以商业地产为基础资产的资产证券化产品。该产品表面上看是浦发银行将信贷资产证券化,提前收回资金,实质是海印股份将特定期间经营收益应收账款证券化,做了ABS融资,浦发银行充当的角色只是提供过桥资金;海印股份通过双SPV模式形成信托受益权/委托贷款,将收益权资产转换为债权。这个案例中形成了资产证券化的多层次、多种类的法律关系。

第十章　信托制度在商事领域的运用

第一节　商事信托概述

信托制度被引入我国最初的动因就在于其在商事领域内对资产管理表现出独特的优势,而这种基于信托独有的法律结构的优势是其他制度所不能替代的,信托在我国的发展状况也体现了其在商事领域内蓬勃的生命力。目前,在我国很少见到在英美等国家运用广泛的民事信托,实践中存在的信托绝大多数是由信托公司开展的商事信托,这也是大陆法系国家信托业发展的普遍现象。

一、商事信托的概念与特征

(一) 商事信托的概念

大陆法系中的商事信托是与民事信托相对的一个概念,但在孕育信托制度的英美法系中并不存在完全与之相对应的划分。英美法系中的私人信托(Private Trust)、无偿信托(Gratuitous Trust)、个人信托(Personal Trust)以及家庭信托(Family Trust)等传统意义上的信托,其特点是一种财产的赠与,受托人与受益人均不需为取得信托财产而支付对价。在美国,与上述信托相对的概念是 Commercial Trust,它是随着资本市场发展而逐渐形成的一种特殊形态的信托,从19世纪末20世纪初作为一种商业组织的商业信托(Business Trust)开始兴起,到20世纪二三十年代的共同基金(又称"投资信托"),到现在广泛运用于资产证券化和养老金领域。这种信托并不具有传统信托受托人无偿取得信托财产的特征,受托人会支付取得信托财产的对价,然后对受益人发行相应的信托受益权凭证/投资凭证。我国学者一般将 Commercial Trust 译为"商事信托"。

在英美法系,与 Commercial Trust 相关的另一个概念是 Business Trust,Business Trust 属于 Commercial Trust 的一种,特指基于当事人之间信托合同,以信托形式成立的一种非公司企业经营组织,最典型的代表即是美国20世纪40年代兴起的马萨诸塞州商业信托(Massachusetts Business Trust),简称马州信托。Business Trust 是为了规避适用公司法而产生的,其本身具备公司的一些特性,如受益人的有限责任与信托财产独立,因此美国有些法院将 Business

Trust 视为公司。为了区别于对 Commercial Trust 的"商事信托"的翻译,我国学者一般将 Business Trust 翻译为"商业信托"。

本章将在我国商业领域运用的信托类型统称为商事信托,其中涉及的信托,如果从英美法系的信托来看,既包括 Private Trust(私人信托),也包括 Commercial Trust,不应该将其理解为等同或者限定在英美法中 Commercial Trust 的范围内。

之所以有民事信托与商事信托之分,主要是因为大陆法系国家,特别是主张民商分立的国家,一直有划分民事行为与商事行为的传统,而民事行为与商事行为划分的依据在于是否以营利为目的,所以民事信托与商事信托的区别也在于是否以营利为目的。信托的设立和运行都是围绕着实现信托目的进行的,故此处以营利为目的是指信托目的具有营利性,而非受托人在管理信托时自身的目的。据此,我们可以将商事信托定义为,委托人将财产委托给受托人,受托人在其职责范围内,以营利为目的,对信托财产实施积极的管理,并向受益人分配收益的信托。

需要注意的是,我国《信托法》第 3 条将信托划分为民事信托、营业信托和公益信托三种,有观点认为此处的营业信托即商事信托。我们认为营业信托与商事信托还是存在不同之处的,营业即为经营信托业务,故受托人应当为商业受托人,是固定从事信托业务的商事主体,如信托公司,上文所述的商业信托亦是营业信托的一种。所以,营业信托与非营业信托是依据受托人的身份不同进行区分的,营业信托中也可能有民事信托,如以信托公司作为受托人的家族信托,该信托位于表 10-1 中的 A 区。《全国法院民商事审判工作会议纪要》中也秉持了这一观点,将营业信托定义为:信托公司根据法律法规以及金融监督管理部门的监管规定,以取得信托报酬为目的接受委托人的委托,以受托人身份处理信托事务的经营行为。该定义表明了营业信托的两个主要特征,一是受托人是信托公司,二是受托人目的在于营利而非信托目的在于营利。根据中国银监会的分类方法,目前我国营业信托可以分为债权信托、股权信托、标品信托、同业信托、财产信托、资产证券化信托、慈善(公益)信托、事务信托八项大类,其中慈善信托与多数事务信托并非商事信托。

对于大陆法系国家而言,引入信托制度的目的主要是促进金融市场的发展,信托属于舶来品和新制度,社会中并没有英美法系国家中孕育信托制度的文化土壤,故以民间的自然人作为受托人的情形极为少见,主要还是专业能力更强、信誉更有保障的机构受托人,所以我国绝大多数信托是以信托机构为受托人开展的商事信托,即表 10-1 中的 C 区。

表 10-1　信托的种类

依受托人	依信托目的		公益信托
	私益信托		
	民事信托	商事信托	
营业信托	A 区	C 区	E 区
非营业信托	B 区	D 区	F 区

(二) 商事信托的特征

与民事信托相比,商事信托具有以下鲜明的特征:

1. 信托目的的营利性

信托目的具有营利性是商事信托的本质特征,一般情形下,商事信托也是自益信托,委托人通过设立信托,借助信托机构在资金管理领域内信息资源与专业技能的优势,实现个人财产增值的目的。民事信托和公益信托的信托目的都包含了保护和保存财产的意思,所以信托目的的营利性是商事信托区别于民事信托和公益信托最显著的特点。

2. 信托管理的有偿性

英美法系中,传统意义上的信托强调的是信托的无偿性,即认为信托本质上属于一种赠与(gift),以时间为主要构成因素并受制于一定的管理制度,受益人获得信托利益无须支付对价,受托人是一种荣誉性角色,获得信托财产所有权人的名义也不需要支付对价,一般只从信托财产中获取必要的管理费用。但在我国商业领域运用信托的活动中,受托人为委托人实现信托目的提供资产管理或其他受托服务,根据约定收取报酬作为其管理、运用信托财产的对价,故商事信托具有有偿性的特征。

3. 受托人职责的积极性

英美法传统意义上的信托中,受托人被视为信托财产由委托人向受益人的转移导管,在此过程中受托人管理财产的原则是确保财产保值,所以受托人负有的是一种消极被动的管理财产的义务。而商事信托中,受托人的职责在于追求信托财产的增值,故受托人应当利用自身专业优势,积极主动地获取有关商业信息、寻找获利的机会并进行审慎投资,否则难以实现盈利。所以商事信托中的受托人的职责具有积极性的特征。

二、商事信托的分类

依据不同的标准,商事信托可以有不同分类。以信托功能为划分标准,商事信托可以分为融资类、投资类以及事务管理类。以信托财产初始形态为划分标准,商事信托可以分为财产权(商事)信托与资金(商事)信托。财产权信托是指以非资金财产上权利作为信托财产的商事信托,财产权信托的范围十分广泛,理论上凡是可以货币计算价值的财产权都可以作为该类信托的信托财产,如动产、不动产、有价证券、知识产权等。实践中,将财产权进行分割并在非公开市场发行资产证券化产品是财产权信托的主要业务。资金信托则是指以资金作为信托财产的商事信托。依据资金的来源不同,资金信托又可以分为集合资金信托和单一资金信托。由于资金移转的便捷性和投资的灵活性,实践中资金信托占据了商事信托的大多数。截至2019年年底,我国信托公司受托资产规模为21.6万亿元,其中资金信托规模已将近18万亿,占比约83%。

本章仅就其他章节未单独讨论的商事信托类型予以分析。

第二节 不动产信托

一、不动产信托的概念

不动产信托概念的边界一直都较为模糊,概括地说是指委托人将不动产的相关权利作为信托财产设立的信托,属于财产权信托的一种。不动产的具体形态包括土地与土地上定着物(如建筑物、基础设施等),委托人可以将不动产的某项或几项其合法享有的权利作为信托财产,不动产信托中信托财产初始的形态(委托人移转给受托人的财产权)是不动产的相关权利,受托人依据信托文件的规定对不动产相关权利进行管理或处分。

具体来说,不动产信托的概念有广义和狭义之分,两者区别在于信托财产的范围是否包括某些相关权利。其中,广义的不动产信托的信托财产的具体形式有不动产所有权、不动产用益物权、不动产抵押担保权以及不动产债权等。狭义的不动产信托的信托财产则只包含不动产所有权与不动产用益物权,而将不动产抵押担保债权以及不动产债权排除在不动产信托的范围之外。原因在于,主张狭义不动产信托概念的学者认为,不动产信托应当是作为信托财产的主权利其客体为不动产的信托,不动产抵押担保债权信托的主权利是主债权,其客体为债权行为,并非不动产,故不动产抵押担保债权信托并非不动产信托;财产权信托财产体现为一种净财产,不动产债权信托的信托财产需支付相应的对价方能获得,并非净财产,故不动产债权信托不属于严格意义上的财产权信托。

亦有学者认为不动产信托并非限于财产权信托,不仅包括以不动产相关权利为信托财产设立的信托,也包括将信托财产投资于不动产的信托,并将前者称为不动产资产信托,将后者称为不动产投资信托。从依据信托财产形式划分信托类型的角度来看,不动产资产信托属于通常意义上的不动产信托,仍然也是财产权信托的一种,而不动产投资信托的信托财产的形式一般为金钱,属于资金信托。本节在未作特别说明的情况下,不动产信托仅指不动产资产信托,即广义的不动产信托。

二、不动产信托的类型

从信托财产的性质来分类,不动产信托可分为不动产所有权信托、不动产用益物权信托、不动产抵押担保债权信托、不动产债权信托(主要是不动产租赁权信托)等。从不动产管理方式来看,不动产信托可以分为不动产管理信托、不动产处分信托、不动产融资信托等类型。在实践中主要有如下几类。

(一)不动产管理信托

不动产管理信托,是指以管理不动产为目的而设立的不动产信托。受托人以不动产所有人的身份管理除处分不动产以外的其他各类综合性事务,如房屋的招租、房屋租金收取、房屋的修缮和改建、房屋公共部位卫生、房屋相关税费的支付、房屋相关的损害赔偿等,而不是仅限于不动产的保管。不动产管理信托中最为常见的是商务楼的管理信托。

(二)不动产处分信托

不动产处分信托,是以出售不动产为目的而设立的不动产信托。该类信托在实践中较少,因为如果仅仅以出售不动产为目的设立信托,该信托中受托人可以完成的事项,大部分可以通过订立委托或者居间合同完成。但是如果所售不动产的产权人较多,或者不动产出售时需一并处理相关租赁事宜等情况下,信托受托人相对于受委托人在处理相关事项上则要方便许多。

(三)不动产融资信托

不动产融资信托,是指以获取房屋、基础设施等建设资金为目的设立的不动产信托。在房地产开发以及基础设施建设中需要大量的资金支持,委托人通过让渡自己的不动产相关权利作为信托财产,并由信托公司安排发行信托受益凭证,将受益权出售于投资人,向投资人筹集建设资金投资于不动产开发项目。受益权的出售形式有多种,如采用结构化受益权、限定有效期间的受益权、附回购的受益权等。对于初期需要大量资金、经过长期运营才能收回资金的基础设施来说,通过信托筹集资金不失为一个良策。

(四)土地流转信托

在我国,土地流转信托又称为农村土地流转信托,特指农民将其所承包土地的一定期限内的土地经营权作为信托财产委托给信托机构,由信托机构将上述土地经营权有偿转让给其他公民或法人进行农业经营的信托。我国土地流转信托源于中央推行的以落实集体所有权、稳定农户承包权、放活土地经营权为主要内容"三权分置"改革,改革后土地承包权与经营权相分离,去身份化后的土地经营权得以进入流通市场。其中土地流转信托成为土地经营权进入流通市场的重要方式之一,与其他流通方式相比,采用土地流转信托的方式能够更好地保护农民的土地利益、落实农地保护制度。

三、我国不动产信托的现状

目前我国不动产信托业务发展极为滞后,造成上述现象的主要原因在于我国当前信托登记制度的不完善以及信托税收制度的欠缺。一方面,依据我国《信托法》第10条的规定,设立信托,对于信托财产,有关法律、行政法规规定应当办理登记手续的,应当依法办理信托登记,否则该信托不产生效力。尽管近年来先后出台了《信托登记管理办法》和《中国信托登记有限责任公司监督管理办法》,但根据上述文件的规定,作为信托登记机构的中国信托登记有限责任公司只对信托产品、受益权以及无须办理权属登记的财产进行信托登记。所以,作为必须办理权属登记的不动产,仍然无法完成信托财产的登记,自然也无法完成不动产信托。另一方面,我国并未专门制定信托税收制度,而不动产信托在设立和终止时均需要办理不动产的过户登记手续,存在重复征税的可能性,所以高昂的税费成本也阻碍着不动产信托业务的开展。

相对于不动产信托,我国信托实务中更为常见的一个类似表述是房地产信托。房地产信托是指房地产企业通过信托公司发行信托产品募集资金,并将所募集的资金用于房地产开发项目过程中所形成的信托。依据房地产企业与信托公司之间的合作模式,我国实践中常见的房地产信托可以分为贷款模式、股权模式、权益模式、准资产证券化模式等。其中,前三种模式所涉及的信托均是以市场中的投资人作为委托人兼受益人,信托公司作为受托人,投资人通过购买信托产品的方式将资金形式的信托财产交于信托公司管理的信托,信托公司再通过与房地产企业签订信托贷款合同、股权收购合同、权益转让合同等方式管理信托财产获得收益,并在扣除相关税费后向投资人支付信托本金及收益。故前三种模式下的信托均属于不动产投资信托,从本质上而言属于资金信托。而最后一种准资产证券化模式则是首先由房地产企业作为委托人兼受益人,信托公司作为受托人,以房地产项目应收账款等财产权为信托财产设立信托。再由信托公司作为房地产企业的代理人,将房地产企业的优先受益权转让给投资人,从而使得投资人成为优先级受益人,房地产企业成为次级受益人,同时信托公司作为投资人的代理人,将投资人的资金转让给房地产企业,房地产企业以此获得项目资金。准资产证券化模式是构建"房地产财产权信托＋信托受益权转让"的模式,引入"信托优先级—次级"受益权结构化设计,通过信托公司在受托人与代理人之间的身份转换,实现房地产企业融资的目的。因此,准资产证券化模式下的房地产信托本质上属于广义的不动产信托,即不动产资产收益权信托。

四、不动产投资信托

(一) 不动产投资信托的历史沿革

不动产投资信托(Real Estate Investment Trusts,简称 REITs)制度的理念源于美国马萨诸塞州的商业信托。19 世纪中期,工业革命带来了大量财富,引发了对房地产投资的巨大需求,但当时美国法律禁止一般公司拥有房地产,马萨诸塞州的商业信托制度应运而生。该制度不仅实现了一般公司经营房地产的目的,同时还使得投资者在信托层面免征联邦税款。但此后 1935 年美国最高法院在"莫里斯诉专员"(Morrissey v. Commissioner)一案中撤销了免税待遇,商业信托也随之没落。直至 1960 年,美国的《国内税法典》(Internal Revenue Code)重新修订,正式确立了 REITs 的法律地位,同时赋予 REITs 与封闭式共同基金同等的税收优惠待遇,此后 REITs 得以再次发展起来。

21 世纪之后,REITs 在亚洲开始迅速发展。日本于 2000 年修改了《投资信托法》,允许投资信托资金进入房地产业,随后在东京证券交易所建立了 REITs 上市系统。新加坡于 1999 年颁布了《财政基金要则》规范 REITs 的运行,并于 2001 年出台《证券和期货法则》对上市 REITs 进行规范。

我国香港地区于 2003 年颁布了《房地产投资信托基金守则》,对 REITs 的设立条件、组织结构、投资范围等各方面进行了规范。

(二) 不动产投资信托的概念与类型

美国 1960 年《国内税法典》认为 REITs 一般采取公司、信托或者协会的组织形式,并从组织结构、股权结构、资产结构、收入结构和分配结构等角度对 REITs 进行界定。在我国,REITs 是特指委托人将其资金委托给受托人组成信托基金,并将信托基金主要用于不动产投资以获取收益的信托,其本质上属于资金信托,受托人以私募或者公募的形式向投资者募集资金并给予收益凭证,投资的主要项目包括具有稳定租金收入的房地产、房地产贷款、购买房地产贷款或者抵押贷款支持证券,是一种被动式的房地产投资工具。

依据投资组合和主要从事的投资活动,可以分为权益型 REITs(Equity REITs)、抵押型 REITs(Mortgage REITs)与混合型 REITs(Hybrid REITs)。权益型 REITs 是指基金管理人将筹集的资金主要用于购买不动产资产所有权或其他权益,其实质是拥有、投资或管理不动产,收益主要来自不动产资产本身的升值以及租金收益。抵押型 REITs 是指基金管理人将筹集的资金向不动产所有者提供抵押贷款,其实质是拥有不动产抵押担保债权,收益主要来自抵押贷款的利息。混合型 REITs 是后来出现的既投资于房地产产权,又投资于房地产抵押权的信托,相对而言投资渠道较宽,风险也相对分散。

依据资金的募集方式,可以分为公募 REITs 与私募 REITs。公募 REITs

是指通过向不特定的社会公众广泛地发售不动产支持证券设立的REITs；通常情况下，公募REITs的证券会在证券交易所上市交易，一般的投资者都可以进行认购。私募REITs是指仅向特定投资者发售不动产支持证券而设立的REITs，私募REITs的投资者通常限于合资投资者（accredited investor），即投资技能成熟的投资者，一般是机构投资者以及与发行人有特殊关系的个人。

依据组织形式，可以分为公司型REITs与信托型REITs。公司型REITs，又称共同基金，是投资者依法设立的，主要投资于不动产领域的股份制投资公司，该类公司通过发行股票的方式募集资金形成投资基金，是具有独立法人资格的经济实体。信托型REITs，又称契约型REITs，是指投资者作为委托人与基金管理人作为受托人签订信托契约发行信托受益凭证，基金管理人与托管人订立信托契约，以托管人的名义持有和保管投资基金，基金管理人依据信托契约的规定对投资基金进行管理。

(三)不动产投资信托的优势

1. 流动性

不动产与其他资产相比价值相对较高，流动性也相对较差，投资人直接持有不动产往往面临难以及时变现的困境。REITs则有助于提高不动产的流动性，投资者可以在REITs的公开市场上买卖不动产或其抵押权支持证券，从而提高其持有资产的流动性。

2. 安全性

REITs是通过专业化的管理将募集到的资金用于多样化的投资，一方面可以通过投资不同地区、不同种类的不动产，或是其他领域资产，来避免集中投资可能产生的高风险。另一方面，与直接投资不动产相比，特别是抵押型REITs，可以有效避免因房地产市场波动所带来的投资风险。

3. 收益性

REITs的收益往往与资产价值直接相关，可以提供相对稳定的投资回报。与股票相比，REITs一方面可以免除公司在经营层的税收，投资者避免了双重征税负担；另一方面一般法律会强制规定REITs分红收益比例，如美国法律要求REITs公司必须将90%的应税收入作为分红，我国公募REITs征求意见稿中也规定REITs收益分配比例不低于基金年度可供分配利润的90%。与债券相比，债券只能获得固定的债券利息，但REITs除了基本收益外还能获得资产增值，所以总的收益一般比债券要高。

4. 投资主体扩大

不动产行业本是资金密集型行业，一般投资者很难有足够的资金涉足，而REITs通过资产证券化等方式将不动产资产分割成金额较低的份额，降低了不动产投资的门槛，使得中小投资者能从事不动产领域的投资，从另一方面说，也扩大了不动产企业的融资渠道与范围。

(四) 我国不动产投资信托的现状

我国目前尚无标准 REITs 产品,只有与 REITs 相似的中国本土化产物——类 REITs。2003 年 6 月,中国人民银行发布了《关于进一步加强房地产信贷业务管理的通知》,促成了我国首例类 REITs——法国欧尚天津第一店资金信托的推出,此后各种类 REITs 产品便逐渐发展起来。尤其是 2014 年北上广深根据住建部要求开展 REITs 发行及试点交易之后,类 REITs 呈现迅速发展趋势并在国内外市场发行,其中,2014 年境内首单私募类 REITs 产品"中信启航专项资产管理计划"发行。

我国类 REITs 产品主要是以专项资管计划为载体的可以在交易所挂牌转让的类 REITs,由于受到相关法律法规限制,其仍属于私募产品,不得公开发行,仅限于合格投资者范围内发行与转让,此外还有在银行间债券市场发行的类 REITs。总体而言,目前国内的类 REITs 主要面向机构投资者,规模较小,多采用私募方式,产品流动性不足,此外国内类 REITs 税收负担也较重,与国外标准 REITs 存在一定的差距。

2020 年 4 月,中国证监会与国家发改委联合发布了《关于推进基础设施领域不动产投资信托基金(REITs)试点相关工作的通知》,并公布了《公开募集基础设施证券投资基金指引(试行)》(以下简称《指引》)的征求意见稿,推进基础设施领域不动产投资信托基金的试点工作,拉开了我国国内开展公募 REITs 的序幕。

《指引》主要对基础设施基金的产品定义、参与主体资质与职责、产品注册、基金份额发售、投资运作、项目管理、信息披露、监督管理等进行规范。《指引》明确要求基础设施基金采用"公募基金+单一基础设施资产支持证券"的产品结构,需同时符合下列特征:(1) 80% 以上基金资产持有单一基础设施资产支持证券全部份额,基础设施资产支持证券持有基础设施项目公司全部股权;(2) 基金通过资产支持证券和项目公司等特殊目的载体穿透取得基础设施项目完全所有权或特许经营权;(3) 基金管理人积极运营管理基础设施项目,以获取基础设施项目租金、收费等稳定现金流为主要目的;(4) 采取封闭式运作,收益分配比例不低于基金年度可供分配利润的 90%。上述结构是基于我国现有的资产证券化机制,对符合条件的、具有持续稳定现金流的优质基础设施不动产进行证券化,同时在公募基金层面,公开募集资金设立投资基金,由专业的基金管理人管理,基金托管人托管,投资于上述不动产支持证券。既沿用了过去传统的资产证券化机制,又在公募基金层面突破了《公开募集证券投资基金运作管理办法》中关于基金管理人投资的"双十限制",即一只基金持有一家公司发行的证券的市值不得超过基金净资产的 10%,同一基金管理人管理的全部基金持有一家公司发行的证券不得超过该证券的 10%。但由于我国是税收法定原则,《指引》也很难在税收优惠方面有所突破,所以相对于国外,国内公募 REITs 仍需要承担相对较重的税收负担。

第三节　股　权　信　托

一、股权信托

所谓股权信托,顾名思义是指以公司股权作为信托财产的信托,即委托人将其享有的股权委托给受托人,受托人成为名义上的股东并依据信托文件的规定行使股东权利的信托,受托人因持有公司股权而获得的收益归信托受益人所有。也有观点认为,股权信托还包括委托人将货币或可作为出资的非货币财产作为信托财产,再由受托人依据委托人的意愿将信托财产作用于指定公司作为出资或者购买股权的情形。股权信托中股权的载体包括有限责任公司的出资证明书与股份有限公司的股票,其中以股票为载体的股权信托也属于有价证券信托。

需要注意的是,股权信托不包括市场中较为常见的股权投资类信托,如私募股权投资基金、股票类证券投资基金、股权收益权投资信托等等,这类信托多为理财产品,本质上属于资金信托,信托财产初始形态并非股权,委托人并不关心具体投资于哪家公司以及股东权利如何行使,其设立信托的目的只在于追求个人财富增长,相应的受托人对信托事务的管理也是围绕着财产增值进行,所以该类信托的实质是对委托人资金的管理而非对股权的管理。

与股权信托相似的一个概念为股权代持,又称隐名持股,其与股权信托既有相同之处又存在区别。相同之处是两者均可以作为代为行使股权方式;不同之处是股权代持包含了信托关系与委托代理关系两类,而股权信托的内容也可能不仅限于代为行使股权,两者之间存在交叉关系。

委托人设立股权信托的原因也有多种,如将琐碎的股东相关事务委托给受托人以节约个人精力,将过于分散的多个小股东股权进行集中管理,借助委托人专业知识优化公司管理方面的决策,委托人不具备股东资格等等。委托人将股东权利转让予受托人由受托人享有,这对受托人而言不仅是股东权利,也是信托义务,受托人应严格依据信托文件规定行使。一般情形下,股权信托中受托人主要履行的职责包括:股票股息的收取、本息的受领、增资股款的缴纳、表决权的行使、知情权的行使、股东诉讼权利的行使等等。股权信托在实践中的具体应用有多种,下面就较为常见的表决权信托和员工持股信托予以介绍。

二、表决权信托

(一) 表决权信托的概念

表决权信托又称投票信托(Voting Trust),一般认为表决权信托是指委托人将其整个股权作为信托财产委托给受托人,受托人作为名义上的股东依据信托文件的规定行使表决权及相关权利,并向委托人或者委托人指定的人分配股权上的收益的信托。也有观点认为,表决权信托是指委托人将其股权中的表决权分离出来作为信托财产委托给受托人,其他股权仍然由委托人享有的信托。

两种观点的关键区别在于如何界定表决权信托的客体——信托财产。从理论上来说,股权是一个整体性权利,具有不可分割性,表决权是依附于股权非独立性权利,故不可将表决权单独分离出作为信托财产;表决权是基于股东身份而享有的权利,属于身份权而非财产权,不符合成为信托财产的条件,且基于身份而享有的表决权只能由股东来行使,作为非股东的受托人则无权行使;将整个股权作为信托财产并不意味着受托人可以行使股权所包含的所有权利,其对股权的行使受到信托文件的限制,一般限定在表决权及相关权利的范围内。从实践来看,我国现实中并无股权分割转让的法律规定,也没有允许表决权单独登记的股权登记制度,因此将整个股权作为信托财产委托给受托人更具有可操作性。

表决权信托不等同于股权信托,属于股权信托的一种,是以行使表决权为信托目的的股权信托。股权包含自益权与共益权,表决权仅为众多共益权之一。表决权信托中,受托人作为股权名义上的所有人,自然享有股权中所有的权利,但在一般情况下,除表决权及相关权利如何行使由受托人自行决断外,其余大部分股东权利如何行使的决定权仍在委托人。

(二) 表决权信托的沿革

表决权信托起源于美国,最早出现在 1864 年的"太平洋邮船公司股东表决权信托案"(Brown v. Pacific Mail Steamship Co.),美国联邦最高法院最终判定该案中表决权信托有效。此后一段时间内美国经济处于开拓时期,表决权信托多用于公司复兴等正当目的,因此在这段时间内很少有人对股东表决权信托的有效性提出质疑。19 世纪末,美国经济进入繁荣时期,表决权信托被大量用于实现垄断经营等不法目的,美国各州开始制定反垄断法严格禁止通过表决权信托的方式形成托拉斯(Trust),这段时期美国法院多数判例对表决权信托的效力也持否定态度。1901 年纽约州率先以成文法形式肯定了表决权信托的效力,表决权信托有效论逐渐成为主流观点。特别是在 1928 年美国《统一商事公司法》(Uniform Business Corporation Act)规定了表决权信托制度之后,越来越多的州立法和判例肯定表决权信托的效力,表决权信托制度在美国得以确立。20 世纪 50 年代以后,表决权信托制度开始被大陆法系国家引入,但多为类似制度的规定或者是简要规定。我国目前尚无法律明文规定表决权信托制度，但依据《信托法》的规定，信托财产包括合法的财产性权利，股权属于财产性权利，故可以此作为信托财产成立表决权信托。

（三）表决权信托的当事人

表决权信托的当事人亦由委托人、受托人与受益人构成，信托当事人享有的权利与承担的义务与一般信托相同之处不再赘述，下面就表决权信托中信托当事人特殊的权利义务予以介绍。

表决权信托的委托人系公司股东，实践中一般为多数即多名股东共同设立信托，将表决权交由受托人统一行使。表决权信托成立之后，委托人即不再是公司股东，原由委托人享有的股东的权利和义务也连同股东身份一并移转至受托人。但表决权信托仅仅是将表决权及相关权利交由受托人行使，其余部分股东权利虽名义上归受托人享有，但通常情况下委托人仍然通过信托文件的规定对上述权利的行使享有控制权，即受托人须在委托人的指示或同意下行使上述权利，具体包括以下三类：一是对除表决权及相关权利以外的其余共益权，如股东的监督权、知情权、公司解散请求权、公司重整请求权等权利；二是除获得股利以外的其余自益权，如新股认股权、剩余财产分配权等权利；三是重大事项的表决权，如关于公司增资、减资、合并、分立、解散、清算等表决权。

表决权信托的受托人最主要的职责即为依据信托文件规定行使表决权，以及为行使表决权而享有的相关权利，如股东会或股东大会的召集请求权与自行召集权、累计投票权等等。表决权信托中也经常出现多名股东委托一人的情况，此种情形下受托人集中了原本分散的股权，故受托人可能因此成为公司的大股东或控股股东，此时，受托人除承担一般的信托义务之外，还需承担作为大股东或控股股东应当承担的特殊义务，如持股变动的信息披露、关联交易的禁止等等。

表决权信托的受益人通常情况下与委托人系同一人，表决权信托成立后，受托人向受益人签发表决权信托证书，该证书具有流通性，故受益人有权将该证书一并转让他人，或分割转让给其他人。表决权信托终止之后，作为信托财产的股权通常移转至受益人名下。

三、员工持股信托

（一）员工持股计划的沿革

现代意义上的员工持股计划兴起于20世纪70年代的美国，该制度在一定程度上增加了公司的内部融资渠道，缓和了劳资双方的矛盾，提高了职工的工作积极性，促进了公司的民主管理。我国的员工持股计划是在20世纪80年代探索建立股份合作制企业组织模式的过程中出现的，在1992年提出建立社会主义市场经济体制的目标后,员工持股模式也随着国有企业股份制改造全面推行。此后,国家先后推出了定向募集股份有限公司的内部职工股以及社会募集股份有限公司的可流通职工股,但均因实践效果不理想而最终取消了上述职工股。1998年证监会发文:股份有限公司公开发行股票一律不再发行公司职工股。与此同时,地方政府也在积极探索员工持股会的运作模式,并在多地蓬勃发展,但因员工持股会的主体资格问题,2000年证监会复函不接受员工持股会或工会作为股东的公司公开发行股票的申请。2013年,党的十八届三中全会提出"允许混合所有制经济实行企业员工持股,形成资本所有者和劳动者利益共同体",重启了停滞多年的员工持股计划改革。2014年,证监会发布《关于上市公司实施员工持股计划试点的指导意见》,就上市公司员工持股计划的基本原则、主要内容、实施程序及信息披露、监管作出了规定。2016年,国资委发布了《关于国有控股混合所有制企业开展员工持股试点的意见》,就国有控股混合所有制企业员工持股的试点企业条件、员工入股要求、股权管理方式等作出了规定。

(二)员工持股计划的模式

依据持股主体的不同,员工持股计划主要有四种不同的模式:员工直接持股模式、员工持股会模式、新设企业持股模式、员工持股信托模式。(1)员工直接持股模式。该模式下,公司股权由员工个人直接享有,相应的股东权利也由员工个人直接行使,员工以公司所有者的身份直接参与公司管理并获取收益。但由于持股员工人数众多导致股权过于分散,持股员工难以通过行使股权的方式对公司决策产生影响,由此也会造成持股员工怠于行使股东权利,导致持股员工参与公司治理、保障个人权利的目的落空。员工取得公司股份之后,亦可能为获取两级市场之间的差价利益而抛售股票,给公司管理造成混乱。此外,非上市公司员工持股的人数还会受到法律的限制。(2)员工持股会模式。该模式下,员工取得股权后将股权交由持股会,持股会向员工发放相应的出资证明,相应的股东权利也由持股会以其名义行使。员工持股会模式在一定程度上消除了员工直接持股对公司管理和运营可能产生的不利影响,成为开展员工持股计划的通行办法。实践中亦有采用在工会下设员工持股会的方式,以工会的名义持有股权。由于员工持股会本身并不具备民事主体资格,工会持股与其作为非营利性法人的性质也存在冲突,因此证监会也发文对公开发行股票的公司采用上述两种模式作出了限制。(3)新设企业持股模式。该模式是指参加员工持股计划的员工以其持有的股权出资设立新的公司或者合伙企业,通过新设立的企业管理员工持股。但通过新设企业投资目标公司的方式持股可能面临着双重征税的问题,且目标公司的股东人数也存在着被穿透计算的风险。实践中较为常见的是采用设立有限合伙企业的形式,各合伙人按照持股计划的约定各自持股,由合伙企业执行事务的合伙人依据持股计划与合伙协议代为集中行使股东权利。(4)员工持股信托模式。即企业通过设立员工持股信托的方式来管理员工持股计划，具体在下文予以介绍。

（三）员工持股信托

员工持股信托是指参加员工持股计划的员工将其持有的股权委托给受托人，受托人作为名义上的股东依据信托文件的规定管理员工持股，并向作为受益人的员工分配股利的信托。员工持股信托作为员工持股计划的模式之一，在实现专业化管理、保护股东利益和实现长期持股等方面具有天然的优势，主要体现在以下几个方面。

1. 股权管理方面

员工持股信托中，通过所有权与受益权相分离的方式将员工股权让与受托人，使得将原本分散的股权得以集中行使，从而提高公司决策效率。员工持股信托的受托人一般为具备专业资质和能力的信托机构，通过对员工股权的专业化管理，促进公司决策的科学化与民主化。二是持股主体资格方面。员工持股信托中的员工股权实际登记在受托人名下，作为受托人的信托机构为具备民事主体资格的法人，故其成为股东并行使股权并无法律上的障碍，员工持股信托模式解决了员工持股会以及工会持股中的持股主体资格问题。三是持股期限方面。信托财产具有独立性，信托一旦设立，信托财产即独立于委托人、受托人以及受益人，员工持股信托亦是如此，员工将其股权设立信托后便失去了对股权的管理和处分的权利，员工持股计划只得依据信托文件的规定予以执行，由此也确保了员工持股的稳定性与长期性，避免了员工随意抛售股份对公司运营产生不利影响。

2. 员工持股信托的当事人

员工持股信托中的受益人必然是参加员工持股计划的公司员工，受托人通常情况下是具备资产管理资质的信托机构，一般对此并无争议。但关于员工持股信托的委托人为何人，却存在多种情况。如果信托的初始形态不限于股权，则从理论上来说，公司、大股东以及公司员工都有可能成为员工持股信托的委托人。如公司将待分配给员工的资金形式的福利作为信托财产委托给受托人，再由受托人运用这笔资金购买公司股权设立信托，此时委托人即公司。再如大股东将其所持有股权拿出一部分作为信托财产委托给受托人，以参加持股计划的员工作为受益人的信托，此时委托人即为公司的大股东。或是参加员工持股计划的员工以其取得的股权为信托财产设立自益信托，此时委托人又变为公司员工。当员工持股信托中的委托人不同时，信托对当事人权益的分配亦会有所不同。一方面是信托设立本身会体现委托人的意志，另一方面，大陆法系的信托法一般都赋予委托人较多的权利，所以在信托的运行中，亦可能出现委托人不当干预信托财产管理的情形。所以，如果公司与大股东作为委托人时，必然会在信托文件中规定或是在信托运行中行使相关权利，使得信托财产管理的目标偏向于公司发展，而非员工个人利益。如果委托人为员工，则情形恰好相反。为此，实践中的一种常见的做法是，公司与信托公司签订员工持股信托计划，公司员工作为委托人与信托公司在员工持股信托计划的框架下订立信托合同，以此确保公司利益不受损害，同时也保证了员工作为委托人的地位。所以，从实践来看，员工持股计划的委托人一般都是参加员工持股计划的公司员工。

3. 员工持股计划的退出

参加员工持股计划的员工可能会因为离职、退休等原因退出持股计划，在员工持股信托模式下，员工可以通过选择直接转让受益权的方式或者恢复股东身份后转让股权的方式退出。如果员工退出持股计划时有新的员工加入，则可以选择直接转让受益权的方式，受益权转让的主要依据就是信托文件的规定，并不需要进行股权变更登记，相对来说较为简单。如果员工退出持股计划时没有新的员工加入，则员工需要终止信托，将股权移转至员工名下，再由公司以市场价格将该股权回购。

第四节 资产收益权信托

一、资产收益权信托的概念

资产收益权信托，是指委托人将其合法享有的资产在未来一定期限内的收益权作为信托财产委托给受托人，由受托人以该资产收益权为基础设立信托计划，委托人作为受益人将其所拥有的部分信托受益权依据信托计划等相关安排向合格投资者转让以募集资金的信托。

资产收益权信托中基础资产的类型多样，如房地产开发项目、矿产开发项目、基础设施建设项目、股票、专利、应收账款等等，上述基础资产会在未来的一定期限内为资产的所有者带来持续的收益，但资产所有者却往往在持有资产的初期面临大量的资金缺口，此时如选择以资产收益权信托作为资金通道，可将未来收益立即转化为当前融资，从而有效避免资产持有者陷入现金周期的困境。资产收益权信托作为一种新型的融资模式，一经推出便备受青睐，相关交易结构已在融资实践中被广泛运用。特别是在房地产开发领域，自房地产信托贷款的标准被提高之后，资产收益权信托已成为信托贷款的通行替代融资方式。但立法层面有关资产收益权方面目前仍然是空白，由于资产收益权本身能否作为信托财产一直存在着争议，故业界对资产收益权信托的效力也有不少质疑之声。

二、资产收益权

(一) 资产收益权的性质

资产收益权是基于对资产进行经营管理而获取收益的权利。关于资产收益权的性质，历来有用益物权说、权能说、未来债权说三种观点。其中，用益物权说认为资产收益权是一种新型用益物权，资产收益权人对资产享有占有、使用、收益的权利；但是我国《民法典》规定的用益物权的类型中并无资产收益权，所以用益物权说与物权法定原则存在着难以调和的冲突，且资产收益权并不具备物权的排他性特征。权能说则并未将资产收益权视为一项权利，认为资产收益权仅仅是所有权多项权能中的收益权能，基于收益权能可以获得资产产生的收益；但所有权作为一项权利具有完整性，不能在时间上或内容上对其进行分割，更无法将权能单独进行转让，这与资产收益权的可转让性不一致。目前主流观点是未来债权说，认为资产收益权是在将来一段时间内对资产进行经营管理而取得的对第三人的金钱债权，未来债权说的说法更贴合资产收益权的特点，但反对者认为资产收益权数额和债务人是不确定的，因此不符合成为债权的条件。

(二) 资产收益权信托的合法性

资产收益权信托自出现之日起，其法律效力一直就备受争议。质疑者的理由主要有两点：一是信托目的的合法性。《信托法》第 11 条规定，信托目的违反法律、行政法规或者损害社会公共利益则信托无效。资产收益权信托是为了规避监管部门对信托贷款的发放条件以及计提风险保证金比例而设计的，该信托目的本身不具备合法性要求，信托应属无效。二是信托财产的确定性。《信托法》规定设立信托必须有确定的信托财产，信托财产不能确定的则信托无效。而作为信托财产的资产收益权的行使对象及数额均不能确定，不符合《信托法》对信托财产确定性的要求，故从信托财产确定性方面看，资产收益权信托也应归于无效。亦有观点认为，资产收益权信托的信托财产具备确定性的前提是信托财产包含了基础资产，如果不承认基础资产为信托财产，则该信托因信托财产不确定而无效。

1. 关于信托目的合法性

规避法律是信托制度与生俱来的性质，故不可以设立信托目的在于规避法律为由一概认定信托目的不合法，衡量信托目的是否合法的标准在于此种规避是否对社会公共利益造成了实质性损害或违反了法律、行政法规的强制性规定。以最常见的房地产为基础资产的收益权信托为例，该信托的出现确实是为了规避银监会对信托贷款主体资质的要求，但一方面上述监管条款本身效力位阶较低，尚未及于法律、行政法规层面，且该监管条款是为了调控房地产市场制定的，属于管理性规范而非效力性规范。另一方面，该类资产收益权信托本身并不会对社会公众的利益产生实质性损害。故该类资产收益权信托并不会因信托目的欠缺合法性而被认定为无效。所以,对于资产收益权信托,不可一律以信托目的不合法为由认定信托无效。

2. 关于信托财产的确定性

所谓信托财产的确定性,是指哪些财产作为信托财产是可以确定的,而不是指信托设立时信托财产是可予以具体明确的。确定信托财产的方法有很多种,可以直接列明具体的财产,也可以规定确定信托财产的方法。对于后者,只要依据该方法能明确信托财产的范围,信托财产的独立性不会因此受到影响,应当认为信托财产具有确定性。对于资产收益权而言,只要基础资产范围、收益期限等确定资产收益的方法明确,则据此产生的收益也可以确定的,此时资产收益权符合确定性的要求。

从理论上而言,资产收益权信托的信托目的具备合法性与信托财产具备确定性并无理论上的障碍,资产收益权信托的效力应得到肯定。从实践上来看,资产收益权信托的效力已在首例资产收益权信托案——"安信信托诉昆山纯高案"中有较为明确的认定,该案生效判决认定双方当事人之间存在信托法律关系,信托财产为资产收益权,由此基本确认了资产收益权作为信托财产的合法性,这为开展资产收益权信托业务提供了司法判例的支持。①

三、资产收益权信托的结构安排

资产收益权信托中往往会对信托受益权进行分级,委托人持有劣后级受益权以保证投资人的固定收益,同时还会采取资产抵押等增信措施。实务中,资产收益权信托结构安排主要有如下几个步骤:

(1) 委托人以其持有的特定基础资产在未来一定期限内的收益权为信托财产,以信托公司作为受托人设立资产收益权信托,委托人作为受益人享有受益权。

(2) 信托公司将上述受益权分为优先级受益权与劣后级受益权,优先级为从资产收益中分配本金与固定收益,劣后级以优先级接受足额分配后剩余资产收益为限进行分配;

(3) 委托人保留劣后级受益权,并由信托公司代为将优先级受益权转让给合格投资人,投资人购买优先级受益权成为优先级受益人,委托人获得募集资金作为优先级受益权转让的对价,同时成为劣后级受益人。

(4) 委托人继续管理基础资产,并归集基础资产所产生的全部收益转付至

---

① 详见上海市第二中级人民法院(2012)沪二中民六商初字第 7 号民事判决书及上海市高级人民法院(2013)沪高民五(商)终字第 11 号民事判决书。

信托专户。

（5）受托人以归集的收益扣除信托费用为限，支付投资人本金及收益；剩余收益全部移转至委托人。

（6）交易方案中还可能采用资金监管、实际控制人担保、基础资产抵押、差额补足等方式对信托计划进行增信。

四、资产收益权投资信托

与资产收益权信托不同，资产收益权投资信托是指信托公司设立资金信托计划筹集资金，并将资金用于购买资产收益权，并依据信托文件的规定向投资人分配收益的信托。该融资模式本质上属于资金信托而非资产收益权信托，基础资产持有人与受托人之间为买卖合同关系或贷款合同关系，而非信托关系。《全国法院民商事审判工作会议纪要》第89条也对此类融资结构中当事人之间的法律关系进行了解释："信托公司在资金信托成立后，以募集的信托资金受让特定资产或者特定资产收益权，属于信托公司在资金依法募集后的资金运用行为，由此引发的纠纷不应当认定为营业信托纠纷。"

第五节　社会保障基金信托

一、社会保障基金

社会保障基金是指国家政府依据有关法律、法规以及政策的规定筹集的，用于实现社会保障目的的货币形态的专项基金。我国实践中社会保障基金按不同的项目分别建立，具体包括社会保险基金、社会救济基金、社会福利基金、社会优抚基金、全国社会保障基金、企业年金等。其中，社会保险基金是社会保障基金的核心部分，又可分为基本养老保险基金、基本医疗保险基金、工伤保险基金、失业保险基金和生育保险基金。与一般的普通基金相比，社会保障基金作为惠及全体人民的基本物质保障，具有资金结构稳定、给付周期较长、覆盖面广泛等特点。

关于社会保障基金的性质及归属的问题。有观点认为属于财政性质的基金，其所有权归属于国家。也有观点认为，社会保障基金是一个复杂的、多层次的基金系统，分为财政性资金部分与非财政性资金部分，其中非财政性资金归参保者分别所有或共有。一般认为后一种观点相对来说更具合理性，也更符合立法实践。如《社会保险法》规定，个人死亡的，基本养老保险基金中个人账户余额可以继承。《企业年金办法》规定，职工企业年金个人账户中个人缴费及其投资收益自始归属于职工个人。上述法律规定中，均对社会保障基金中的不同性质的资金分账户管理,相应的权属亦有不同。故即便同一项社会保障基金,其资金的性质及归属也不宜一概而论。

社会保障基金的管理是指对包括资金收支、日常事务、投资经营等在内的基金运作相关事项的管理,上述事项的管理均由社会保障基金的管理人负责。社会保障基金的管理人一般为相应的政府主管机构或专职管理机构,如全国社会保障基金由全国社会保障基金理事会管理,社会保险基金由对应的社会行政保险部门及其他有关部门管理,企业年金则由法人受托机构或企业年金理事会管理。无论为何种社会保障基金,其性质及归属如何,社会保障基金的所有权与管理权是相分离的,即社会保障基金的管理人并非基金所有人。由此则产生了基金管理人与基金所有人、参保人之间的法律关系问题,即社会保障基金本身的法律结构。对此又存在诸多观点。有观点认为,社会保障基金的法律结构实为信托,提供资金的人为委托人,基金管理人为受托人,参保人为受益人。需注意的是,该信托的性质为公益信托而非商事信托,故本章节中不作论述。①

二、社会保障基金信托

由于通货膨胀、人口老龄化等因素的压力,社会保障基金的管理人需对基金进行市场化运作方能实现基金的保值增值。然而社会保障基金的管理人一般为政府相关机构,其本身并不具备进行投资经营的专业能力和时间精力,因此需要借助专业资产管理机构对基金进行市场化运作,借助的具体方式可以是委托也可以是信托。其中的信托即为社会保障基金信托,是以社会保障基金资产为信托财产,并由信托机构作为受托人运用该资产进行投资以获得资产保值增值的信托。与委托代理相比,信托制度具有灵活性与连续性的特征,运用信托来经营社会保障基金更有利于确保基金的独立性与安全性。

社会保障基金信托的运作需符合安全性、收益性、流动性、长期性的原则,在确保基金不减损的前提下能够获得稳定的收益。对此,相关立法上对原则性和具体的问题均有所规定。如《社会保险法》第69条、《全国社会保障基金条例》第6条等对投资的原则作了规定。又如《全国社会保障基金信托贷款投资管理暂行办法》第二章对信托贷款投资的基本条件规定了详细的要求:(1)安全性原则。社会保障基金与人民最基本的生活保障息息相关,其安全性直接关系政治经济的稳定。因此,在管理信托财产时务必将信托财产的安全性作为首要考虑因素,要确保信托财产在投资后能够被足额收回。(2)收益性原则。社会保障基金需有持续收益方能保证收支平衡,但收益往往与风险相伴而生,在管理信托

---

① 与企业年金中法人受托机构直接作为受托人的情况则有不同,该情形下基金管理人直接作为受托人,成立的信托兼具公益性质与商事性质,属于社会保险基金信托。

财产时,须在可控风险的范围内采取有效的投资方式,同时注意控制信托财产管理成本,以实现信托财产的持续增值。(3)流动性原则。社会保障基金设立的目的是向参保人及时支付保障资金,此即要求社会保障基金需向可以迅速变现的资产进行投资,以便能够及时将以投资形态存在的社会保障基金及时收回并转换为现金。其中,不同性质的基金对流动性的要求也有所区别,如工伤保险基金对流动性要求较高,应以短期投资为主,养老保险基金对流动性要求相对较低,应以长期投资为主。(4)长期性原则。社会保障基金作为关系国计民生的基金,其存续期间很长,需要长期稳定投资经营以获得持续不断的稳定收益,所以受托人一般与社会保障基金管理人之间建立长期合作关系,一方面可以维持经营的稳定性,另一方面也可以确保受托人的信用基础以及投资能力可靠。

我国社会保障基金信托在委托人与受益人的确定方面存在着一定的法律障碍。我国《信托法》规定信托财产必须是委托人合法所有的财产,委托人须以自己的名义设立信托。社会保障基金的所有人客观上无法设立社会保障基金信托,该信托通常由基金管理人设立。而基金管理人并不对基金享有所有权,根据《信托法》的规定,其不具备成为委托人并设立信托的资格。于此实践中基金管理人一般不以自己名义设立信托,而是以基金的名义设立。但即便如此,从《信托法》对委托人的要求来看,社会保障基金的委托人缺失的问题依然存在。社会保障基金信托的投资收益归入基金,受托人也无须向他人分配信托收益,故社会保障基金信托中的受益人也存在缺失问题。

三、社会保障基金信托的受托人义务

社会保障基金信托的受托人除了承担一般信托中受托人的义务外,还应承担基于社会保障基金特殊性质产生的特殊义务。美国法律将审慎投资义务作为社会保障基金信托受托人的基本义务,并将该义务予以细化。我国法律目前并未具体规定受托人的特殊义务,从理论上而言,社会保障基金信托的受托人应当承担如下特殊义务。

(一)谨慎投资义务

社会保障基金信托中受托人的谨慎投资义务与一般信托中谨慎投资义务有所区别,前者所要求的谨慎是指投资过程中应具有最高程度的谨慎,后者要求的谨慎则仅仅为管理信托财产时的一般程度的谨慎。受托人最高谨慎义务背后承载的是人民最基本的生活保障,这与一般商事信托为追求更多利润的目的有显著区别,受托人需竭其所能选择适当的投资策略,确保社会保障基金在安全的前提下获得最大限度的增值。

(二)分散投资义务

分散投资是一般国家社会保障基金信托投资的常规做法,分散投资要求受

托人依据组合投资、分散投资的原则,将基金里的资金分别投向不同的投资对象,通过多元化投资策略规避市场中的非系统性风险,从而防止社会保障基金因个别投资失利而造成总体上的较大损失。分散投资义务基于信托运作的安全性原则而产生,是社会保障基金信托受托人承担的最典型的义务。虽然我国立法上尚未将分散投资作为受托人义务予以专门规定,但要求社会保障基金分散投资的却有所体现,如《基本养老保险基金投资管理办法》规定养老基金投资应当坚持多元化的原则。

(三) 最低收益保障义务

一般信托中,受到信托监管的规制,受托人不会也不得对投资收益作出任何承诺。而社会保障基金信托则恰好相反,多数国家都会要求受托人对社会保障基金信托的收益予以承诺,即不仅要求受托人运用基金投资取得收益,而且要求收益率不得低于法定最低收益率。受托人的最低保障义务是基于信托运作的收益性原则产生,有利于督促受托人对信托运作的效益问题更为关注,确保社会保障基金资产不断增值。

案例 贵阳市工业投资(集团)有限公司与五矿国际信托有限公司证券、信托纠纷[①]

1. 案情简介

2014年1月20日,贵阳工投与五矿信托签署发行协议,五矿信托认购黔轮胎A的股份,贵阳工投保证五矿信托固定年化收益率8%,超出固定收益的,则贵阳工投享有超额收益的20%。

2014年3月18日,五矿信托与优先级、中间级、劣后级认购人签订了信托合同等文件,约定了超额浮动收益的计算方式。星探公司作为投资顾问参与信托计划的履行。

五矿信托以信托计划的名义认购股份9000万股,认购总额为4.032万元股份。上述股份解除限售后,五矿信托以9.882亿元全部出售,超额浮动收益5.407亿元。

五矿信托依约定向优先级委托人、劣后级委托人和投资顾问支付了超额浮动收益,但未向贵阳工投分配。

贵阳工投以五矿信托、星探公司为被告,主张向其支付超额浮动收益的20%,但二被告抗辩贵阳工投的主张没有依据,应予驳回。

贵州高院一审认为,案涉信托系因贵阳工投委托五矿信托认购发行股份而

[①] 参见最高人民法院民事判决书(2017)最高法民终33号。

成立，五矿信托应按照信托合同约定通过星探公司向贵阳工投支付收益。五矿信托、星探公司不服，提出上诉。

最高人民法院二审认为，星探公司作为信托计划的投资顾问，实际作为第三人加入了五矿信托与贵阳工投的债权债务关系中，五矿信托、星探公司应共同支付超额浮动收益。五矿信托申请再审，被驳回。

2. 案例评析

本案涉及两大具体法律问题：

（1）如何确定超额浮动收益支付责任主体？发行协议约定委托人是贵阳工投，受托人是五矿信托，若投资收益达到约定的条件，则贵阳工投享有超额收益的20%，五矿信托及相关主体应向贵阳工投进行支付。投资顾问协议约定委托人是五矿信托，受托人是星探公司。星探公司不是发行协议的合同相对人，而是作为第三人，以代为履行的方式根据五矿信托的要求向第三方支付超额收益。星探公司参与了超额浮动收益的分配方式和分配对象，充分明知和认可五矿信托给其设定的向贵阳工投支付超额浮动收益的情况，应当向贵阳工投承担支付款项的责任。

（2）在信托计划中，委托人与受托人约定"超额浮动收益"条款是否有效，委托人能否请求受托人及第三人承担共同还款责任？在本案中，法院对此持肯定的态度。对于委托人而言，委托人与受托人作为信托合同的主体，在发行协议中约定超额浮动收益的内容，对委托人与受托人有法律约束力，当确实发生超额收益时，委托人有权按照约定的收益金额及支付方式请求受托人履行支付义务。对于受托人而言，在信托计划中，发行协议是约束委托人和受托人的有效法律文件，当超额浮动收益的条款被触发时，受托人应当根据约定向委托人履行支付义务。当然，受托人也可以选择第三人共同向委托人承担支付义务，以分担投资风险。对于第三人而言，第三人虽然以投资顾问的名义参与到信托计划之中，但在发行协议盖章时，应当注重审查判断是否构成第三人债务加入，对受托人向委托人支付的收益承担共同给付责任。

第十一章 家族信托

第一节 家族信托的概念及其发展

一、民事信托的概念

在信托制度的起源地英国,早期的民事信托是为了规避国王以种种理由掠取个人财产而诞生并发展起来的。英国中世纪盛行长子继承制度,女儿和长子以外的儿子皆不享有继承权,没有儿子的家族的遗产将全部由国王没收。国民为规避财产没收,去世前便将自己的财产嘱托给值得信赖的人,并委托其将该财产的收益转交给自己的后代。同时,为了避免受托人死后财产被国王没收,委托人便将其财产委托给多位受托人,即多位受托人共同管理信托财产,形成了最初的民事信托制度。这种制度的核心价值在于受托人为受益人的利益保管或转让信托财产。担任民事信托的受托人是一项极为光荣的任务,委托人通常基于能力和品德的双重信任选择亲朋好友或具有较高声望的人担任受托人,他们无偿地为受益人的利益保管、处分财产,仅从信托财产中偿付因管理所产生的费用。后来信托制度被引入美国,但是美国并不存在类似英国的利用民事信托制度的社会背景,受托人纯粹是为了营利而接受信托。原始的民事信托逐渐以商事信托的形式被确立和发展。在英美法系国家,早期的民事信托可以被描述为委托人基于信任关系,委任不以营利为目的的人担任受托人的信托。

我国《信托法》第 3 条规定,"委托人、受托人、受益人(以下统称信托当事人)在中华人民共和国境内进行民事、营业、公益信托活动,适用本法。"因此,大部分学者将民事信托与营业信托进行比较,将信托按照受托人接受信托之行为是否具有营利性或是否以营利为目的,而将信托划分为民事信托和商事信托,其区分标准主要有"目的说""行为说""受托人身份说"等。[①]"目的说"认为,以从事商行为为目的之信托为商事信托,反之则为民事信托。"行为说"认为,商事信托是受托人以营利为目的而接受的信托,民事信托的受托人接受信托并非以营利为

---

① 参见陈敦:《民事信托与商事信托区分之质疑》,载《北京工业大学学报(社会科学版)》2011 年第 5 期。

目的。① "受托人身份说"认为,商事信托与民事信托的区分在于受托人是否具有商业受托人的身份,所谓民事信托是指不以营利为目的的人担任受托人的信托,营业信托则是由将信托作为经营活动的机构担任受托人的信托。故此,商事信托和民事信托适用的法律条文也将随之而异。如在我国,商事信托除适用《信托法》之外,也适用发挥信托业法规范功能的《信托公司管理办法》和《信托公司集合资金信托计划管理办法》等,而民事信托则应额外适用《民法典》等民事法律。②

我们认为,受托人接受信托是否属于营业行为,以及受托人的身份是否属于专业机构,区分意义主要在于确立受托人的行为标准、界分信托业法的适用范围,"行为说"与"身份说"虽然有差异,但判别的角度相近。我国的客观现实是鲜有自然人充当受托人的情形,绝大多数受托人是金融机构,以受托人的行为、身份的性质来区分信托,意义并不明显。相反,从委托人的角度来看,设立信托的核心诉求是以财产管理为主的传统民事目的还是以投资增值为主的商事目的,形成了不同的发展态势与法律问题。因此,以下所称之民事信托,是指委托人不以营利为目的设立的信托,受托人常为信托公司等金融机构,但理论上不限于机构受托人。

二、家族信托的概念及其与理财产品的区别

(一)家族信托的概念

我国银保监会于2018年8月17日下发《关于加强规范资产管理业务过渡期内信托监管工作的通知》(信托函〔2018〕37号,简称"37号文")规定:"家族信托是指信托公司接受单一个人或者家庭的委托,以家庭财富的保护、传承和管理为主要信托目的,提供财产规划、风险隔离、资产配置、子女教育、家族治理、公益(慈善)事业等定制化事务管理和金融服务的信托业务。家族信托财产金额或价值不低于1000万元,受益人应包括委托人在内的家庭成员,但委托人不得为唯一受益人。单纯以追求信托财产保值增值为主要信托目的,具有专户理财性质和资产管理属性的信托业务不属于家族信托。"这是我国监管部门首次对"家族信托"作出官方描述,从当事人、信托目的、管理内容等角度清晰表明了家族信托的核心功能是为委托人的家族利益服务、追求家族目标的实现,即通过对家族财产的管理、运用及处分,来维护家族财产安全、保障家族成员需要、传承家族企业、保护家族隐私,此外还可以服务于子女教育、家族治理、家族慈善等诸多家事内容。家族信托是法律上的信托工具应用于家族财富保护、管理及传承等家事

---

① 参见赖源河、王志诚:《现代信托法论》(增订三版),中国政法大学出版社2002年版,第39页。
② 参见〔日〕中野正俊:《中国民事信托发展的可能性》,载《法学》2005年第1期。

领域的产物,是我国当前最为典型也最为成熟的民事信托,本书将以家族信托为中心来阐述民事信托的相关问题。

实践中,许多人经常将家族信托与理财产品混为一谈。理财产品是金融机构以保值增值为目的,募集资金并对资金进行管理的投资产品。目前,我国金融机构向投资者提供的理财服务纷繁多样,大致可分为信托公司的信托投资计划、证券公司的客户资产管理服务、基金管理公司的证券投资基金与货币市场基金、保险公司附加有投资理财功能的创新险种(如投资连接险、分红险、万能寿险等)以及商业银行的人民币或外币理财产品。① 大多数理财产品的法律构造均是信托,但其投资人的核心意图无疑是营利,而上述"37号文"特别指出,"单纯以追求信托财产保值增值为主要信托目的,具有专户理财性质和资产管理属性的信托业务不属于家族信托",明确将家族信托与理财产品作了区分,试图将二者分别纳入民事信托与商事信托的范畴。

(二)家族信托与理财产品的异同

首先,家族信托与理财产品的目的不同。家族信托通常为他益信托,以整个家族受益为目的。虽然不排除委托人作为家族信托的受益人之一,但是家族信托不是一种供投资的理财产品,而是对家族财富进行综合性管理的法律工具,涉及家族财富分配、传承、税务安排等事项。虽然也可能存在投资管理事项,但这只是为了实现信托目的的一种手段,而非信托目的本身。理财产品是典型的"自益信托",投资者作为委托人投入资金,对应的投资收益及本金均由自己以受益人的身份享有,只是以资产保值增值为单一目的。可以说,理财产品是委托人单纯为了自己获得投资收益而作出的投资行为。②

其次,信托管理范畴不同。理财产品的管理事务相对简单,管理时间也相对较短。管理的财产仅限于理财资金本金及收益,管理方式上只需按照事先约定的投资方式进行,并在约定时间向受益人分配投资收益及投资本金即可。家族信托期限较长,通常以代为计算单位。实践中,家族信托可以长达几十年甚至上百年。信托利益类型复杂,包括但不限于生活保障金、养老金等。不同的信托财产需要采取不同的管理方式,受托人需要严格按照信托文件设定的管理决策机制行事。

最后,受托人的权限不同。家族信托以委托人的意愿为出发点,对于受益人、信托财产分配、信托利益安排,均取决于委托人的意思,受托人只能选择"接受"或者"不接受"。同时委托人还可以通过信托条款,为自己保留适当的决策权,甚至保留完全撤销整个信托安排的权利。理财产品作为金融机构推出的投

---

① 参见季奎明:《论金融理财产品法律规范的统一适用》,载《环球法律评论》2016年第6期。
② 参见杨祥:《家族信托的家事属性与前景展望》,载《银行家》2019年第12期。

资业务,金融机构作为受托人掌握着主动权。无论是产品的设置和管理、投资组合的构建、投资收益的分配、双方权益风险的安排,均由受托人主导,投资者只能选择接受或拒绝。理财产品通常是金融机构制定的"格式合同",除了专户理财产品以外,无法为委托人量身定制。

三、家族信托的发展

（一）历史轨迹

英国的信托是在民事信托基础上经过数百年发展起来的,民事信托观念根深蒂固,超过80%的信托由个人受托管理。18世纪末,美国引入英国民事信托制度以解决独立战争时期遗嘱执行和遗产管理等问题。战争结束后,民事信托无法满足恢复经济的需要,而信托对受托人专业性、忠诚度、管理能力的要求也变得更高,以组织形式承办信托业务的法人机构应运而生,这些机构催生了很多营利性与专业性的商事信托。从英美信托发展历程看,信托业由民事信托过渡到商事信托与民事信托并存的态势,受托人也经历了从个人、公共受托人到金融机构受托人的演变。

不同于英美国家从民事信托到商事信托的发展轨迹,我国在学习英美信托制度时,主要动因就是金融创新,制定《信托法》最重要的目的之一是为业界早已发展起来的投资基金寻找合适的基本法律关系。在《信托法》颁行的二十多年里,金融机构充当受托人的商事信托也十分自然地成为我国信托业的主要形态。此外,信托作为大陆法系的制度舶来品,由于缺乏衡平法的理念传统,人们对受托人管理、运用信托财产缺乏信任,尤其是对受托人包括信托公司能否履行忠实、勤勉义务表示怀疑,除了风险承担能力较强的商事投资领域之外,在民事领域推行信托的难度很大。此外,我国目前受税赋因素驱动的民事信托还并非主流,民事信托的功能主要体现在有效率的财产管理上。① 近年来,由于自然人受托人的匮乏,金融机构主导信托产品开发的局面并未改变,受托人在信托关系中的强势地位依旧,民事信托的兴起更多是在"影子银行"业务被禁止之后信托公司业务拓展的尝试。总体来说,我国的民事信托规模仍无法与商事信托尤其是金融信托相提并论,委托人自发的信托意愿和专业机构的劝诱推广相比,后者仍是更重要的影响因素。

（二）家族信托发展现状

1. 家族信托兴起的现实根源

自2012年我国设立首单家族信托以来,截至2018年年末,约有34家信托公司开展家族信托业务,管理规模已近千亿元。中国高净值人数及私人财富总

---

① 参见江平:《信托制度在中国的应用前景》,载《法学》2005年第1期。

额迅速增长,预计未来五年高净值客户可投金融性资产将达到132万亿元,家族信托市场规模保守估计将达到3500亿元。① 家族信托的持续升温,主要来源于巨大的财富市场增量。有调查显示,2022年中国个人可投资资产1000万元人民币以上的高净值人群规模已达到316万。② 高净值人群的首要财富目标已从创造财富、保值增值转向财富保障,"创富一代"正以家族信托方式试图打破"富不过三代"的魔咒。在西方发达国家,久负盛名的洛克菲勒、希尔顿、默多克家族长盛不衰,无不借家族信托的保障与支撑以实现财富世代相传。此外,金融科技水平的发展,有助于提升信托风险管理效率,优化信托客户服务体验。虽然我国家族信托还处在探索阶段,财产继承环节的税赋尚不明确,但未雨绸缪,遗产税开征的预期或将加速推动家族信托的发展。去"影子银行"化的信托公司也纷纷抓住这波机遇,从通道业务回归民事信托的本职,助推家族信托的快速扩张。

2. 家族信托的功能

(1) 财富保护。保障家族财产安全是家族信托的首要功能。财富创造后即面临着各类风险,尤其是对于高净值人群来说,家族纠纷、意外事故、家企不分都可能导致财富的损失。设立家族信托后,信托财产一经转移,即成为独立于委托人、受托人财产的单独财产,被设立家族信托的财产实现风险隔离,降低了家庭内部矛盾、债务、婚姻等原因可能带来的财富减损。

(2) 财富传承。对于家族企业而言,家族信托作为重要的组织形态,能紧锁家族企业股权,建立有弹性的企业控制机制,防止企业控制权旁落。企业主既可以保留对家族企业的管理权,也可以发挥专业机构的能力,实现企业的平稳过渡。而且,家族信托有很强的灵活性,可以依照委托人意愿,将资产分配于各家庭成员、亲朋好友、慈善机构。在一些有继承限制的国家,家族信托还可以帮助委托人弹性安排资产继承,无须复杂的遗嘱公证程序,让受益人尽快继承相应财产。

(3) 保障生活。除财富保值增值等基本需求外,家族信托还可以满足家庭成员的多样化需求,例如,子女教育、老人赡养等。对于有自身局限的家庭成员而言,信托"权利与利益分离"的属性可以为家庭成员提供充分保障。著名歌手梅艳芳生前通过设立遗嘱信托,将财产委托给信托机构打理,该机构每月从基金中支付7万港元作为其母亲的生活费。家族信托还可以使财产免遭家族成员不恰当处分的风险,如采取自由裁量权信托形式并设置防挥霍条款,使家庭成员能持续地从家族企业或财产中受益。

---

① 参见中国信托业协会编:《2019年信托业专题研究报告》,中国信托业协会,2019年,第247页。
② 招商银行:《2023中国私人财富报告》,https://www.bain.cn/pdfs/202309051133339091.pdf, 2023年12月1日访问。

(4) 合理避税。19 世纪后,随着英国遗产税和所得税的增加,信托的避税优势被最大化发挥出来。信托财产涉及的所得税在这个阶段是针对受托人征收,按照课税分离原则,这部分所得不视为委托人的个人所得。信托收益首次向受益人转让时,受益人可以免征所得税。美国设立了"永久信托"这一形式,该种无期限限制的信托享有永久免于缴纳转让税和遗产税的优惠。在英美等国家,家族信托最大的作用就是帮助客户实现合理避税。在我国,由于政府政策或潜在政策的刺激,遗产税开征的消息时不时登上热搜,高净值客户也开始关注通过信托实现避税的可能性。目前,我国对于信托资产并无缴纳税收的规定,对于信托收益也只是针对固定收益类征税,且信托公司没有代受益人扣缴所得税的义务和权利。因此,高净值人群通过设立家族信托合理避税是可能的。

(5) 助力慈善。财富成功人士投身慈善事业主要有两种途径,一是设立慈善基金会,二是借助具有慈善功能的信托。以家族信托方式资助社会慈善公益事业发展,是财富成功人士主动承担社会责任的表现之一。相比基金会形式,设立信托的门槛低,无须履行审批手续,仅在民政部门备案即可。家族和家族企业可以通过委托人的权利保留监督慈善事业的运作和管理,防止因信息不透明出现的"伪慈善"现象,充分发挥财产物尽其用的效应。

3. 家族信托的模式

根据我国信托业协会的分析,目前家族信托业务的实践模式主要有三种:事务管理型家族信托、资产传承型家族信托、财富管理型家族信托。[①] 事实上,无论理论界还是实务界,都未能十分明晰地划清上述三类家族信托之间的界限,业界更习惯于从信托财产的类型或者信托的特定目标出发来描述家族信托。然而,从类型化研究的角度来说,信托业协会所谓的三类家族信托既有必要也有可能予以区分:事务管理型家族信托主要是利用信托权益重构、风险隔离优势,为委托人提供信托事务管理服务并获得收益,以信托目标为导向且目标事务多样,受托人的角色一般是消极接受指令;在资产传承型家族信托中,委托人通常对具体的信托资产管理方式进行规范及约束,主要的信托目的就是确保受益人不经继承、赠与等传统财产转移方式而得到稳定、延续的财产权益,受托人有一定事务执行权但仍属消极定位;财富管理型家族信托则涉及家族财产、经济事务的全方位安排,常常需要分层次建立资产配置体系,以实现家族财产长期增值的诉求,受托人的管理行为相当积极、自主。

---

① 参见中国信托业协会:《2019 年信托业专题研究报告》,中国信托业协会,2019 年,第 249 页。

第二节 家族信托当事人的法律地位

家族信托的当事人主要包括委托人、受托人、受益人三方主体,三者构成最基本的信托法律关系。而信托监察人或信托保护人一般不被视为家族信托的当事人。委托人、受托人、受益人在家族信托中有不同的法律地位,具有不同的权利义务关系。权利与义务既可能来自法律规定,也可能来自当事人之间的约定,法定的权利义务普遍适用于一般的信托法律关系,家族信托的灵活性主要体现于约定的权利义务。

一、委托人的权利与义务

家族信托的委托人是指家族财产的原始所有者,是家族信托的设立者、信托财产的转移者。家族信托属于民事信托,与商事信托的委托人相比,家族信托委托人一般不受"合格投资者"的资格限制,只需具备完全民事行为能力即可。商事信托通常为自益信托,但家族信托一般为他益信托,虽然委托人也可以成为家族信托受益人之一,但其不是唯一受益人。商事信托多为格式合同,委托人通常只拥有《信托法》规定的法定权利,但家族信托委托人可以与受托人自主协商约定,在符合信托生效要件的前提下确立个性化的"保留权利"。[1]

(一) 委托人的权利

在制度设计上,我国以委托人利益保护为重心,部分国外的约定权利被列为法定权利。[2] 委托人被《信托法》赋予的法定权利包括知情权、信托财产管理方法调整请求权、信托财产损害救济权、受托人解任权、辞任同意权和新受托人选任权等。法定权利是委托人所享有的最基本的权利保障,即使家族信托文件没有列明,只要信托成立即可享有。

委托人除了拥有以上法定权利外,在法律允许的范围内根据自己的意愿可以设计信托条款,在家族信托文件中实现"保留权利",体现委托人的个性化需求与家族信托的灵活性。但是,一旦委托人对受托人约束过多,就会使得受托人无法充分发挥专业判断,不能恰当履行谨慎投资人职责。因而有学者认为,应当适当弱化委托人享有的"保留权利",使委托人回归"监督者"和"协调者"的角色。[3]

---

[1] 参见韩良主编:《家族信托法理与案例精析(增订版)》,中国法制出版社2018年版,第74—77页。
[2] 参见李智、吴湖军:《家族信托中的权义博弈与法律救济》,载《西南民族大学学报(人文社科版)》2018年第4期。
[3] 参见周勤:《信托的发端与展开——信托品格和委托人地位的法律规制》,知识产权出版社2013年版,第264页。

1. 家族事务管理权

很多家族事务涉及隐私或商业秘密，不适合交由家族成员之外的主体管理，同时某些事务可能也超出了受托人管理的能力范围。在家族信托文件中，可以明确约定家族事务管理权的划分，并非完全交由受托人管理，可以为委托人或者受益人保留部分亲自管理的权利，但不应将所有的或实质上的家族事务管理权都交给委托人或受益人。

2. 家族信托财产的管理参与权

为实现信托目的，必然需要对家族信托财产进行管理。但受托人可能不具备管理家族财产所需的专业知识，特别是难以适应家族企业经营模式与独特的家族企业文化。此外，委托人及其家族成员可能也不愿意受托人真正介入家族企业的经营管理，仍想通过管理参与权实现对家族财产的控制。由于家族信托财产的所有权已经转移给受托人，委托人无法再以所有人的名义对家族财产进行管理，所以只能通过信托文件对家族信托财产的管理方法进行约定，选择以家族企业的董事会成员、受托人的受托人或代理人的身份参与管理。[①] 委托人与受托人的权利需要进行平衡，委托人的控制权大小与信托独立性、信托财产的债务隔离效果成反比，若法院认定该信托属于"虚假信托"，家族信托将失去原有的隔离效果。

3. 家族信托保护人的选任权

在委托人去世或者丧失行为能力、受益人年幼等情况下，家族信托保护人的引入确有必要。但目前《信托法》只规定了公益信托的监察人制度，而没有规定私益信托的保护人制度。在立法尚未明确的情形下，如想要引入保护人制度，则需要委托人在信托文件中对涉及信托保护人的相关问题作出清晰的约定。

（二）委托人的义务

委托人负有将信托财产转移给受托人的义务，并保证其对该信托财产拥有合法的所有权，应当根据信托文件的规定配合受托人办理初始信托财产的变更登记手续。委托人应当依约定支付受托人报酬，补偿受托人因管理信托财产而产生的费用。家族信托成立后，委托人须对受托人履行信托义务予以必要的配合。信托文件可能也会对委托人进行约束，如为了保障受益人取得稳定的信托收益，当信托财产遭受损失或者由于市场原因不足以支付受益人信托文件约定的固定收益的情况下，委托人需要依约定更换、补充家族信托财产。家族信托财产的管理参与权既是权利也是义务，如信托文件明确约定了委托人的家族信托财产管理权时，委托人应该按照约定的职责参与信托财产的管理事务，如因委托人自身的过错，导致信托财产受到损失，委托人应该按照约定自己承担损失。

---

① 参见韩良主编：《家族信托法理与案例精析（增订版）》，中国法制出版社2018年版，第74—77页。

二、受托人的权利与义务

家族信托的受托人是指按照委托人的信托意愿,管理被授予的信托财产及家族事务并承担受托义务的当事人。受托人连接着委托人与受益人,是信托关系得以维系的纽带,对于委托人信托意旨的达成、受益人利益的实现具有关键作用,处于家族信托的核心地位。但是,现实中因为家族信托委托人权利的保留,受托人主体责任模糊,受托人的地位被大大降低。从表面看,家族信托受托人的主体范围十分广泛,但实际上委托人还是更多地信任拥有牌照的机构受托人。受托人受托管理的标的为家族财产和家族事务,而非仅限于财产管理,受托人的权利义务需要通过家族信托文件,针对家族财产和家族事务管理的具体情况,并结合受托人的资质能力、委托人和受益人的民事行为能力、家族信托的目的等诸多因素进行特别约定。①

(一) 受托人的权利

家族信托受托人的权利也可分为法定权利和约定权利。从法定权利看,《信托法》规定受托人享有辞任权。同时,受托人是家族信托财产的名义所有人,基于信托财产所有人身份能为了信托利益起诉和应诉,并且对信托财产提出执行异议。受托人有权依照信托文件的约定取得报酬,多数情况下获取经济报酬是受托人的动因,即使某些特殊情形下并非为获取经济报酬,受托人基于信托目的履行信托义务所产生的费用也理应由信托财产负担。为此,《信托法》从多方面保障受托人权利,规定受托人补偿请求权的优先性,享有对信托财产的留置权以及对信托财产受益人的请求权,以此进一步激励受托人忠实、勤勉地履行受托义务。

从约定权利看,受托人享有基于信托文件的约定管理权,委托人和受托人可以对家族信托财产和家族事务的管理范围、管理方式进行协商,并赋予受托人相应的管理权。约定管理权实际上是在委托人、受托人、受益人三方主体之间自主配置权利,但受托人不应成为委托人的"信托傀儡"。

(二) 受托人的义务

受托人虽然获得了委托人的信任,但仍然可能实行机会主义行为,进行逆向选择或产生道德风险。道德风险主要体现为受托人未按照信托文件、遵循信托目的,为了受益人利益而行动,并且因为信息不对称的存在,受益人对受托人工作是否努力、是否尽职尽责难以控制,因此仍然需要清晰确立受托人的义务并确保其妥善履行。

信托受托人义务是指受托人基于信托法的直接规定或与委托人的约定而应

---

① 参见韩良主编:《家族信托法理与案例精析(增订版)》,中国法制出版社 2018 年版,第 77—83 页。

承担的义务。我国《信托法》中受托人负有十余项法定义务:(1)信托文件的遵守义务;(2)谨慎义务;(3)忠实义务;(4)分别管理义务;(5)亲自管理义务;(6)公平义务;(7)记录保存义务;(8)报告义务;(9)保密义务;(10)支付信托利益的义务;(11)清算义务;(12)共同管理义务等。因家族信托计划的私人定制性和信托结构的复杂性,委托人对信托的特殊目的要求具体化为信托文件中受托人的义务。特定目的下的信托关系有着不同的价值取向,不同种类信托法律关系中受托义务的适用规则和责任也存在差异。

受托人应当遵守信托文件的规定,依据委托人的信托目的和信托文件的约定条款行使家族信托财产与家族事务的管理权,以实现受益人的最大利益为宗旨,善意审慎地履行职责,否则将承担违背信义的责任。[①] 受托人由于自身管理不当使信托财产受损或未能妥善处理信托事务,如具有可责性则应当承担赔偿责任。但法定的受托人义务十分宽泛、原则化,缺乏具有可操作性的义务履行标准。受托人义务标准的模糊性、家族信托的灵活性以及私人定制带来的业务不可复制性,使得受托人常常难以把握履行义务的尺度,尽责的举证存在主观的解释空间,但实际上仍使得受托人面临更大的职业风险。[②] 在某些情况下,受托人处于消极被动的地位,却面临赔偿的风险,对于受托人而言并不公平。因而,受托人义务标准亟待通过信托文件予以明确,相较法定义务而言,受托人的约定义务因更有针对性、更具象化而显得尤为重要。

三、受益人的权利与义务

家族信托的受益人是指委托人指定的享受家族信托财产及家族事务管理所产生利益的人。家族信托主体、客体非常广泛,权利义务内容较为复杂。家族信托的受益人身份多样,人数也可能众多,除了委托人可以成为受益人外,委托人的子女、亲朋甚至家族企业的员工、社会上需要救助的特定人群都可以成为受益人。家族信托的受益权除了财产性的权利外,还包括家族信托所产生的特殊教育、医疗、休闲娱乐等利益。家族信托众多不同的受益人享有不同受益权,受益人之间存在挤出博弈。委托人常通过权利保留的方式将控制权安排给受益人,同时委托人与受益人之间也可能存在对撤销权的争夺。[③]

(一)受益人的权利

自益信托的委托人与受益人为同一主体,而他益信托因为委托人与受益人的分离,使得二者的权利存在差异。具体而言,我国《信托法》赋予了受益人与委

[①] 参见韩良主编:《家族信托法理与案例精析(增订版)》,中国法制出版社2018年版,第77—83页。
[②] 参见李智、吴湖军:《家族信托中的权义博弈与法律救济》,载《西南民族大学学报(人文社科版)》2018年第4期。
[③] 同上。

托人相同的法定权利,即受益人的知情权、信托财产管理方法调整的请求权、信托财产损害的救济权、受托人解任权、辞任同意权和新受托人选任权,委托人与受益人共享这些法定权利。委托人与受益人之间的差异主要体现于约定权利,委托人与受益人均可以获得信托文件所赋予的家族事务管理权、家族信托财产的管理参与权、家族信托保护人的选任权等权利,但可以灵活选择具体的权利方案,不同受益人所享有的权利不尽相同。

在信托关系存续期间,受益人还享有信托利益分配请求权。享有信托财产的收益是受益人最关键的权利,在家族信托存续期间,对信托财产进行管理、处分而产生的全部收益都应归属受益人所有,受益人可以向受托人请求支付,信托利益的具体内容与分配由信托文件规定。此外,某些家族信托的信托文件还会规定受益人享有特殊的教育、发展支持权利以及特定的保健、休闲资源的权利。

(二)受益人的义务

家族信托对于受益人义务的规定较少。但受益人一旦接受信托受益权,就需要无条件地遵守委托人设立信托的全部意愿,不得随意更改委托人的意愿。当然,受益人需要根据其国籍和住所地的规定缴纳相应的税费。为了在家族信托长久存在的过程中能够持续按照其意愿和初衷进行运作和分配,委托人还会在信托设立之初通过信托文件约定受益人义务,对家族成员的行为进行规范,对受益人取得受益权的资格、信托收益的分配方式和原则等作出规定。如"防挥霍"条款,通过限制受益权转让与贴现、受益人顺序变更与受益金额调整机制、受益奖惩机制等为受益人设定特殊的约定义务,实现相应的信托目的。

第三节 家族信托的主要类型

一、事务管理型家族信托

所谓事务管理型家族信托,是指以家族事务的管理为主要内容的信托,表现为委托人将信托财产交付给受托人,受托人为完成信托目的从事事务管理。事务管理型家族信托由委托人驱动,受托人一般不对信托财产进行主动的管理或者处分,主要是利用信托权益重构、名实分离、风险隔离、信托财产独立性等制度优势,为委托人提供信托事务管理服务并获得收益。[1]

受制于信托牌照的因素,我国的商业银行无法单独参与家族信托业务,但其相较于信托公司又有丰富的客户资源以及成熟的理财产品,故而商业银行与信托公司合作开展家族信托事务,成为我国家族信托业务的主流成功模式。在这

---

[1] 参见韩良主编:《家族信托法理与案例精析(增订版)》,中国法制出版社2018年版,第109—110页。

一法律结构中,信托公司虽承担受托人职责,但是比较被动,主要承担除了财产管理职能之外的事务管理职能。主导信托事务的是私人银行部门,由银行主要承担投资管理以及托管人的职责,与信托公司共同收取管理费用。信托公司更多发挥的是信托通道的功能,承担的是事务管理职责,故称为事务管理型家族信托。

事务管理型家族信托属于典型的被动管理型信托,根据《信托业务监管分类试点工作实施方案》,被动管理型信托应当具有以下主要特征:(1)信托成立前由委托人或其指定的第三方负责尽职调查,信托公司有权对其合法合规性进行独立尽职调查;(2)信托的设立、信托财产的运用和处分等事项,均由委托人自主决定或信托文件事先明确约定;(3)信托公司仅依法履行必须由信托公司或必须以信托公司名义履行的管理职责,包括账户管理、清算分配及提供或出具必要文件以配合委托人管理信托财产等事务;(4)信托终止时,以信托财产实际存续状态转移给信托财产权利归属人(即受益人),或信托公司根据委托人的指令对信托财产进行处置。此类信托业务与主动管理型信托的区别主要在于受托机构是否承担主动管理的责任,从形式上表现为受托机构收取的管理费、报酬较低且期满后直接将信托财产交付受益人分配,从实质上看体现在信托的设立、运行、管理方式由委托人自主决定,而受托人完全依照委托人的意思以自己名义进行管理。[1] 在事务管理型家族信托的法律结构中,信托公司所承担的义务是消极义务,是根据委托人的指示来对信托财产进行管理或处分,其职责具有被动特征。

事务管理型信托在实现家族诉求方面有着丰富的功能,除了保障家族成员的教育、医疗、休闲权益等传统的功能外,也越来越多地被拓展至家族治理中。完善的家族治理应当包括家族宪章的制定与家族治理结构设计,而家族治理结构设计又包括家族大会、家族理事会、家族办公室的设立及制度安排。信托的模式能够通过建立良好的家族治理结构,明确家族成员之间的权利和义务,树立内部矛盾的争议解决机制,贯彻家族的理念精神,同时帮助家族成员探寻共同价值观、发展和谐关系,并起到监督家族成员的决策行动等作用。积极参与家族治理的家族成员,还可根据参与程度获得额外的收益。此外,家族信托的委托人往往依靠家族企业积累财富,而不断发展壮大的家族企业也面临着如何更加有效治理的问题。随着家族企业规模的扩大,会有更多家族成员参与到企业经营管理中来,家族企业内部代际之间、家族成员之间在企业发展战略和内部管理方面容易产生冲突,往往导致家族企业的治理僵局。设立事务管理型信托,并在信托义

---

[1] 参见管辉寰:《事务管理类信托受托人的权责边界实践研究——以"家族信托"为例》,载《当代经济》2017年第20期。

件中保留相应的控制权,规定将家族企业董事选任权交由家族理事会,既避免了家族企业控制权流失的风险,也调和了家族成员在企业治理上的矛盾。

2010年4月,平安信托曾推出一款定制化的事务管理型家族信托,可以接受平安信托以外的金融机构管理的资产作为信托资产,可以设置事务管理人,可以用信托作为投保人配置保单。该信托的投资指令由委托人发出,平安信托作为受托人执行委托人的投资指令,满足多数高净值客户希望自主投资决策的需求,平安信托则主要提供事务管理方面的服务,增加客户在家族信托运作过程中的参与感,提升客户对家族信托的接受度。

二、资产传承型家族信托

资产传承型家族信托的目标明确,即将家族所有的资产适时、高效地转移给受益人。信托的受益人可以超越继承人的范围与顺位,财产权益的分配可以根据受益人的年龄、实际需求逐次实施,信托财产的类型包容性强,而受益人获得的收益财产类型不必与信托财产一致,体现了很强的灵活性。

信托利益分配是信托的重要环节,使家族财富传承至后代是委托人设立家族信托的主要目的之一。在资产传承型家族信托中,委托人在信托文件中对信托利益的分配原则、方法作出明确的规定,并由信托公司根据信托文件负责实施,有利于委托人意志的持续贯彻,尤其是能够保障受益人对于信托财产的合法权利在委托人身故后不受侵害,而按照委托人之意志在家族内部和平分配。在特定家族成员自身有行为能力缺陷时(如年幼、精神障碍、年老失能等),利用信托天然的"权利与利益分离"的属性,防止监护人、其他年长受益人等侵害家族中弱者的受益权,为家族成员的持续发展提供保障。同时,合理的信托利益分配对于避免信托财产被挥霍也有重大意义。在一般情况下,通过在信托文件中约定受益权不得转让,且受益人无法对家族信托利益的分配事务进行不当干涉,可以很大程度实现防止挥霍的目的。上述制度安排是传统的公司、合伙等民商事组织制度以及代理、合同、保险等民商事行为制度所不能完全替代的,资产传承型家族信托可以为各种不同受益人提供不同的受益权设计和保障。

就资产类型而言,家族信托能够实现传承的不仅仅是有形资产,也可以将家族企业的股权甚至是控制权传承给受益人。为避免因继承人之间的财产纠纷或者无法胜任经营而对家族企业造成不利影响,设立信托由受托人管理股权,防止"富不过三代"的窘境出现,是一种科学、有效的财富移转策略。此外,随着家族企业的扩大及家族成员的增多,企业股权无法避免地被分散和稀释,如果家族企业没有集中的股权结构,公司的控制权就可能逐步丧失。如果将家族企业的股权集中锁定在信托中,保证股权结构的稳定,并由委托人或者委托人指定的家族成员保留控制力,便可能实现控制权这一抽象资产的传承。从广义来说,家族信托还有助于家族精神的传承。相比于货币、不动产、动产、股权等资源,创新、敬业、诚信等企业家精神是更难承继的。通过设定信托利益的支付条件,有可能激励、培育受益人的品质,塑造家族的价值观。

例如,洛克菲勒家族垄断了美国 80% 的石油市场,但洛克菲勒本人认为需要培养子女的自律和奋斗精神,最终决定以家族信托的形式将资产传承给后代。洛克菲勒通过大通国民银行为妻子和六个孩子设立了家族信托(如图 11-1 所示),每项家族信托对应一个受益人,他的妻子和孩子分别可以获得 1800 万美元和 1600 万美元的资产。信托文件规定,受益人在 30 岁之前只能获得收益而不能动用本金,30 岁以后动用本金需经信托委员会同意。为了将财富传承得更加持久,他又通过富国银行设置了第二个家族信托。洛克菲勒设立的家族信托是不可撤销信托,非经受益人同意,信托不可以更改或终止,在有效避税的同时,保证家族财富至少能够传到他的孙辈。①

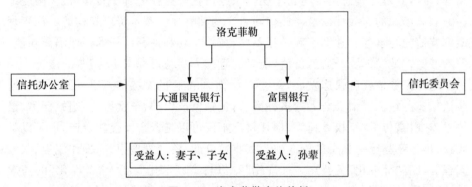

图 11-1 洛克菲勒家族信托

三、财产管理型家族信托

所谓财产管理型家族信托,是指以信托财产的管理为主要内容的家族信托,表现为委托人将信托财产交付给受托人,受托人为完成信托目的,依靠其专业能力从事财产管理,有别于受托人扮演消极角色的事务管理型家族信托和资产传承型家族信托。值得注意的是,依靠专业受托人积极运营的财富管理型家族信托在一定程度上有了资产保值增值的意图,但是财产保值增值不能成为该项信托的唯一目的,信托的设立还需要满足其他的家族诉求,否则该信托即成为理财产品式的商事信托,而不属于我国监管部门所允许的家族信托。

根据不同的业务模式与经营侧重点,财产管理型家族信托又有资产配置和

---

① 参见杨望、李一鸣:《国际名家望族财富传承之道》,载《金融博览(财富)》2019 年第 12 期。

资产架构的区分。在侧重资产配置的财产管理型家族信托中,受托人根据客户需求,利用本金和期望收益测算预期回报率,利用其专业能力设计金融产品的门类配置比例,再进一步根据产品评级来选择具体金融产品,形成投资方案初稿。经过与委托人沟通,评估资产配置组合的风险程度与委托人的风险承受能力的匹配度,修订后最终确定资产配置方案。如平安信托针对可投资金额在 3000 万元人民币以上高净值客户的"鸿承世家"产品,其"鸿睿"系列标准型家族信托提供保守型、稳健型、成长型、进取型四类资产配置方案供委托人选择,"鸿晟"系列定制型家族信托与"鸿图"系列尊享型家族信托均完全遵循客户意愿定制资产配置方案。

在侧重资产架构的财产管理型家族信托中,信托保护结构的搭建是其核心。近年出现的全权信托(Discretionary Trust)是一种典型模式,受托人按照事先约定全权管理信托财产,具备不可撤销、剥离委托人实际控制权、跨代传承、风险隔离等特点,其设计理念主要是为了确保家族信托财产权的真实转移,最大限度地保障家族信托的有效性以及家族信托财产的独立性。侧重资产架构的财产管理型家族信托与事务管理型家族信托不同,虽然二者都强调信托的财产隔离功能,但后者更多地发挥资产通道价值,前者的管理方式与目标都更为积极、激进。

随着家族信托的快速发展,一些复合型、标准化的家族信托也开始出现。这些信托业务往往覆盖委托人的多种需求,包括资产保护、子女教育、婚姻保障、退休赡养、财富传承、全权委托等,信托财产不仅可以是资金及金融资产,也可以是股权、房地产甚至一揽子的资产池。其收益分配、资产管理模式、操作流程、服务流程等具有"标准化"的特点,"标准化"看似与家族信托委托人"个性化"的需求相悖,实则是将服务变为金融产品的过程,本身也具有很强的业务扩展性。

第四节 我国发展家族信托的困境与出路

一、对消极信托的包容与规范

英美法系一般认为,委托人在信托设立后便脱离了信托关系,原则上排除委托人在没有约定保留权利的情况下对信托财产或者受托人享有权利的可能。然而,大陆法系在信托制度的移植过程中,逐渐赋予委托人在信托关系中较高的法律地位。日本将委托人视为重要的信托当事人,我国《信托法》也规定委托人除不享有受益权外,其权利范围与受益人几乎相同。除了法定权利之外,委托人为了充分实现自身意愿,在信托文件中保留部分权利以促进信托目的更好达成,也是我国实践中的常态。

尤其是在家族信托中,委托人可以保留的权利非常广泛,诸如指示受托人的权利、解任受托人的权利、变更受益人的权利等,但英美法系认为这种保留并非毫无节制。如果委托人对信托的控制力过大,以至于受托人仅是以代理人的身份来满足委托人管理、处分财产的需求,那么信托将失去其本身的制度属性而与委托代理难以区分。英美法上通过判断委托人是否具有设立信托的真实意图,辨别所设信托是否为"虚假信托"。除设立时的委托人意图外,还需通过信托设立后具体的事务执行情况加以判断,若委托人牢牢把握信托事务的决定权和执行权而把受托人架空,则可以推定委托人只是借信托的外观达成其他目的,而非有设立信托的真实目的。我国的家族信托委托人多数保留很大的权利,有通过"虚假信托"规避法律的风险。《信托法》第 11 条规定,"信托目的违反法律、行政法规或者损害社会公共利益"的信托无效,家族信托意图实现的资产配置、财富传承、风险隔离等经济目的并不具有明显的违法性,但委托人保留信托控制权使得信托与委托之间的界限模糊,是否会被认定为存在利用信托规避其他法律限制的制度层面的非法目的,仍有较大的争议。从我国信托业的现实发展需求来看,随着影子银行业务被逐步禁止,信托公司正在寻找归复本业的适当方向,民事信托尤其是家族信托将成为一个很切实的突破口。但是,要警惕事务管理型信托的彻底"通道化",允许委托人适当保留权利可以提升家族信托的接受度,也符合我国的文化传统,然而保留权利的范围和限度应当在《信托法》中予以明确,至少是在司法中对消极信托确立清晰的裁判标准,划定信托公司最低的受托行为标准。

为了适应家族信托中受托人的角色定位,我国应完善受托人的信义义务规则,对信托法的一些强行规范作修改。首先,受托人的谨慎义务标准应当根据受托人的角色有所区分,承担主动管理职责的受托人义务显然重于消极被动管理的受托人。其次,允许受托人在一些法定情形下减轻或免除责任,如取得委托人或受益人的同意;根据信托的情形差异,通过信托文件来弥补强行规范的不足,授权信托当事人在自治范围内通过约定来有针对性地加重或减轻受托人的信义义务。最后,面对家族信托中经常需要出现的转信托,可以考虑将该等情况下受托人的法律责任认定为替代性过错责任,即受托人义务仅限于谨慎选择及监督转受托人,无须对转受托人的一切行为承担无过错责任。

二、增设家族信托的"看门人"

一些英美法系国家有家族信托监察人的相关规定,我国《信托法》虽然有关于信托监察人的规定,但目前只针对公益信托,并没有应用在家族信托中。如此规定的主要原因在于公益信托缺少特定的受益人,且信托存续的期间通常较长,信托结构中的监督权行使主体长期缺位,故而引入第三方代为履行监督职责。相比之下,家族信托涉及代际传承,期限一般也很长,而且委托人可能在信托存续期间面临自然死亡,如果受益人年幼或在能力、资质上存在不足,信托文件又没有对受托人的监督问题作出特别的安排,就可能带来风险。① 所以,为了保障信托长期、稳定、有效地运行,我国《信托法》也可以考虑在私益信托中引入信托监察人制度,作为一项当事人"选入"的任意规范。

首先,确立信托监察人的法律地位。日本和韩国信托法将信托监察人称为"信托管理人"。学者对此的解释是,"信托管理人"与受益人之间存在类似于民法中的"委任"关系,②所以"信托管理人"对受益人负有善管义务在内的一系列义务。但本书认为,信托监察人的主要职能是监督信托财产的管理情况而非直接管理信托财产,其并未具备与受托人同等水平的管理能力,若将信托监察人置于与受托人相同的地位,不但失去了设置监察人的意义,也会妨碍受托人职责的独立履行。因此,应当将信托监察人定位于信托当事人以外的独立监督者。

其次,确定信托监察人的权利范围。离岸信托的保护人拥有监督受托人的权利,包括撤换或指定受托人、确定受托人报酬、对信托投资的同意权等;同时还拥有监督信托管理情况的权利,包括监察信托运行情况、批准和审计信托账目、变更信托条款等权利。③ 而日本《信托法》规定,信托监察人可以行使信托文件和法律授予的保障受益人权益实现的一切权利。我国家族信托在引入信托监察人制度时,可以赋予信托监察人两类权利:其一,由立法默示规定对信托事务及受托人的"共益监督权",包括知情权、对信托财产管理方法的调整权、受托人的解任权、诉讼权等;其二,由信托文件约定监察人的特别权利,例如对受托人的指示权等。需要注意的是,上述约定权利的范围不宜过于宽泛,否则如同委托人掌握了信托的实质控制权一般,将导致信托在破产隔离和税收上的区别对待。

三、保障与抑制作用并存的信托登记

信托财产的归属在大陆法系是一个始终争论不休的难题,无论是认为信托财产应当转移给受托人的日韩等国,还是坚持信托财产为委托人所有属我国制度创新的部分学者,都无法否认信托财产的独立性是信托制度的精髓与核心。为了确保信托财产的独立性,英美衡平法中发展出"追踪权"(Right of Trace),大陆法系则采用公示公信的方法。然而,信托登记对家族信托而言,既有基本的保障作用,也形成了负面的抑制影响,特别是与家族信托当事人的隐私诉求存在矛盾。

家族信托往往是超长期限的信托,且信托财产价值巨大,要取得委托人的充

---

① 参见刘小军:《新时代家族信托如何转型》,载《银行家》2019 年第 11 期。
② 参见〔日〕能见善久:《现代信托法》,赵廉慧译,中国法制出版社 2011 年版,第 232 页;赖源河、王志诚:《现代信托法论(增订三版)》,中国政法大学出版社 2002 年版,第 173 页。
③ 参见何宝玉:《信托法原理研究》,中国政法大学出版社 2005 年版,第 276—279 页。

分信任,进而放心地将财产交付给受托人管理,提供独立性保障的财产登记制度是至关重要的。我国《信托法》第 10 条规定:"设立信托,对于信托财产,有关法律、行政法规规定应当办理登记手续的,应当依法办理信托登记。未依照前款规定办理信托登记的,应当补办登记手续;不补办的,该信托不产生效力。"这意味着,家族信托设立时如果不能完成法律所要求的登记手续,信托本身是无效的,财产独立自然成了无法实现的目标。尴尬的是,我国《信托法》并未指明由何种机构承担信托登记的职能,各登记部门也对"信托"这种带有英美法"神秘色彩"的法律关系"退避三舍",无一愿意推进信托登记的行政法规和规章的制定。此外,家族信托的财产类型繁多,实践中的登记体系分散而不完善,以致信托当事人在设立信托时不得不"曲线救国"。比如,2015 年北京信托推出了房产类家族信托,受制于房产无法进行信托登记,只能先由委托人出资设立单一资金信托,再用信托项下的资金购买相应房产,通过二手房交易方式将房产置换为信托财产,最终达到子女离婚时房产不被其配偶分取的目的。但上述交易方式必然会带来高昂的交易费用,增加信托事务的交易成本,最终导致信托财产的实有价值减少,因此该模式的可推广性并不强。境内家族信托若想获得长足发展,信托登记制度的构建不可或缺。

中国信托登记有限责任公司在这样的背景下作为全国性统一登记平台出现,然而其主要职能只是信托产品登记与受益权登记,强调监管功能,尚无法实现我国《信托法》对财产的登记要求。2017 年银监会发布实施《信托登记管理办法》之后,中国信托登记有限责任公司的职权、定位仍未改变。为走出当前的困境,应当将"信托登记"明确界定为同传统财产登记并行的独立类型,把法律规定必须进行的信托登记与当事人自愿申请开展的信托登记纳入统一登记体系;赋予中国信托登记有限责任公司对各类财产进行信托登记的权限,对于"有关法律、行政法规规定应当办理登记手续"的财产,即因财产登记而发生权属变动之效果的财产,设置"先信托登记,后财产登记"的联动程序。[①] 以此弥合实践中家族信托的财产无法登记的"缝隙",避免家族信托因欠缺财产登记程序而无效,确保家族信托财产的独立性。

同时,《信托登记管理办法》中强化的信托产品登记对于家族信托的运行安全也具有积极意义。信托产品在我国法律上并无主体资格,有登记途径的财产只能登记于作为受托人的信托公司名下,货币财产只能存入信托公司账户。一旦信托公司的债权人申请执行信托公司账户内的资金,即便某个信托产品的资金账户是独立专户,外观上仍属信托公司之财产,信托公司就需要凭借产品登

[①] 参见季奎明:《中国式信托登记的困境与出路——以私法功能为中心》,载《政治与法律》2019 年第 5 期。

记中的信息来证明此笔款项的信托财产属性,以防止该笔信托资金被信托公司或其他信托产品的债权人追索。① 在我国信托公司大多同时受托管理许多信托项目的背景下,信托产品登记的财产动态记录功能对维持信托财产(尤其是转换形态后的信托财产)的独立是颇具有价值的。

一方面,信托登记保障了信托财产的独立,提升委托人的信任度,其蕴含的交易安全价值也直接影响受托人对信托财产的管理和运用效率、第三人与受托人进行交易的积极性,有利于推动家族信托发展。另一方面,信托登记的公示公信本位却与家族在个人私密方面的诉求形成冲突,如果构建信托登记规则时忽略了这一特殊因素,就会反过来抑制家族信托的成长。② 家族企业的创始人对于家族企业的信息存在着保密的愿望,家族财富的继受人也希望免受"贴标签"式的困扰,这也是国外家族信托能够发展起来的重要动因之一。倘若不能平衡家族信托的信息公示和隐私保护之间的矛盾,高净值人群将对本就不健全的家族信托望而却步。

我国《信托登记管理办法》第 34 条规定:"信托登记公司应当根据法律、行政法规、国务院银行业监督管理机构的规定以及信托文件约定的信托登记信息保密要求,设置不同级别的查询权限:(一) 委托人、受益人仅可以查询与其权利、义务直接相关且不违背信托文件约定的信托登记信息。当委托人、受益人出现民事行为能力丧失等情形时,信托财产法定继承人或者承继人等利害关系人,仅可以凭具有法律效力的证明文件申请查询与其权利、义务直接相关的信托登记信息;(二) 信托机构仅可以查询与其自身业务直接相关的信托登记信息;(三) 银行业监督管理机构和其他有权机关仅可以在法定职责范围内,依法查询相关信托登记信息。向信托登记公司申请信托登记信息查询的,应当提交有效身份证明文件、授权文件和相关证明材料,并书面说明查询目的。除法律明确规定或者授权外,任何单位或者个人不得查询受益人的个人基本信息。"其中规定登记机构应当设置不同级别的可查询范围,且查询人还应提供相应的身份和利害关系等证明材料。上述分级查询制度的设置看似保护了委托人与受益人的隐私,却引发一个更大的质疑:如果只是为了解决信托当事人之间关于信托财产的纠纷,那么登记既不是必需也不是最便捷的手段,信托文件等都可以用来证明。信托登记的最大意义在于让第三人周知财产的特殊独立状态,受制于查询权限,这一功能恰恰无法在当前的登记体系中实现。相比之下,家族信托委托人、受益人信息的保密显然应当处于劣后的价值位阶。本书认为,信托登记的公开应当

---

① 参见季奎明:《中国式信托登记的困境与出路——以私法功能为中心》,载《政治与法律》2019 年第 5 期。

② 参见武晋:《我国家族信托的法制困境与破解对策》,载《南方金融》2018 年第 1 期。

是基本原则,《信托法》应通过强行规范划定为保障信托独立性而必须公示的基本内容,除此之外的登记内容公开与否,可以根据家族信托的实际情况在信托文件中载明。质言之,允许信托当事人将法定披露范围以外的登记信息约定为隐私,进行特殊的保护。

四、信托配套税收制度的完善

税负高低是影响一种财产组织形式兴盛与否的重要因素,目前我国的家族信托并不存在一套完整、独立的税收体制,信托节税的优势尚不能很好地体现。此外,遗产税的开征情况也不明朗,继承、遗赠与信托之间的制度竞争难见分晓,这也在一定程度上减缓了家族信托在国内的发展。

在家族信托的征税模式上,存在"信托实体"与"信托导管"两种选择。英国采用"信托实体"理论,主张以信托本身为纳税主体,对于信托存续期间产生的收益,不论分配与否,亦不论受益人是谁,都归入信托财产,对信托本体进行课税,由受托人从信托财产中代为支取税款。大陆法系国家更多的是采用"信托导管"理论,将信托看成是经由受托人向受益人转移利益的管道,所以基于信托行为产生的税收原则上应由受益人征纳。"信托实体"理论简化了信托税制的逻辑结构,将申报及扣缴主体直接锁定为受托人,尽管这样做能提高征管效率,达成稽征经济的目标,但该理论将"信托实体"拟制为纳税主体并非长久之计,一旦实现课税,受托人最终还是要向受益人转嫁税负。与之不同,"信托导管"理论对信托财产的"实质转移"课税,而不对"形式转移"课税,避免了重复征税的不合理现象,是更适合我国的信托税制框架。在"信托导管"征税模式下,根据我国目前的规定,如果信托收益的取得被认定为具有经营性质,受益人即应按照《个人所得税法》第 2 条规定的"偶然所得"纳税;如果信托收益的取得被认定为一般赠与行为,则无须纳税。

另外,税收优惠措施对于家族信托的激励作用也很明显。在美国,如果不可撤销信托中置入不动产,可以免缴房产税;慈善信托的设立也可以令委托人获得所得税上的优惠。这些税收配套优惠政策极大地促进了信托业务在英美国家的发展,凸显了信托在家族财富管理、资产传承和慈善公益等方面的特殊优势。高净值人群因设立家族信托而合法节税,并获得维持家族和睦、承担社会责任的精神愉悦。政府的税收虽有部分减少,但却调动了更多的社会资源。当然,若释放过多的税收优惠,家族信托也会不可避免地沦为避税工具,对我国并不宽裕的财政产生极大挑战。因此,如何利用税收优惠推进家族信托,同时又防止家族信托彻底成为委托人的财务道具,需要很高的平衡艺术。

| 案例 | 家族信托执行异议案[①]

1. 案情简介

法院在执行(2020)鄂01执保230号杨LL与张XL不当得利纠纷一案诉讼保全过程中,张XL向法院提出执行异议。张XL称:(1)因杨LL与胡ZG、张XL不当得利纠纷一案,法院依据杨LL的申请于2019年11月6日作出了民事裁定书,裁定查封、冻结了异议人名下存款880万元、五处不动产市场价值共计1857万元、受益人为张某的《WM信托·福字221号财富传承财产信托》项下的信托资金1180万元,以及异议人名下价值40万元的路虎牌越野车一辆,以上查封、冻结异议人财产价值总计3957万元,该金额远远高于杨LL起诉张XL不当得利的3383万元。至于杨LL另外主张的资金占有费759.9186万元,没有事实和法律依据。涉案的3383万元中绝大部分是胡ZG出于法定抚养义务为他与张XL的非婚生子张某设立的家庭信托基金,基金所获收益用于张某的生活、教育等开销,由于张某尚未成年,异议人是作为法定监护人起到代管职责,因此本案中异议人没有不当得利,杨LL无权主张所谓的资金占用费。(2)从保全合法性的角度分析,《WM信托·福字221号财富传承财产信托》项下的信托资金受法律保护,法院不应对其实施财产保全,已保全的应立即解除。根据《全国法院民商事审判工作会议纪要》第95条的规定,除符合《信托法》第17条规定的情形外,人民法院不应当准许当事人因其与委托人之间的纠纷申请对信托公司专门账户中的信托资金采取保全措施申请。本案中《WM信托·福字221号财富传承财产信托》并不涉及《信托法》第17条规定的情形,杨LL没有如实向法院告知上述情况,导致法院保全错误。(3)法院冻结《WM信托·福字221号财富传承财产信托》项下的信托资金和收益,造成案外人张某生活困难,违背人道主义。综上,请求解除对《WM信托·福字221号财富传承财产信托》项下信托资金的冻结。

WM信托有限公司于2020年8月10日向法院出具说明,载明:《WM信托·福字221号财富传承财产信托》为我司作为受托人、招商银行股份有限公司作为财务顾问机构的单一信托,由委托人张XL于2016年2月5日设立,初始规模3080万元。依据最新的估值数据,截至2020年7月31日信托财产净值为11830320.73元;该项目委托人张XL的儿子张某作为唯一受益人,信托受益权由张某100%享有。依据信托法的相关规定,该项目下的信托财产非委托人张XL的存款或个人财产。

2020年8月14日,法院作出(2020)鄂01执保230-1号协助执行通知书,要

[①] 资料来源:武汉市中级人民法院执行裁定书,(2020)鄂01执异661号。

求WM信托有限公司协助执行以下事项:因被申请人张XL与你单位签订了《WM信托·福字221号财富传承财产信托》,现请你单位停止向张XL及其受益人或其他第三人支付合同项下的所有款项及其收益。同日,法院向WM信托有限公司邮寄送达(2019)鄂01民初9482号民事裁定书及(2020)鄂01执保230-1号协助执行通知书。WM信托有限公司于2020年8月31日签收上述文书。

另查明,2016年1月28日,张XL(委托人)与WM信托有限公司(受托人)签订《WM信托·福字221号财富传承财产信托合同》(合同编号:8012015-X801001001),合同载明:

  1.1 委托人基于对受托人的信任,自愿将其合法拥有的资金及/或金融理财产品信托给受托人,即将委托人的相关财产的法律上的所有权完全转移给受托人,由受托人管理、运用。受托人通过按照信托文件的规定持有、管理或处分信托财产,并以此作为信托利益的来源,按信托文件的约定向受益人分配信托利益。

  ……

  1.3 本信托设立后,委托人死亡,信托继续存续直至信托期限届满或信托终止,信托财产不作为其遗产或者清算财产。国家法律另有规定的除外。

  ……

  2.2.3.1 本信托项下财富传承信托受益对象,为委托人的儿子、父亲、母亲、舅舅和外婆,共计受益人5名。

  ……

  2.4.2 本信托成立时,委托人信托给受托人的自愿用于财富传承信托目的的信托财产首期总金额为预计3080万元人民币,其中银行现金存款3080万元。

  ……

  2.4.4.3 信托专户信息如下:信托专户:户名"WM信托有限公司",开户行"招商银行武汉分行积玉桥支行",账号"95510XX"。

  ……

  7.2.1.1 在信托生效当日或之前,委托人或受益人以受益人名称在资金保管机构或其他机构开立独立的人民币专用账户(受益人收款账户)。受益人收款账户用于接收信托利益。

  ……

  17.2.1 信托在下列任一情形发生之日终止:17.2.1.1 本信托之信托目的已经无法实现。17.2.1.2 本信托被法院或仲裁机构依法撤销、被认定无效或被判决终止。17.2.1.3 本信托期限届满或本信托项下全部信托财产分配完毕……17.2.1.6 本信托运行满5年后的30日内,委托人可以提前终止信托,若本信托运行满5年后的30日内委托人无书面意思表示提前终止本信托,则信托持续运行至满50年止或全部信托财产分配完毕之日止。

　　附件二-9 信托利益支付计划:1.自2018年1月份(含)起,受托人每个自然月度日历日10日向受益人1(张某)支付信托利益人民币6万元,直至本信托终止或受益人1死亡……

2020年5月30日,张XL(委托人)与WM信托有限公司(受托人)签订《信托受变更函》,将上述信托受益人由委托人张XL的儿子(张某)、父亲、母亲、舅舅和外婆5人变更为张某。

　　法院认为:本案争议焦点为案涉信托合同项下资金及收益权能否冻结的问题。法院在财产保全程序中,为避免委托人转移信托受益权或信托理财回赎资金行为,依杨LL的申请于信托期间内对案涉《WM信托·福字221号财富传承财产信托》合同项下的所有款项进行了冻结,要求受托人WM信托公司停止向委托人及其受益人或其他第三方支付合同项下的所有款项,该冻结措施不涉及实体财产权益的处分,不影响信托期间内WM信托有限公司对张XL的信托财产进行管理、运用或处分等信托业务活动,只是不得擅自将张XL的本金作返还处理,不属于对信托财产的强制执行。因此,法院上述保全信托合同项下资金行为不违反《信托法》的相关规定,合法有效。至于法院对《WM信托·福字221号财富传承财产信托》项下信托基金收益的冻结,根据已查明事实,上述信托利益受益对象即信托基金受益人为案外人张某,如认为法院执行行为损害信托基金受益人的权益,可由案外人张某向法院提出排除执行异议。张XL提出此项异议,主体不适格,且法院已对案外人张某所提异议在另案中予以审查,故对张XL此项异议请求,法院不予支持。

　　综上,异议人张XL异议理由不成立,法院不予支持,驳回异议人张XL的异议请求。

　　2. 案例评析

　　家族信托设立之后,家族信托财产具有独立性。委托人以资金设立家族信托之后,完成处分行为,信托财产就不再属于其责任财产,原则上既不可以被强制执行,也不可被采取冻结等保全措施。家族信托财产并非委托人的责任财产,除非有证据证明信托设立无效、应被撤销,或者委托人事实上完全控制信托财产,否则委托人的债权人不能对信托财产进行强制执行,也无权对信托财产采取保全措施。

需要关注的是,如若委托人在信托文件中为自己保留随时可以把自己变成唯一或者主要受益人的权利,此时的信托类似可撤销信托,其信托财产并未从委托人的个人责任财产中完全剥离出去,法院可能仍旧有理由根据委托人的债权人的要求强制执行信托财产。[①]

对于债权人而言,如果认为信托设立侵害了其债权的实现,可以根据《信托法》第12条主张撤销信托,但是请求强制执行一个已经成立之信托的信托财产是不妥的。如果委托人是该家族信托的受益人,债权人还可以强制执行委托人作为受益人的受益权。

[①] 参见赵廉慧:《信托财产独立性研究——以对委托人的独立性为分析对象》,载《法学家》2021年第2期。

第十二章 公益信托

第一节 公益信托概述

一、公益信托的概念与意义

(一)公益信托的含义

1. 公益信托的概念。

公益信托(Beneficial Public Trust,或 Public Benefit Trust),英美法上被称为 Charitable Trust,国内法学界通常译为慈善信托,意指出于公益目的,使社会公众受益而设立的信托。我国《信托法》第六章专章规定了公益信托。2016年我国《慈善法》通过,该法将用于公益目的的信托称为慈善信托。慈善信托的设立、信托财产的管理、信托当事人、信托的终止和清算等事项,《慈善法》"慈善信托"章未规定的,适用《慈善法》其他有关规定;《慈善法》未规定的,适用《信托法》有关规定。

美国《信托法重述》(第二版)第348条将公益信托定义为"一种关于财产的信赖关系,该财产由创设该信托的意思表示产生,同时委托受托人保管该财产,并负有为公益目的而处理该财产的责任"。美国《统一信托法》(Uniform Trust Code)将公益信托定义为:救济贫困,发展教育、宗教,促进卫生健康事业,出于政府、公共事业的目的或其他有利于社会利益的信托。大陆法系国家和地区一般以例示和概括相结合的方式来定义公益信托。我国台湾地区"信托法"第69条规定,称公益信托者,谓以慈善、文化、学术、技艺、宗教、祭祀或其他以公共利益为目的之信托。由于各国自然国情和社会国情不同,同时信托制度本身又具有灵活性,导致各国对于公益信托的理解不尽相同,不管在字面上有何差异,公益信托的根本目的始终不变,即为了赞助和促进社会公益事业。

2. 公益信托和公益事业。

公益事业是一种投资扶困的重要手段,按照牵头主体的不同,可以分为由政府主导的和民间自发的社会公益力量。在计划经济时代,一切由政府主导的特征导致了社会公益事业大多数由政府出面主办,政府利用行政职能对济贫、救灾、教育等公共事务大包大揽的局面。而当市场经济发展至今,产生了一些不容忽视的社会问题,如地区平衡问题、贫困、人口老龄化、就医困难、环境污染、文化遗产保护等。在社会保障体制尚不健全的情况下,政府的财政支持显得势单力孤,仅通过政府的力量来解决这些问题显然已经不具有可行性。与此同时,来自民间的力量也在日益壮大,人民群众以及企业界积极从事各种公益活动,海外侨胞、港澳同胞也热心参加祖国的公益事业,民间公益事业和国家公益共同肩负着社会福利的重任。

民间的公益事业可以通过设立民间基金会或私人慈善机构的方式进行,如美国有五六千家民间慈善组织,这些慈善组织为社会公益事业作出了巨大贡献。而我国的民间基金会或慈善机构的设立和运作并不尽如人意,仍旧困难重重。而借鉴国外经验通过信托模式设立公益信托则可能发挥信托制度长期规划、弹性空间、受益权特殊保护、专业理财等优势,可以弥补传统基金会的不足。信托作为一种非常灵活的财产管理制度具有其他财产管理制度无法比拟的优越性。在国外,公益信托在发展社会公益事业方面发挥了非常重要的作用,如英美法系国家许多著名大学、博物馆、美术馆、艺术馆和各种基金会都属于公益信托范畴。通过公益信托广泛的社会影响提高民众对公益事业的参与度,调动不同领域的社会财富,缓解政府在社会保障领域的压力,推动公益事业发展。

(二) 公益信托的特征——较私益信托

公益信托是私益信托的对称,私益信托是出于私人利益的需要而设立的信托。

两者的确定性要求不同。公益信托的受益人为不特定的社会公众,而私益信托的受益人必须确定或可以确定,否则受托人无法向受益人交付信托利益,信托目的无法实现。私益信托的信托目的必须具体明确,公益信托的信托目的可以是明确的,也可以概括表明信托的公益性质。

两者的存续期限要求不同。私益信托适用"禁止永久权规则",而公益信托则不适用。为防止信托财产长期受过世的委托人的"死手"控制,或者妨碍信托财产的流通,法律上规定私益信托的存续期限不得超过规定的年限。英国法中,要求信托期限不超过 80 年或者委托人死后 21 年。[①] 而公益信托原本即是为了公共利益而设立的,信托设立时间越长,越能够造福社会公众,因此可以无限期存续。即使信托目的实现或无法实现,也可以通过近似原则,转移或处分剩余的财产。

对受托人要求不同。私益信托的受托人由委托人自行指定,或由信托当事人协定。凡具有民事行为能力的自然人或法人均可担任受托人。但公益信托涉及社会公共利益,出于对交易安全的考虑,法律对其受托人的条件和资格设置了较多的限制。如英国《信托法》规定,曾有涉及不诚实或欺诈的违法行为者,在管

---

① 参见何宝玉:《信托法原理研究》,中国政法大学出版社 2005 年版,第 325 页。

理公益信托过程中出现行为不当或者管理不当者,没有资格担任公司董事的人等,不能担任公益信托的受托人。

两者的监督方式不同。私益信托的受托人管理和运用信托财产,由委托人、受益人等进行监督。而公益信托的委托人和受益人都可能是社会公众,不可能像私益信托的受益人那样监督。因此,公益信托设立信托监察人,代表受益人的利益监督受托人,必要时提起诉讼或采取其他法律行动。此外相应的公益事业管理机构也有监督公益信托受托人的权利。

两者承担的税负不同。国家通常对公益信托实行优惠政策,实行税收减免政策。而私益信托主要是为了满足个体利益而创设,一般不享有税负方面的优惠政策。

(三)公益信托的价值——与财团法人比较

信托作为一种非常灵活的财产管理制度,具有其他财产管理制度无法比拟的优越性,在公益事业发展中起到了重要的推动作用,以下通过和最为相近的财团法人的比较,可以充分体现出公益信托的价值所在。财团法人与公益信托都是实现社会公共事业、实现公益活动的一种手段,有着同样的目的,社会功能也基本相同。但两者在构造上存在很多差异,相对于财团法人而言,公益信托具有以下独特的制度优势:

1. 公益信托的运作灵活,富有弹性。

信托制度是一种效率性与灵活性相结合的产物,既有很大的弹性,又不会为弹性付出极大的成本代价,公益信托制度这样效率与灵活兼备的制度更有生存的社会空间。

第一,英美法系国家公益信托无须特定机关批准,只要登记即可生效,哪怕是在大陆法系国家,公益信托的设立需要特定公益机关批准许可,但这种批准许可较之财团法人设立的核准主义要宽松得多。设立财团法人时,必须依照法定的法人设立方式予以设立,必须取得法人资格才能从事相关活动。财团法人具有健全的法人组织机构和固定营业场所,并且需要专职人员执行内外事务,因此需要固定的经费维持日常运行。

第二,法律一般并无对公益信托财产最低数额的要求限制,而各国法律一般都严格限定了财团法人的最低财产数额。对于捐赠人而言,捐赠人设立公益信托手续简便,而且形式多样,非常灵活,可以是生前通过单方意思表示转移财产给受托人设立,也可以通过宣言信托的方式使自己成为公益信托的受托人设立,还可以通过遗嘱设立在其死后生效的信托。

第三,财团法人成立后,如果无法按照章程规定的宗旨继续从事公益活动的,应注销该法人。而公益信托在成立后,如果发生情势变更时,可以根据信托目的,变更信托文件中的条款。

第四,财团法人的设立必须满足法定的条件,特别是对原始资金的最低限额的要求,势必将许多潜在的数额较小或者不想投入的公益资金拒之门外。而公益信托不受捐赠规模与存续期间的限制,因此所捐赠的信托财产,可以尽量使用于公益的目的。财团法人由于基本财产不可任意动用,所以其规模不得太小,否则收益太少,不仅财团法人难以运作,而且将使其组织流于形式。

第五,由于财团法人在成立后不得随意解散,因此在存续期限上比公益信托刚性,所以不适合用于不需要永久存续的公益活动。而公益信托则既可以做长期或永久公益活动,也可以从事短期公益活动,时间长短由信托当事人在设立信托时根据自己的意思灵活掌握。

2. 公益信托的管理和运用可促进信托财产的保值增值。

财产法人不得为营利性的活动,财团法人的机构只是存放法人财产,依设立目的支出财产,除了孳息以外,别无其他增值途径。财团法人通常缺乏有效的保值增值的专业技能。比如我国的基金会的管理人员通常是社会知名人士、政府退休老干部、政府现职工作人员、其他有专职工作的非政府工作人员,这些人员大多远离资本市场,难以拥有专业的理财技巧和丰富的投资经验。同时基金会管理人员对外联络、宣传以及其他社会活动占用的时间也相当多,管理人员大多忙于筹措资金,而无暇对现有基金的增值多作考虑。因而既无专业投资技巧也无太多理财时间的基金会管理人员面对资本市场,只能选择最简易、保险的银行利息作为保值手段。

而公益信托,各国立法不但不禁止,而且鼓励受托人进行营利性活动。公益信托的受托人可以是银行、信托等具有专业经营管理经验的金融机构。受托人在不违反信托义务的前提下,有自由管理、处分信托财产的权利。其营利活动的收益一并归为信托财产,实现最终的公益信托目的。

由于两者在财产运用管理上的不同,两者从事的公益活动也有所不同,财团法人比较适合于直接从事经营事业类型的公益活动,如图书馆、美术馆、博物馆、体育馆等文体设施的管理经营,而公益信托则适合提供奖学金、研究项目资助等以金钱给付为目的的公益事务。

3. 公益信托能保证财产管理运用安全与合法性。

首先,财团法人一般是通过设立监事的方式监督法人执行机关的行为,我国《基金会管理条例》第 34 条规定,基金会设监事,监事依照章程规定的程序检查基金会财务和会计资料,监事有权列席理事会会议,有权向理事会提出质询和建议,并应当向登记管理机关、业务主管单位以及税务、会计主管部门反映情况。这种方式并不能防止基金会理事与监事相互勾结、侵吞目的财产的行为。由于法律规定监事不得领取报酬,监事的工作积极性往往不高,怠于行使职权,导致监督职能落空,监事职位形同虚设,内部制约和监督机制难免落空。而公益信托制度拥有独特的监察制度,能够保障信托公益目的更好地实现。公益信托的受托人虽然可以对信托财产进行相对自由的管理、处分,但是这些行为必须符合信托目的,而且由特定机关对受托人是否如实履行了信托义务进行监督。一般信托的受益人是特定的人,受益人可以对受托人的行为进行监督,如果受托人违反职责,受益人有权向法院提起诉讼。由于公益信托受益人的不确定性,受益人无法对受托人进行有效的监督,而公益信托事关社会公众的利益,由国家设立特定机关对其进行监督成为必要。相对于私益信托而言,公益信托因其涉及社会公众利益,法律对其规定严格许多,比如有些国家实行强制登记制度、设立许可制度等等。

其次,财团法人在具体运作中,通常由捐助人以自己的亲人作为财团法人的理事,或主管官员以自己成为财团法人的理事作为批准条件,同时规定以收益作为理事的报酬。这样,捐助财产及其收益常常不能完全用于公益事业。而在公益信托中,因为受托人往往是信誉良好的信托机构或银行,它们必须承担许多信托法上的强制性义务,且受到委托人、受益人及主管机关等多方面的监督,能够较好地履行义务。

最后,财团法人的财产通过法人登记的形式与捐助人、法人执行机构人员的自有财产相区分,归属于公益法人名下,财团法人的设立要完成申请、制定章程等复杂手续,而且与之相关的法律文件要向社会公开,捐助人的身份暴露无遗。而公益信托的信托财产通过信托法规定的信托登记制度和分别管理原则与委托人、受托人的自有财产彼此分开,保持其独立性,当信托财产一旦移转给受托人,委托人就处于相对回避的地位,这样能够保守既想从事公益事业又不想引起社会关注的捐助人的个人隐私。

公益信托能够实现完整意义上的互助价值,以最小的成本换取最大的公益价值,各国均鼓励公益事业发展,刺激民众积极投身公益事业的考虑,在公益信托财产的管理运用上采取减免税赋等优惠措施。如我国台湾地区在"所得税法""遗产及赠与税法""加值型及非加值型营业税法""房屋税条例"等中的规定。当今社会面临诸多问题,贫困、教育、医疗等,解决这些问题不仅是各国政府的职责,也是全体民众的责任,随着公益信托制度的完善和推进,私人从事公益事业的途径越来越多,公益信托的价值必将充分实现,进而推动整个公益事业的发展,带动社会资源的合理分配,并协调和改善社会关系,建立和谐的社会。

二、公益信托的信托目的与分类

(一)目的

各国信托法都承认公益信托的信托目的为公益性。但对公益性的定义各国不尽相同。

如英国《慈善用益法》(The Statute of Charitable Uses)，又称《伊丽莎白法》(The Statute of Elizabeth)的序文中所列述的公益信托范围为判断标准：援助老弱贫穷的人，救护伤病残废的士兵与海员，资助学术机构，兴办义学和大学院校，修筑桥梁、港口、行人道、教室、防波堤和公路，养育孤儿，援助或提供资金资助惩教所，资助贫困的未婚女子结婚，支持、援助和帮助年轻商人、手工艺人和老弱人士，援助或救济囚犯或俘虏，援助贫民以减轻其负担，包括支付成年税、士兵的装备费用和其他事项。

美国《信托法重述》(第二版)第386条将慈善目的列为六大类，救济贫穷、发展教育、发展宗教、增进健康、政府及社会目的、其他有利于社会利益实现的目的。尽管这些分类没有直接的法律约束力，但已经被英美法学界以及法院普遍接受。

大陆法系国家和地区一般以列举加不限定相结合的方式对公益信托加以规定。日本《信托法》第66条规定：以祭祀、宗教、慈善事业、学术、技艺以及其他以公益为目的的信托为公益信托。韩国《信托法》第65条规定："以学术、宗教、祭祀、慈善、艺术等公益目的的信托为公益信托。"

我国台湾地区"信托法"第69条规定："称公益信托者，谓以慈善、文化、学术、技艺、宗教、祭祀或其他以公共利益为目的之信托。"我国大陆《信托法》亦采用列举的方式认定公益信托目的的公益性，包括：(1)救济贫困；(2)救助灾民；(3)扶助残疾人；(4)发展教育、科技、文化、艺术、体育事业；(5)发展医疗卫生事业；(6)发展环境保护事业，维护生态环境；(7)发展其他社会公益事业。

应该说，公益性并不是一个一成不变的定义，随着经济社会的不断发展，这个定义的内涵将不断改变，英国早期将资助贫困的未婚女子结婚作为慈善信托的目的，而如今这显然已没有意义。而如今公益信托领域诞生了越来越多的环保信托项目，也改变了原始的公益信托的含义。

在日本、韩国，祭祀被作为一项公益信托。笔者认为，祭祀在东方国家是一项长期的传统，不仅是一种仪式，也是一种文化。在英美法系国家，根据宗教自由和宗教平等的理念，宗教只要不违反法律和社会公德，不对其他宗教进行恶意攻击或破坏其基础教义，即使这一宗教在一般人看来不可理解，它也可能成为公益信托的对象。我国信托法并不排斥设立以宗教为目的的公益信托，在其符合我国法律的前提下，或许应当提倡设立一些以和平、仁慈为教义的宗教公益信托。

(二) 分类

公益信托可以按照不同的特点，进行不同的分类，在学理上和立法上有不同视角。

1. 根据不同的公益信托目的,可以分为救济贫弱的公益信托,促进教科文卫的公益信托,以宗教、祭祀为目的的公益信托和其他有利于社会利益实现的信托。

救济贫弱的公益信托,包括救助社会贫困群体、遭遇灾害的群体以及残疾人等,这些群体属于困难群体,也是社会中的特殊群体,此项信托是发扬人道主义精神的体现,世界各国都承认它们属于公益信托的范畴。

促进教科文卫的公益信托,教育、科研、文化、体育、医疗、环保等事业是当今社会的重要公益活动,由于这些事业涵盖范围广泛,国家的投入和资助不可能面面俱到,所以借助社会力量的投入,尤其是借助公益信托,能够积极促进科教文卫事业的发展。

以宗教、祭祀为目的的公益信托,是基于发扬宗教的目的设立的,将信托财产及其收益运用于发展宗教事业或资助不特定的神职人员的生活及培训的公益信托。

此外,尚有一些符合信托法中关于公益目的规定的精神和意思,但没有明确罗列于法律条文中的公益信托,随着社会的发展,社会公益事务的种类将不断增多,为了满足公益事业的需求,公益信托的目的的外延将不断扩大。

2. 根据以作为信托财产的基本财产是否可以动用为条件,可分为财产维持的公益信托与财产动用的公益信托。

财产维持的公益信托,是指仅以公益信托的基本财产的收益来从事公益活动,而基本的信托财产本身并不动用。财产动用的公益信托,是指受托人依据公益信托文件的规定,可以在信托存续期间动用信托财产的本金及收益从事公益活动。两者的区别在于,通常财产维持的公益信托规模较大,可以以信托的形式替代财团法人组织,而财产动用的公益信托则通常财产规模较小,委托人也不希望其永久存续。

3. 根据受托人给付的内容,可以分为奖助型公益信托和经营性公益信托。

奖助型公益信托,美国亦称给付型公益信托(Non-Operating Foundation),是指信托仅对受益人提供资金,而并不直接经营公益事业。经营性公益信托是受托人主要执行经营某项公益事业作为信托内容,以经营结果使受益人受益。两者的区别在于,经营性的公益信托受托人通常需要具备特殊的经营能力,而奖助性的公益信托只需支付奖励资金或资助资金即可完成信托业务。

4. 根据捐赠的对象不同,可分为单独出资的公益信托与共同出资的公益信托。

单独出资的公益信托的信托财产由个人、家庭、某个社团、企业出资设立。共同出资的公益信托,是指由众多个人或组织共同捐助设立的信托。两者的区别在于对两者的监管力度不同,单独出资的在管理上比较严格,防止出现打着公益信托的幌子谋取个人私益的情形,在税负上,单独出资的公益信托往往严格于共同出资的公益信托。

5. 依据美国税法的规定,可以分为无保留权的公益信托与分离利益的公益信托。

无保留权的公益信托(Outright Charitable Trusts),是指委托人对信托财产不保留任何利益的信托,委托人可以单独成立信托,也可以加入已存在的其他信托中,以实现委托人之公益目的。分离利益的公益信托(Split-interest Charitable Trusts),是指信托之信托财产不仅可以使公益受益人受益,也允许非公益受益人受益。

第二节 公益信托的设立与法律关系

一、公益信托的设立

私益信托根据信托行为就可以设立,但公益信托除了信托行为外,还需履行法定程序方可成立。公益信托行为可以是契约、遗嘱,也可以是宣言。在我国,信托法只承认契约和遗嘱设立信托,且必须采用书面形式。受托人以宣言方式设立公益信托没有得到我国信托法的支持。为防止公益信托随意设立,或者伤害公众利益,各国均对公益信托的设立进行监督管理。大陆法系要求获得公益事业管理机构的批准,而英美法系则要求进行登记。依据我国《信托法》,公益信托的设立和确定其受托人,应当经有关公益事业管理机构批准;未经公益事业管理机构的批准,不得以公益信托的名义进行活动。但依据我国《慈善法》,设立慈善信托、确定受托人和监察人,应当采取书面形式。受托人应将相关文件向受托人所在地县级以上人民政府民政部门备案;未按规定将相关文件报民政部门备案的,不享受税收优惠。

英美法系以英国为代表,具有完善的登记制度,根据1960年《慈善事业法》,任何慈善信托或慈善组织均须向慈善委员会登记,办理公益信托的设立、变更、终止等法定手续。美国"全国州检察长协会"于1954年通过了《统一公益信托受托人监督法》(Uniform Supervision of Trust for Charitable Purposes Act),该法规定公益信托的受托人应于接受公益信托的信托财产起六个月内向州检察长登记并附上信托文件的复印本。英美法下的公益信托登记并非信托的成立要件,而是具有公示和证明效力。

大陆法系国家和地区大多采取设立许可制度,如日本《信托法》第68条规定,受托者接受公益信托时,应当取得主管机关的批准。韩国《信托法》第66条规定,公益信托设立,应取得主管机关的许可。

我国台湾地区"信托法"第 70 条规定:"公益信托之设立及其受托人,应经目的事业主管机关之许可。前项许可之申请,由受托人为之。"我国大陆《信托法》沿用了大陆法系的传统,亦采取许可制,从对公共利益的维护角度看,采取许可主义是一种比较妥当的办法。该法规定,公益信托的设立和确定其受托人,应当经有关公益事业的管理机构批准;未经公益事业管理机构批准,不得以公益信托的名义进行活动。

实践中,公益信托的审批制和登记制各有所长。审批制中公益事业管理机构的介入,可以代表社会公益行使准入监管的职能,可以防止利用设立公益信托牟取不正当利益的行为,避免委托人钻公益信托享有的税收优惠的空子。而登记制则相对宽松一些,可以扩大公益信托的适用范围,信托不因未及时申请批准而不成立,大大增加了公益信托的数量和范围。同时,也能避免因为审批而带来的效率问题,防止因为主管机关的推诿、迟延而引起的设立困难。因此有学者建议我国的公益信托设立时,委托人可以选择登记的受监督的公益信托或非登记的公益信托两种形式,服从委托人的意愿。当事人意思自治、允许由意思自治而产生的多样性的存在,有助于公益信托在任何鼓励公益事业的国家中发展。[①]

二、公益信托的当事人

(一)委托人

我国《信托法》第 19 条规定,委托人应当是具有完全民事行为能力的自然人、法人或者依法成立的其他组织。其中当法人充任公益信托的委托人时,须有法人意思机关按照法定程序作出同意的意思表示。公益信托中的委托人权利与私益信托的委托人似无差异,委托人享有私益信托委托人的一般权利,包括知情权、信托财产管理方法因为情势变更导致不符合受益人利益时的变更权、受托人违反信托目的或者管理不当致使信托财产发生损害时赔偿请求权、对违反信托目的处分行为的撤销权、许可受托人辞任的权利、自行选任或请求法院选任新受托人的权利和在特定条件下解除信托的权利等。同时公益信托的委托人还享有对公益事业管理机关的诉权,公益事业管理机关虽然是针对公益信托进行监督管理的国家机关,但不能保证其永远不会作出违反信托法的行为,当出现权力滥用,委托人、受托人、受益人都可以向法院提起诉讼。公益信托的委托人的义务主要包括确保信托财产的所有权转移给受托人,这是由民法或财产法关于标的物所有权转移的一般规则所派生的一项义务;亲自选定或有关部门指定信托监察人;按照法律、信托文件的规定向受托人、监察人支付报酬的义务。

---

① 〔德〕Stefan Grundmann:《对草案第六章的评述——公益信托的特殊规定》,载朱少平、葛毅主编:《中国信托法起草资料汇编》,中国检察出版社 2002 年版,第 160 页。

(二) 受托人

我国《信托法》第 62 条规定:"公益信托的设立和确定其受托人,应当经有关公益事业的管理机构(以下简称公益事业管理机构)批准。未经公益事业管理机构的批准,不得以公益信托的名义进行活动。公益事业管理机构对于公益信托活动应当给予支持。"自然人、以信托公司形式或其他各种营利性或非营利性组织存在的法人、非法人团体只有在经过公益事业管理机关的批准后方可接受委托人的委托,作为公益信托的受托人管理、处分信托财产。而在宣言信托中,只有法人才能担当受托人。在英美法系国家,公益信托的受托人主要为各类基金会。基金会是一种以公益为目的并以公众捐助财产为基础形成的组织,当委托人设立公益信托的财产数额较大时,通常都要专门设立一个基金会作为受托人,占有并且管理信托财产。在大陆法系国家中,则以信托公司比较常见。在日本,实际以信托银行作为受托人为多数。① 我国《信托公司管理办法》规定,一般由信托公司担任公益信托的受托人,此外依法成立的以发展公益事业为宗旨的基金会、慈善组织等社会团体以及依法成立以从事公益事业为目的的非营利学校、科研机构、医疗卫生单位等也应规定可以作为受托人。②

公益信托受托人的权利包括:管理和运用信托财产、处分信托事务、请求法院变更信托管理方法、费用及损害赔偿的请求权等。受托人处于信托关系的核心地位,因此各国信托法都对受托人进行了多方面的规范。如果公益信托的受托人为多人,除非信托文件另有规定,受托人应当共同处理信托事务。如多数受托人在处理信托事务时意见不一致,应按照信托文件的规定处理,或由委托人、受益人或利害关系人决定。具体而言,公益信托的受托人应该承担的义务包括:遵守信托文件的规定,按照委托人意志,为受益人的最大利益处理信托事务的义务;善良管理人的注意义务;忠实义务;亲自处理信托事务的义务;对信托财产分别管理的义务;账簿制作、报告与保密义务;向受益人交付受益权的义务;弥补信托财产损失的义务;等等。

(三) 受益人

公益信托的受益人是不特定的,由委托人规定条件和范围,由受托人选择确定的人,不能由委托人在信托文件中指定某个人或某些人。挑选和确定公益信托受益人的权利由受托人保有,这是公益信托受益人和私益信托受益人的不同之处。

公益信托受益人是非常特殊的公益信托关系人,为不特定多数人,而不特定

---

① 参见《日本银行信托法规与业务》,姜永砺译,上海外语教育出版社 1989 年版,第 193 页。
② 参见张文香:《我国公益信托制度的构想》,载徐国栋主编:《罗马法与现代民法》(第一卷),中国法制出版社 2000 年版,第 428 页。

多数人在被确定为受益人后成为信托利益领取者,享有向受托人要求给付的请求权。此处的受益人并不是信托法律关系的权利主体,因为受益人对信托利益的间接或直接享有,并不是行使受益权的结果,而是公益信托的公益属性和受益人选择权享有主体的选择引起的,①因此这里的受益人所享有的权利并不是信托法授予"受益人"的各种权利,其在法律上均无受益人的身份。

第三节 公益信托的监督和监管

一、对公益信托监督、监管的必要性

公益信托以公益为目的,以不特定社会公众作为受益人。潜在受益人没有明确的法律地位,在享受到信托利益之前,不可能像私益信托受益人那样监督公益信托的实施。在某些情况下,委托人也是社会公众,如通过社会募集资金而设立的公益信托,委托人众多,甚至可能匿名。公益信托的委托人和私益信托的委托人也不同,委托人通常和受益人没有特殊关系,不可能像受益人那样有强烈的动机监督受托人。② 在这种情况下,为了保护受益人的利益,保障受托人依约行事,必须在法律上为受益权的保全提供必要措施。

而在受托人一方,受托人对于信托财产拥有强大的管理权限,由于信息不对称容易产生道德风险,受托人可能滥用权利谋私,如何防止受托人利用信托为自己谋取私利、损害受益人的权益,就成为信托法的最重要内容。

因此,受托人的信托义务是否如实履行,必须更要受到严格监督,使其恪守谨慎与善良管理之义务管理、处分信托财产,使其恪尽忠实、谨慎的义务,同时这也是一种信托法律关系当事人之间的平衡机制,防止权利的天平过分倾斜于受托人。③ 通过设立信托的监督和监管制度,防止出现受益人和公众利益受到损害的情况发生,保护公众利益,从而促进公益事业的健康发展。

二、信托监察人的监督

(一)信托监察人

公益信托监察人是指根据委托人或者有关国家机关的指定,代理委托人或受益人专门对受托人的信托行为进行监督检查的公益信托关系人。信托监察人独立于委托人、受托人和受益人,可以其自己的名义行使权利。

---

① 参见徐孟洲主编:《信托法学》,中国金融出版社 2004 年版,第 209 页。
② 参见全国人大信托法起草工作小组编:《〈中华人民共和国信托法〉释义》,中国金融出版社 2001 年版,第 155 页。
③ 参见赵磊:《公益信托法律制度研究》,西南政法大学 2007 年博士学位论文。

公益信托的监察人选任有两种方式。一是由委托人规定，委托人可在信托文件中指定信托监察人，被指定者即成为信托监察人，无须征得他人同意。此种情况下，委托人和信托监察人之间形成一种信任关系，公益事业管理机关应当尊重委托人的选择，无权强制更改。委托人也可不直接指定特定信托监察人，而规定选任信托监察人的范围和具体方法，由受托人或委托人指定的其他人依规定选任。二是当委托人未指定的，由公益信托管理机关指定，公益信托管理机关在指定监察人时应听取利害关系人的请求，保证信托监察人的资质和能力。我国台湾地区"信托法"第57、58条对监察人的辞任和解任也作了规定，"信托监察人有正当事由时，得经指定或选任之人同意或法院之许可辞任"，"信托监察人怠于执行其职务或有其他重大事由时，指定或选任之人得解任之；法院亦得因利害关系人或检察官之声请将其解任"。对此，我国大陆《信托法》未作明确规定。

对信托监察人的资格，我国大陆《信托法》并没有明确规定。由于信托监察人在公益信托中的独立地位，有权实施诉讼行为或其他法律行为，因此按照一般民法理论，信托监察人应当是完全行为能力人。我国台湾地区"信托法"第53条规定，未成年人、禁治产人、破产人，不得担任信托监察人。信托监察人可以不限于一人，信托文件可以规定监察人的权力分配，未规定的，少数服从多数。监察人是否限于自然人未明确规定，原则上应是具备相应专业资格的人士，如会计师、律师等担任。

(二) 监察人的权利义务

我国《信托法》第64条规定："信托监察人有权以自己的名义，为维护受益人的利益，提起诉讼或者实施其他法律行为。"

信托监察人的权限分为两个层面：一是在公益信托运行中对信托事务的监督权，二是在受托人违反信托义务、损害受益人权益以及信托监察人的监督权被受托人侵害时，有权以自己的名义向法院寻求救济。信托监察人可以行使受益人享有的监督权，监督受托人依照信托文件履行信托义务，但信托监察人独立于受益人，不能享有受益人以受益人身份享有的实质权利，如信托利益受益权、终止信托的权利等。信托监察人不是为了让自己享有信托利益而行使监察权，而是监督受托人适当管理、处分信托财产名分配信托利益，促使受托人为受益人最大利益管理信托事务。信托监察人不应影响委托人、特定受益人享有的监督权利，两者并不相悖。

具体而言，信托监察人的职权主要包括：

(1) 知情权。受益人有权了解信托财产的管理运用、处分及收支情况，可以要求查阅、复制信托账簿、信托财产目录以及其他有关信托财产收支情况的文件，并可以要求受托人就这些文书记载之内容作出说明。

(2) 认可权。受托人作出信托事务处理情况和财务状况报告、信托监察人行使承认或否认权;公益信托终止的,受托人作出的处理信托事务的清算报告,信托监察人行使承认或否认权。通过核查信托事务的处理状况和财产变动情况,可以使信托监察人判断出受托人行为的合法性,从而决定是否行使诉权或实施其他法律行为。

(3) 诉权。信托监察人可以因信托事务,以自己的名义向法院起诉。当受托人违反信托义务或者不符合信托目的而处分信托财产时,信托监察人可以向法院请求撤销其处分行为,即提出撤销之诉。如果受托人因管理不当致使信托财产发生损失或者违反信托目的处分信托财产的,信托监察人可以向受托人提出损害赔偿之诉。此外,信托监察人也可以通过协商、调解、仲裁等非诉讼方式解决非诉事务。

公益信托监察人的义务包括:善良管理人的注意义务,违反注意义务,并给受益人造成损害的,应当承担损害赔偿责任;其必须将为受益人所取得的信托利益或权利转移给受益人;其不得以其自身消费为目的使用应该交付给受益人的权益。[①]

三、公益主管机关的监管

公益信托的外部监管贯彻公益信托的始终,在设立阶段,公益信托的设立以及受托人的确定,须经批准;信托存续期间,对公益信托的运作进行全面的监管;信托终止后,按照近似原则监管信托财产的清算和剩余财产的处分。无论是英美法系还是大陆法系,各国都对于公益信托采取了严格的监管措施。不过,由于历史文化、法律传统等方面的原因,两大法系的公益信托监管模式并不相同。

英国设有专门的慈善委员会,统一负责慈善信托和慈善信托组织的监管。慈善委员会的监管职能包括:(1) 对公益信托行使检查权;(2) 因发生法律规定的事由解除并更换受托人;(3) 决定对受托人处分信托财产的行为是否认可。除慈善委员会外,英国总检察长也可以向法院起诉,追究受托人滥用慈善基金等违法行为。美国的慈善信托主要由各州检察长负责监督。检察长的职责包括:负责慈善信托的登记和信息管理;负责对慈善信托和受托人的活动进行调查和审计,监督受托人的行为。[②]

在大陆法系国家,通常没有统一的管理机构,一般按照规定的职权,分别负责主管有关公益目的事业的政府有关部门监督管理。例如卫生行政主管部门管理以医疗卫生为信托目的的公益信托;发展体育事业的公益信托,由体育行政主管部门监管。因此当公益信托兼具多重公益目的时,可能会遇到主管机关相互

[①] 参见钟瑞栋、陈向聪:《信托法》,厦门大学出版社 2007 年版,第 198 页。
[②] 参见何宝玉:《信托法原理研究》,中国政法出版社 2005 年版,第 339 页。

推诿扯皮等监管困境。

我国将该类主管机关称为"公益事业管理机构",其与日韩的主管机关的监管职权无实质差异,公益事业管理机构的主要职权包括:

1. 检查信托业务。为了保护社会公众利益,公益事业管理机构应当随时检查受托人处理公益信托事务的情况及信托财产的管理和处分状况。对于检查出的问题,管理机构认为有必要的,可以进行相应处置。同时公益信托受托人也具有报告的义务,应当配合公益事业管理机构的检查,如至少每年一次作出信托事务处理情况以及财产状况报告,经信托监察人认可后,报公益事业管理机构核准,并由受托人予以公告,以便社会公众了解公益信托的实施情况。

2. 变更受托人。当信托受托人违反信托目的处分财产,或者处分财产有重大过失,受益人有权按照信托文件的规定解任受托人或申请法院解任受托人。但公益信托的受益人是不特定社会公众,无法解任受托人。同时,公益信托的存续没有时间限制,委托人死亡、丧失行为能力、解散、破产也无法解任受托人。所以,对公益信托受托人的变更在英美法系国家由法院决定,在大陆法系国家由公益事业管理机构监督管理。

3. 许可受托人辞任。由于公益信托关系到社会公共利益,为保障信托关系的稳定性,不允许受托人随意辞任。考虑到公益信托的受益人是不特定公众,委托人可能死亡,委托人和受益人极有可能难以就受托人的辞任达成合意。因此信托法特别规定公益信托的受托人的辞任未经公益事业管理机构批准,不得辞任。

4. 变更公益信托条款。当信托成立后,因为情势变更原因导致信托财产管理方法不利于实现信托目的或不符合受益人利益时,委托人、受益人有权要求受托人或申请法院改变信托财产管理方式。而在公益信托中显然难以实现,因此法律规定公益事业管理机构可以根据信托目的,变更信托文件中的有关条款。

5. 监管公益信托终止事宜。当信托文件规定的终止事由发生或者信托目的已经实现或不能实现,公益信托终止。公益信托终止可能引起两种后果,一种是信托继续,由公益信托管理机构决定维持信托,批准将剩余财产用于类似的公益目的,或者转移给具有近似目的的其他公益信托或公益组织;另一种是信托清算,当委托人作出处理信托事务的清算报告后,经过信托监察人认可后,报公益信托事业管理机构批准,由受托人公告。

值得注意的是,我国台湾地区"信托法"第77条规定:"公益信托违反设立许可条件、监督命令或为其他有害公益之行为者,目的事业主管机关得撤销其许可或其他必要之处置。其无正当理由连续三年不为活动者,亦同。"我国大陆《信托法》没有规定公益事业管理机构可以行使撤销许可的职权,这样可能会造成有名无实公益信托案件的增加,若出现被许可的公益信托其实有违背公益信托的目的和宗旨的情况,公益事业管理机构无撤销这种许可的权力,将会损害社会公共利益。

四、公益信托税收优惠制度

公益信托的发展能够解决诸多社会问题,减轻政府在社会保障领域的压力,所以法律一方面对公益信托实施监督,一方面也施予更多优惠,促进公益信托的蓬勃发展。国家鼓励和发展公益信托,主要通过公益信托的税收调节表现出来。国家征税税收中相当一部分将用于社会公益事业,但需支付一定的征税和管理成本。社会公众愿意通过设立公益信托的方式,直接将款物用于发展社会公益事业,节省了国家的征税成本和相关的行政管理费用,还能避免可能出现在行政拨款中的贪腐等行为。因此,给予公益信托优惠的税收政策,可以引导社会公众更多地参与公益信托,从事社会公益活动,从而减轻政府的行政管理事务和行政成本的压力,让更多的资金真正用于社会公益事业。

公益信托的税收优惠,可从两个阶段进行考察。

第一,在捐助阶段,公益信托适用公益性捐助的税收优惠,以鼓励委托人从事公益活动。在英国,如公益信托是生存时设立,则委托人可享受财产交易税、财产交易所得税以及所得税抵税权等税收优惠。如公益信托以遗嘱设立,则根据公益目的是否重要而有两类不同规定,即享有全额或一定限额内的遗产税免税优惠。在美国,如为自然人捐助,可依捐助对象之不同规定,以一定比例之财产捐助成立公益信托资助公益事业,依法可不列入课税所得,而减免所得税。如果是公司捐助,则仅在公司课税所得总额5%范围内,可以免计入课税所得。

第二,在营运阶段,即公益信托设立后,信托财产已让与受托人。信托财产所产生的孳息,无论是利息收入、租金收入或投资所得,只要所得都用于公益,英美两国都给予全额免税。在建立我国信托税制时,应当体现国家的公益事业税收优惠的政策和"鼓励发展公益信托"的精神,作出针对公益信托的减免税规定。

我国公益信托缺乏配套的税收减免制度,但现行的所得税法在一定程度上体现了对公益事业的税收优惠精神。我国《公益事业捐赠法》第四章"优惠措施"规定:公司和其他企业依照本法的规定捐赠财产用于公益事业,依照法律、行政法规的规定享受企业所得税方面的优惠。自然人和个体工商户依照本法的规定捐赠财产用于公益事业,依照法律、行政法规的规定享受个人所得税方面的优惠。境外向公益性社会团体和公益性非营利的事业单位捐赠的用于公益事业的物资,依照法律、行政法规的规定减征或者免征进口关税和进口环节的增值税。对于捐赠的工程项目,当地人民政府应当给予支持和优惠。

这些优惠在相关税法和税收政策中都有具体体现。如:我国《企业所得税法》第9条规定,企业发生的公益性捐赠支出,在年度利润总额12%以内的部分,准予在计算应纳税所得额时扣除。超过年度利润总额12%的部分,准予结转以后三年内在计算应纳税所得额时扣除。《个人所得税法》第4条规定,福利费、抚恤金、救济金免纳个人所得税;第6条规定,个人将其所得对教育事业和其他公益事业捐赠的部分,按照国务院有关规定从应纳税所得中扣除。《个人所得税法实施条例》第19条规定,个人将其所得对教育、扶贫、济困等公益慈善事业进行捐赠,是指个人将其所得通过中国境内的公益性社会组织、国家机关向教育、扶贫、济困等公益慈善事业的捐赠。捐赠额未超过纳税义务人申报的应纳税所得额30%的部分,可以从其应纳税所得额中扣除。《增值税暂行条例》第15条第1款规定,农业生产者销售的自产农产品,避孕药品和用具,古旧图书,直接用于科学研究、科学试验和教学的进口仪器、设备,外国政府、国际组织无偿援助的进口物资和设备,由残疾人的组织直接进口供残疾人专用的物品,销售的自己使用过的物品等项目,免征增值税。

《信托法》第61条规定:"国家鼓励发展公益信托。"减免税赋、实行税收优惠无疑将是一条必不可少的途径。而我国现在对于公益事业的激励程度不高,相关政策还落实不到位,此外还存在重复征税的问题,这些都是制约我国公益信托发展的不利因素。

第四节　公益信托的消灭与近似原则

一、公益信托的消灭

公益信托的消灭,或者称公益信托的终止,是指公益信托的权利义务关系终止。公益信托的消灭和公益信托的无效是两个不同的概念,公益信托的无效是指公益信托法律关系自始无效,而公益信托的消灭则是已经成立的公益信托法律关系因为法定或约定事由而终止。

公益信托的消灭有三种情况:

一是信托文件规定的终止事由发生。基于私法自治精神,当事人在信托文件中规定的终止事由发生时,公益信托应当终止。终止事由通常表现为届满期限和解除条件。

二是信托目的实现或不可能再实现。公益信托目的已经实现,则公益信托终止;公益信托目的不能实现,则信托存续就失去了意义,信托随即消灭。如信托财产用尽,或特定范围的受益人已不存在,信托便无法存续。

三是设立许可被撤销。公益信托设立后若发生法定事由,公益事业管理机构可以撤销设立公益信托的许可,在大陆法系国家,公益事业管理机构的批准是设立公益信托的合法条件,若被撤销,则意味着公益信托归于消灭。

二、近似原则

所谓公益信托的近似原则（日韩信托法称之为类似原则），是指当一项公益信托在设立后，如果信托的目的无法实现，或在实践上为不可能的时候，可以将用于信托的财产用于与原始目的相近似的公益目的。

近似原则是公益信托中的一项古老而又重要的原则，近似原则的运用有利于促使公益目的的实现和公益事业的发展。对于私益信托来说，当信托关系终止后，信托财产仍有剩余的，应当依据信托文件的规定确定其归属，若原信托文件没有规定信托财产归属的，则信托财产归委托人或其继承人。而对于公益信托来说，由于公益信托存续的无期限性和社会生活的复杂性，原本存续的公益信托可能随着社会的变化因为现实原因而不能存续或失去原有的公益性，信托目的不存在或者无法实现的，实际上造成了公共利益的损失。通过近似原则达到变通的效应，可以使得公益信托能够适应不断变化的社会生活，继续存续。

英国在 1960 年《慈善事业法》第 13 条第 1 款对允许适用"近似原则"的情形作了详尽而具体的规定，后来 1993 年《慈善事业法》将 1960 年《慈善事业法》的相关规定原封不动地移入法律条文之中。[①] 美国《信托法重述》（第二版）总结了近似原则的主要内容，即公益信托所要实现的公益目的如果不法或不能达到，或虽能达到但无实际意义，在委托人有实现一般公益目的的意图时，公益信托仍然有效。此时法院须指示受托人将信托财产用于委托人所表达的一般公益目的范围内的其他可实现目的。这一原则适用于公益信托目的已经达到但还有剩余财产时如何处理的情形。[②] 英美法"近似原则"的适用条件可以概括为：（1）公益目的实现是不法、不能达成或达成无实际意义，以及公益目的的实现后财产有剩余；（2）委托人有实现一般公益目的的意图；（3）须法院指示适用，受托人并无该权利。

英美法系国家和地区适用近似原则只需要公益信托的特定公益目的没有达到就可以适用。而大陆法系的信托法则更加重视剩余信托财产的归属，只有剩余财产没有权利归属人时才适用近似原则。如日本《信托法》第 73 条和韩国《信托法》第 72 条规定，公益信托终止，而无信托财产归属权利人时，主管官署可以依信托本意，为实现类似目的，而使信托继续。

我国台湾地区"信托法"第 79 条规定，公益信托关系消灭，而无信托行为所订信托财产归属权利人时，目的事业主管机关得为类似之目的，使信托关系存续，或使信托财产移转于有类似目的之公益法人或公益信托。

---

① 参见何宝玉：《信托法原理研究》，中国政法大学出版社 2005 年版，第 474 页。
② Restatement(Second) of Trusts, § 399, § 400.

我国大陆《信托法》第72条规定:"公益信托终止,没有信托财产权利归属人或者信托财产权利归属人是不特定的社会公众的,经公益事业管理机构批准,受托人应当将信托财产用于与原公益目的相近似的目的,或者将信托财产转移给具有近似目的的公益组织或者其他公益信托。"我国《信托法》关于近似原则的规定基本上继承了大陆法系国家的规定,但作出了一些改变。第一,对适用近似原则的情形放宽了要求,即财产权利归属人是不特定的公众仍可适用近似原则。公益信托剩余财产的归属不能适用私益信托财产归属的原则,公益信托终止时,没有信托财产权利归属人,或者权利归属人处于不特定状态时,信托财产均无法交付权利归属人,在没有权利人和权利人不特定的情况下均应当适用近似原则。第二,日本、韩国信托法主要依托主管机关的意思实现近似目的而使公益信托存续,即通过法定信托的方式。而我国信托法则限定在受托人将信托财产用于与原公益目的相近似的目的,这样可理解为出于对委托人意思的尊重,有利于保护委托人设立公益信托的积极性。

此外,英美法系国家适用近似原则的决定机关是法院或公益委员会。英国是由公益委员会决定,美国是由法院来决定。我国规定近似原则行使须经公益事业管理机构批准,其他机关包括法院也无权认可近似原则的适用,我国的这项规定与英美法系的规定不同,而大陆法的主管官署、目的事业管理机关或公共事业管理机关类似。但由于我国的公益管理机构不统一,是依不同的公益目的进行区分,因此可能导致部门要求不统一,手续繁杂,效率低下,浪费资源等弊端。所以应当积极考虑建立统一的信托主管行政机关,统一管理办法,以避免造成令出多门,管理混乱。

案例 以灾后重建为目的的公益信托计划

1. 案例简介

2008年5月12日,我国四川省汶川地区发生里氏8.0级特大地震,汶川地震是我国自1949年以来破坏力最大的地震,直接严重受灾地区达10万平方公里。截至2008年9月4日,汶川地震造成直接经济损失8451亿元人民币。在财产损失中,房屋的损失很大,民房和城市居民住房的损失占总损失的27.4%。包括学校、医院和其他非住宅用房的损失占总损失的20.4%。另外还有基础设施,道路、桥梁和其他城市基础设施的损失,占到总损失的21.9%。

尽管"5·12"汶川大地震让中国人空前团结起来共渡难关,全国共接收国内外社会各界捐赠款物(截至2008年9月25日)总计594.68亿元,实际到账款物594.08亿元,已向灾区拨付捐赠款物合计268.80亿元,但是灾后重建工作依然困难重重。根据国家汶川地震灾后重建规划组12月发布的《国家汶川地震灾后恢复重建总体规划（公开征求意见稿）》，完成规划确定的目标和重建任务，恢复重建资金总需求经测算约为1万亿元，灾后重建恢复家园还存在很大的资金需求。

在汶川地震后，全国多家信托公司陆续推出了以灾后重建为目的的公益信托计划。如西安国际信托有限公司于2008年6月6日正式启动"西安信托·5.12抗震救灾公益信托计划"，成为第一家援建灾区的信托机构。该信托计划为特定目的公益信托，规模为1000万元，信托期限为三年。本信托计划无指定受益人，信托资金用于陕西省因汶川大地震而受损的中小学校校舍重建，或援建新的希望小学。

又如中铁信托有限责任公司（原名四川省衡平信托有限责任公司，是四川省内唯一一家信托公司）作为四川地震灾区唯一一家信托公司，在地震发生后推出了"衡平爱心系列"信托理财产品，将按信托财产运作收益的一定比例，以投资者的名义定向捐赠给地区灾区中小学校的重建，尽可能使灾区的孩子们早日重返课堂。

又如郑州百瑞信托有限公司于2008年10月推出"百瑞信托·郑州慈善（四川灾区及贫困地区教育援助）"公益信托计划，信托目的包括募集资金运用于四川灾区和其他贫困地区的教育事业援助，包括且不限于校舍建设、贫困学生助学和帮困等教育公益事业相关领域，帮助和支持四川灾区和其他贫困地区的教育事业发展。信托计划期限为10年，整个信托计划规模不低于100万元人民币。

2. 案例评析

我国目前的公益救灾渠道比较单一，民众主要通过向红十字会或特定的国家机关、团体捐赠款物，而民间的基金会和慈善组织的运作并不理想，民众每次在慷慨解囊的同时，往往也心存疑虑，有多少所捐之钱物能用于失学儿童、贫困母亲和灾区重建，特别是担心捐赠物是否可能被不正当使用，或者不法分子假借慈善公益之名行诈取钱财之实。

在这种情况下，公益信托的模式呼之欲出。捐助人可以设立信托实现其信托目的和愿望，而不必担心捐助款物被滥用或侵吞。同时，公益资金交由信托公司或基金经理运作，在没有灾情发生的情况下交由信托公司或基金经理运营升值，一旦遇到灾情便可得到及时有效利用，改变慈善基金不赚钱的局面，发挥金融机构的独特作用。建立公益信托可以形成一种抗灾赈灾的长效机制，而且可以使捐赠工作长期化，这一举措必将成为守卫民众为重建灾区所奉献爱心的有效制度保障。

随着信托制度的完善，我们希望公益信托为灾区重建发挥更加重要的作用，从而为灾区重建创造出一种安全可靠的资金提供保证。

第十三章　域外信托法的最新发展

　　信托法虽历经数百年之历史,但其生命力并未丧失;反之,伴随社会制度的进步、经济金融制度的发展等多重因素,信托法仍能保持活力,其功能也随社会之发展而逐渐变化。正如美国耶鲁大学法学教授兰博约(Langbein)所言,现代信托法逐步由财产转移法转变为金融资产的管理法。具体而言,信托财产逐渐由土地等不动产变为包括股票、债券等在内的金融资产;受托人由被动持有信托财产,更多地转变为积极的资产组合管理人,为此,受托人由个人受托人逐步转变为机构受托人;既然受托人承担了更多义务,对受益人的保护也从限制受托人权限转变为对受托人施加以信义义务。[①] 可以看出,商事领域对信托的需求使信托法制不断演化发展,迈向现代化之进程。

　　而随着 20 世纪信托法制在世界各国的传播和发展,在法律的移植中,其根据本土土壤与制度环境,有着截然不同且各有特色的演化路径。原本就有信托法传统的英美法国家在其制度发展中,不但在普通法与衡平法的融合中推动了信托法的演化,且在众多的判例中逐渐总结出若干原则,使得信托法之内涵更为丰富完善,若干规则成为正式的制定法;而在大陆法国家对信托法的本土移植中,一方面,若干信托法律制度在这些国家的本土法律制度环境下发生诱致性制度变迁,另一方面,在全球化背景下的信托法律制度的竞争,也使得这些移植了信托法的国家通过强制性的制度变迁,意图充分利用信托这一制度工具,因此相应地修改了信托法。尤其是 20 世纪后期《海牙信托公约》的生效,使得信托制度能被更多的国家承认,从处理信托冲突法原则上提供了思路,也为很多大陆法系国家和地区的信托法律制度和信托冲突法规则提供了蓝本。以上这些因素,就使得 20 世纪后期到 21 世纪初的全球化浪潮中,世界各国的信托法呈现出蓬勃发展之势。

[①] See John H. Langbein, The Contractarian Basis of the Law of Trusts, Yale L. J., Vol. 105, 1995, pp. 632-642.

第一节 普通法系国家信托法的发展

普通法系国家的信托法已有较长之历史,因此在运行过程中不断自我演化,在判例中确立了若干原则;但因其向无成文信托法,致使其在运用信托制度时多有不便。所以,普通法系信托法的一个重大演化过程就是其成文化的过程。同时,普通法系国家的信托演化也有着极强的实用主义色彩,尤其是在信托各方参与人利益之间达成有效的平衡。

普通法系国家的信托法演化过程中,最为显著的自然是英国和美国的信托法发展,这两个国家的信托法律制度成为很多国家日后发展信托法的模板。此外,普通法系国家中,各离岸信托地为发展离岸信托,吸引资金流入,其信托法发展也有非常独特的一面,形成了相应的鲜明特色。

一、英国信托法的发展

英国被公认为信托法的发源地,不过其向来并无单一的信托法立法,而是采用了分散立法的模式,若干信托法的原则散见于重要的判例中。英国的信托法现代化进程中也同样体现了兰博约教授所总结的信托法演化特点,即受托人权利逐步扩大,相应地,其信义义务也不断进化。

进入20世纪以来,英国的信托立法呈现出发展之态势。比较重要的立法包括1906年《公共受托人法》(Public Trustee Act)、1925年《受托人法》(Trustee Act)、1958年《信托变更法》(Variation of Trusts Act)、1961年《受托人投资法》(Trustee Investment Act)、1964年《永续和累积法》(Perpetuities and Accumulations Act)、1986年《公共受托人和基金管理法》(Public Trustee and Administration of Funds Act)、1996年《土地信托与受托人任命法》(Trusts of Land and Appointment of Trustee Act)、1999年《受托人委托法》(Trustee Delegation Act)等。

进入21世纪后,最为重要的当然是2000年《受托人法》,此外如2006年《慈善法》、2009年《永续和累积法》、2011年《慈善法》、2014年《养老金法》、2015年《养老金计划法》、2016年《慈善(保护与社会投资)法》等也体现了信托法的若干发展。总而言之,这些立法主要体现了以下几个方面的变化:

(一)受托人权利的逐步扩大

不难看出,英国的信托法发展伴随着几部"受托人法"的发展。随着专业受托人的出现,受托人逐渐具有投资技能和专业知识,乃至后来发展出专业的信托投资公司。在这种情况下,单纯强调对受托人权利的限制已不合时宜,随之而来的就是信托法赋予受托人的权利逐渐扩大。

首先是其投资权利逐渐扩大。在信托法发展的早期,实际上受托人并无太多投资的渠道——即使如此,由于早期的受托人常常并非专业的受托人,其投资对象往往具有一定的随意性,因而出于保护受益人的考虑,早期的信托法将受托人的投资权利限制在几乎无风险的政府债券之中——这是通过衡平法院的投资指南实现的。后来 Holgate v. Haworth 案和 1893 年《受托人法》共同确定了受托人有权将信托财产投资于各种政府债券和公共团体发行的债券。[①] 而在 1925 年《受托人法》中,就将受托人投资权限进一步扩大为 18 类授权的投资行为。在 1961 年《受托人投资法》中对受托人股权投资的限制也被解除,而在 2000 年《受托人法》中更进一步放弃了具体规定受托人权限的方法,而以一般性规定取而代之,规定受托人有权投资原所有人享有的任意一项投资项目。具体看来,其第 3 条第 1 款规定,"受限于本部分的条款,如果受托人对信托资产享有绝对的权利,其可以作出被允许的任何种类的投资",这被称为"一般投资权利"。第 3 条第 3 款规定,这种"一般投资权利"不允许受托人投资于土地,除非是以土地担保的贷款。至此,受托人可以自由地进行各类投资,法律并没有对其投资施加任何行业限制和对象限制。

其次,在受托人的代理权方面,2000 年《受托人法》不再墨守成规地限制受托人将信托事务委托给他人代理的权限。第 11 条第 1 款规定了"受托人可以授权任何人作为其代理人,行使任何或所有的可委托职责",这样对于非慈善信托,除了包括分配信托财产、选任其他受托人、决定信托基金的收入或资本中是否应支付信托基金产生的费用等核心职权,其他信托职责为可委任。但该法第 15 条对于资产管理职责进行了限制,规定受托人必须以"书面协议或经书面形式证明的协议"才能授权代理人行使资产管理职责,并对此类书面协议作出了严格规定。这在形式多变的金融资本市场上十分重要,也有利于信托体现其专业化、专门化的优势。

再次,2000 年《受托人法》还扩展了受托人在投保方面的权利。第 34 条将 1925 年《受托人法》第 19 条进行了修改,第 1 款规定受托人可以"因任何事件引发的损失或损害风险,对任何信托财产进行投保",并可"从信托基金中支付保险金";此外本条还取消了对投保金额的限制。这一条大大扩充了受托人承担风险的能力,提高了其主动投资的积极性。

最后,2000 年《受托人法》的重要发展还在于其确立了受托人的报酬权。该法第五部分即有关受托人报酬的条款,其中基本树立了有偿受托的原则。信托法发展早期严禁受托人就信托获取报酬,采无偿信托原则,这既是因为早期受托人所行使之职责并不需要太多专业技能,也是为了防止产生"委托—代理"问题

[①] See J. G. Riddal, The Law of Trusts, 3rd edition, Butterworths, 1987, p.244.

下受托人行使职权的行为可能会造成信托财产的损失,因而从忠实义务出发,先例中确定了"受托人不应当从管理信托中获得偿付",否则可能会导致"不当得利"(unjust enrichment)。但是,这一点显然已经不合时宜。在受托人专业化的浪潮中,这很难适应商业实践的需要。在特定情形下,受托人对于信托管理当然享有获取偿付的权利或者合理期待,亦即若本人已作出充分知情同意,允许受托人取得利益,则不存在违反信义义务的情况。① 因而受托人不但有主张偿付相关费用的权利,同时也有主张报酬的权利。根据 2000 年《受托人法》第 31 条第 1 款,受托人管理信托发生合理费用时,有权向信托中获得偿付,信托基金不足时可向受益人请求偿付。

总而言之,2000 年《受托人法》大大扩充了受托人的相关权利,使信托制度更为灵活和高效,从而促使受托人能对信托财产进行更为积极的管理或处分,而不是通过立法束缚其相关权利。

(二) 受托人信义义务标准的细化

正如本章开头所述,受托人权利的扩大并不是一个独立的过程,必然伴随着对受托人义务标准的细化。实际上,如何理解信托义务,正是信托的关键所在。信托法早期实际上并没有对受托人设置严格的信义义务约束;此类信义义务的约束是在衡平法院司法实践中推进的。学者们普遍认为,在诸如 Learoyd v. Whiteley, Buttle v. Saunders, Cowan v. Scargill and others, Harries and others v. Church Commissioners for England, Bartlett v. Barclays Bank 等案件的基础上,法院逐渐树立了一系列受托人信义义务的标准,而违反这些义务对受益人造成损失的情形下,法院可要求受托人向受益人赔偿损失。②

而这些从判例中总结出的标准,逐渐在英国的成文法中得以体现。在 1925 年《受托人法》中,首次添加了受托人的谨慎注意义务的一般性规定,这是指受托人需要保持合理的谨慎态度,并合理运用职业技能、知识和经验。而这一点在 2000 年《受托人法》中得以进一步细化。2000 年《受托人法》第 1 条就规定了注意义务,要求受托人在处理信托事务时,必须行使合理的注意义务和运用技能,特别是若其具有或自认为具有特殊知识或经验,以及其在经营或从业过程中被合理期待具有任何特殊知识或经验的话。而在该法附件 1 中,对于注意义务的适用作出了进一步的规定,包括投资、土地的取得、选任和监督代理人及被指定人及保管人、了结债务、投保、归复利益、评估和审计诸方面。值得注意的是,该附件第 7 条规定,若信托文件中表明注意义务不在适用范围内,则该注意义务不

---

① 参见 [英] 格雷厄姆·弗戈:《衡平法与信托的原理》,葛伟军等译,法律出版社 2018 年版,第 680 页。
② 参见夏小雄:《信托法的历史起源和制度变迁——以英国信托法的发展为中心》,载《云南大学学报(法学版)》2014 年第 6 期。

适用。这说明了注意义务可通过信托文件进行排除。

总之,在英国信托法的发展中,最初是司法经验的积累,由衡平法院的司法实践确立了若干先例;进一步地,通过成文立法对此进行一般性的归纳,为信托法律制度提供相应的框架,亦即通过提供缺省性规则,来平衡委托人—受托人—受益人的权利义务结构,其权利义务结构也逐渐完善。

(三) 对"反永续规则"(Rule Against Perpetuity)的修改

英国普通法中规定了反永续规则,财产必须在规定时间内授予个人,如在该时间内没有授予,则该项财产利益无效。这项规则原本散见于判例中,在1964年《永续和累积法》中予以成文法化。随后,在2009年《永续和累积法》中,这一规则被进一步明确。

原本普通法中的永续期间被规定为相关存活者寿命(relevant life in being)加21年的期间,但1964年《永续和累积法》第1条规定的永续期间不超过80年。2009年《永续和累积法》第5条又引入了一个单一的125年的永续期间,而不论信托文件是否对期间作出了不同约定。

同时,基于2009年《永续和累积法》还出现了"等等看"(wait and see)原则,该原则适用于财产授予发生在永续期间届满之后,从而导致财产上的利益无效之情形——即仅永续期间届满时被授予的信托财产利益方为无效,其他在届满前被授予的利益仍然是有效的。[①]

(四) 信托变更的问题

尽管一般情况下,受托人必须按照信托条款来管理信托,但是在某些情况下墨守信托条款反而有害,因而是否允许信托变更就显得十分重要。法院一般通过行使其权力,授权受托人超越其权限,从而临时性地变更信托,但此类行为是一种例外情况,并且只能在紧急情况下适用。[②]

1925年《受托人法》第57条第1款规定,当法院认为某项特定的交易对信托财产的管理来说是临时有用的,但是信托文件或者法律没有授权受托人从事该交易,则法院可以授权受托人在合适的时候从事该交易。但这只涉及和信托财产相关的权利,未涉及变更受益人相关利益的问题。而1958年《信托变更法》以成文法的方式确立了相关权利,覆盖了1925年《受托人法》第57条的上述内容,其中第1条第1款赋予法院通过命令的方式默许下述安排的权力:能够撤回或变更一项信托,或者扩大受托人管理信托财产的权利。这样的法律规定比起1925年《受托人法》的规定更为宽泛,允许受益人的利益变更。

---

① 参见〔英〕格雷厄姆·弗戈:《衡平法与信托的原理》,葛伟军等译,法律出版社2018年版,第162页。

② 同上书,第680页。

总而言之，1958 年《信托变更法》所规定的变更信托必须是为了特定受益人的利益，这些受益人缺乏同意信托变更的能力；但即使是为了这些人的利益，法院也只会在认为合适时允许变更，且这一变更仍须所有受益人同意方能生效。

（五）慈善信托的发展

在英国 2006 年《慈善法》、2011 年《慈善法》的立法之下，英国在慈善信托法制方面得以迅速发展。

虽 1601 年《慈善用益法》后英国慈善法即迅猛发展，但直到 2006 年《慈善法》才首次对于"慈善"作出了定义。不过这一定义是基于此前判例所归纳的规则之上。此后 2011 年《慈善法》对于慈善法律规则进行了进一步的归纳和补充，如其对慈善信托的范围进行了界定，信托成为实现慈善目的的机制之一：其须因法律认可的慈善目的而设立，其目的须为公众整体利益或公众多数群体利益，其须为完全且纯粹的慈善性质。

慈善信托具有税收优惠、无确定受益人之必要、宽松的目的确定性、近似原则等多重优势，因此受到了一系列管理和监督。2011 年《慈善法》规定了具有准司法功能的慈善委员会负责对慈善信托的日常管理。同时，该法还对包括近似原则等问题进行了进一步的规范和补充，从而使得慈善信托法律制度得以进一步完善。

（六）金融法演化背景下的英国信托法发展

当代信托法的发展趋势之一即信托法的金融法化。在金融业中的受托人自然是根据《受托人法》等受到监管，但信托业作为金融业的一部分，也受到了金融监管方面的影响。

进入 21 世纪，英国 2000 年出台的《金融服务与市场法》对于金融市场的监管也对信托在金融领域的运用产生了深远的影响。根据该法，金融服务局通过授权、调查、取消资格等方式，对信托公司以及信托业的从业人员和法人进行直接监管。此外，英国金融服务局也通过颁布各种法规来规范信托市场各参与方的行为，如《商业行为规则》《集体投资计划参考手册》和《开放式投资公司规则》等。

英国通过制定若干成文信托法律文件，对于层出不穷的新型信托法律问题进行回应。不过这些成文法大多针对具体的问题，对于信托基础法律关系问题，仍然要回归判例法；而法官对于制定法的解释也在信托法的适用中发挥着很大的作用。同时，专业受托人的出现、信义义务的进一步细化等均为大势所趋。

二、美国信托法的发展

信托法虽然起源于英国，但兴盛于美国——其制度设计也为一些国家所沿袭。可以说，美国作为当今信托业最为发达的国家，为现代信托法贡献了一些原则与制度,对世界各国的信托法发展影响深远。对于美国信托法的价值基础变迁,有学者认为其信托法律规范从以实现信托目的为核心,逐步向平衡当事人利益及保障第三人利益上回归;在其基本功能上,逐步向商业化和组织化发展,更多体现其商事效率方面之作用。具体而言,在信托管理机制上,用信托管理变更规则和信托保护人等一系列规则实现了前述价值变迁。[1]

美国各州制定了成文的信托法。其中许多州的成文法极富特色,甚至成为其他国家参照的立法蓝本,如加利福尼亚州的《信托法》即成为日本《信托法》的立法蓝本之一;路易斯安那州《信托法》具有很强的大陆法色彩。总之,各州信托法的法典化已成体系。

虽然美国缺乏联邦层面的信托法,但有数个和信托紧密相关的法律,如1906年《信托公司准备法》(Trust Company Reserve Law)、1922年《统一受托人法》(Uniform Trustees Act)、1933年《统一信托收据法》(Uniform Receipt of Trust Act)、1938年《统一共同基金法》(Uniform Common Trusts Fund Act)、1939年《信托契约法》(Trust Indenture Act)、1940年《投资公司法》(Investment Company Law)、1964年《统一受托人权力法》(Uniform Trustees' Powers Act)等。

此外,美国自20世纪以来,即有"自上而下"的改革趋势,尽管不太可能产生适用于全国的法律,但美国法律协会(American Law Institute,ALI)和统一法律委员会(Uniform Law Commission,ULC)这些机构起草了若干作为范本的文件,作为各州信托法立法的参考。这包括1935年、1959年和2003—2012年颁布的三个版本的《信托法重述》(Restatement of the Law of Trusts),也包括美国统一法律委员会汇编的2000年《统一信托法》(Uniform Trust Code)。其中,三次《信托法重述》总结了普通法中的信托法规则,将散见于判例中的信托法规则成文化,并对于信托法的发展进行了归纳总结。而2000年《统一信托法》是对适用于信托的普通法规则的汇编,虽非具备强制效力的成文法律,且以"缺省性"规则为主,但它至今已经被超过三十个州的立法所采纳,对美国信托法的引领作用不可小觑,它集中反映了信托的基本理念与原则。

在这种"统一化"的趋势下,仍应看到美国信托法中适用于信托的具体法律规范保持在州法的层面,且各州立法"自下而上"的演化趋势也十分明显。各州的立法有着非常明显的应对各州间商业信托方面的竞争的考量。而开展信托业务的金融机构也通过游说(lobby)所在州的立法机关的方式,使得更多的信托业务得以开展。这包括使得委托人的商业需求和偏好得到更好的满足,使永久信

---

[1] 参见赵云:《美国信托法的价值基础变迁及启示》,载《北京航空航天大学学报(社会科学版)》2015年第1期。

托合法化;支持自我设置的资产保护信托;促成处理本金和收益问题的单一信托(unitrust)的成文法出台;废除分散投资的立法;规定对受益人的信息提供义务;保护附指示权信托(directed trust)中的受托人等制度。

对美国信托法的发展,以下将从民事信托和商事信托分别进行阐述。

(一) 民事信托中的委托人—受益人利益演化

美国学者托马斯·加兰尼斯(Thomas Gallanis)认为,民事信托中,最显而易见的矛盾就是委托人意图和受益人意图之间的不同,进而提出了一个基础问题:"信托应归于谁?"也就是说,一方面,信托的委托人制定了信托条款,在尊重其意愿的层面上,自然应当尊重其对财产的信托安排;但另一方面,在信托成立后,实际上只有受益人享有信托的所有权利益,则应当限制委托人对信托的控制权。① 当然,这里排除了对商事信托的关注,而只关注"作为灵活的、长期的家族财产安排"的信托。

加兰尼斯进一步指出,在《信托法重述》(第三版)中,认为委托人权利和受益人权利间的矛盾常体现在信托存续期间,主要是信托管理(trust administration)和信托终止(trust termination)两个时期。② 本书即以此两者为方向,展开论述美国信托法发展中的新问题。

1. 信托管理中的信托法发展

信托法在信托管理中的发展主要体现在以下两个方面。

(1) 反挥霍条款的变迁。首先是"反挥霍条款"(Spendthrift Clause)。一般而言,反挥霍条款试图剥夺受益人将其衡平利益转让给第三人的能力。那么,受益人的债权人自然不能追及该利益,无法对信托中的衡平利益进行查封、扣押。

如果要考虑此类条款是否有效,则应回到本章一开始提出的问题:"信托应归于谁?"如果信托以委托人的意愿至上,那么委托人所设立的反挥霍条款当然有效,受益人的意图当然是第二位的;如果考虑到受益人实际拥有信托利益,那么其当然具有转让权,则"隔离"(alienate)的权利必然导致支付债务的义务,则不应认定反挥霍条款有效,那么债权人仍然有权对信托财产提出主张。从实践来看,美国信托法中的反挥霍条款经历了一波三折的发展。

早期英美法的实践中,反挥霍条款是无效的,1811 年 Brandon v. Robinson 案确立了反挥霍条款无效的规则——法官认为该案中涉及的反挥霍条款无效,因而受益人仍然获得了信托中的利益,这无疑是有利于债权人的。③ Brandon v. Robinson 案所确立的这一规则在美国持续使用到 19 世纪末,直到在 1882 年

---

① 参见〔美〕托马斯·加兰尼斯:《美国信托法的新方向》,徐卫译,载《交大法学》2013 年第 3 期。
② 同上。
③ See Brandon v. Robinson, 34 Eng. Rep. 379 (Ch.)(1811).

被 Broadway National Bank v. Adams 案所推翻。马萨诸塞州最高法院认为，如果根据此前英国普通法原则和美国的普通法实践，当然应当认为反挥霍条款无效，但该案中法官认为信托的设立者，即委托人，对其财产具有当然的绝对所有权，可自由处分其财产，因而只要不违反法律及公共政策，那么委托人无论是通过直接赠与还是附条件赠与来设立信托，都应尊重其意志。[1] 自此美国法院普遍认可了反挥霍条款的有效性。

但此后，包括纽约、加利福尼亚等州的立法中，均允许债权人追索受益人的信托利益，要么将债权人不可追索的信托利益限制在诸如维持生计和教育所需的部分，要么限定不可追索的信托利益所占总额的比例；要么认为即使存在反挥霍条款，某些特定权利人仍可以追及其信托利益。

总之，美国信托法对于委托人意愿和受益人权益二者之间正在更好地实现有机平衡，即认定反挥霍条款的有效性，但对其进行更为细致的认定，认为受益人之所有权仍应被尊重，而债权人仍然可以在有限范围内追索相关信托利益。

(2) 管理偏离规则的认定。委托人和受益人发生冲突的第二种情形是，信托文件中的管理性条款要求受托人进行某些行为，但是这些行为将会和受益人的利益相冲突。在此情形下，就有了"管理偏离"(Administrative Deviation)条款，允许受托人"偏离"存在该问题的条款，从而不需要再跟进信托文件做这些行为，则受益人利益不会受损。而美国《信托法重述》(第二版)中规定，"如果因委托人不知或未预料的情势发生，导致遵从信托条款会挫败或严重损害信托目的的实现，则法院会指令或允许受托人偏离信托条款"。在司法实践中，法院是通过了解委托人设置相关条款的意图，结合信托的目的，对受托人是否可以偏离该条款进行判断。

《统一信托法》第 412 条规定，"根据现行信托条款，如果信托继续存在将不切实际，或是一种浪费或者损害信托的管理，法院可以修改信托的管理性条款。"[2] 不难看出，本条就不再考虑委托人的意图，因其涉及受益人的所有权问题。

2. 有关信托终止的信托法发展

(1) 对受益人终止信托的态度演化。信托赋予受益人的并非对信托财产的直接所有权，而是有限的衡平法利益。而受益人常常希望提前终止信托，从而占有财产。在 1889 年前，美国法院遵循的是英国衡平法院 Saunders v. Vautier 案的先例，即认为在信托上享有衡平利益且有法律行为能力的全体当事人要求

---

[1] See Broadway National Bank v. Adams, 133 Mass. 170(1882).
[2] Uniform Trust Code § 412(b).

终止信托、分配信托财产时,信托可以提前终止。①

但在 1889 年,美国马萨诸塞州最高法院在 Claflin v. Claflin 案中认为,"遗嘱人有权在处置财产时施加其认为适当且不与法律冲突的限制和约束。对这种意愿应该予以尊重,除非这些意愿违反了某些实定法规则或与公共政策相违背。"②从而推翻了 Saunders v. Vautier 案的规则。从此 Claflin v. Claflin 案规则成为主流,即不仅受益人需要如 Saunders v. Vautier 案规则一样,具有法律行为能力且均同意提前终止信托,而且该行为不得损害委托人设立信托的实质目的。这致使后世的信托均被认定包含了实质目的,因而不得提前终止。

但《信托法重述》(第三版)和《统一信托法》对这一点进行了突破,《统一信托法》规定,单纯地存在反挥霍条款不再"被推定为构成信托的实质目的";③而《信托法重述》(第三版)规定,单独存在有关裁量权的规定也不足以"认定或推定那种阻止全体受益人同意终止信托的实质目的";《信托法重述》(第三版)还规定,法院需要在实质目的和提前终止信托的理由之间进行权衡,只有后者胜过前者,才能提前终止信托。④ 无疑,法律正从委托人的主导地位进行回调,进而朝着更加平衡地尊重受益人的权利和意愿的方向发展。⑤

(2)对反永续规则的变革。反永续规则限制了信托利益的无限期存续,规定未来的权益必须在某人生存期间加 21 年的时间内确定地给予,从而限制了无限期存续的信托。这一规定体现了委托人的意愿和受益人的意愿的平衡。

但实际上,美国有过半的司法区不再适用该规则,这些地区或允许信托永久存续,或废除反永续规则,或使其成为任意性条款可选择适用与否,或允许信托视情况可存在 1000 年。⑥ 这是因为联邦税法在代际转移税上存在漏洞。代际转移税将对持续一代以上的信托课以重税,这一规则显然依赖于反永续规则,但反永续规则并不是联邦法的规则,属于各州立法的范畴。各州显然对于增加联邦税收并无兴趣,相反地,放松反永续规则有助于各州信托的发展,有助于各州赢得信托法中的"竞赛"。这也在《财产法重述》(第三版)中得以体现,其中重构了反永续规则,要求信托期限不得超过财产转让者之后两代中,最后一位存活的受益人死亡之时——在这一期限内信托即应终止,否则司法将对其进行干预。⑦

不难看出,美国信托法在民事信托的发展中有了极为明显的发展方向,即从重视委托人意愿的一端,向重视受益人权利的一端发展。这其实也基于对信托

---

① See Saunders v. Vautier,(1841) 41 Eng. Rep. 482(Ch.).
② Claflin v. Claflin,20 N. E. 454 (Mass. 1889).
③ See Uniform Trust Code § 411 comment(amended 2004),7C U. L. A. 500(2006).
④ See Restatement (Third) of Trusts § 65.
⑤ 参见〔美〕托马斯·加兰尼斯:《美国信托法的新方向》,徐卫译,载《交大法学》2013 年第 3 期。
⑥ 同上。
⑦ See Restatement(Third) of Property:Wills & Other Donative Transfers § 27.1.

理论基础的争论。如兰博约教授即持信托契约论,认为信托可以被视为委托人和受托人之间的契约——则从这一主张出发,信托应当强调委托人的目的,且信托法应当以任意性规则为主;但是传统的信托法理论仍然以信托财产权论为主,认为信托是一种以财产权转移为基础的法律关系,则信托应当强调受益人财产权益,且应当以强制性规则为主,即从一种法律家长主义的思想出发,保护受益人权益。但是,不难看出信托法也不再严格采纳此种二分论——信托中财产和契约的性质兼而有之。

(二) 美国信托法在商事信托中的新发展

美国的信托法传统中,一般较少将信托与商法结合起来,学者们研究的信托也更多是"产生于财产的非商业转移的信托",这也体现在《信托法重述》(第三版)中,其中排除了对商事信托的关注。换言之,一直以来美国信托法关注的是"基于财产无偿转让而设立的信托"。[1]

1. 信托在商业和金融领域实践中得以广泛运用

一方面,包括银行和信托公司在内的专业机构对信托产品的经营体现了受托人的专业化,信托的目的逐渐向信托财产的集合和增值方面转变;另一方面,信托作为非常灵活的工具,在商事领域更容易发挥其财产隔离等功能。于是,在资本证券化中普遍使用信托工具,比如房地产信托投资基金(REITs)中就运用了信托结构;此外如投资年金和共同基金等均会运用信托形式。特别是1979年通过的《雇员退休收入保障法案》(Employee Retirement Income Security Act)进一步促进了商事信托在其中的运用。

2. 美国的商事信托出现了组织化的现象

在商事领域的信托运用中,此前并未将信托视为一个主体,这致使其在信托的对外关系上产生了一定的问题。因此在美国一些州,法院通过判例的形式确认了商事信托的实体法地位。其中最为有名的是在1913年的Williams v. Inhabitants of Milton案中,马萨诸塞州最高法院通过判例确认了商业信托作为商业组织的法律地位,形成了所谓的"麻省信托"。但是对此的研究一直尚未体系化,直到20世纪末,众多法学家才对作为商业工具的信托进行了充分的研究。如兰博约教授在关注"作为商业工具的信托"时,认为商事信托的认定标准包括信托设立时是否是以有偿交易为基础(而非无偿转让),其中也包含受托人职能的转变。[2] 由此对于商事信托的研究逐渐兴起,包括对于养老金信托、投资信托及信托契约法规定的公司信托等。

---

[1] 参见〔美〕托马斯·加兰尼斯:《美国信托法的新方向》,徐卫译,载《交大法学》2013年第3期。

[2] See John Langbein, The Secret Life of the Trust: The Trust as an Instrument of Commerce, The Yale Law Journal, Vol. 107, 1997, pp. 165-189.

进一步,如舒尔茨(Schwarcz)认为信托和公司一样,将所有权(受益人)和管理权(受托人)分开,并为管理者设定为受益人利益行事的义务,且规定了有限责任;商事信托的委托人同样保留了剩余索取权等,其结构和公司十分接近——于是,从法律地位上来看,部分商事信托可以被认可作为独立的法律主体;其在治理上被看作消极管理人的静态组织。①

总之,商事信托越来越多被认为是一种可供选择的商业组织,其组织实体的法律地位也受到部分承认,如麻省信托等亦确立了信托受托人对商事信托的债务适用无限责任推定的规则。

3. 受托人的信义义务方面

随着信托财产从不动产向金融资产转移,不但受托人逐渐机构化,且对于受托人的专业性提出了更高的要求,也创设了对受托人更高的信义义务。其中对于受托人的"审慎投资人"规则,同样出于商事信托对于受托人的要求,这成为现代投资信托的重要规则。

最早的谨慎义务见于 Harvard College v. Amory 案所确立的"谨慎人规则",即受托人应当"按照谨慎的、有判断力的和理性的人在管理他们自己的事务的方式行事,不以投机为目的,而注意资金的永久运用,考虑可能的收益以及用于投资的资金的安全"。这一规则随即被纳入美国银行业协会于 1942 年制定的《谨慎人规则示范法》(The Model Prudent Man Statute)。Amory 案所确立的"谨慎人规则"在 1959 年《信托法重述》(第二版)中仍得以保留,仍然认为受托人应当像一个普通谨慎人处理自己的财产一样履行注意义务。

但是,法律的演化往往受到经济金融理论发展的影响。诺贝尔经济学奖得主马科维茨在 20 世纪 50 年代所研究的现代投资组合理论(Portfolio Theory)被《信托法重述》(第三版)采纳,其第 227 条规定,受托人对受益人有义务如"谨慎投资人"一样依照信托的目的、条款、分配要求及其他条件投资和管理信托财产。这一观点在 1992 年的《谨慎投资人规则》(Uniform Prudent Investor Act)中得以发扬,其核心观点在于,强调综合判断原则,从信托财产的整体而非某个投资进行判断,且并非一味排除风险较高的投资,强调了分散投资义务,并排除了亲自执行义务。②

在忠实义务方面,随着美国公司法放弃了"只为受益人利益"规则(Sole Interest Rule),转向"为了受益人最大利益",越来越多的学者认为美国信托法也应当适用这一条款。鉴于商事信托中专业受托人的兴起,信托法渐渐具有了

---

① 参见〔美〕斯提芬·L.舒尔茨:《作为商业组织的商事信托:比较法学者的研究课题》,倪受彬译,载漆多俊主编:《经济法论丛》(2012 年第 22 卷),武汉大学出版社 2012 年版。
② 参见赵廉慧:《信托法解释论》,中国法制出版社 2015 年版,第 343—344 页。

金融法的属性,更加强调公开和公平的标准,在其标准下受托人提供服务不再只是出于名声,其目的显然在于获得报酬。在这一背景下,原本的"只为受益人利益"规则显得过于苛刻,并不能适应金融市场复杂的交易安排及千变万化的交易情况。因而,美国学者们认为应当有限地容许利益冲突行为。①

总而言之,20世纪至21世纪美国信托法的新发展中,虽然美国并未制定具有强制效力的统一信托法,但却通过制定《信托法重述》及《统一信托法》的方式,总结了原本散落在各类判例中的信托法原则。同时,美国信托法在其运用中,逐渐平衡了委托人和受益人之间的关系,且其在商事信托的发展中形成了独特的规则,逐渐超越了原本英国信托法的范畴,更能适应社会的需要。

第二节 大陆法系国家信托法的发展

在部分普通法系学者看来,在没有衡平法院和衡平法传统的国家,信托到底是什么,相当值得怀疑——没有普通法与衡平法的信托法制度,是否就是"浮水之油"呢？代表性观点莫过于梅特兰的名言:"对我而言,信托不太可能诞生于这样的一个民族之手,这个民族明确地区分对人权和对世权,并将这一区分作为其法律体系的总体框架。"②也就是说,英美法学者一直对大陆法系国家信托法的发展表示怀疑。但是,从实践来看,目前很多大陆法系国家已经通过立法的形式制定了信托法,包括日本、韩国、以色列等国;西欧的法国等国也受到《海牙信托公约》的影响制定了信托法;此外,俄罗斯、乌克兰、罗马尼亚等国家也以立法形式引入信托制度。也有一些大陆法系国家并没有制定成文的信托法,但是在民法中确立了类似的制度;这些国家在应对本国民事法律制度和信托财产关系相融合的过程中,采取了截然不同的模式。

美国的约翰·迈诺·威斯顿(John Minor Wisdom)教授曾提出三种大陆法系国家移植信托制度的模式:其一即扩展大陆法系国家既有制度,如罗马法上的fiducia和fidei commissum制度,德国的treuhand制度等,并赋予其新的功能,使其起到英美信托的全部或部分作用;其二即以立法模式,将大陆法系中的制度改造成为类似信托的制度,如法国改造的fiducie制度,及拉丁美洲改造的fideicomiso制度;其三即通过立法,完整地引入信托制度,如乌克兰、卢森堡等均在此列。③而后意大利学者莫里奥·卢布瓦(Maurizio Lupoi)的研究中提出

---

① See John Langbein, Questioning the Trust Law Duty of Loyalty: Sole Interest or Best Interest, Yale Law J., Vol. 114, No. 5, 2005, p. 929.
② 参见〔英〕F. W. 梅特兰:《国家、信托与法人》,樊安译,北京大学出版社2008年版,第98页。
③ See John Minor Wisdom, Trust Code in the Civil Law, Based on the Restatement and Uniform Acts: The Louisiana Trust Estates Act, Tul. L. Rev., Vol. 14, 1938-1939.

了"公约信托"的模式,作为第四种移植模式。① "公约信托",顾名思义,即受到 1985 年《海牙信托公约》影响而制定的信托模式,其典型特征是不对信托财产权转移给受托人作强制性的要求,而侧重于对信托财产的独立性之规定。《海牙信托公约》并非对英美信托概念的移植,而是对于各国之间无法互认信托模式的一种解决方法,进而激发了若干欧洲国家以罗马法中的信托概念为基础创设具有本国特色的信托制度的热情。

在这里,将重点介绍作为"东亚模式"②的日本和韩国引进信托法的过程,二者均采用了民法典和信托单行法并行的立法模式;介绍欧洲的法国这个民法传统浓厚的国家,在进入 21 世纪后如何改造及扩展既有的大陆法系制度,构建具有本国特色的信托法的过程。

一、日本信托法的新发展

(一)日本信托法发展概述

说到日本的信托法,应从其宪法谈起。日本现行《宪法》序言中认为"主权属于国民",而"国政源于国民的严肃信托,其权威来自国民,其权力由国民的代表行使,其福利由国民享受。这是人类普遍的原理。"不难看出"信托"对日本法律的影响。

日本法律中最早使用"信托"一词的是 1900 年制定的《兴业银行法》,而引入信托制度当属 1905 年的《附担保公司债信托法》,通过将公司债权人担保权进行信托,使得受托人管理成本下降。但此后信托在金融中存在滥用的情况,因而日本于 1922 年制定了《信托业法》,这一法律属于行业法,并没解决"信托是什么"的问题。

随后日本参照美国加利福尼亚州信托法和传承于英国信托法的印度信托法,于 1922 年制定了《信托法》。关于 1922 年《信托法》,日本学者认为其特点有二:其一,具有便利性和商业性,为了商事目的而引进,旨在便利资金筹措、降低融资成本;其二,《信托业法》和《信托法》均因信托引入后存在的一系列问题而制定,因而具有极大的强制性。③ 但是这部法律也具有较强的功利色彩,有学者认为,其中受益人和受托人的权利被压缩,委托人权利极大扩张,几乎与所有权人无异。这种立法上"委托人中心主义"虽与英美法系迥异,但却与后发国家的经

---

① See Maurizio Lupoi, The Civil Law Trusts, Vand. J. Transnat'l L., Vol.32,1999, p.968.
② "东亚模式"属于上述第三种模式中的一类,指日本、韩国等国在通过立法引入英美信托法时,因双重所有权安排与物权法基本原则的冲突,因而只规定受托人对信托财产的所有权,而不对受益人权利作明确定性的一类信托立法模式。参见楼建波:《信托财产关系与物权法原则的冲突——兼论信托财产关系的民法典表达》,载《交大法学》2019 年第 2 期。
③ 参见〔日〕樋口范雄:《信托与信托法》,朱大明译,法律出版社 2017 年版,第 34—35 页。

济增长冲动相吻合,因而日本 1922 年《信托法》也成为若干大陆法国家引进信托制度的蓝本。① 随后的八十余年时间中,日本的《信托法》与《信托业法》均无重大修改。

此后信托在日本被广泛运用,特别是信托在金融方面的应用日渐成熟。日本向来沿袭大陆法系传统,坚持"合同中心主义",将英美法中认定为信义义务(fiduciary duty)的义务也认定为合同层面的义务。但是现代社会逐渐进入了"信义关系的时代"——不能仅强调"买者自负",也要强调"卖者有责";同时,信托逐渐转向了价值的多样化过程。在这一过程中,信托法逐渐不能适应金融和社会的发展——特别是原有的信托立法基本上是在民事信托的视角下展开的,这很难适应商事信托中复杂的情形,不利于信托的发展。对此,日本学者们提出了若干立法的建议,如日本商事信托法研究会于 2000 年发表了《商事信托法纲要》,主要围绕商事信托的流动性、集团性、事业性等特征,从私法角度针对商事信托提出立法建议。其中主要围绕信托法应如何适应商事信托之发展而展开,如将商事信托定义为以经营为目的且受托人有管理或处分权限的信托,且结合了《资产流动化法》,认为"以促进资产流动为目的的信托"不属于以上商事信托之列。② 又如,《商事信托法纲要》第 211 条规定,商事信托的成立需"不影响《信托法》第 1 条规定的财产权转让,及其他处分不得影响债务的转移等行为"。对比来看,日本 1922 年《信托法》第 1 条规定:"本法所称信托,系指有财产权转让和其他处理行为,令别人遵照一定的目的进行财产管理或处理。"该纲要基本沿用了 1922 年《信托法》的观点,但从学理上出发,认为商事信托法中的"财产转移"包括了积极资产和消极资产一并转移的情形。总而言之,日本学者此前就从学理上对于日本 1922 年《信托法》进行积极解释,以使其适应商事信托的情形,而 2000 年的《商事信托法纲要》是日本信托法学界相关学理观点的重要集成。

进入 21 世纪后,日本的信托法走上了其特有的发展之路。如神作裕之教授所言,在日本,信托法制的发展逐渐形成了"三支柱",即规定民事基本规则的《信托法》,规定从业者规则及民事特别规则的《信托业法》等行业法,规定资本市场规则的《金融商品交易法》。③ 信托法制的革新就是从这三个层面进行的。

在《信托业法》方面,该法在 2004 年和 2006 年经历了两次修改。具体来说,其在 2004 年主要实现了信托业者范围的扩大,虽坚持信托的主要从业者必须是

---

① 参见周勤:《日本〈信托法〉的两次价值选择——以意定信托委托人的权利为中心》,载《华侨大学学报(哲学社会科学版)》2010 年第 3 期。

② 参见日本商事信托研究会编著:《日本商事信托立法研究》,朱大明译,法律出版社 2019 年版,第 4—5 页。

③ 参见〔日〕神作裕之:《日本信托法及信托相关法律的最新发展与课题》,杨林凯译,载《中国政法大学学报》2012 年第 5 期。

信托公司,但将实质上可以成为受托人的主体从信托银行扩展到了信托公司,且规定律师也可以担任受托人,这使得准入门槛进一步降低。还将受托人准入条件区分为管理型信托业和非管理型信托业,并对于行为规制、信息披露等方面进行了完善。在 2006 年的修改中,根据《证券交易法》和《信托法》的修改,对于"特定信托合同"进行了规制。① 总而言之,日本《信托业法》的修改是围绕《信托法》和《证券交易法》的修改展开的。

2006 年,《证券交易法》更名为《金融商品交易法》,其对信托法制的重要变革是:使得信托受益权原则上亦可以适用《金融商品交易法》,则签订特定信托合同和从业者行为规范这些原本由私法调整的方面,都要由《金融商品交易法》进行规制。②

日本《信托法》在 2006 年进行了全面修改,由于其修改之全面,学界往往习惯称其为"新《信托法》"③,其中增加了宣言信托、目的信托、限定责任信托等内容,并拓展了信托应用的范围,基本上使得信托实现了自由运用,因而日本学者樋口范雄认为日本新《信托法》实现了"信托的新生"。④ 以下也将重点讨论日本新《信托法》的改变。

(二) 日本新《信托法》的观念转变

日本新《信托法》中最重要的观念转变有以下三点:

其一,兼顾民事信托与商事信托。日本信托法及配套制度环境存在一系列阻碍的因素,其一就是民法方面和信托方面的不协调。例如,对于遗嘱中是否可指定连续受益人(即继承型遗赠)争议极大;信托中存在损害继承遗产定额分配(遗留分)的问题也存在争议。日本《信托法》自始就是为了商事信托的发展而制定的,又是一项从英美法中移植的制度,其中缺乏民事信托的相关信托法理,而新《信托法》正是为了兼顾民事信托和商事信托,对其进行共同调整。从这一点出发,新《信托法》的一大目的在于促进民事信托的运用。

其二,从强行法到任意法的转变。既然信托法规制的对象兼顾商事信托和民事信托,且其受托人也不再只是传统的信托公司,所以新《信托法》的强制性规则大幅减少。新《信托法》在回归私法本位后,很多强制性规则转变为任意性的"缺省性规则"(default rules),亦即赋予了各方当事人更多的意思自治的权利——当然,这并不是说信托法中就完全采取自由主义的观点,而是说,日本信

---

① 参见〔日〕神作裕之:《日本信托法及信托相关法律的最新发展与课题》,杨林凯译,载《中国政法大学学报》2012 年第 5 期。
② 同上。
③ 与之对应,下文将日本 1922 年《信托法》称为"旧《信托法》"。
④ 参见〔日〕樋口范雄:《信托与信托法》,朱大明译,法律出版社 2017 年版,第 1 页。

托法的发展是一个任意性规范和强制性规范融合的过程。① 同时,日本新《信托法》很大程度上脱离了旧《信托法》的既有框架,无论其形式和内容,均与美国的《统一信托法》极为类似,并仿照英美信托法,对委托人原有的畸高权利进行了限缩,更多赋予受托人权利,无形中使得当事人地位发生了微妙的变化。②

其三,制度具有更强的可操作性,法律用语更为科学。如将旧《信托法》第22条标题"信托财产与受托人固有财产的区分"修改为"利益相反行为的限制"等,对其加以更为明确的规范,③使得立法语言更为科学和体系化。

(三) 日本新《信托法》中的受托人义务

受托人义务往往被视为信托法中的核心规则之一。日本新《信托法》对于受托人义务进行了重新梳理和规定。

1. 忠实义务

日本旧《信托法》第22条第1款规定:"受托人无论以任何人名义均不得将信托财产作为固有财产或取得与此相关的权利。但是,因不得已的事由而取得法院批准,将信托财产作为固有财产时不在此限。"这是日本旧《信托法》中仅存的有关忠实义务的条款,而且仅仅是禁止受托人将信托财产纳入自己的固有财产以及用信托财产获利这两类情况,这显然难以囊括忠实义务可能存在的若干种情形。此外,这一条款是强制性条款,仅仅留下了"不得已的事由"这一种例外情况,又过于限制了受托人权利行使。

日本新《信托法》第30条至第32条对此进行了规定。首先,新《信托法》中忠实义务的设立围绕着这么一点——忠实义务的效果并非单纯是对信托人的禁止,而是确保受托人和受益人之间的透明度,即受托人对受益人应全面披露,毫不隐瞒地提供消息,然后由受益人决定是否进行交易。④ 公司法对忠实义务规则已采用事前批准与信息披露的宽松方式,而非严格禁止一切利益冲突行为,这一点也正是各国信托法在忠实义务上的发展趋势。而日本新《信托法》第30条规定:"受托人必须为了受益人忠实地处理信托义务。"这实际上是从原则上确定,忠实义务是禁止受托人作出特定的行为,而第31条和第32条是对忠实义务的具体规定。

其中,第31条第1款除了规定使信托财产归属于固有财产的禁止情形,还规定了如使固有财产归属于信托财产、使信托财产归属于其他信托财产、与第三人交易信托财产时担任第三人的代理人等。最重要的是第2款——英美法中认

---

① 参见赵廉慧:《日本信托法修改及其信托观念的发展》,载《北方法学》2009年第4期。
② 参见周勤:《日本〈信托法〉的两次价值选择——以意定信托委托人的权利为中心》,载《华侨大学学报(哲学社会科学版)》2010年第3期。
③ 参见文杰:《日本〈信托法〉的修改及其借鉴意义》,载《河北法学》2011年第12期。
④ 参见〔日〕樋口范雄:《信托与信托法》,朱大明译,法律出版社2017年版,第105页。

为忠实义务是任意性规定,认可免除该义务的手段,新《信托法》在本款中也采纳了这一观点,规定了如信托条款准许受托人之行为、受托人事先披露事实并受受益人认可、受托人如果因继承而获得信托财产等情形。而其中第四种情形以受托人行为"就达成信托目的是必要合理的,且明显不损害受益人利益"或其"综合地看是有正当理由的"。这一条重视受托人行为实质正当性,而不再需要满足某些形式规则,被日本学者樋口范雄评价为可能产生"日本版的衡平法规则"。[1]

总体而言,日本新《信托法》的忠实义务很大程度上借鉴了英美法,"防微杜渐"地让受托人只为受益人利益服务;而又规定可豁免该义务的情形,从而避免这一义务成为僵化的、形式主义的条款,可以体现受益人自身的判断(而不是法律父爱主义地替受益人作了判断)。

2. 善良管理人的注意义务

旧《信托法》第 20 条中规定的是"以善良管理人的态度注意"处理信托事务;新《信托法》第 29 条中规定的则是"受托人的注意义务",在承接旧《信托法》"善良管理人的注意"这一规定的同时,规定了但书(对于信托行为有另行规定的,应按规定之处注意并进行处理),这借鉴了《商事信托法纲要》第 431 条第 2 款之规定,即"受托人在信托财产的运用方面,若信托合同为另行规定,应考虑到分散投资等信托财产整体中风险与收益之关系,以及管理费用等问题"。

对其内容的具体规定包括:注意义务应逐案判断,根据受托人属性会产生变化,与投资相关的注意义务采用美国的"谨慎投资人"规则,在分散投资的基础上考虑风险收益类型及管理费用;可以合同来增加或减免注意义务,但减免时会受到行业法的限制。落实到新《信托法》中,没有将《商事信托法纲要》中的内容放进去,较为抽象,对委托人来说该概念较为模糊,对于受托人来说也常处于违反注意义务的风险之下。[2]

(四)日本新《信托法》引进的若干新信托类型

日本新《信托法》中,存在"三足鼎立"的三大新信托类型:宣言信托、目的信托和限定责任信托。

1. 宣言信托

宣言信托,即委托人宣称自己成为受托人的信托。旧法中仅认可以契约或遗嘱方式设立信托,不认可宣言信托,因其缺乏受益人的制约,且容易损害债权人利益。新《信托法》第 3 条第 3 款规定:"信托应以下列方式之一为之:……三、特定人表示为一定目的,对于自己所有的一定财产进行管理或处分或其他为达成该目的的必要行为,并于公证书或其他书面形式或电磁记录上载明该目

---

[1] 参见[日]樋口范雄:《信托与信托法》,朱大明译,法律出版社 2017 年版,第 117 页。
[2] 同上书,第 124—125 页。

的、特定财产的必要事项及其他由法务省规定的事项。"并在第 4 条中详细规定了宣言信托的生效要件。为防止债权人利益被损害,在第 23 条第 2 项也规定了债权人的强制执行权,即在宣言信托设立前对委托人拥有债权者,可对信托财产进行强制执行和临时扣押等。

2. 目的信托

日本新《信托法》第 258 条第 1 款规定,未规定受益人(或没有规定受益人的方法)的信托,可以根据第 3 条第 1 项或第 2 项规定的方法执行。此种信托在英美法中一般被称为目的信托。为对该制度进行限制,第 258 条第 4 款规定此类信托必须指定信托管理人;第 260 条规定将一般信托中受益人的权利赋予委托人。为保证财产的流通,第 259 条规定,除公益信托外,受益人不确定的信托的存续期间不得超过 20 年。

这使得处于公益和私益信托中间状态的信托更容易成立。因为公益信托的设定一般具有非常严格的行政许可程序,且对其运用的目的也有较高的要求,这使得具有类似公益目的的信托更为容易形成;也能更大程度上发挥信托作为工具,实现当事人商事和非商事需求的可能性。

但更为重要的是,对目的信托的承认在促进金融发展方面具有重要意义——或者可以说,对目的信托的承认也是全球化下金融法制度竞争的产物。在诸如泽西岛和开曼群岛等离岸信托地,就充分运用了目的信托制度,从而促进资产流动化,进而保证信托财产的独立性——因若受益人存在,当受益人破产时,信托解除及信托财产取回都有可能对信托财产造成影响。而日本信托法规定的目的信托制度,实际上就是促进商事活动中对信托的破产隔离制度的运用,通过建立特殊目的主体(SPV),并将 SPV 的出资份额转移给目的信托,信托财产按照一定目的进行管理或处分。[1]

3. 限定责任信托

信托中也常常有风险,而且常常延及如受托人等实际上在信托财产上无利益的人。能见善久即认为,传统的信托对外交易,利用的是受托人的信用,以受托人名义进行,则信托的行为人是法律上的受托人,信托债务是以受托人固有财产承担的责任;但随着商事信托的发展,在信托频繁地对外交易过程中,受托人以其固有财产承担责任蕴含了巨大风险。这也是因为,最初的信托立法仅考虑到信托公司作为受托人的情况。[2]

此时依据日本旧《信托法》,不但信托财产将成为责任财产,连带受托人固有

---

[1] 参见赵廉慧:《目的信托制度比较研究——以日本〈信托法〉为参考》,载《法学杂志》2011 年第 8 期。

[2] 参见〔日〕能见善久:《日本新信托法的理论课题》,赵廉慧译,载《比较法研究》2008 年第 5 期。

财产也成为责任财产。虽受托人以自己固有财产填补支出后,可要求信托财产对其进行补偿;但有时信托财产也未必能覆盖该费用,则受托人不得自行支出该费用了,这使得受托人承担了相应的风险。日本新《信托法》第 216 条规定:"限定责任信托是,旨在对在信托行为中全部财产在出现责任债务时,受托人仅以持有的信托财产来承担履行这些债务责任的规定,同时参照第 232 条的规定,本条通过事先的登记,产生限定责任信托的效力"。那么作为限定责任信托进行登记生效后,信托事务中产生的债务就仅以受托人持有的信托财产为限来偿还了。在第 217 条中又对此加以强化,即规定除侵权行为产生的债权外,无权对受托人固有财产进行强制执行或冻结。总之,在这种信托中,受托人的固有财产不涉及责任,仅以信托财产作为责任财产,并通过登记达到限定责任的效果。实际上这也是对美国信托法中限定责任信托的借鉴,不同的是,日本信托法按照其特点,创设出了符合自己国情的限定责任信托制度。

(五)日本新《信托法》实施后的发展

据樋口范雄教授的研究,从 2007 年 9 月末到 2013 年 9 月末,日本的信托委托额仅增长了 4%。在资产运作型信托、资产流动型信托和资产管理型信托的分类下,前两类有显著的减少。学者们对新《信托法》颁布后日本的信托发展实际上仍不太满意,认为日本的信托还停留在资产管理型信托这一种"保管"型的信托,其发展还比较缓慢。实际上,日本的信托仍然主要由作为受托人的信托银行来运作。①

在新《信托法》后发展出的"养老制度辅助型信托"及"教育资金赠与型信托"等新型信托业务,尽管在应对社会老龄化及保障教育中发挥了一定的作用,但前者局限于资产较多的客户,并且其运用并不便利,只能达到本金安全存续之作用;后者在免税上具有时效性,很难实现财富的流动。而新《信托法》规定的"目的信托"和"限定责任信托"也很少被使用。②

尽管日本学者对于新《信托法》实施后的效果进行了批评,但是仍然可以看出,新《信托法》无疑在制度上有了若干新的突破,并在本国的大陆法系民法基础上引入了美国信托法的若干先进制度,从而以立法促进了信托的发展。

二、韩国信托法的发展

韩国的信托法亦受日本信托法的影响,其缺点也和上述日本信托法的缺点大致相同:其规范内容主要附着于民事信托的法理,难以适应资产流动化信托等;而在实践中,韩国的信托却以商事信托为主,局限于金融业这样一个狭窄的

---

① 参见〔日〕樋口范雄:《信托与信托法》,朱大明译,法律出版社 2017 年版,第 181—182 页。
② 同上书,第 181—186 页。

范畴,基本仅以银行的商事信托为限,信托产品难以运行;而韩国的信托业也受到了政府的严格监管,信托制度很难得到充分应用。此时韩国的信托法被认为是"强调了一对一的个别性的形式要件,忽略了信托的集团性"。[①] 韩国和日本信托法面临的共同问题是使民事信托和商事信托之原理统一化,从而在私法框架下构建信托法,使其更多具有任意法的性质。

韩国信托法的另一个修改背景是信托法与金融法的融合。韩国在金融领域进行了横向规制。2007年韩国颁布《有关资本市场和金融投资业的法律》,逐步从机构监管发展到功能监管,其中废除了《信托业法》等法律,将信托业作为金融投资业四个许可业务中的一种,并禁止金钱信托的统合运用,从而将信托和集合投资进行了严格区分。在此划分下,信托虽具有金融投资之功能,但管理型信托仍难以得到发展——比如不动产管理信托、遗嘱信托等种类的非金融投资类信托将如何发展?

面对信托法、信托业法和信托实务的脱节,韩国采取了一系列立法措施,旨在制定新的信托法。韩国于1961年制定的《信托法》在历经数十年的发展后,分别于1997年、2002年、2005年进行了部分修改,并在2009年开始着手进行全面修改,这一工作在2011年完成;此后,在2014年和2017年又进行了部分修改。

韩国新《信托法》和日本新《信托法》有一系列相似之处,因日韩旧《信托法》具有一定的相似性,且其修改都是为了统合民事信托与商事信托。而韩国新《信托法》下,采取了民事信托和商事信托统合立法的思路。同时,韩国新《信托法》旨在使得强制性规范居多的旧信托制度"柔韧化",增加了若干任意性规定。

首先,韩国新《信托法》旨在信托制度的现代化。从体系上来看,其对信托的概念进行了重新规定,并重构了信托公示制度,对受托人的费用补偿请求权进行了修正,对于受益人权利进行了明确规定,并将信托财产之清算、破产程序等进行了具体化。

值得注意的是,韩国在《信托法》修改中,引入了各类新的信托类型,如受益证券发行信托、限定责任信托、遗嘱代替信托、受益人连续信托、私益目的信托等。从中不难看出其对上文提到的日本新《信托法》的模仿痕迹。如韩国《信托法》第3条第1款同样确立了宣言信托,认为委托人若声明了信托的目的、信托财产及受益人,并将其自己指定为受托人,则可成立信托,这一点明显与日本《信托法》类似。又如私益目的信托,韩国《信托法》第2条即指出,信托不但可以为特定人(即受益人)的利益,也可以为了特定的目的;第3条即对目的信托进行了定义,即为了特定目的而不存在受益人的信托,且也同样规定了其不得采用宣言信托的方式产生目的信托。第67条到第68条也同样设置了"信托管理人"的角

---

① 参见崔埈璿:《韩国信托法的改正》,载《商事法论集》2010年Z1期。

色,以对目的信托进行管理。

韩国《信托法》第 11 章自第 114 条以下也同样设置了限定责任信托。在此类信托中,通过信托文件的规定,受托人可仅以信托财产为限对信托的债务负责。不过仍需根据《信托法》第 126 条规定的登记方式方能生效,且限定责任信托的信托文件需要记载特定的事项才能生效。

在此之外,针对信托内部的治理,韩国新《信托法》规定了对受托人的相关义务,如第 33 条规定了受托人的忠实义务,其必须完全为了受益人的利益而处理信托事务,第 34 条规定的对违反受益人利益行为的禁止,第 35 条规定的公平义务,第 36 条规定的禁止受托人以信托获取利益的规则,第 37 条规定的分别管理义务,第 39 条规定的文件及账簿保存义务等,从而对受托人义务和责任进行了合理调整。

新《信托法》还针对信托当事人增加的现状,引入了如受益人会议制度、受益人代理人制度,及对共同受托人进行了诸如信托财产的所有形态等方面的规制;针对信托的自律监督方面,新《信托法》将管理监督权更多地从法院手中归还给信托参与人,诸如对信托管理人和信托监督人等制度的规定等,不但保护了商事交易的安全,也提高了商事交易的效率。

而针对信托外的第三人,新《信托法》加强了对交易相对方的保护,包括对欺诈信托的撤销要件进行了调整,并详细规定了信托财产的强制执行禁止制度,以及对受托人违反权限时的责任范围及受益人撤销权的适用范围,从而极大提高了信托法中的商事交易安全。

三、法国信托法的发展

在大陆法系国家,信托法向来缺乏其法理上发展的基础。特别是对于已有详尽的民法典的国家,信托法往往和民法法系若干制度相互冲突,这就使得在大陆法系国家,信托法的移植往往存在若干困难,即所谓的"水浮于油"的现象。对此很多学者认为,单靠通过立法引入信托是无法消除信托与民法固有原则的冲突的。[1]

但也有一些大陆法国家结合自身的法律传统,不依赖于对英美法系的"trust"概念的移植,发展出独特的信托法律制度。法国和德国这两个有着历史悠久的民法典的国家即为两例。

(一)法国 2007 年的信托立法

世界各国的信托法的立法过程实际上也是一个全球化的过程——全球化之

---

[1] See Daniel N. Mettarlin, The Quebec Trust and the Civil Law, McGill L. J., Vol. 21, 1975, p.176.

下资本的自由流动,使得各国为更为充分利用资本而产生了制度竞争;而对信托制度的运用正是对资本运用的一种重要方式。

在坚守大陆法传统的法国,其信托法的发展推动并不顺利——法国曾在此前的近二十年中三次尝试信托立法,却均被行政机关阻止,甚至未能提交立法机关讨论。法国信托法"难产"的重要原因之一是信托制度与民法制度的冲突。此前法国的立法技术或制度中,并无可以和英美法中的信托相类似或可呼应的制度,仅有法国《民法典》规定的附买回条款的买卖和最高法院承认的金钱质押等制度,能达到英美法信托的部分功能。法国自然想要利用"信托"制度,且《海牙信托公约》作为"软法",对法国信托立法也有很大的影响——但信托法立法被视为英美法系对大陆法系的冲击——因为法国有"欧洲民法双璧"之一的法国民法典,其从拿破仑时期传承至今,若干民法原则体系已根深蒂固。信托法被认为有违民法体系中"财产一致性"(unity of patrimony)这一原则,即每个人具有一系列独特而不可分的资产(assets)与负债(liabilities),这两者的集合即财产(patrimony),财产一致性这样的原则有助于保护继承人、债权人等。而法国《民法典》正是遵循这样的所有权绝对性和不可分割的原则,其第 544 条规定,所有权是指"对于物有绝对无限制地使用、收益及处分的权利";第 2092 条规定,"负担债务的人,负以现在所有或将来取得的一切动产或不动产履行其清偿的责任"。这显然致使信托财产中的所有权分割和特定目的财产独立性难以实施。因此,法国的立法思路必须是以大陆法系特有的概念体系为基础,试图达到英美法信托的功能效果,而非直接移植英美法的信托。

法国信托法"难产"的原因之二是法国的政府部门并不信任信托制度。法国的信托立法过程中,一直有着很明显的财税方面的考量——此时的财税政策和技术存在障碍,法国政府需要保持新制度中财税中立,而财政部认为信托或类似的结构会导致隐匿财产、偷逃税款甚至洗钱的风险,而正是其反对使得法国 1989 年和 1995 年两次信托立法尝试无功而返。[①] 1989 年的《信托草案》对于信托财税方面的规定过于粗线条,相对应的,此后立法部门对于信托法立法草案进行了"透明化"及"详细监管"方面的补充,终于获得了财政部的支持。2007 年 2 月,法国通过了《2007-211 号建立信托的法律》(以下称《信托法案》),在其民法典体系下正式确立了信托法制度。[②] 该法案包含 18 个条文,主要规定了信托的设立、信托目的、信托合同关系主体、信托合同的登记与公示、信托合同的撤销及终止等基本内容。这一立法并没有采取英美法中双重所有权的理论,而是将合

---

① See James Leavy, In France We Trust—Why the New Fiducie Institution Brings France Closer to Its Anglo-Saxon Peers, Int'l Fin. L. Rev., Vol. 26, 2007, p. 66.
② See French Civil Code, § § 2011-2031.

同作为信托设立的基础,并结合本土资源进行立法。值得注意的是,最终通过的《信托法案》除了第 1 条是有关法国《民法典》中信托规范的内容,其余的内容大多和监管、课税、反洗钱等内容有关。

(二) 建立在罗马法基础上的 fiducie 制度

法国法中并无对应英国法中 trust 的概念,且法国法中并没有推定信托或秘密信托。法国的 fiducie 制度并非对 trust 的简单复制。欧陆民法法系国家的信托立法往往围绕着罗马法中的"债权人之托"和"朋友之托"展开,从而产生了管理信托和担保信托,通过将 fiduicia 制度作为对 trust 制度的替代,法国所创设的 fiducie 正是如此。[①] 不难看出,其从本土资源中确立了信托债权化的理论,形成了相应的替代制度。

罗马法信托有三个要点,即法律行为方式、所有权完整转移及资产混同。这与英美法信托的核心资产隔离、所有权分离是完全矛盾的。而法国的信托立法承继了罗马法中"所有权完整转移"的特点,但是保留了英美法中的信托资产隔离功能。

在所有权完整转移这方面,法国《民法典》第 2011 条规定,"信托是一种运作:一个或多个设立人向一个或多个受托人转让其现有的或者未来的物、权利或担保,或者将现有的或未来的物、权利或担保作为一个整体一并转让,受托人将其与自有资产相分离,并按照特定目的为受益人的利益行事"。第 2012 条规定信托"可以来自于法律的规定或者当事人约定"。有学者认为,该规定确立了法国法上的"信托合同",从而法国的民法债法的基本精神成为法国信托的基调。[②] 于是,根据本规定及法国《民法典》的相关规定,信托合同是一个转让所有权的合同,但其并非实践合同。信托合同必须有确定的目标,包括但不限于"用于担保债务履行"或"用于对财产的管理",这正承继了罗马法信托中的"担保信托"和"管理信托";但这一意图不包括"赠与受益人",这就排除了罗马法信托中的"转给信托"。但是受托人所获取的所有权是临时性的、具有目的性的或"降级的",有相当多的限制,信托设立人仍保留了若干管理权能。[③]

但在信托的资产隔离方面,法国没有采用罗马法信托的资产混同理论,转而采用"目的财产理论"作为信托法的基础理论,从而在法国传统财产理论中实现信托的破产隔离功能。针对法国传统财产理论中"全体财产抵偿全部债务"的问题,早在 20 世纪 20 年代法国的 Pierre Lepaulle 就曾从比较法的角度指出,从一个"外来者"的角度看,信托制度是一项由受托人负责实施的、用于特定目的的财

---

① See D. J. Hayton, S. C. J. J. Kortmann, H. L. E. Verhagen(eds), Principles of European Trust Law, Kluwer Law International, 1999, p. 133.
② 参见李世刚:《论〈法国民法典〉对罗马法信托概念的引入》,载《中国社会科学》2009 年第 4 期。
③ 同上。

产划拨——其中,信托将特定目的财产从个体财产中"隔离",用于特定目的,而受托人对该财产负有积极管理义务。① 这样的理念在法国的信托立法中得以体现。法国《民法典》第 2011 条没有规定"信托财产"的定义,而规定"特定目的财产"与受托人的"自有资产"相分离。这实际上使用了"资产剥离"的功能,规定了信托资产的独立性。

此外,法国信托合同采严格的要式主义,必须采用书面形式,采用明示的方式,且必须包括相应的必要条款,缺乏这些条款会导致合同无效;且法国的信托合同采登记要式主义,法国《民法典》第 2019 条规定信托合同必须在税务机关进行登记公示,且若其中包括不动产物权转让的内容,还需要前往抵押登记处进行不动产登记,否则该合同不生效。法国《民法典》第 2020 条的"信托国际登记簿"制度,具有极强的管控作用,虽政府需要将其了解的信托信息记载其上,但不具有公开性,只在反洗钱和法院授权的前提下方能查询。

其中一个值得注意的制度是信托"保护人"的角色。法国《民法典》第 2017 条规定,信任设立人可以指定第三人作为信托保护人,负责确保其在履行合同范围内的利益,监督信托受托人执行信托相关活动,并且这个保护人可行使法律赋予的权利。这一制度部分借鉴了离岸信托中的私益信托保护人的角色。

(三) 2007 年《信托法案》的不足与后续立法

尽管 2007 年《信托法案》为法国提供了信托制度的供给,但是这一立法并非尽善尽美,仍存在很多缺憾。生效的《信托法案》未采纳原先的专家组草案的部分意见,这也带来了一定的问题:比如对于信托的主体,2007 年《信托法案》第 2014 条将委托人严格限制在"缴纳公司所得税或选择缴纳公司所得税的法人",且该设立人必须在欧盟成员国或已加入《欧盟反欺诈和逃税条约》的成员国内有住所,且信托设立人不得将其信托权利有偿或无偿地转移给公司所得税法人之外的法律主体。这使得设立人资质严重受限,自然人及非缴纳所得税的企业无法运用信托制度。

又如,对信托合同受托人,法国《民法典》第 2015 条将受托人限定于法律规定的金融机构,即信贷机构、投资企业、保险企业、国库、法国银行、邮局、提存保管机构等。这使得《信托法案》所规定的信托仅限于非常狭窄的领域,基本仅能在商事领域进行运用,在民事领域运用信托制度几乎不太可能——自然人特别是律师无法作为信托受托人,被学者批评为"压制自然人处分财产、设立信托的自由",是对"自然人的歧视"。② 不难看出,此时的法国信托法是以类似规制公

---

① See Pierre Lepaulle, An Outsider's View Point of the Nature of Trusts, Cornell Law Quarterly, Vol. 14, 1927, pp. 52-55.

② See Paul Matthews, The French Fiducie: And New for Something Completely Different? Trust Law International, Vol. 21, 2007, p. 25.

司的方法来规制信托,排除"以赠与为目的的信托"等民事信托的适用。

此外,罗马法中的信托既可以用于管理功能,也可以赋予其担保功能。但 2007 年《信托法案》并没有对管理信托和担保信托进行合理的区分。这就使得法国的信托法基本以管理信托为主,担保信托的制度相当缺乏。信托法的一般规范和担保信托并不能相适应,而担保信托所需要的特别制度又未能在信托法中进行规定,那么担保信托制度就很难得以广泛地应用。

针对以上问题,法国在 2008 年到 2009 年,通过快速的补充立法,对原有的《信托法案》进行完善。这些补充立法包括 2008 年《有关经济现代化的法律》、2009 年《关于信托有关措施的法令》和 2009 年《关于程序减负以及法律清晰与简化的法律》等,主要集中在对于信托主体范围的修正,及担保信托内容的增加。其中对于信托主体范围的修正主要是对法国《民法典》的删改,包括自然人和私营企业可作为信托设立人,法国执业律师可作为受托人;信托合同的最长期限从原先的 33 年延长到 99 年。

同时,2009 年《关于信托有关措施的法令》增补了担保信托的设立方式,担保信托的责任范围与担保财产价值应当在信托合同中明示,从而将其与管理信托相区别;增补了担保信托合同终止的特殊规定,并增补了担保信托的执行等等;最关键的是增补了再担保信托机制。①

法国信托法是在《海牙信托公约》为代表的信托法"全球化"背景下,为了应对英美法冲击而进行的立法,旨在充分运用信托制度,但其采用了不同于英美法的制度,汲取了罗马法中信托的相关立法技术,并结合本国民法制度,将信托制度融合在法国《民法典》中。不难看出,法国信托法中有很多监管和税收方面的考量。总之,法国信托法为大陆法系国家信托法的发展带来了不同的方向。

案例　诺贝尔基金

1. 案例简介

诺贝尔基金是以瑞典化学家诺贝尔的遗产设立的公益信托。诺贝尔在逝世前立下遗嘱,把遗产的一部分作为奖金,奖励那些为人类的幸福和进步作出卓越贡献的科学家和学者。瑞典于 1900 年 6 月 29 日专门成立了诺贝尔基金会,并由其董事会管理和发放奖金。诺贝尔奖现在共有 6 种,其中自然科学方面的有 3 种,即物理学、化学、医学或生理学,另外 3 种为文学、和平事业、经济学。诺贝尔奖的颁发注重重大的科学成就,保证得奖的科学成果的高水平,从而对推动科

---

① 参见叶朋:《法国信托法近年来的修改及对我国的启示》,载《安徽大学学报(哲学社会科学版)》2014 年第 1 期。

学研究和造福人类起了巨大的作用。

诺贝尔基金为诺贝尔本人捐献的980万美元,基金会每年须颁发5个(1968年又创设经济学奖,共为6个)奖项,支付高达500万美金的奖金。截至2020年年底,该基金在奖金发放与管理费用方面的支出已超过了6亿美元。基金会成立初期,章程中明确规定这笔资金被限制只能投资在银行存款与公债上,不允许用于有风险的投资。随着每年奖金的发放与基金会运作的开销,历经50多年后,诺贝尔基金的资产流失了近2/3,到了1953年,该基金会的资产只剩下300多万美元,而且因为通货膨胀,300万美元只相当于1896年的30万美元,原定的奖金数额显得越来越少,眼看着诺贝尔基金走向破产。

面对这种困境,诺贝尔基金会及时作出决定,借助信托模式,更改基金会章程,增强管理和运作,投资方向以股票和不动产为主。随着投资报酬的滚动增长,通过信托的手段,1993年诺贝尔基金会的总资产已增长到2亿多美元,到了2005年,基金会总资产增长到5.41亿美元。粗略估算可知,从1953年到2005年,诺贝尔基金的年平均成长速度超过20%,仅次于股神巴菲特的27%,如果不是年年发放大量奖金,其资产总额仍将高于当时的世界首富比尔•盖茨的460亿美元。

2. 案例评析

诺贝尔基金的运作模式是一种典型的公益信托。信托业作为资本市场上的资产管理机构,它以专业化的资产管理水准来保障公益基金的正常管理,广开资金来源渠道,争取利润最大化,完成公益资金的保值和升值,保证按照基金设立人的理想和预定目标来发展其事业。我国《信托法》确定了公益信托的范围是救济贫困,救助灾民,扶助残疾人,发展教育、科技、文化、艺术、体育事业,发展医疗卫生事业,发展环境保护事业,维护生态环境,发展其他社会公益事业等,并明确表示,国家鼓励发展公益信托事业。我国就有许多公益事业是信托业可以介入的,如中国青基会的希望工程、保护母亲河绿色希望工程、中国科技发展基金、慈善基金会、见义勇为奖励基金等。运用信托方式管理诺贝尔基金无疑是我国开展公益信托的一个很好的借鉴。

后 记

近年来，信托从概念到产品在我国得到广泛普及，信托原理在我国市场实践和社会治理中也得到普遍运用，对于改革深化、市场发展、社会和谐都发挥了重要作用。与此同时，信托法制围绕着财富管理、公益事业与当事人合法权益保护等不断发展，信托司法、执法和监管实践发生了深刻的变化，社会各界要求完善信托立法的呼声日益高涨，相应的理论研究亦向纵深发展。为了充分体现信托与信托市场的实际情况，更好地反映信托法制建设发展现状，我们编写了《信托法学》教材，以适应人才培养、法制普及和市场实践新的需要。

编写中，我们力图准确、及时反映国内外最新的法律法规、实践经验和学术成果，努力做到理论与实际相结合、系统性与实用性相结合、现行规范与立法动态相结合，用尽可能简练的语言和篇幅，阐明信托法的基本原理和操作规则。本书在体例上以信托法的原理内容为主轴线，同时将市场实践中一些较重要的新问题，如信托受益权、家族信托制度等单独列章或专节讨论，在教材体系规范性与知识体系创新性方面作些尝试。

华东政法大学经济法学院开设信托法课程已二十余年，积累了一定的教学经验与科研成果。本教材由信托法教学团队完成，吴弘任主编，负责全书统稿工作，贾希凌任副主编，部分博士、硕士生参与了少量工作。各章撰写分工如下：第一章，吴弘；第二章，贾希凌、胡哲、葛思雨；第三章，金鑫；第四章，徐振、张敏；第五章，张敏；第六章，金鑫；第七章，伍坚；第八章，徐振、金彬彬；第九章，孔燕萍、赵瑾；第十章，贾希凌、胡哲；第十一章，季奎明；第十二章，贾希凌、胡哲；第十三章，王洋。受限于写作时间与编者能力，本教材难免有疏误之处，欢迎读者指正。

吴 弘

2024 年 5 月